Gottlob Egelhaaf
**Theobald von Bethmann-Hollweg
Biographie**

SEVERUS

Egelhaaf, Gottlob: Theobald von Bethmann-Hollweg. Biographie

Hamburg, SEVERUS Verlag 2013.
Nachdruck der Originalausgabe von 1916.

ISBN: 978-3-86347-633-5
Druck: SEVERUS Verlag, Hamburg 2013

Der SEVERUS Verlag ist ein Imprint der Diplomica Verlag GmbH.

Bibliografische Information der Deutschen Nationalbibliothek:
Die Deutsche Nationalbibliothek verzeichnet diese Publikation in der Deutschen Nationalbibliografie; detaillierte bibliografische Daten sind im Internet über http://dnb.d-nb.de abrufbar.

© **SEVERUS Verlag**
http://www.severus-verlag.de, Hamburg 2013
Printed in Germany
Alle Rechte vorbehalten.

Der SEVERUS Verlag übernimmt keine juristische Verantwortung oder irgendeine Haftung für evtl. fehlerhafte Angaben und deren Folgen.

SEVERUS

Inhalt

1. Vorfahren des Reichskanzlers.
   Seine Jugend.
   Familienverhältnisse. 7

2. Amtliche Laufbahn bis zur Übernahme des
   Amtes als Reichskanzler. 13

3. v. Bethmann Hollweg als Reichskanzler:
   die innere Politik 1909-1914. 18

4. v. Bethmann Hollweg als Reichskanzler:
   die auswärtige Politik 1909-1914. 30

5. Der Reichskanzler beim Ausbruch des Weltkrieges. 34

6. Der Reichskanzler im Weltkrieg. 39

1. Vorfahren des Reichskanzlers. Seine Jugend. Familienverhältnisse.

Wie schon der Name Bethmann Hollweg anzeigt, handelt es sich hier um eine Familie, welche ihre Wurzeln nach zwei Seiten hin verfolgt. Die Hollweg sind eine mitteldeutsche Familie, deren ältester nachweisbarer Angehöriger in Gießen als Glied der Schusterzunft ansässig war, aus der aber im Lauf der Zeit, indem sie sich emporarbeitete, Pfarrer und Juristen hervorgingen. Später verbanden sie sich (1780) durch Heirat mit den Bethmann, einer alten angesehenen christlichen Bankiersfamilie in dem Gießen benachbarten Frankfurt a. Main, und so nahmen sie den Namen Bethmann Hollweg an, unter Voranstellung des ersteren Namens, der weithin bekannt ist durch das Bethmann-Museum, das in Frankfurt dicht hinter dem Denkmal der 1792 gefallenen Hessen steht und dessen schönster Schmuck die 1809 geschaffene, auf einem Panther reitende Ariadne des Stuttgarter Bildhauers Dannecker (1758–1841) ist. Indem Landhaus der Bethmann brachte Napoleon I. seine letzte Nacht auf deutschem Boden zu (vom 31. Oktober bis 1. November 1813), und hieher wurde der Abgeordnete zur deutschen Nationalversammlung Fürst Felix Lichnowsky gebracht, nachdem er am Nachmittag des 18. September 1848 von einem entmenschten Volkshaufen in greulicher Weise auf den Tod verwundet worden war. Der Gründer der Familie Bethmann Hollweg, Johann Jakob Hollweg (1748 bis 1808), ward Geschäftsteilhaber und zweiter Leiter der alten Firma. Ihm schenkte seine Gattin Susanna Elisabeth geb. Bethmann (die fünfzehn Jahre jünger als er war und ihn dreiundzwanzig Jahre überlebte), am 8. April 1795 einen Sohn Moritz August (1795–1877), der bei dem berühmten Berliner Professor v. Savigny Rechtswissenschaft studierte und bereits 1823 ordentlicher Professor des Zivilrechts in Berlin wurde. Schon daraus ist ersichtlich, daß er ein ausgezeichneter Jurist und großer Gelehrter war;

eine Reihe seiner Werke werden zu den „ewigen Besitztümern" der Rechtswissenschaft gerechnet. Im Jahr 1829 erhielt Bethmann Hollweg auf seinen Wunsch einen Ruf nach Bonn, wo er bis 1842 als Professor, 1842-1848 als Kurator der Universität wirkte. Im Jahr 1832 erwarb er die Ruinen des Schlosses Rheineck bei Rheinbrohl, das 1785 fast ganz ausgebrannt war und ließ durch v. Lassaulx ein neues Schloß im Rundbogenstil aufführen; das Innere ward mit Werken der Kunst reich ausgeschmückt (so mit dem Gemälde „Heinrich IV. in Canossa" von Begas, Fresken von Steinle und einem marmornen Kruzifix von Achtermann). Da Bethmann Hollweg so zu den großen Grundbesitzern der Rheinprovinz gehörte, erhob ihn Friedrich Wilhelm IV. 1840 in den Adelsstand. Er war konservativ und kirchlich gesinnt und wurde deshalb in die evangelische Provinzialsynode der Rheinprovinz und von dieser 1846 in die Generalsynode gewählt; auch berief ihn der ihm wohl geneigte König in den preußischen Staatsrat. Im Jahr 1848 betätigte er seinepolitische Gesinnung durch Gegnerschaft gegen die Revolution; aber als der König sich 1850 in Olmütz vor Österreich demütigte und ein Teil der preußischen Konservativen dies als eine rühmliche Tatwahrer politischer Weisheit und Charakterfestigkeit billigte, da vollzog sich in der Partei eine Spaltung, und im Gegensatz zur äußersten Rechten, deren Ansichten sich in der „Kreuzzeitung" aussprachen und die russenfreundlich war, bildeten v. Bethmann Hollweg, Graf Albert v. Pourtalès, Robert v. der Goltz, Mathis, Rudolf v. Auerswald, v. Gruner eine neue, der späteren freikonservativen Partei in manchem ähnliche Gruppe. Sie wollte nichts von dem Lehrsatz der Solidarität der konservativen Interessen" wissen, demzufolge die Verteidigung der konservativen Grundsätze Preußens oberste Aufgabe und also sein, selbst durch Opfer zu erkaufender Anschluß an Österreich und Rußland unbedingtes Gebot sein sollte; vielmehr traten sie für die Hochhaltung der altpreußischen Überlieferungen ein, zu denen Preußens selbständige deutsche Politik, sein Gegensatz zu Österreich, die Lösung der deutschen Frage im Sinne eines engeren Zusammenschlusses der außerösterreichischen Staaten unter Preußens Führung gehörte. Dieser deutsche Beruf Preußens schloß auch die Pflege verfassungsmäßiger Einrichtungen, also die Beibehaltung und

Weiterentwicklung der am 31. Januar 1850 von Friedrich Wilhelm IV. bestätigten preußischen Verfassung ein, die der äußersten Rechten ein Dorn im Auge war. Weil Rußland unter dem Regiment des Zaren Nikolaus I. eine Zeit der absolutistischen, alle Verfassungen verwerfenden politischen Richtung war, betrachtete die Bethmannsche Gruppe, deren Organ 1851-61 das „preußische Wochenblatt" war, „die Zerstücklung Rußlands, den Verlust der Ostseeprovinzen mit Einschluß von Petersburg an Preußen und Schweden, des Gesamtgebiets der Republik Polen und die Zersetzung des Überrestes durch Teilung zwischen Groß- und Kleinrussen" als das erstrebenswerte Ziel der deutschen Politik. So umschreibt Bismarck im fünften Kapitel seiner „Gedanken und Erinnerungen" das Programm der „Wochenblattspartei", und wie er überhaupt gegen sie aufs äußerste eingenommen ist, so wirft er ihr vor, daß sie die schwierigen Fragen nicht bis ans Ende durchgedacht und einen windigen Bau aufgeführt habe. Von den damaligen Verhältnissen aus wird man das Recht dieser Kritik nicht bestreiten können: noch bestand zwischen Preußen und Rußland ein starkes politisches Band; aber niemand hat schärfer als Bismarck eingesehen und betont, daß „die einzige Bürgschaft für die Dauer der russischen Freundschaft die Persönlichkeit des regierenden Kaisers sei" (29. Kapitel der „Gedanken und Erinnerungen", II 274 der Volksausgabe). Insofern kann man den Männern, welche in dem russischen Koloß eine furchtbare Gefahr für Deutschland und Europa sahen und seine Zertrümmerung für geboten erachteten, einen gewissen Scharfblick in die Zukunft nicht absprechen. Heute jedenfalls ist ihr Programm auch das der Nation, und soweit das Waffenglück es irgend gestattet, muß die Verkleinerung des auf Europa lastenden Ungetüms angestrebt werden. Aus der Gegnerschaft gegen Rußland ergab sich aber, so wie die Dinge damals lagen, das Zusammengehen mit England als dem entschiedenen Gegner Rußlands auf der ganzen Front. Bismarck macht der „Wochenblattspartei" im 19. Kapitel der „Gedanken und Erinnerungen" (II 29) auch den Vorwurf, daß sie eine Streberfraktion gewesen sei, d.h. daß es ihr vor allem um Ministerposten zu tun gewesen sei. Bismarck ist aber überhaupt geneigt, bei seinen Gegnern – denn er vertrat das Zusammengehen mit Russland – das Vorwalten persönlicher Beweggründe vorauszusetzen; im ganzen wird jede Partei, welche ernste Grundsätze hat, auch darnach streben müssen, in den Besitz der Macht zu gelangen; denn sie glaubt doch, daß ihre Ansichten richtig seien und diese zum Wohl des Vaterlandes durchgesetzt werden sollten. Die Fraktion hatte auch, wie Bismarck ebenda selbst bezeugt, bei der Prinzessin Augusta und dem Prinzen Wilhelm, dem voraussichtlichen Thronfolger, großen Einfluß, und als der Prinz im Oktober 1858 an Stelle seines schwer erkrankten Bruders die Regentschaft übernahm ‚bildete er ein Ministerium „der neuen Ära", das im wesentlichen auf dem Standpunkt der Wochenblattspartei stand, und v. Bethmann Hollweg, der 1852–55 Mitglied des Abgeordnetenhauses gewesen war, erhielt selbst das Ministerium des Kultus und Unterrichts. Er führte es über drei Jahre, bis zum Frühjahr 1862, allerdings ohne sich großen Dank verdienen zu können, da er weder der Rechten noch der Linken Genüge tat. Sein Rücktritt erfolgte aber nicht aus Gründen kirchenpolitischer Art, sondern infolge des bekannten Streites, der zwischen dem König und dem Abgeordnetenhause über der Frage der Reorganisation des preußischen Heeres entstand; das Ministerium der neuen Ära nahm teils an der Reorganisation selbst Anstoß, teils wollte es sie nicht auf dem Weg verfassungsmäßig bedenklicher Maßnahmen durchführen, v. Bethmann Hollweg mißbilligte Bismarcks Politik, welche darauf gerichtet war, die Reorganisation auch gegen das Abgeordnetenhaus aufrecht zu erhalten und selbst vor der Regierung ohne Budget nicht zurückschreckte, und als der kühne Staatsmann es unternahm, die deutsche Frage durch einen Krieg mit Österreich zu lösen, richtete v. Bethmann Hollweg, wie wir aus Kapitel 19 der „Gedanken und Erinnerungen" ersehen, am 15. Juni 1866 ein Schreiben an den König, worin er zwar Bismarcks konservative Gesinnung, seine Kühnheit und sein Geschick anerkannte, ihm aber die Besonnenheit und Folgerichtigkeit des Denkens abstritt, ihn zum Leiter des Staats infolge davon als ungeeignet bezeichnete und ihn beschuldigte, daß er den König vor dem Land bloß gestellt und durch eine ränkevolle Politik das Vertrauen anderer Mächte verscherzt habe; deshalb bezeichnete er seine Entlassung als unerläßlich. Glücklicherweise hat der König diesen verfehlten Rat nicht befolgt, und

Bismarck zeigte bald aller Welt, daß er im Gegenteil der einzige Mann war, der Deutschland einig zu machen verstand. v. Bethmann Hollweg war politisch seitdem nicht mehr tätig, sondern widmete sich wissenschaftlichen Arbeiten und kirchenpolitischen Aufgaben: Er hat 1848 den „evangelischen Kirchentag" gegründet, der die evangelischen Kirchen Deutschlands zusammenfassen sollte und starb im Alter von 82 Jahren auf seinem Schloß Rheineck am 15. Juli 1877.

Sein Sohn Felix bewirtschaftete das ihm gehörige Gut Hohenfinow in der Mark Brandenburg und galt als sehr tüchtiger Landwirt, der selbst eine Forellenzucht anlegte, und als strenger, aber gerechter Gutsherr; eine politische Rolle hat er nie gespielt, wohl aber war er Landrat des Kreises Freienwalde, in dem sein Gut lag. Er heiratete eine Schweizerin, Isabella de Rougemont, die als heitere, liebenswürdige und als äußerst sorgliche Hausfrau geschildert wird; von den Dorfbewohnern ward sie nur „unsere Mutter" genannt. Sie gebar ihrem Gemahl am 20. November 1856 auf Schloß Hohenfinow einen Sohn, der in der Taufe den Namen Theobald erhielt. Den ersten Unterricht empfing er durch Hauslehrer; manche Woche verlebte er bei den Großeltern auf Schloß Rheineck. Später ward er mit seinem Bruder dem Gymnasium Schulpforta bei Naumburg in der Provinz Sachsen übergeben, das zu den drei einst von Herzog Moritz von Sachsen gestifteten Fürstenschulen (neben Grimma und St. Afra in Meißen, Lessings Lehrstätte) gehörte und dessen Schüler in einem Hausverband zusammenleben. Schulpforta hat unter den höheren humanistischen Schulen Deutschlands einen besonders klangvollen Namen und hat eine lange Reihe berühmt gewordener Schüler gebildet; deshalb pflegen die, welche durch seine Schule gegangen sind, mit Stolz zu sagen: „Portanus sum", „ich bin einer von Pforta". v. Bethmann Hollweg hat die humanistische Bildung mit ganzem Eifer in sich aufgenommen und gehört zu den überzeugtesten Anhängern dieser Bildungsweise; es hängt damit zusammen, daß er sich besonders in Goethes Werke vertiefte und aus ihnen reichste geistige Anregung und Richtungslinien für sein ganzes Denken schöpfte. Dagegen wäre es irrig, wenn man ihm eine besondere Neigung für philosophische Studien zuschreiben wollte, was manche seiner späteren Beurteiler getan haben, indem sie ihn geradezu einen Philosophen nannten; er ist vielmehr eine überwiegend praktische Natur, allerdings mit einer ausgesprochenen Neigung, die Dinge nicht oberflächlich, sondern gründlich zu nehmen. Die Reifeprüfung erstand er 1875 mit gutem Erfolg und unternahm dann mit einem Freunde seines Vaters eine Reise nach Italien, wobei er mit Vorliebe Goethes Spuren folgte; sie führte ihn über Florenz und Rom bis nach Süditalien. Nach der Rückkehr diente er sein Einjährigenjahr in Straßburg beim 15. Ulanen-Regiment ab und studierte darauf in Straßburg, dessen alte Universität, in der französischen Revolution aufgehoben, 1872 vom deutschen Reich hergestellt worden war, die Rechtswissenschaft; später setzte er seine Studien in Leipzig und Berlin fort. Als diejenigen Professoren, welche ihm den tiefsten Eindruck hinterließen, hat er mir selbst den Pandektisten Windscheid und den klassischen Darsteller des Zivilprozesses Wach, sowie den Kunsthistoriker Anton Springer nennen lassen. Die Staatsprüfung legte er in Berlin ab und ward dann Referendar beim Berliner Kammergericht und beim Amtsgericht in Frankfurt an der Oder. Im Jahr 1882 trat er in den Verwaltungsdienst, ward 1884 Regierungs-Assessor in Potsdam und wurde 1886 zum Nachfolger seines Vaters im Amt eines Landrates von Freienwalde erwählt. Als damals eine Brauerei in Flammen geriet und sechs junge Leute, welche Rettungsarbeiten tun wollten, in dem zusammenstürzenden Gebäude in höchster Lebensgefahr schwebten, hat v. Bethmann Hollweg selbst die Pumpe bedienen helfen, welche das Feuer löschen und den Gefährdeten den Ausweg frei machen sollte.

Er war 32 Jahre alt, als er sich 1898 mit Martha von Pfuel auf Wilkendorf, deren Mutter eine Gräfin Reventlow aus Holstein war, vermählte; er gewann an ihr eine Lebensgefährtin voll Herzensgüte und Nächstenliebe. Aus der Ehe entsprossen drei Kinder, zwei Söhne, von denen einer August Friedrich (geb. 4. Juni 1890) am 9. Dezember 1914 den Heldentod in Ruhland starb, der zweite August Felix (geb. 20. Januar 1898) noch im Heer steht, und eine Tochter Isa (geb. 7. Dezember 1894), welche sich am 5. Juli 1915 mit dem Legationssekretär Grafen v. Zech-Burkersroda vermählte. Martha v. Bethmann ist den Ihrigen nicht lange vor Kriegsausbruch, am 11. Mai 1914, entrissen worden; der

Schlag war schwer, vermochte aber die Berufstreue des nunmehr Vereinsamten nicht zu erschüttern, wie bald die gewaltigen Ereignisse zeigen sollten.

2. Amtliche Laufbahn bis zur Übernahme des Amtes als Reichskanzler.

Im Jahr 1890 wurde v. Bethmann Hollweg von dem Wahlkreis Ober-Barnim in den Reichstag gewählt, wo er sich der freikonservativen Fraktion („Reichspartei") anschloß. 1896 wurde er Rat im Oberpräsidium zu Potsdam, 1899 Regierungspräsident zu Bromberg, wo er die schwierigen Verhältnisse der Ostmark gründlich kennen lernte, und 1900 Oberpräsident der Provinz Brandenburg. Ende März des Jahres 1905 übernahm er auf Wunsch des preußischen Ministerpräsidenten, des Reichskanzlers Fürsten Bülow, nach dem plötzlichen Tode des Freiherrn Hans v. Hammerstein das Ministerium des Innern. In dieser Stellung rechtfertigte er am 13. Januar 1906 den von dem polnischen Abgeordneten Tazdzewski getadelten Ersatz bisher polnischer Ortsnamen durch deutsche damit, daß die betreffenden Gemeinden selbst diese Neuerung gewünscht hätten. Am 23. März 1906 hatte er die Aufgabe, eine kleine Verbesserung des für den preußischen Landtag geltenden Dreiklassenwahlrechts im Abgeordnetenhaus zu empfehlen, wobei er im Gegensatz zu der Sozialdemokratie und der freisinnigen Partei die Annahme des allgemeinen gleichen Wahlrechts in Preußen ablehnte und erklärte: „In dem Streben der Schwachen des Volkes, emporzustreben, erblicke ich ein großes, vielleicht das größte und edelste Gesetz der Menschheit, und an der Verwirklichung dieses Gesetzes mitzuarbeiten muß auch für jeden Starken ein Stolz sein. Aber dieses Streben darf nicht den alleinigen Inhalt unseres Lebens bilden. Parallel muß das Streben gehen, die besten und edelsten Kräfte zu Führern des Lebens zu machen. Wenn man nach einer Erklärung trachtet, warum die religiösen Dinge unsere Zeit so innerlich aufregen; wenn man sieht, wie unsere Philosophie langsam, aber allmählich den großen Aristokraten des Geistes, Kant, erkannt hat, wie unsere Naturphilosophie weniger Wert zu legen beginnt auf den Anfangspunkt als auf die Gewißheit, daß man immer wieder zu Höherem aufsteigen muß: ist es dann wirklich ein Zeichen von Schwärmerei, wenn man sagt, daß die Kräfte, welche für unsere Nation bestimmend sind, nicht die Höhe gleich machen, sondern zu immer Höherem hinaufsteigen? Es gibt noch Kräfte, welche sich mit Unwillen abwenden von den Auswüchsen einer Bewegung, welche schließlich alles Menschliche zu vernichten trachtet, weil ihr nichts Menschliches heilig ist, weil sie keine Achtung vor den ewigen Gesetzen der Liebe und Treue zum Stamm ihres Volkes hat, vor dem gemeinsamen Herde und vor allem, was unser Haus beherbergt, die nichts wollen als ihre Macht etablieren auf den Fundamenten des Hasses und des Terrorismus. Es bestehen in unsrem Volk noch Kräfte, welche dieses Treibens satt sind, und diesen Kräften wird unsere Zukunft gehören." Diese Worte sind formell wie inhaltlich für den Mann bezeichnend; er ist voll Sympathie mit den emporstrebenden unteren Schichten, aber ein Gegner jeder Gleichmacherei, und er ist voll guten Vertrauens, daß die aristokratischen Elemente auch in sozialer Hinsicht nicht versagen werden. Am 12. Mai 1906 rechtfertigte der Minister die Ausweisung von Russen, welche infolge der 1905 in Rußland ausgebrochenen Revolution sich nach Preußen geflüchtet hatten, weil es sich dabei um wirtschaftlich nicht gesicherte und zum Teil auch verdächtige Leute handle; es sei aber keine rauhe, sofortige Ausweisung aus Preußen erfolgt; vielmehr habe man den Betreffenden den Rat gegeben, sich nach einem anderen Aufenthalt umzusehen, und ihnen nicht einmal eine Frist gesetzt, so daß sie Zeit hätten, den Rat zu befolgen. Am 16. Mai 1906 legte v. Bethmann Hollweg dem Landtag ein Gesetz vor, welches den Zugang zum höheren Verwaltungsdienst neu regelte und namentlich die Annahme von Referendaren den Regierungspräsidenten zuwies, welche diese Sache besser erledigen könnten als das Ministerium. Den Konservativen, welche die Art, wie den Reichstagsabgeordneten durch Gesetz vom Mai 1906 Tagegelder gewährt wurden, als einen Verstoß gegen die preußische Verfassung bezeichneten, trat er am 29. Mai entgegen und warnte davor, den Bundesrat von den einzelnen Landtagen abhängig zu machen.

Infolge des Zusammenstoßes der verbündeten Regierungen mit der aus Zentrum und Sozialdemokratie bestehenden Mehrheit des Reichstages und der Niederlage dieser Mehrheit bei den Wahlen vom 25. Januar 1906 mußte der hochverdiente Staatssekretär des Innern, Graf Posadowsky-Wehner, am 24. Juni 1907 zurücktreten, und v. Bethmann Hollweg übernahm sein Amt. In dieser Eigenschaft lag ihm vor allem die Fortführung der Sozialreform ob, der er, wie wir oben sahen, innerlich durchaus ergeben war. Als am 22. und 23. Oktober 1907 der zweite Kongreß der christlich-nationalen Arbeiter in Berlin tagte (der erste war 1903 gehalten worden), sprach der neue Staatssekretär zur Begrüßung die bezeichnenden Worte: „ich kenne keine größere Aufgabe der gegenwärtigen Zeit, als die Arbeiterbewegung unserer Tage einzuordnen in die gesellschaftliche Ordnung." Also nicht diese Bewegung niederzuhalten galt es ihm oder gar sie zu unterdrücken, wohl aber sie in gesetzlichen Bahnen zu halten und sie mit der gesellschaftlichen Ordnung auszusöhnen, der die Sozialdemokratie Kampf bis aufs Messer geschworen hatte. Da die christlich-nationalen Arbeiter sich das Ziel gesteckt hatten, ihre (freilich sehr bestimmten und weitgehenden) Wünsche innerhalb der bestehenden gesellschaftlichen und staatlichen Ordnung zu erreichen, so war es durchaus geboten, daß die Regierung versuchte, mit ihnen zusammenzuarbeiten, obschon der Kongreß sich mit auffallender Schärfe gegen die sogenannten „gelben Gewerkschaften" wandte, welche von den Unternehmern gegründet oder doch von ihnen abhängig seien und höchstens Wohltaten bieten könnten, nicht aber gesicherte Arbeiterrechte. v. Bethmann Hollweg betonte in einer Sitzung des Zentralverbandes deutscher Industrieller vom 28. Oktober die Notwendigkeit einer entschlossenen Fortsetzung der Sozialpolitik und kündigte am 2. Dezember 1907 im Reichstag eine Novelle zur Gewerbeordnung, ein Gesetz über Arbeitskammern, über Sonntagsruhe im Handelsgewerbe, über Verbesserung des Arbeiterversicherungswesens, ein Wein- und ein Scheckgesetz an. Überdies ward, den Wünschen der Linken gemäß, welche seit dem 13. Dezember 1906 mit der Rechten im sogenannten

Block zusammen war, ein Reichsvereinsgesetz ausgearbeitet, das in §7 den Gebrauch der deutschen Sprache in öffentlichen Versammlungen unbedingt vorschrieb. Der Staatssekretär bekannte sich am 4. April 1908 im Reichstag offen als den eigentlichen Urheber dieses Paragraphens; es sei nicht wahr, daß er dabei einem Druck des oben erwähnten Zentralverbandes gefolgt sei, der damit nach weitverbreiteter Meinung die polnischen Sozialdemokraten in Westfalen habe treffen wollen. Übrigens erhob er keinen Widerspruch, als der Reichstag den Paragraphen dann einigermaßen milderte. Vor allem aber galt seine Arbeit dem großen Werk einer Durchsicht des gesamten, allmählich ungeheuer angewachsenen und vielfach nicht recht zusammenhängenden Arbeiterversicherungswesens; auf sein Betreiben berief der Reichskanzler auf den 28. Oktober eine Konferenz zu diesem Zweck, die von Vertretern der Berufsgenossenschaften, der Landesversicherungsanstalten und der Arbeiter beschickt war. Als am 11. November 1908 auf der Zeche Radbod 360 Arbeiter durch schlagende Wetter getötet wurden, erhob die Sozialdemokratie die Anklage grober Fahrlässigkeit gegen die Zechenverwaltung; der Staatssekretär bestritt aber am 24. November die Richtigkeit dieses Bezichts und glaubte feststellen zu müssen, daß nur unberechenbare und unwiderstehliche Naturgewalten das entsetzliche Unglück veranlaßt hätten. Bei der Beratung über die Anträge auf Abänderung der Reichsverfassung, welche durch den auf den Kaiser zurückgehenden Artikel des Daily Telegraph vom 28. Oktober 1908 verursacht waren, lehnte v. Bethmann Hollweg am 2. Dezember jede Stellungnahme der Regierungen bis dahin ab, wo feste Beschlüsse des Reichstags vorliegen würden; die Sache verlief aber im Sande. Mittlerweile hatte der Staatssekretär ein Gesetz über Bildung von Arbeiterkammern ausgearbeitet, welches er am 15 Januar 1909 dem Reichstag zur Annahme empfahl. Der Staat verfolgte nach seinen Darlegungen den Zweck, die Ursachen der wirtschaftlichen Kämpfe zu beseitigen, ihre Formen zu mildern und auf eine möglichst schnelle Beilegung der Kämpfe hinzuwirken. Ein Mittel zu diesem Friedenswerk sollten paritätische, d.h. aus Arbeitern und Arbeitgebern gebildete Kammern sein, in welchen beide Teile Gelegenheit hätten, sich gegeneinander auszusprechen. Imparitätische, einseitig zusammengesetzte Kammern würden nichts nützen, da sie notwendig einseitig urteilen würden. Der Redner hatte dabei den Mut, es offen auszusprechen, daß bedauerlicherweise das Großunternehmertum im Reichstag wohl nicht diejenige Vertretung habe, welche ihm gemäß seiner Bedeutung für das gesamte wirtschaftliche und staatliche Leben zukomme; wäre es stärker vertreten, so würde es sich mit den Vertretern der Arbeiter auseinandersetzen können und wohl dem Gedanken der Arbeiterkammern nicht so abgeneigt sein. „Man wird wegen dieser Äußerung weidlich über mich herziehen, das alte Märchen von meiner Abhängigkeit vom Zentralverband wieder aufwärmen: ich nehme das ruhig hin." Mit den Arbeiterfragen hingen zusammen Klagen über die Handhabung des neuen Vereinsgesetzes durch die Polizei, worüber der Staatssekretär sich am 21. Januar 1909 dahin aussprach, daß nur in 3 Fällen die höheren Behörden angerufen worden seien, und über die sogenannten schwarzen Listen, welche die Fabrikanten über mißliebige Arbeiter und Privatangestellte führten und einander mitteilten; dadurch wurde natürlich das Fortkommen des Betreffenden erschwert. Der Staatssekretär erwiderte, daß vor allem solche, welche ihre vertraglichen Verpflichtungen leichtfertig brächen, auf die schwarzen Listen kämen; der Vertragsbruch werde leider sehr leicht genommen, und Druck erzeuge immer Gegendruck; die Unternehmer halten sich für berechtigt, die Zugehörigkeit zu gewissen Vereinen zu erschweren. Er habe aber mit dem Zentralverband in Essen verhandelt und das Versprechen erhalten, daß in Zukunft ganz allgemein jedem mitgeteilt werden solle, warum und seit wann er auf die schwarze Liste gesetzt sei; diese sollten also – was besonders erbitternd wirkte – nicht mehr geheim sein.

Im Jahr 1909 lehnte die aus Konservativen und Zentrum bestehende Mehrheit des Reichstags die von den Regierungen beantragte Steuer auf Erbschaften auch für Eltern und Kinder ab und ersetzte den dadurch eintretenden Einnahmeausfall durch Steuern auf den Verkehr. Darüber nahm der Reichskanzler Fürst Bülow seine Entlassung, und am 10. Juli erklärte v. Bethmann Hollweg im Namen des Bundesrats, daß dieser den Beschlüssen des Reichstags zustimme, damit die nun seit Jahren auf Finanzen, Gewerbe und Verkehr lastende Unsicherheit beseitigt werde, nicht durch einen Ausblick in die Zukunft (wie ihr die Linke im Fall ihres Siegs bei den nächsten Wahlen eröffnete), sondern durch eine Tat in der Gegenwart. Das war realpolitisch gesprochen, und so bedauerlich auch der Fall der Erbschaftssteuer war, so hat doch die Folgezeit bewiesen, daß mit den neuen Steuern, mochten sie auch lästig sein, auszukommen war. Bülows Rücktritt ward am 14. Juli 1909 bekannt gegeben, und am gleichen Tag erfolgte die Ernennung v. Bethmann Hollwegs zum Reichskanzler, Präsidenten des preußischen Staatsministeriums und Ministers der auswärtigen Angelegenheiten; das Staatssekretariat des Innern übernahm der bisherige preußische Handelsminister Clemens Delbrück.

3. v. Bethmann Hollweg als Reichskanzler: die innere Politik 1909-1914.

Diese Ernennung erfolgte zunächst im Hinblick auf die Erfordernisse der inneren Politik. Die schweren und verantwortungsreichen Aufgaben der äußeren Politik, die Herr v. Bethmann Hollweg während seiner Kanzlerschaft zu lösen haben sollte, waren damals dem Blick noch gutenteils verschleiert. Zunächst war die Zeit voll von innerpolitischem Sturm und Drang, für dessen Beschwichtigung gerade Herr v. Bethmann Hollweg mit seiner langjährigen Erfahrung in den Verwaltungsgeschäften Preußens und des Reiches, mit seiner parlamentarischen Sicherheit, mit der staatsmännischen Überlegenheit und abwägenden Unparteilichkeit seines politischen Urteils als der gegebene Mann erscheinen mußte. Es galt, den Streit und Hader der Parteien zu dämpfen und ihr Zusammenarbeiten zum Wohl des Reichs aufs neue zu ermöglichen. Dazu gehörte große Geduld, die Gabe abzuwarten und die Dinge von innen heraus reifen zu lassen. In der Tat ist es ein wesentlicher Charakterzug v. Bethmann Hollwegs, daß er von echt brandenburgischer Zähigkeit ist und die Losung hat: Schwierigkeiten sind nicht dazu da, daß man vor ihnen zurückweicht, sondern daß sie überwunden werden. Es ist sehr kennzeichnend, daß er am 16. Februar 1910 im deutschen Landwirtschaftsrat sagte: „Was der Landwirt in seinern Beruf jahraus jahrein üben muß, Unverdrossenheit, Ausdauer und Geduld, das ist auch mir nötig wie das tägliche Brot. Zwischen Saat und Ernte liegt auch in der Politik eine lange Zeit, und wer bei schlechtem Wetter gleich das Vertrauen verlieren wollte, der taugt zum Staatsmann so wenig wie zum Landwirt."

Zunächst hatte v. Bethmann Hollweg einige Monate Zeit, sich in den neuen Verhältnissen zurechtzufinden, da der Reichstag nach Erledigung der Finanzreform nach Hause gegangen war. Erst im Dezember eröffnete er wieder seine Tätigkeit, und am 9. Dezember entwickelte der neue Leiter der deutschen Politik vor der Volksvertretung die Grundgedanken, von denen aus er seine Aufgabe lösen wollte. „Gewiß, zum Leben jeder Nation gehört der politische Kampf. Aber keine Nation verträgt es auf die Dauer, durch sensationell zugespitzte Streitigkeiten in Atem gehalten zu werden. Meine Herren, es gibt einen Zug zum Schaffen, den die Volksgemeinschaft einem jeden ihrer Glieder auferlegt, und die Gewißheit, daß dieser Zwang auch die gegenwärtigen Irrungen und Meinungen überdauern wird." Zur Teilnahme an diesem gemeinsamen, auf das öffentliche Wohl gerichtete Schaffen lud der Reichskanzler nachdrücklich alle Parteien ein; dann, so war seine Hoffnung, werde allmählich die kochende Erbitterung der Gemüter sich legen und das Bewußtsein gemeinsamer Pflichten den Sieg über den unbändigen Parteigeist davon tragen.

Diese Ankündigung einer rein auf die Sache gerichteten Politik wurde anfangs von der öffentlichen Meinung sehr ungnädig aufgenommen und als Äußerung eines Staatsmannes bezeichnet, welcher offenbar in den Wolken schwebe und die wirklichen Verhältnisse nicht begreife; ein Zusammengehen der so eben in anscheinend unheilbarem Bruch entzweiten Parteien zu irgend einer gemeinsamen Arbeit schien undenkbar. Der weitere Verlauf der Dinge hat aber dargetan, daß das Urteil des Reichskanzlers das Richtige getroffen hatte. Der innerpolitische Heilungsprozeß, den herbeizuführen Herr v. Bethmann Hollweg sich zum

Reichskanzler von Bethmann Hollweg in feldgrauer Uniform.

Ziele setzte, hat sich zwar langsam, aber so günstig entwickelt, wie man es kaum hatte hoffen dürfen. Unter einem wachsenden Druck von außen ist das zum Teil politisch zerrissene deutsche Volk nationalpolitisch zusammengewachsen, schließlich durch den Krieg zu einem Volk von Brüdern zusammengeschweißt worden.

Freilich der erste Versuch zu positiver, schaffender Arbeit, der auf eine Reform des preußischen Landtagswahlrechts gerichtet war, schlug fehl. In Preußen besteht seit 1849 das sogenannte Dreiklassenwahlrecht, wonach zwar alle Preußen das Recht zur Wahl von Abgeordneten besitzen, aber nicht das gleiche Recht; vielmehr teilt das Gesetz vom 21. Mai 1849 alle Preußen nach der Gesamtleistung eines jeden an direkten Staats-, Kreis- und Gemeindesteuern in drei Klassen. Die, welche das erste Drittel der Steuern bezahlen, die Höchstbesteuerten, bilden die erste Klasse; die, welche das zweite Drittel aufbringen, die zweite, alle übrigen (und zwar auch alle die, welche gar keine direkte Steuer entrichten) die dritte Klasse. Jede Klasse wählt in öffentlicher Abstimmung die gleiche Zahl von Wahlmännern (auf 250 Seelen einen); dann treten alle Wahlmänner zusammen und wählen nach einfacher Mehrheit, auch in öffentlicher Abstimmung, den Abgeordneten des Wahlkreises. Es besteht also in Preußen bis heute das allgemeine, aber ungleiche, öffentliche und indirekte Wahlrecht (während im Reich das allgemeine, gleiche, geheime und direkte Wahlrecht eingeführt ist). Es liegt auf der Hand, daß dieses Wahlrecht den Reichen, die an Zahl weniger sind, denselben Einfluß auf das Wahlergebnis gewährt, wie den Armen, deren Zahl sehr groß ist; die Entscheidung liegt schließlich bei der mittleren Schicht, deren Zahl kleiner als die der Armen und größer als die der Reichen ist. Die Sozialdemokratie feindete das Dreiklassenwahlrecht aufs heftigste an, weil es die große Masse politisch rechtslos mache; in der Tat gelang es den Sozialdemokraten erst bei der Wahl vom 16. Juni 1908 in das preußische Abgeordnetenhaus und nur sieben Mann hoch einzuziehen. Auch die liberalen Parteien und das Zentrum stellten sich auf den Standpunkt, daß das bestehende Wahlrecht unbillig sei; die freisinnige Volkspartei (wie die Fortschrittler 1893-1910 sich nannten) und das Zentrum forderten gleich den Sozialisten das allgemeine Wahlrecht wie im Reich; die Nationalliberalen waren dafür, daß man das Dreiklassenwahlrecht durch das sogenannte Mehrstimmenrecht ersetze (wie es in Sachsen seit 1909 besteht); darnach sollten Wähler, welche höheren Besitz oder höhere Bildung nachweisen konnten, etwa zwei oder drei Stimmen abgeben dürfen, v. Bethmann Hollweg ließ, um das Versprechen seines Vorgängers vom 10. Januar 1908 einzulösen, und weil er nach seiner Rede vom 10. Februar 1910 im Abgeordnetenhaus „Überlebtes nicht versteinern und Preußen im Zusammenhang mit der ganzen deutschen Entwicklung erhalten" wollte, dem Landtag eine Gesetzesvorlage unterbreiten, nach der die Wahl direkt (also durch die Wähler selbst) und öffentlich erfolgen sollte; die Wähler sollten aber nach wie vor in drei Abteilungen getrennt bestimmen und der Kandidat als gewählt gelten, der, indem das Ergebnis der Abstimmung durch 3 geteilt werde, über 50% der Stimmen auf sich vereinige. Wenn also ein Kandidat in der ersten Abteilung 80, in der zweiten 60, in der dritten 15% der Stimmen erhielt, so hatte er vermöge der Formel $(80+60+15)/3=51{,}6\%$ der Stimmen, war also gewählt. Außerdem sollten Steuerleistungen, die über 5000 Mark hinausgingen, nicht in Anrechnung gebracht werden, wodurch die 13000 reichsten Preußen ihrer bisher in der ersten Abteilung Ausschlag gebenden Stellung verlustig gehen mußten. Drittens sollte Bildung, gereifte Berufserfahrung und verdienstvolle öffentliche Tätigkeit dadurch gewürdigt werden, daß der, auf den eine dieser Voraussetzungen zutraf, in die nächst höhere Wählerklasse aufrücken sollte; wer also nach seinem Steuersatz der dritten Klasse angehörte, konnte vermöge einer jener Eigenschaften in die zweite eintreten, bzw. in die erste. Gewiß blieb dieser Vorschlag hinter der Forderung des allgemeinen gleichen Wahlrechts weit zurück; auch hielt er die öffentliche Stimmabgabe aufrecht, und v. Bethmann Hollweg sprach am 6. Februar 1910 denen gegenüber, welche auf die Abhängigkeit vieler Wähler bei der öffentlichen Stimmabgabe hinwiesen, offen aus, daß unser ganzes öffentliche Leben sich aus Abhängigkeiten zusammensetze und diejenigen Abhängigkeiten, welche des Lebens Notdurft schaffen, nach Bismarcks Ausdruck gottgegebene, also von Menschen gar nicht aufhebbare Abhängigkeiten seien. Der Reichskanzler war der bestimmten Überzeugung, daß die Annahme des allgemeinen gleichen Stimmrechts in Preußen sich nicht rechtfertigen lasse, daß dem allgemeinen gleichen Wahlrecht im Reich ein Gegengewicht durch das Wahlrecht in Preußen gegenüber stehen müsse, und der Behauptung, daß das bestehende Wahlrecht die Stimmung der Volksmassen nicht zum Ausdruck gelangen lasse, stellte er den Hinweis darauf entgegen, daß von den 1903 gewählten 433 Abgeordneten 356 auch in der dritten Abteilung der kleinen Leute die Mehrheit erlangt hätten; nur 77, also ein schwaches Sechstel, seien von den zwei oberen Abteilungen allein durchgesetzt. Es konnte nicht bezweifelt werden, daß der Vorschlag der Regierung zwar das Dreiklassenrecht an sich nicht beseitigte, wohl aber seine Härten sehr wesentlich milderte. Gleichwohl ward er bei den Abstimmungen vom 27. Mai 1910 vom Abgeordnetenhaus verworfen, ebenso aber auch alle Anträge aus dem Hause, wie immer sie gefaßt waren, und so stellte sich heraus, daß unter den gegebenen Parteiverhältnissen überhaupt ein gangbarer Weg zu einer Reform nicht aufzufinden war.

Kurz nachher erwirkte der Reichskanzler bei dem Kaiser die Umgestaltung des preußischen Ministeriums durch solche Männer, deren Erfahrung und Arbeitskraft ihm für seine weiteren Pläne von Wert war. Das Ministerium des Innern erhielt der Oberpräsident von Schlesien, v. Dallwitz, das der Landwirtschaft der Oberpräsident der Rheinprovinz, Freiherr v. Schorlemer-Lieser, das der Finanzen der Oberbürgermeister von Magdeburg, Lentze. Um die gleiche Zeit ward der Staatssekretär der Kolonien, Dernburg, durch den Unterstaatssekretär v. Lindequist ersetzt, der als deutscher General-Konsul in Kapstadt und als Gouverneur von Südwestafrika sich gründlich mit den afrikanischen Verhältnissen vertraut gemacht hatte. Auch das Staatssekretariat der auswärtigen Angelegenheiten ging im Juni 1910 in neue Hände über, in die des früheren Gesandten in Bukarest und zeitweiligen Vertreters des Botschafters in Konstantinopel, des Württembergers v. Kiderlen-Wächter, der ohne Frage durch Sachkunde, Erfahrung, Geschicklichkeit und Tatkraft für diesen Posten ganz besonders geeignet war. Es darf überhaupt aus diesem Anlaß hervorgehoben werden, daß v. Bethmann Hollweg für alle Ämter einzig und allein die tüchtigsten Männer zu gewinnen bemüht war und der Gedanke, daß er selbst etwa durch solche Männer in Schatten gestellt werden könnte, seinem von strenger Sachlichkeit getragenem Wesen völlig fern lag. Er beharrte, wenn er einen tüchtigen Mann gefunden zu haben glaubte, mit Nachdruck auf dessen Berufung und überwand mit Zähigkeit etwaige Widerstände persönlicher Art, wie sie z.B. der Ernennung v. Kiderlen-Wächters sich entgegenstellten.

Ein unliebsamer Zwischenfall entstand gerade damals durch das Rundschreiben, das Papst Pius X. anläßlich einer Gedenkfeier des Mailänder Erzbischofs Borromäus (1538 bis 1584) am 26. Mai 1910 erließ. Er gestattete sich darin einen sehr heftigen Ausfall gegen die (von Borromäus s. Z. leidenschaftlich bekämpfte) Reformation, deren Anhänger er als „Feinde des Kreuzes Christi", als „Leute von irdischem Sinn" bezeichnete, „deren Gott der Bauch war," und sprach von „den verderbtesten Fürsten und Völkern". Diese beleidigenden Worte erregten in der ganzen evangelischen Christenheit einen Sturm des Unwillens, und v. Bethmann Hollweg zauderte keinen Augenblick, den preußischen Gesandten beim Vatikan, v. Mühlberg, mit der Weisung zu versehen, daß er angesichts des schwer bedrohten konfessionellen Friedens in Deutschland auf Abhilfe ringen solle. Der Papst ließ am 11. Juni durch den Staatssekretär Kardinal Merry del Val dem Gesandten mitteilen, daß die deutschen Bischöfe angewiesen seien, das Rundschreiben nicht amtlich zu verkünden, und am 13. Juni folgte eine weitere Erklärung, wonach es dem Papst ganz fern gelegen habe, die Nichtkatholiken in Deutschland und die evangelischen deutschen Fürsten kränken zu wollen. Als der Papst Pius X den sogenannten Antimodernisteneid einführte, erkannte v. Bethmann Hollweg zwar das Recht der Kirche auf einen solchen Eid unumwunden an, setzte aber seine Zweckmäßigkeit für Deutschland sehr in Zweifel, weil das friedliche Nebeneinanderleben der Konfessionen dadurch gefährdet werde und der Staat künftig beeidigte Priester als Lehrer weltlicher Fächer an seinen Schulen nicht mehr anstellen könne. Das am 9. Februar 1912 in Bayern ans Ruder gelangte Ministerium des Freiherrn v. Hertling, eines Führers der Zentrumspartei, versuchte das Jesuitengesetz von 1872 im Gegensatz zu den andern Staaten dahin auszulegen, daß die Jesuiten religiöse Konferenzen selbst in Kirchen abhalten dürften. Der Reichskanzler trat aber diesem Versuch, der im Reich ein doppeltes Recht geschaffen hätte, entgegen; der Erlaß ward außer Kraft gesetzt und die Entscheidung des Bundesrats angerufen, der nach sorgfältiger Prüfung am 28. November 1912 gegen

Bayerns Auslegung entschied. Das Zentrum sprach hierauf dem Reichskanzler seine Mißbilligung aus.

Einen zweiten großen gesetzgeberischen Versuch, zu dem ihn wohl weniger der eigene freie Wunsch, als die Erkenntnis der unhaltbaren Halbheit der bestehenden Zustände drängte, machte der Reichskanzler mit der Ausarbeitung einer Verfassung für Elsaß-Lothringen. Dieses Land war durch den Frankfurter Frieden vom 10. Mai 1871 von Frankreich an Deutschland abgetreten worden: es umfaßte damals 14 509 qkm und hatte gegen 1¼ Millionen Einwohner. Das Land war leider damals nicht, was nach Ansicht vieler patriotischer und sachkundiger Männer das Richtigste gewesen wäre, einfach in Preußen einverleibt worden – Bismarck wollte nicht, daß es heiße: nun hätten die Sachsen und Bayern und alle andern wohl ihr Blut ebenso für Deutschland vergossen wie die Preußen, aber den Vorteil hätten nur die Preußen eingeheimst; auch galt es, durch den Besitz eines Frankreich abgenommenen, allen gehörigen Reichslandes, das gegen Frankreichs Rückeroberungsplan verteidigt werden mußte, eine neue Klammer um die deutschen Stämme zu schmieden. Es hätte eines erleuchteten deutschen Patriotismus bei den deutschen Fürsten, vor allem bei Bayern, bedurft, daß diese selbst in deutschem Interesse Preußen ersucht hätten, das gewonnene Gut in bleibende Verwahrung zu nehmen; eine solch erleuchtete Gesinnung war damals nicht vorhanden und angesichts des erst im Reifen begriffenen national-politischen Empfindens auch noch kaum zu verlangen. Aus dem durch Schuld der Verhältnisse verfehlten Anfang ergab sich eine verfehlte Entwicklung. Bismarck hegte zwar die Hoffnung, „daß es mit deutscher Geduld und deutschem Wohlwollen gelingen werde, den Landsmann dort zu gewinnen, vielleicht in kürzerer Zeit, als man jetzt erwartet", indem man „dem deutschen Charakter der Elsässer und Lothringer, der mehr nach individueller und kommunaler Selbständigkeit strebt wie der Franzose", Rechnung trage und ihnen „auf dem Gebiete der Selbstverwaltung einen erheblichen freien Spielraum lasse" (Rede im deutschen Reichstag vom 2. Mai 1871). In dieser Hoffnung erhielt das Reichsland durch kaiserliche Verordnung vom 29. Oktober 1874 einen Landesausschutz und durch Gesetz vom 4. Juli 1879 eine gewisse provinziale Sonderexistenz, indem die Würde eines Statthalters und ein reichsländisches Ministerium geschaffen wurden; dieses hatte mit dem Landesausschuß, dessen 58 Mitglieder teils von den Bezirkstagen, teils von den 20 Landkreisen, teils von den Gemeinderäten von Straßburg, Metz, Mülhausen und Colmar gewählt wurden, den Staatshaushalt und die Gesetze zu verabschieden. Ausdrücklich blieb es aber dem Bundesrat und dem Reichstag vorbehalten, die Gesetzgebung im Reichsland auch direkt über den Kopf des Landesausschusses weg auszuüben, für den Fall dies im Reichsinteresse notwendig erscheinen sollte. Die Elsaß-Lothringer nahmen diese Zugeständnisse gnädig an, beklagten sich aber, daß sie nicht genügend seien; solange das Land nicht völlig allen andern Gliedern des Reichs gleich gestellt sei, insbesondere solange es im Bundesrat nur beratende, nicht beschließende Stimme habe, so lange seien sie „Deutsche zweiter Klasse", und man könne gar nicht verlangen, daß sie sich ohne Rückhalt als Deutsche fühlten, da man sie ja gar nicht als volle Deutsche behandle. Diese Begründung machte auf sehr viele wohlmeinende Männer einen großen Eindruck; sie schien den Weg zu weisen, auf dem das Reich endlich dieses sein jüngstes Glied innerlich für sich gewinnen und der französelnden Richtung, welche höchst bedauerlicherweise anwuchs, statt allmählich zu verschwinden, Herr werden könne. Für andere Lösungen fehlte es sowohl an den entscheidenden greifbaren Beweisen der unbedingten Notwendigkeit als infolge daran an der erforderlichen Unterstützung des Reichstags; auch beeinflußte der bundesstaatliche Charakter des Reichs die ganze Sache. So unternahm der Reichskanzler (immerhin mit aller Vorsicht) den Versuch eines Entgegenkommens an die Wünsche der Elsäßer. Er berief sich dabei in seiner Rede im Reichstag vom 23. Mai 1911 nicht ohne guten Grund auf Bismarcks Vorgang; als der große Staatsmann dem Reichsland innere Selbständigkeit verlieh, war sozusagen der Rubikon überschritten worden; jetzt konnte man nicht mehr zurück, nur noch vorwärts, und bloß auf diese Weise schien man die Elsaß-Lothringer zufriedenstellen und sie gewinnen zu können. „Es ist ein Besitzstand geschaffen worden, der nicht nur für die Elsaß-Lothringer eine Existenzfrage ist, sondern der gleichzeitig auch eine feste Stütze der Empfindungen bildet, mit denen das Reich diesem seinem jüngsten Glied gegenübersteht." Bismarck selbst hat Ende der 80er Jahre, als das Protestlertum zur Blüte kam, den Gedanken erwogen, ob nicht das Reichsland einem der benachbarten Bundesstaaten einverleibt werden sollte, hat ihn aber fallen lassen. Das gab zu denken. Nach der neuen Verfassung, welche am 23. Januar 1911 dem Reichstag zuging, verzichteten Bundesrat und Reichstag auf jedes Eingreifen in die reichsländische Gesetzgebung; das Land blieb dem Kaiser als oberstem Träger der Staatsgewalt unterstellt, erhielt von ihm den Statthalter und bedürfte seiner vom Reichskanzler gegenzuzeichnenden Zustimmung zu den Gesetzen. Aber es erhielt eine aus zwei Kammern bestehende Vertretung, deren erste der Kaiser zur Hälfte ernannte, deren zweite ursprünglich nach dem Mehrstimmenrecht (in 27 Wahlkreisen mit 60 Abgeordneten) gewählt werden sollte; die Regierung verzichtete aber am Ende angesichts der Abneigung der Elsäßer gegen jedes beschränkte Stimmrecht auf die „Pluralität", und nahm das Reichswahlrecht an. Im Bundesrat führt das Reichsland künftig drei beschließende Stimmen, welche aber, damit nicht indirekt Preußens Stellung im Bundesrat verstärkt werde – in dem Fall nicht gezählt werden, wenn durch sie ein sonst in der Minderheit bleibender preußischer Vorschlag die Mehrheit bekäme. Auf dieser Klausel bestanden die drei Königreiche Bayern, Sachsen und Württemberg, weil der Statthalter den elsaß-lothringischen Bevollmächtigten zum Bundesrat Anweisung erteilt, wie sie stimmen sollen, der Statthalter selbst aber vom Kaiser, der zugleich König von Preußen ist, ernannt und abgerufen wird. Der Reichstag nahm diese Verfassung am 26. Mai mit 211 gegen 93 Stimmen an. Die Minderheit bestand aus den Konservativen, der ihnen nahe stehenden „wirtschaftlichen Vereinigung", den meisten Reichsparteilern, den Polen und der Mehrzahl der elsaß-lothringischen Abgeordneten selbst. Diese waren auch jetzt noch nicht zufrieden gestellt; die Stellung des Kaisers war ihnen zu stark, die erste Kammer ein undemokratischer Hemmschuh. Aber auch im Reich wurde die Verfassung vielfach nicht gut aufgenommen, weil man befürchtete, daß die Elsaß-Lothringer von der vermehrten Freiheit keinen guten Gebrauch machen würden, und weil die Klausel über die Anrechnung der drei elsaß-lothringischen

Bundesratsstimmen als eine Demütigung Preußens empfunden wurde, zu der der preußische Ministerpräsident nimmermehr hätte die Hand bieten dürfen. Gegen diesen Tadel läßt sich sagen, daß der Reichskanzler auch den Schein vermeiden wollte, als ob er die Grundlagen der Reichsverfassung zu Ungunsten der Mittelstaaten verschieben wolle und daß Preußens tatsächliche Macht nicht von einigen Stimmen im Bundesrat abhänge. Was die Wirkung auf die Elsaß-Lothringer angeht, so schien sie zunächst einzutreten; bei den ersten Wahlen zur Abgeordnetenkammer vom 22. Oktober 1911 erlitten die Französlinge, welche sich Nationalisten nannten, eine völlige Niederlage. Später freilich traten auch wieder weniger erfreuliche Anzeichen zutage; am schlimmsten waren die Vorgänge in Zabern vom November 1913, wo die Garnison von übeln Elementen der Bevölkerung so belästigt und gereizt wurde, daß ein blutjunger Leutnant v. Forstner, der dann 1915 im Kriege fiel, seine Soldaten zur Abwehr gegen die „Wackes" ermahnte und bei dem Versagen der Polizei der Oberst v. Reuter zur Selbsthilfe griff und Verhaftungen vornehmen ließ. Der deutsche Reichstag hatte wahrlich keinen Ruhmestag, als er am 3. Dezember 1913 dem Reichskanzler, der in der schwierigen Lage zur Vernunft redete, sein Mißvergnügen amtlich aussprach. Über all diesen Dingen ward es nötig, den wackeren und deutschgesinnten Statthalter Grafen v. Wedel durch den preußischen Minister des Innern v. Dallwitz zu ersetzen (an dessen Stelle v. Löbell kam) und auch das Ministerium größtenteils zu erneuern. Kurz nachher brach der Krieg aus, der hoffentlich die im deutschen Interesse notwendig erscheinende Änderung in den Verhältnissen des Reichslandes herbeiführen und den Fehler von 1871 gut machen wird.

Ein weiteres wichtiges Werk, das der Reichskanzler von der Zeit seines Amtes als Staatssekretär her im Auge behalten hat, war die Schaffung der sogenannten Reichsversicherungsordnung, die im Reichstag am 30. Mai 1911 mit 232 gegen 38 sozialdemokratische und volksparteiliche Stimmen angenommen ward. Sie enthielt eine Zusammenfassung aller Bestimmungen über Unfall-, Alters-, Kranken- und Gebrechlichkeitsversicherung, war also ein großartiges Werk der Kodifikation, und bildete die bestehenden Einrichtungen überdies in mehreren Punkten weiter. Sie gewährte 1. den Witwen und Waisen der Versicherten eine, wenn auch bescheidene, immerhin 66 Millionen Mark im Jahre betragende Unterstützung; sie erweiterte 2. den Kreis der Versicherten auf die Heimarbeiter, häuslichen Dienstboten und die landwirtschaftlichen Arbeiter, im ganzen auf weitere 7 Millionen Menschen; 3. erhöhte sie das Krankengeld für die besser bezahlten Arbeiter um 50 Pfg. für den Tag, und 4. befreite sie die Krankenkassen von dem Druck der Sozialdemokratie, indem sie die Wahl der Vorstände durch beide Gruppen, Arbeiter und Arbeitgeber, vorschrieb und für alle Kassenbeamten den Nachweis ordnungsmäßiger Vorbildung aufstellte. Der für die drei großen Versicherungen erforderliche Gesamtbedarf wurde schon 1907 auf 859 ½ Millionen im Jahr berechnet, gewiß gewaltige Leistungen für die Arbeiter, wie sie in keinem andern Staat aufgebracht werden. Der eigentliche Vater der Reichsversicherungsordnung war der Reichskanzler selbst, und es war eine wohlverdiente Auszeichnung, wenn der Kaiser ihm zwei Tage nach ihrer Verabschiedung, am 1. Juni 1911, in einem Handschreiben dankte und ihm sein Bild verlieh. Es war ein Werk sozialer Reform von hervorragender Bedeutung zustande gekommen, und in der Fortführung dieser Reformtätigkeit sah der Reichskanzler eine seiner Hauptaufgaben, ohne sich durch die gehässigen Angriffe der Sozialdemokratie oder durch den Tadel der Rechten stutzig machen zu lassen, welche eine Verschärfung der staatlichen Kampfmittel für nötig ansah. Weil v. Bethmann Hollweg dieser Forderung nicht nachkam, erfolgten, ebenso wie anläßlich der Marokkopolitik, scharfe Zusammenstöße mit dem Führer der Konservativen, Herrn v. Heydebrand und der Lase (10. Dezember 1910 und 10. November 1911).

Am Ende des Jahres brachte der Reichskanzler unter Überwindung des Widerstandes einzelner Bundesstaaten im Reichstag noch das Gesetz über die Erhebung von Schiffahrtsabgaben auf den künstlichen Wasserstraßen zur Annahme, wodurch die Kosten für den Ausbau der Wasserwege beschafft werden sollten.

4. v. Bethmann Hollweg als Reichskanzler: die auswärtige Politik 1909-1914.

In der auswärtigen Politik fand v. Bethmann Hollweg, als er Reichskanzler wurde, eine sehr schwierige Lage der Dinge vor. Nicht bloß bestand zwischen den alten Feinden Frankreich und England seit 8. April 1904 das sogenannte „herzliche Einvernehmen" (*entente cordiale*), das trotz aller Ableugnungen zweifellos seine Spitze gegen Deutschland richtete; sondern dieses herzliche Einvernehmen war 1908 auch auf zwei andere alte und scheinbar unversöhnliche Feinde ausgedehnt worden: auf England und Rußland. In Reval waren am Juni 1908 König Eduard VII., der rastlos an der „Einkreisung" Deutschlands arbeitete, und Zar Nikolaus II. zusammengekommen und hatten auf Grund einer englisch-russischen Abkunft über die Interessenbereiche in Asien vom 31. August 1907, die namentlich Persien in einen russischen und einen englischen Interessenkreis zerlegte, sich auch über die Behandlung der Türkei verständigt, wobei in einer freilich noch nicht öffentlich bekannt gewordenen Weise die Türkei, in ähnlicher Weise wie Persien, wenn auch vorerst nur auf dem Papier, aufgeteilt worden ist. Mit dieser Sachlage hatte v. Bethmann Hollweg zu rechnen; er hatte einen „Dreiverband" vor sich, der durch den gemeinsamen Haß gegen Deutschland fester zusammengehalten wurde, als der „Dreibund", der durch den äußerlich verborgenen, innerlich aber um so tieferen Gegensatz zwischen Österreich und Italien längst unterhöhlt war. Jeder Versuch, den Dreiverband zu sprengen, war aussichtslos und hatte höchstens die Folge, ihn noch fester zusammenzuschmieden; es galt also, ihn wenigstens etwas zu lockern und die Gefahr eines bewaffneten Zusammenstoßes zu vermindern. Das schien dem Reichskanzler möglich, wenn man die gemeinsamen Interessen (welche bei der vielfältigen Verflechtung der Beziehungen aller Staaten trotz des Gegensatzes noch vorhanden waren) benutzte, um eine Annäherung zustande zu bringen. So gelang es dem Reichskanzler am 4. November 1910 mit dem Zaren, der von Friedberg in Hessen mit seiner Gemahlin nach Hause reiste, in Potsdam eine Abkunft zu vereinbaren, laut deren Rußland und Deutschland einander versprachen, sich in nichts einzulassen, was eine Spitze gegen den andern Teil haben könnte; und am 19. August 1911 kam ein Vertrag über die beiderseitigen Interessen in Persien zustande, der den Anschluß der von einer deutschen Gesellschaft z. T. schon gebauten, z. T. noch zu bauenden Bagdadbahn an die russischen Bahnen in Nordpersien (von Teheran nach Hanikin) in Aussicht nahm. Man war in Berlin überzeugt, daß die Partei in St. Petersburg, welche wollte, daß Rußland mit Deutschland gut stehe, zur Zeit das Heft in der Hand habe; ob das dauern werde, konnte natürlich niemand sagen; aber der Versuch, mit Rußland sich zu vergleichen, war der Mühe wert. Mit Frankreich kam es (trotz des noch v. Bülow am 9. Februar 1909 geschlossenen Abkommens über ein friedliches Nebeneinander in Marokko) im Jahr 1911 zu einer gefährlichen Spannung. Die Franzosen besetzten am 21. Mai ungeachtet aller früheren Erklärungen die Hauptstadt des Landes, Fez, so daß der Reichskanzler dem Vorschlag v. Kiderlens beitrat, das deutsche Kanonenboot Panther nach dem marokkanischen Hafen Agadir zu senden und die in der Umgegend dieses Hafens vorhandenen deutschen Interessen unter den Schutz der deutschen Seemacht zu stellen.

Es war, wie der Reichskanzler am 9. November 1911 im Reichstag gesagt hat, eine Maßregel, welche den Franzosen dartun sollte, daß „wir uns nicht bei Seite schieben lassen würden, selbst nicht auf die Gefahr, daß dadurch die Schicksalsfrage: Krieg oder Frieden? heraufbeschworen werde". Wir wollten Marokko nicht als französisches Schutzland gelten lassen, sondern dort selbständig unsere Interessen wahrnehmen. Wollten sie das Sultanat in ein Schutzgebiet verwandeln, so mußten sie uns dafür einen angemessenen Preis zahlen. Festsetzen wollten wir uns dort aus den triftigsten Gründen nicht; unsere marokkanischen Aktien, die wir 1906 in Algericas erworben hatten, waren durch das französische Vorgehen wertlos geworden; aber wir forderten, daß man sie uns durch ausreichende Entschädigung abkaufe. Daraus ging eine schwere Krisis hervor, weil die englische Regierung, unter Berufung auf ihre 1904 übernommenen Vertragspflichten, Frankreich bewaffnete Hilfe zu leisten sich erbot. Rußland dagegen verständigte sich mit uns während dieser Krisis über Persien. Schließlich kam es aber zu dem Vertrag vom 4. November 1911, in welchem Deutschland Marokko als französischen Schutzstaat anerkannte, aber Sicherheit für seine wirtschaftliche Betätigung in dem Sultanat und den an Kamerun grenzenden Teil des französischen Kongo erhielt – ein Gebiet von 263 000 qkm, so groß als etwa Preußen ohne Schlesien und Ostpreußen.

Frau Martha von Bethmann Hollweg, die am 10. Mai 1914 verstorbene Gemahlin des deutschen Reichskanzlers.

Die Hoffnung, daß der Vertrag der Ausgangspunkt eines besseren Einvernehmens mit Frankreich sein werde, hat sich nicht erfüllt; die Franzosen betrachteten den „Panthersprung" als eine Herausforderung, welche eigentlich mit Blut hätte gesühnt werden müssen und knirschten, daß wir sie ohne Schwertstreich zur Abtretung einer großen Provinz genötigt hätten. In England wurde aber die öffentliche Meinung über die Kriegsgefahr, in die das Land durch das Ministerium Asquith, Lloyd George und Grey plötzlich versetzt worden war, doch stutzig; es erhoben sich Stimmen, welche dringend die Herstellung eines besseren Verhältnisses zu Deutschland forderten. So erschien der Kriegsminister Lord Haldane am 8. Februar 1912 in Berlin, um ein Abkommen zustande zu bringen. Der Reichskanzler schlug zunächst vor, daß England sich für den Fall eines Krieges auf dem Festland zur unbedingten Neutralität verpflichte. Allein Haldane konnte nichts bieten als das Versprechen, daß England uns, ohne herausgefordert zu sein, nicht angreifen werde. Der Reichskanzler maß diesen Angeboten einen praktischen Wert nicht bei, da das, was sie enthielten, unter zivilisierten Völkern selbstverständlich ist. Er ließ aber die Forderung unbedingter Neutralität fallen und verlangte wohlwollende Neutralität nur noch, falls Deutschland ein Krieg aufgezwungen werde. Grey lehnte auch das ab, weil er besorgte, durch ein solches Versprechen die bestehenden Freundschaften Englands mit andern Mächten zu gefährden. Hierauf verzichtete Deutschland auf das Weiterspinnen einer offenbar nutzlosen Verhandlung, als deren Ergebnis die Einsicht zu betrachten ist, daß England, auch wenn uns ein Krieg aufgezwungen würde, sich vorbehielt, seine Neutralität fallen zu lassen und sich den Angreifern zuzugesellen – genau das, was es am 4. August 1914 wirklich getan hat. Die Frucht dieser Einsicht waren die zwei Heeresvorlagen von 1912 und 1913, wodurch die jährliche Rekrutenziffer um 29 000, bzw. Um 68 000 Mann erhöht wurde. Es war ein erfreuliches Zeichen politischer Reife und patriotischen Sinnes, daß der am 12. Januar neu gewählte Reichstag, in dem die Sozialisten auf Kosten aller bürgerlichen Parteien von 53 auf 110 Stimmen angewachsen und Zentrum und Rechte in die Minderheit versetzt waren, gleichwohl am 21. November 1912 und am 30. Juni 1913 beide Vorlagen gegen die Stimmen der Sozialdemokraten, Polen und Elsaß-Lothringer mit Zweidrittelmehrheit genehmigte; und die besitzenden Klassen nahmen, ohne mit der Wimper zu zucken, die Last eines einmaligen „Wehrbeitrags" von einer Milliarde auf sich. Wie notwendig die Heeresvorlagen waren, durch welche die seit 1893 mehr und mehr zum leeren Wort herabgesunkene allgemeine Wehrpflicht wieder eine Wahrheit wurde, davon sollte man sich bald überzeugen.

5. Der Reichskanzler beim Ausbruch des Weltkrieges.

Am 28. Juni 1914 fielen der Thronfolger von Österreich-Ungarn, der Erzherzog Franz Ferdinand, und seine Gemahlin Sophie, Herzogin von Hohenberg, in Sarajewo in Bosnien als Opfer einer durch Offiziere und Beamte des Königreichs Serbien geleiteten und ausgerüsteten Mörderbande. Am 23. Juli stellte der österreichisch-ungarische Minister des Auswärtigen, Graf Berchtold, in Belgrad die Forderung einer ausreichenden Genugtuung und Sicherstellung für die Zukunft; aber von St. Petersburg aus ermutigt und der Hilfe versichert, lehnte die Regierung des Königs Peter, der selbst durch den Meuchelmord vom 11. Juni 1903 auf den Thron des unglücklichen Königs Alexander gelangt war, das Ultimatum am 25. Juli abends kurz vor der um 6 Uhr ablaufenden Frist in den wesentlichen Punkten ab. Sofort war deutlich, daß aus dem nun zwischen Österreich-Ungarn und Serbien ausbrechenden Krieg ein allgemeiner Weltbrand entstehen müsse, falls es nicht rasch gelinge, den Krieg in den engen örtlichen Grenzen zu halten. Um ein Eingreifen Rußlands abzuschneiden, erklärte Österreich-Ungarn sofort noch am 25. Juli, daß es keine Eroberungen auf Kosten Serbiens anstrebe, und am 28. Juli erweiterte es sein Versprechen noch dadurch, daß es sich anheischig machte, auch die Unabhängigkeit Serbiens nicht anzutasten. Der Reichskanzler tat alles, um in Wien zum Frieden zu raten; er hat sogar, wie er am 19. August 1915 im Reichstag bekannt gab, den Botschafter Herrn v. Tschirschky am 29. Juli in Wien mit aller Schärfe erklären lassen, „daß wir Österreich-Ungarn zwar nicht zumuten, mit Serbien zu verhandeln, mit dem es im Kriegszustand begriffen ist; die Verweigerung jeden Meinungsaustausches mit Petersburg aber (wovon der deutsche Botschafter in Petersburg, Graf Pourtalès, geschrieben hatte) würde ein schwerer Fehler sein. Wir sind zwar bereit, unsere Bundespflicht zu erfüllen, müssen es aber ablehnen, uns von Österreich-Ungarn durch Nichtachtung unserer Ratschläge in einen Weltbrand hineinziehen zu lassen. Eure Exzellenz wollen sich sofort gegen Graf Berchtold mit allem Nachdruck und großem Ernst in diesem Sinn aussprechen." Darauf antwortete Herr v. Tschirschky, daß Graf Berchtold bemerkt habe, es liege hier ein Mißverständnis vor und zwar auf russischer Seite; der k. k. Botschafter am russischen Hofe, Graf Szapary, habe Weisung empfangen, mit dem russischen Minister des Auswärtigen, Saszonov, in Verhandlungen einzutreten. Diese Verhandlungen aber wurden dadurch durchkreuzt, daß Rußland sofort seine Streitkräfte mobil machte, und zwar nicht bloß gegen Österreich-Ungarn, sondern auch gegen das Deutsche Reich. Es tat dies um so unbedenklicher, als es sehr bald Sicherheit erlangte, daß es nicht bloß auf französische, sondern auch auf englische Kriegshilfe rechnen könne, und alle Mahnungen des deutschen Kaisers, die Mobilmachung zurückzunehmen, weil sonst deutscherseits Gegenmaßregeln ergriffen werden müßten, waren in den Wind gesprochen. So blieb uns nichts anderes übrig, als am 31. Juli ein Ultimatum an Rußland zu richten, daß es binnen zwölf Stunden die Kriegsrüstungen einstelle und hierüber eine bestimmte Erklärung abgebe. Da dies nicht geschah, vielmehr am 1. August Kosaken die ostpreußische Grenze überschritten und auf Johannisburg ritten, so erfolgte am 1. August 1914 abends 5 Uhr die deutsche Kriegserklärung an Rußland. Wie die Dinge lagen, war damit auch der Krieg mit Frankreich gegeben; auf die am 1. August von unserem Botschafter Freiherrn v. Schön in Paris übermittelte Anfrage, ob Frankreich in einem deutsch-russischen Kriege neutral bleiben werde, erfolgte die vielsagende Antwort: Frankreich werde tun, was seine Interessen ihm vorschreiben. Auch hier wurden die Feindseligkeiten gegen uns eröffnet, ehe eine Kriegserklärung erlassen war; am 2. August überschritten französische Truppen die Grenze bei Altmünsterol, und französische Flieger warfen Bomben auf die Eisenbahnen bei Wesel, Karlsruhe und Nürnberg herab. So zeigte v. Schön am 3. August um 6 Uhr abends an, daß Frankreich uns in Kriegszustand versetzt habe, forderte seine Pässe und verließ Paris.

Noch war England zurück, und auch die Feinde müssen, wenn sie ehrlich sein wollen, dem Reichskanzler das Zeugnis ausstellen, daß er nach allen Kräften bemüht gewesen ist, diese Macht, zu der er seit fünf Jahren ein besseres Verhältnis zu erlangen angestrebt hatte, in den Bahnen des Friedens zu erhalten. Wie das erste englische Blaubuch dartut, hatte v. Bethmann Hollweg am 29. Juli mit dem britischen Botschafter Goschen eine Unterredung, worin er England, falls es bei Ausbruch eines Kriegs mit Rußland neutral bleibe, jede Sicherheit dafür anbot, daß Deutschland im Fall eines siegreichen Ausgangs des Krieges sein Gebiet nicht auf Kosten Frankreichs vergrößern werde. Auf die Frage Goschens, wie es dann mit den französischen Kolonien stehe, erklärte der Reichskanzler, hierüber könne er eine ähnliche Versicherung nicht abgeben – natürlich: irgendwie mußten wir doch im Fall eines Sieges uns schadlos halten können. Hollands Neutralität werde Deutschland achten, solange das von anderer Seite geschehe; von Frankreichs Vorgehen werde es abhängen, ob und inwieweit Deutschland in Belgien Operationen vornehmen müsse. Mit England habe das Deutsche Reich stets eine Verständigung angestrebt; er denke an ein allgemeines Neutralitätsabkommen beider Staaten, obschon es im gegenwärtigen Augenblick natürlich zu früh sei, auf Einzelheiten einzugehen. Alle diese Angebote wurden von Greyschroff abgelehnt; er befahl Goschen, dem Reichskanzler zu sagen, daß England nicht bei Seite stehen könne, wenn Frankreich seine Kolonien und seine Stellung als Großmacht verlieren sollte und den Deutschen unterworfen würde. Am 1. August bot der Kaiser, selbstverständlich nach Verabredung mit dem Reichskanzler, dem König Georg V. von England persönlich und direkt an, daß er trotz des mit Rußland ausgebrochenen Krieges sich anheischig mache, Frankreich nicht anzugreifen, falls dieses sich zur Neutralität bereit erkläre und England diese Neutralität, nötigenfalls unter Einsatz seines Heeres und seiner Flotte, verbürge. Am gleichen Tag aber setzte Grey im Kabinett den Beschluß durch, daß, wenn die deutsche Flotte in den Ärmelkanal eindringen oder die französische Nordküste angreifen sollte, die britische Flotte

Frankreich allen in ihrer Macht liegenden Schutz gewähren solle. Darauf erklärte der Reichskanzler, daß Deutschland, wenn England neutral bleibe, auf beide Maßnahmen verzichten, also von der Überlegenheit seiner Flotte über die französische keinen Gebrauch machen werde. Es war alles umsonst. Grey konnte oder wollte nicht mehr zurück; er hatte so lange mit Frankreich und Rußland sich verschworen, daß er jetzt an ihrer Seite in den Krieg gehen mußte. Bekanntlich hat er, um den Widerstand eines Teils seiner Amtsgenossen zu brechen, dann die Verletzung der Neutralität Belgiens als eine Herausforderung Englands bezeichnet, welche dieses zwinge, seine Pflicht und Ehre zu wahren und Belgien bewaffnete Hilfe zu leisten. Am 4. August richtete er ein Ultimatum an das Deutsche Reich, wonach es bis Mitternacht eine genügende Erklärung über seine Achtung der belgischen Neutralität abgeben sollte; andernfalls sollte Goschen seine Pässe fordern und erklären, daß England alle Schritte zum Schutz dieser Neutralität und eines auch von Deutschland unterschriebenen Vertrages ergreifen werde. Als der englische Botschafter sich seines Auftrags entledigte, erhielt er sofort die allein mögliche ablehnende Antwort. Er erschien dann beim Reichskanzler, um sich von dem Manne, mit dem er Jahre lang freundschaftlich verkehrt hatte, persönlich zu verabschieden. Man kann nicht ohne tiefe Ergriffenheit den im englischen Blaubuch abgedruckten Bericht Goschens über diese letzte Unterredung mit dem Reichskanzler lesen. Dieser legte Wert darauf, seine Ansicht über das Vergehen Englands offen auszusprechen. Er sagte, alle seine Anstrengungen, mit England zu einem besseren Verhältnis zu gelangen, seien nutzlos gemacht, seine ganze Politik zusammengestürzt wie ein Kartenhaus; England verfahre wie ein Mensch, der einen von zwei Angreifern Überfallenen von hinten niederschlagen wolle.

Der Reichstag war auf den 4. August berufen worden, um die Mitteilungen der Regierung entgegen zu nehmen und die notwendigen Maßregeln, namentlich eine Kriegsanleihe von fünf Milliarden, zu beschließen. Vor ihm hielt v. Bethmann Hollweg, nachdem die Eröffnung im weißen Saal mit der kraft- und würdevollen Thronrede in bekannter Weise stattgefunden hatte, um 3¼ Uhr eine meisterhafte Rede voll Mäßigung und

Entschlossenheit, in welcher er die Entstehung des Krieges darlegte und unsern Entschluß, in Belgien einzurücken, mit der Notwehr begründete: „wer, wie wir, um das Höchste kämpft, darf nur daran denken, wie er sich durchhaut!" Es ist dem Reichskanzler verdacht worden, daß er damals diesen Einmarsch in Belgien offen und redlich als ein Unrecht bezeichnete, „das wir wieder gutzumachen suchen werden, sobald unser militärisches Ziel erreicht ist". Unsere Gegner haben dieses Wort weidlich ausgenutzt; sie haben freilich von der Geradheit der Gesinnung, welcher dieses Wort entsprang, keine Spur in sich und haben dafür keinerlei Verständnis. Später sind uns die Schriftstücke, welche uns völlig entlasten, in Brüssel in die Hände gefallen, und der Reichskanzler hat davon einen vernichtenden Gebrauch gemacht; unwiderleglich hat er an ihrer Hand dargetan, daß Belgien durch seine Verschwörung mit England und Frankreich gegen uns seine Neutralität selbst längst preisgegeben hatte. Um von allen andern Zeugnissen abzusehen, so sei auf die vortreffliche Schrift des Niederländers M. P. C. Walter, Beiträge zur Entstehungsgeschichte des großen Kriegs (Amsterdam, van Langenhuysen, 1915) verwiesen, welcher mit hervorragender Sachkenntnis und Belesenheit und in glänzendem Stil nachweist, daß England seit den 50er Jahren des 19. Jahrhunderts, seit dem Erwerb unserer Kolonien, den Krieg gegen uns vorbereitete, daß Eduard VII. der große Kriegshetzer war und Belgiens König Albert, der durch energischen Widerstand gegen den von Frankreich drohenden Einmarsch diesen hätte verhindern und damit uns die notwendige Sicherheit geben müssen, „im Komplott mit Deutschlands Feinden war". Das genügt. Der Reichstag war am 4. August auf der Höhe seiner Aufgabe, und mit Recht sagte der Reichskanzler am Schluß der Beratungen: „nicht das Gewicht Ihrer Beschlüsse gibt dieser Tagung ihre Bedeutung, sondern der Geist, aus dem heraus sie geboren sind, der Geist der Einheit Deutschlands, des unbedingten, rückhaltlosen, gegenseitigen Vertrauens auf Leben und Tod. Was uns auch beschieden sein mag – der 4. August 1914 wird bis in alle Ewigkeit hinein einer der größten Tage Deutschlands sein!" Es verdient bemerkt zu werden, daß das, was der Reichskanzler an jenem denkwürdigen Tage sprach, von hoher patriotischer Glut erfüllt war; er fand die richtigen

Worte für die ungeheure Zeit, und stürmischer, einhelliger Beifall des Reichstags und (was der Präsident Dr. Kämpf gegen den sonstigen Brauch verständnisvoll geschehen ließ) der Zuhörerreihen zeigte dem Leiter der Reichspolitik, daß er verstanden ward und einen gewaltigen Widerhall in aller Herzen erweckte. Der 4. August war auch v. Bethmanns größter Tag.

6. Der Reichskanzler im Weltkrieg.

Nach Kriegsausbruch begleitete der Reichskanzler den Kaiser ins Feld und hatte demgemäß seinen Aufenthalt jeweils am Orte des kaiserlichen Hauptquartiers. Öfters kehrte er, wenn die Geschäfte es verlangten, auch für längere oder kürzere Zeit nach Berlin zurück. Das war namentlich der Fall, wenn der Reichstag berufen wurde, was am 4. Dezember erstmals wieder geschah, um ihn ein zweites Mal um die Bewilligung von fünf Milliarden für Kriegszwecke anzugehen. Der Reichskanzler befürwortete die Annahme dieser Vorlage in einer ausgezeichneten Rede, in der er unsern Truppen den wohl verdienten Dank aussprach, den Beitritt der Osmanen zu der deutsch-österreichischen Waffengemeinschaft freudig begrüßte und England „die innere (letzte) Verantwortung" für den Krieg zuschob. „Die insulare englische Denkart hat im Laufe der Jahrhunderte einen politischen Grundsatz ausgestaltet, daß nämlich England mit der Kraft eines selbstverständlichen Dogmas ein *arbitrium mundi* (Weltherrschaft) gebühre." Er legte dar, welche Versuche er gemacht habe, mit England auf der Grundlage beiderseitiger freier Kräfteentfaltung sich zu vergleichen; die Welt biete beiden Völkern Raum genug, im friedlichen Wettbewerb ihre Kräfte zu messen. England sei aber nicht darauf eingegangen, und nun habe Deutschlands Kraft sich militärisch und finanziell glänzend bewährt. Die belgische Neutralität beleuchtete der Kanzler treffend an der Hand der oben erwähnten Urkunden. Zum Schluß pries er die Einigkeit der Nation, die Beglückung, daß so viel

Unrat und Wust weggefegt sei, und verhieß, daß es nach dem Krieg, so weit es auf ihn ankomme, nur mehr Deutsche geben solle. „Wir halten durch, bis wir Sicherheit haben, daß keiner mehr wagen wird, unsern Frieden zu stören!"

An der dritten Tagung des Reichstags, die vom 10. bis 18. März 1915 währte und in der die Bewilligung eines weiteren Kriegskredits von 10 Milliarden erfolgte, nahm der Reichskanzler keinen direkten Anteil; die Regierung wurde dabei vertreten durch den Staatssekretär des Innern, Delbrück, dem überhaupt die Stellvertretung des Reichskanzlers in dessen Abwesenheit oblag, und durch den neuen Staatssekretär der Finanzen Helfferich. Dagegen wurde die vierte Tagung (vom 18. Mai) in hohem Grade dramatisch durch die Mitteilungen, die der Reichskanzler über die Zugeständnisse machte, mittels deren Österreich-Ungarn den bisherigen Genossen im Dreibund, Italien, von dem Abfall und dem Übergang auf die Seite unserer Feinde abzuhalten suchte. Der Reichskanzler fügte hinzu, daß Deutschland, um die Verständigung zwischen seinen zwei Bundesgenossen zu fördern und zu festigen, im Einverständnis mit dem Wiener Kabinett dem römischen gegenüber die volle Bürgschaft für die ehrliche Ausführung des Angebots ausdrücklich übernommen habe. Der Versuch, den unerhörtesten Treubruch der Geschichte, durch den ein Bundesgenosse von gestern sich in einen Todfeind von heute verwandelte, in letzter Stunde noch zu hintertreiben, schlug fehl; am 23. Mai erklärte Italien an Österreich-Ungarn unter den nichtigsten Vorwänden den Krieg, worauf der Reichskanzler noch am selben 23. Mai durch das Wölfische Telegraphen-Büro bekannt gab, daß die italienische Regierung damit auch das Bündnis mit Deutschland ohne Recht und Grund zerrissen habe und Fürst Bülow, unser Vertreter in Rom, angewiesen worden sei, Rom zugleich mit dem österreichisch-ungarischen Botschafter Baron Machio zu verlassen. Eine Kriegserklärung an Italien fand nicht statt, ebensowenig eine solche Italiens an Deutschland.

Die fünfte Kriegstagung wurde am 19. August durch eine Rede v. Bethmann Hollwegs eröffnet, in der er der großen Erfolge in Polen, Kurland und an den Dardanellen gedachte und England vor aller Welt die

Der Reichskanzler, seine Tochter zur Trauung in die Kirche führend, dahinter der Bräutigam mit seiner Mutter Gräfin Zech-Burkersroda.

Hauptschuld an dem Krieg zuschrieb, der aus der Einkreisungspolitik Eduards VII. erwachsen sei. Der Minister Asquith habe in öffentlicher Rede die Zugeständnisse unterschlagen, welche wir bei den Verhandlungen mit Lord Haldane im Winter 1912 gemacht hätten, und habe damit die öffentliche Meinung in England in unverantwortlicher Weise irre geführt. Rußlands Mobilmachung habe seiner Zeit den Weltbrand entzündet. Nun haben unsere Heere die östlichen Grenzen Polens erreicht, und es sei zu hoffen, daß eine neue Entwicklung beginne, welche die alten Gegensätze zwischen Deutschland und Polen aus der Welt schaffe und das vom russischen Joch befreite Land einer glücklichen Zukunft entgegenführen werde, in der es die Eigenart seines nationalen Lebens pflegen könne. Früher hatte v. Bethmann Hollweg den Kampf gegen das in staatlicher Hinsicht nicht zuverlässige Polentum in unsern Ostmarken als eine Staatsnotwendigkeit angesehen (s. seine Rede gegen den Herrn

v. Tazdzewski im preußischen Abgeordnetenhaus vom 13. Januar 1906): jetzt hatte die ungeheure Zeit auch hier eine neue Lage geschaffen, und die Wiedereröffnung der 1869 geschlossenen hohen Schulen Warschaus mit polnischer Unterrichtssprache (15. November) war ein weithin leuchtender Beweis, daß wir es nicht bei Worten bewenden lassen. Der Krieg, fuhr der Reichskanzler fort, werde ein aus tausend Wunden blutendes Europa zurücklassen; solle aber Europa zur Ruhe kommen, so könne dies nur durch eine starke und unantastbare Stellung Deutschlands geschehen. „Die jetzige englische Politik, die ein Brutofen für den Krieg ist und Deutschland zum Vasallen Englands herabdrücken möchte, muß verschwinden. Wir müssen zum Wohl aller Völker und Länder die Freiheit der Weltmeere erzwingen. Wir wollen sein und bleiben ein Hort des Friedens und der Freiheit der großen und der kleinen Völker. Was wir wollen, ist ein neues, von französischen Ränken, von moskowitischer Eroberungssucht und von englischer Vormundschaft befreites Europa." Diese markigen Worte wurden mit lang anhaltendem Beifall und Händeklatschen aufgenommen. Sie umschrieben nicht im einzelnen, aber im großen das Kriegsziel, dem unser Kampf gilt. Der Schluß des Reichstags erfolgte am 27. August, unter Anberaumung der sechsten Tagung auf den 30. November.

Vier Wochen nach der Rede des Reichskanzlers über die Lage erfolgte eine tiefgreifende, für uns günstige Veränderung. Am 19. September donnerten erstmals deutsche Geschütze an der unteren Donau gegen die serbische Festung Semendria; am 23. September schritt Bulgarien, das sich mit der Türkei verständigt hatte, zur Mobilmachung, und am 4. Oktober antwortete es auf ein barsches, russisches Ultimatum ablehnend. Kurz darauf griff es als unser Verbündeter mit aller Kraft in den Krieg gegen seinen serbischen Todfeind ein, einen Krieg, der unsererseits mit dem Zweck geführt wurde, durch Serbien hindurchzustoßen und über Bulgarien die Verbindung mit unserem türkischen Bundesgenossen herzustellen. Ungeheure Fernsichten knüpfen sich an diesen Krieg, eine geschlossene politische Völkerphalanx der Deutschen, Österreicher, Ungarn, Bulgaren und Osmanen von der Nord- und Ostsee bis zum Nil und zum persischen Meerbusen, von wo, wenn das Weltenschicksal sich erfüllen soll, über Persien und Afghanistan hinübergegriffen werden kann bis nach Indien. Wenn diese Möglichkeiten jetzt gegeben sind, wodurch Englands angeblich unerschütterliche Weltherrschaft in der Wurzel getroffen werden kann, so gebührt das Verdienst in erster Linie unserem und dem türkischen Heer, dann aber v. Bethmann Hollweg. In dem Ringen um die Balkanstaaten, das zwischen uns und unsern Feinden seit Jahresfrist geführt wurde, setzten unsre Gegner auf die falsche Karte, indem sie vornehmlich Rumänien umwarben und auf ihre Seite ziehen wollten. Sie rechneten, daß als Lohn für Siebenbürgen und den Banat, die sie den Rumänen verhießen, 3 bis 400 000 Rumänen sich erheben und die russische „Dampfwalze" unwiderstehlich machen sollten. Aber die Rumänen durften das nicht wagen, wenn sie nicht im Rücken gesichert waren; was mußte aus ihnen werden, wenn sie an den siebenbürgischen Alpen festklebten, wie die Italiener an den ukrainischen, und die bulgarischen Legionen über die Donau herüberquollen? Bulgarien war der Schlüssel der Situation, das erkannte der Reichskanzler mit voller Klarheit, und wenn es gelang, durch Serbien uns Bahn zu brechen, so war das auch die Brücke zur Türkei, zum Suezkanal, zum Euphrat. So setzte die deutsche Diplomatie ihre Hebel in Sofia an, wo man sich sagen mußte: unser Todfeind Serbien steht im Lager Rußlands; also ist unser Platz da, wo die deutschen Fahnen wehen. Durch Darlehen, welche Bulgarien in Deutschland erhielt, durch das Versprechen der Abnahme seiner reichen Getreideernten von 1914 und 1915, durch die Zusicherung Makedoniens und vor allem durch unsere gewaltigen Siege wurde die bulgarische Regierung vollends gewonnen, und so erfolgte der moralisch, politisch und militärisch im höchsten Grad bedeutsame Anschluß des tapferen, 1913 tief gedemütigten und nach Rache lechzenden Volkes an Deutschland und seine Verbündeten. Es ist eine Pflicht der Wahrhaftigkeit festzustellen, daß dieser Erfolg vornehmlich der überlegenen Urteilskraft und dem zähen Willen des leitenden deutschen Staatsmannes verdankt wird.

Wie der Reichskanzler hier einen Bundesgenossen für uns gwann, so hat er andrerseits verhütet, daß ein neuer Feind gegen uns aufstand. Der Unterseebootkrieg gegen die britische Handelsflotte, unsere Antwort auf den berüchtigten Aushungerungsplan der Engländer, hatte zur Folge, daß am 7. Mai 1915 der 41 500 Registertonnen haltende Riesendampfer der Cunard-Linie Lusitania kurz nach 3 Uhr nachmittags, bei hellem Wetter, unweit der Südküste Irlands durch ein Unterseeboot torpediert wurde und sank. Dabei verloren ungefähr 1400 Menschen, worunter einige Amerikaner, das Leben. Obwohl die Lusitania neben ihrer Eigenschaft eines Passagierdampfers unzweifelhaft öfters auch als Schiff zur Beförderung von Schießbedarf benutzt worden war, den die Amerikaner trotz ihrer Neutralität in ungeheuren Mengen an unsere Feinde lieferten, und obwohl der englische Gesandte in Bern am 21. Mai öffentlich zugestand, daß sie auch auf der letzten Fahrt Kriegsbedarf für England an Nord gehabt hatte; obwohl somit unser klares Recht zu ihrer Vernichtung feststand: so erregte der Vorfall doch die England ohnehin geneigte angelsächsische Bevölkerung der Vereinigten Staaten dermaßen, daß ein ernster Zwist drohte. Später wurde der Dampfer Arabic versenkt, wobei wieder ein paar Amerikaner umkamen. Nun konnte man mit vollem Recht sagen, daß Leute, welche sich an Bord solcher zu Kriegszwecken dienenden Schiffe begaben, sich selbst mutwillig der Todesgefahr aussetzten und nur erlitten, was sie selbst verschuldeten. Aber in den Vereinigten Staaten sah man die Sache eben nicht so an; hier verlangte man einfach, daß Deutschland Bürger neutraler Staaten nicht umbringe, und die englische Diplomatie und Presse tat alles, um den Gegensatz zu vertiefen. Das allein war schon ein Fingerzeig, welche Haltung wir einzunehmen hatten. Würde auch die letzte noch neutrale Großmacht, deren Präsident Wilson ohnehin Deutschland verständnislos gegenüberstand und ausschließlich von englischen Sympathien geleitet war, sich in Waffen gegen uns erhoben haben, so würde das zwar militärisch aus verschiedenen, auf der Hand liegenden Gründen nicht sehr viel bedeutet haben, moralisch aber um so mehr. Die Empfindung, daß alles sich zusammenschließe, um die deutschen Barbaren wie tolle Hunde niederzuschlagen, würde allgemein geworden sein, und wir hätten nicht erwarten dürfen, daß, wenn alle Großen sich gegen uns wandten, die Kleinen es anders machen sollten. Unsere ganze diplomatische Arbeit auf dem Balkan wäre vergeblich gewesen; Bulgarien hätte trotz allem, was es auf unsere Seite wies, sich uns zuzuwenden nicht gewagt. So entschloß sich der Reichskanzler einen den Vereinigten Staaten weit entgegenkommenden Schritt zu tun; er gab am 5. Oktober 1915 das Versprechen, daß Passagierdampfer nicht torpediert werden sollten, ohne daß sie vorher gewarnt würden, und unter der Voraussetzung, daß sie nicht unternehmen, sich dem anhaltenden deutschen Schiff durch Flucht zu entziehen. Handelsschiffe, auch solche der Vereinigten Staaten, die Bannware führen, werden nach wie vor auf Grund anerkannten Rechts versenkt. Mit diesen Zugeständnissen, welche nichts Demütigendes an sich hatten, erreichten wir eine gütliche Beilegung des Streits und das Verharren der Vereinigten Staaten in ihrer, freilich nach unserer Auffassung nicht einwandfreien Neutralität.

Der Reichskanzler unterließ nicht, neben den großen internationalen Fragen allem seine Aufmerksamkeit zuzuwenden, was dem öffentlichen Wohl dienlich sein konnte. An erster Stelle steht hier die Regelung der Ernährungsfrage durch die Brotkarten, wobei die Engländer bezeugt haben, daß sie in dem „Brotkartengeist" ihren gefährlichsten Feind sehen; die Nation hat sich der unter Leitung des Reichskanzlers geschaffenen großen und zweckvollen Organisation rückhaltlos zur Verfügung gestellt. Als unter Vorsitz des Breslauer Professors Julius Wolf sich am 18. Oktober 1915 in Berlin eine „Deutsche Gesellschaft für Bevölkerungswesen" bildete, die dem schon vor dem Krieg mit Sorge bemerkten Rückgang der Bevölkerung entgegenzuwirken sich vorsetzte, sprach v. Bethmann Hollweg durch eine Zuschrift sein volles Einverständnis und seine Bereitwilligkeit mitzuhelfen aus und entsandte zur Gründungsversammlung einen Vertreter. Eine kurze Anwesenheit in Berlin benutzte er am 19. Oktober, um mit seinem Stellvertreter Delbrück die Maßregeln zur Lebensmittelversorgung und gegen die zunehmende Teuerung festzustellen, und auf eine Eingabe der sozialdemokratischen Fraktion erklärte er Ende November, daß er alles tun werde, die Preistreiberei mit allen Mitteln ohne Ansehen des Standes und Gewerbes zu beseitigen, daß die Frage aber dem inneren Parteigetriebe entrückt bleiben und der Opfersinn und Heldenmut, die Grundlage unserer bisherigen Erfolge, von allen Gemütern weiter gepflegt werden sollen; ein anderes Verhalten würde nur die Hoffnungen unserer Feinde stärken und den Krieg verlängern.

Die größten Aufgaben aber erwarten den Reichskanzler ohne Frage bei dem Abschluß des Friedens und nach dessen Abschluß. Wenn über Frieden verhandelt werden wird, gilt es die richtigen Wege zu dem Ziel zu finden, über das wir alle einverstanden sind: der Sicherung des Vaterlandes vor einer Wiederkehr der diesmal überwundenen Gefahr. Wie wir Rußland, England, Frankreich außerstande setzen können, uns nochmals zu überfallen, das will reiflich erwogen und will mit Mäßigung und andererseits mit rücksichtsloser Tatkraft durchgeführt sein. In welcher Weise das elsaß-lothringische Problem zu lösen ist, nachdem die Verfassung von 1911 – auf Grund gewisser Erfahrungen im Krieg – selbst von den Elsäßern als nicht zweckmäßig erachtet wird, das muß unter unbedingter Voranstellung der Reichsinteressen gründlich geprüft und vor allem verhütet werden, daß nicht das Übel noch ärger werde. Und nach dem Frieden gilt es, die inneren Verhältnisse des Reichs neu zu ordnen, die Folgerungen aus der Tatsache zu ziehen, daß die Arbeiterbevölkerung in der Stunde der Not in ihrer ungeheuren Mehrheit treu und opferwillig zum Vaterland gestanden ist, den alten Schutt von Parteizank und Verbissenheit wegzuräumen, den Plan eines Neubaus zu entwerfen und ihn aufzuführen, und es gilt auch, die Kraft und Festigkeit Preußens, ohne welche wir nicht gesiegt hätten, auch unter den neuen Voraussetzungen ungeschwächt zu erhalten. Ein Riesenwerk, dessen Gelingen bei dem verantwortlichen Staatsmann wie bei der Nation, welche auf ihn mit Vertrauen blickt, ein ungeheures Maß von Einsicht, Klugheit, Mäßigung und Kraft erfordert. Hoffen wir, daß dem Manne, der so viel Patriotismus, so viel Ernst und Pflichttreue, so viel Zähigkeit und Einsicht bewährt hat, der große Wurf gelinge und sein Name dauernd mit der Gründung eines sieghaften, weltgewaltigen und friedlichen Deutschlands verbunden werde!

Theobald v. Bethmann Hollweg
der fünfte Reichskanzler
von
Gottlob Egelhaaf

Inhaltsübersicht.

                   Seite
1. Vorfahren des Reichskanzlers. Seine Jugend und Familienverhältnisse . . . . 3—9
2. Amtliche Laufbahn bis zur Übernahme des Amtes als Reichskanzler . . . . 9—14
3. v. Bethmann Hollweg als Reichskanzler: die innere Politik 1909—1914 . . . . 14—25
4. v. Bethmann Hollweg als Reichskanzler: die auswärtige Politik 1909—1914 . . . . 25—28
5. Der Reichskanzler beim Ausbruch des Weltkriegs . . 28—33
6. Der Reichskanzler im Weltkrieg . . . . 33—40

1. Vorfahren des Reichskanzlers. Seine Jugend. Familienverhältnisse.

Wie schon der Name Bethmann Hollweg anzeigt, handelt es sich hier um eine Familie, welche ihre Wurzeln nach zwei Seiten hin verfolgt. Die Hollweg sind eine mitteldeutsche Familie, deren ältester nachweisbarer Angehöriger in Gießen als Glied der Schusterzunft ansässig war, aus der aber im Lauf der Zeit, indem sie sich emporarbeitete, Pfarrer und Juristen hervorgingen. Später verbanden sie sich (1780) durch Heirat mit den Bethmann, einer alten angesehenen christlichen Bankiersfamilie in dem Gießen benachbarten Frankfurt a. Main, und so nahmen sie den Namen Bethmann Hollweg an, unter Voranstellung des ersteren Namens, der weithin bekannt ist durch das Bethmann-Museum, das in Frankfurt dicht hinter dem Denkmal der 1792 gefallenen Hessen steht und dessen schönster Schmuck die 1809 geschaffene, auf einem Panther reitende Ariadne des Stuttgarter Bildhauers Dannecker (1758—1841) ist. In dem Landhaus der Bethmann brachte Napoleon I. seine letzte Nacht auf deutschem Boden zu (vom 31. Oktober bis 1. November 1813), und hieher wurde der Abgeordnete zur deutschen Nationalversammlung Fürst Felix Lichnowsky gebracht, nachdem er am Nachmittag des 18. September 1848 von einem entmenschten Volkshaufen in greulicher Weise auf den Tod verwundet worden war. Der Gründer der Familie Bethmann Hollweg, Johann Jakob Hollweg (1748 bis 1808), ward Geschäftsteilhaber und zweiter Leiter der alten Firma. Ihm schenkte seine Gattin Susanna Elisabeth geb. Bethmann (die fünfzehn Jahre jünger als er war und ihn dreiundzwanzig Jahre überlebte), am 8. April 1795 einen Sohn Moritz August (1795—1877), der bei dem berühmten Berliner Professor v. Savigny Rechtswissenschaft studierte und bereits 1823 ordentlicher Professor des Zivilrechts in Berlin wurde. Schon daraus ist ersichtlich, daß er ein ausgezeichneter

Jurist und großer Gelehrter war; eine Reihe seiner Werke werden zu den „ewigen Besitztümern" der Rechtswissenschaft gerechnet. Im Jahr 1829 erhielt Bethmann Hollweg auf seinen Wunsch einen Ruf nach Bonn, wo er bis 1842 als Professor, 1842—1848 als Kurator der Universität wirkte. Im Jahr 1832 erwarb er die Ruinen des Schlosses Rheineck bei Rheinbrohl, das 1785 fast ganz ausgebrannt war und ließ durch v. Lassaulx ein neues Schloß im Rundbogenstil aufführen; das Innere ward mit Werken der Kunst reich ausgeschmückt (so mit dem Gemälde „Heinrich IV. in Canossa" von Begas, Fresken von Steinle und einem marmornen Kruzifix von Achtermann). Da Bethmann Hollweg so zu den großen Grundbesitzern der Rheinprovinz gehörte, erhob ihn Friedrich Wilhelm IV. 1840 in den Adelsstand. Er war konservativ und kirchlich gesinnt und wurde deshalb in die evangelische Provinzialsynode der Rheinprovinz und von dieser 1846 in die Generalsynode gewählt; auch berief ihn der ihm wohl geneigte König in den preußischen Staatsrat. Im Jahr 1848 betätigte er seine politische Gesinnung durch Gegnerschaft gegen die Revolution; aber als der König sich 1850 in Olmütz vor Österreich demütigte und ein Teil der preußischen Konservativen dies als eine rühmliche Tat wahrer politischer Weisheit und Charakterfestigkeit billigte, da vollzog sich in der Partei eine Spaltung, und im Gegensatz zur äußersten Rechten, deren Ansichten sich in der „Kreuzzeitung" aussprachen und die russenfreundlich war, bildeten v. Bethmann Hollweg, Graf Albert v. Pourtalès, Robert v. der Goltz, Mathis, Rudolf v. Auerswald, v. Gruner eine neue, der späteren freikonservativen Partei in manchem ähnliche Gruppe. Sie wollte nichts von dem Lehrsatz der „Solidarität der konservativen Interessen" wissen, demzufolge die Verteidigung der konservativen Grundsätze Preußens oberste Aufgabe und also sein, selbst durch Opfer zu erkaufender Anschluß an Österreich und Rußland unbedingtes Gebot sein sollte; vielmehr traten sie für die Hochhaltung der altpreußischen Überlieferungen ein, zu denen Preußens selbständige deutsche Politik, sein Gegensatz zu Österreich, die Lösung der deutschen Frage im Sinne eines engeren Zusammenschlusses der außerösterreichischen Staaten unter Preußens Führung gehörte. Dieser deutsche Beruf Preußens schloß auch die Pflege verfassungsmäßiger Einrichtungen, also die Beibehaltung und Weiterentwicklung der am 31. Januar 1850 von Friedrich Wilhelm IV. bestätigten preußischen Verfassung ein, die der äußersten Rechten ein Dorn im Auge war. Weil Rußland unter dem Regiment des

Zaren Nikolaus I. eine Zeit der absolutistischen, alle Verfassungen verwerfenden politischen Richtung war, betrachtete die Bethmann'sche Gruppe, deren Organ 1851—61 das „preußische Wochenblatt" war, „die Zerstücklung Rußlands, den Verlust der Ostseeprovinzen mit Einschluß von Petersburg an Preußen und Schweden, des Gesamtgebiets der Republik Polen und die Zersetzung des Überrestes durch Teilung zwischen Groß- und Kleinrussen" als das erstrebenswerte Ziel der deutschen Politik. So umschreibt Bismarck im fünften Kapitel seiner „Gedanken und Erinnerungen" das Programm der „Wochenblattspartei", und wie er überhaupt gegen sie aufs äußerste eingenommen ist, so wirft er ihr vor, daß sie die schwierigen Fragen nicht bis ans Ende durchgedacht und einen windigen Bau aufgeführt habe. Von den damaligen Verhältnissen aus wird man das Recht dieser Kritik nicht bestreiten können: noch bestand zwischen Preußen und Rußland ein starkes politisches Band; aber niemand hat schärfer als Bismarck eingesehen und betont, daß „die einzige Bürgschaft für die Dauer der russischen Freundschaft die Persönlichkeit des regierenden Kaisers sei" (29. Kapitel der „Gedanken und Erinnerungen", II 274 der Volksausgabe). Insofern kann man den Männern, welche in dem russischen Koloß eine furchtbare Gefahr für Deutschland und Europa sahen und seine Zertrümmerung für geboten erachteten, einen gewissen Scharfblick in die Zukunft nicht absprechen. Heute jedenfalls ist ihr Programm auch das der Nation, und soweit das Waffenglück es irgend gestattet, muß die Verkleinerung des auf Europa lastenden Ungetüms angestrebt werden. Aus der Gegnerschaft gegen Rußland ergab sich aber, so wie die Dinge damals lagen, das Zusammengehen mit England als dem entschiedenen Gegner Rußlands auf der ganzen Front. Bismarck macht der „Wochenblattspartei" im 19. Kapitel der „Gedanken und Erinnerungen" (II 29) auch den Vorwurf, daß sie eine Streberfraktion gewesen sei, d. h. daß es ihr vor allem um Ministerposten zu tun gewesen sei. Bismarck ist aber überhaupt geneigt, bei seinen Gegnern — denn er vertrat das Zusammengehen mit Rußland — das Vorwalten persönlicher Beweggründe vorauszusetzen; im ganzen wird jede Partei, welche ernste Grundsätze hat, auch danach streben müssen, in den Besitz der Macht zu gelangen; denn sie glaubt doch, daß ihre Ansichten richtig seien und diese zum Wohl des Vaterlandes durchgesetzt werden sollten. Die Fraktion hatte auch, wie Bismarck ebenda selbst bezeugt, bei der Prinzessin Augusta und dem Prinzen Wilhelm, dem voraussichtlichen

Thronfolger, großen Einfluß, und als der Prinz im Oktober 1858 an Stelle seines schwer erkrankten Bruders die Regentschaft übernahm, bildete er ein Ministerium „der neuen Ära", das im wesentlichen auf dem Standpunkt der Wochenblattspartei stand, und v. Bethmann Hollweg, der 1852—55 Mitglied des Abgeordnetenhauses gewesen war, erhielt selbst das Ministerium des Kultus und Unterrichts. Er führte es über drei Jahre, bis zum Frühjahr 1862, allerdings ohne sich großen Dank verdienen zu können, da er weder der Rechten noch der Linken Genüge tat. Sein Rücktritt erfolgte aber nicht aus Gründen kirchenpolitischer Art, sondern infolge des bekannten Streites, der zwischen dem König und dem Abgeordnetenhause über der Frage der Reorganisation des preußischen Heeres entstand; das Ministerium der neuen Ära nahm teils an der Reorganisation selbst Anstoß, teils wollte es sie nicht auf dem Weg verfassungsmäßig bedenklicher Maßnahmen durchführen. v. Bethmann Hollweg mißbilligte Bismarcks Politik, welche darauf gerichtet war, die Reorganisation auch gegen das Abgeordnetenhaus aufrecht zu erhalten und selbst vor der Regierung ohne Budget nicht zurückschreckte, und als der kühne Staatsmann es unternahm, die deutsche Frage durch einen Krieg mit Österreich zu lösen, richtete v. Bethmann Hollweg, wie wir aus Kapitel 19 der „Gedanken und Erinnerungen" ersehen, am 15. Juni 1866 ein Schreiben an den König, worin er zwar Bismarcks konservative Gesinnung, seine Kühnheit und sein Geschick anerkannte, ihm aber die Besonnenheit und Folgerichtigkeit des Denkens abstritt, ihn zum Leiter des Staats infolge davon als ungeeignet bezeichnete und ihn beschuldigte, daß er den König vor dem Land bloß gestellt und durch eine ränkevolle Politik das Vertrauen anderer Mächte verscherzt habe; deshalb bezeichnete er seine Entlassung als unerläßlich. Glücklicherweise hat der König diesen verfehlten Rat nicht befolgt, und Bismarck zeigte bald aller Welt, daß er im Gegenteil der einzige Mann war, der Deutschland einig zu machen verstand. v. Bethmann Hollweg war politisch seitdem nicht mehr tätig, sondern widmete sich wissenschaftlichen Arbeiten und kirchenpolitischen Aufgaben: Er hat 1848 den „evangelischen Kirchentag" gegründet, der die evangelischen Kirchen Deutschlands zusammenfassen sollte und starb im Alter von 82 Jahren auf seinem Schloß Rheineck am 15. Juli 1877.

Sein Sohn Felix bewirtschaftete das ihm gehörige Gut Hohenfinow in der Mark Brandenburg und galt als sehr tüchtiger Landwirt, der selbst eine Forellenzucht anlegte, und als strenger, aber gerechter

Gutsherr; eine politische Rolle hat er nie gespielt, wohl aber war er Landrat des Kreises Freienwalde, in dem sein Gut lag. Er heiratete eine Schweizerin, Isabella de Rougemont, die als heitere, liebenswürdige und als äußerst sorgliche Hausfrau geschildert wird; von den Dorfbewohnern ward sie nur „unsere Mutter" genannt. Sie gebar ihrem Gemahl am 20. November 1856 auf Schloß Hohenfinow einen Sohn, der in der Taufe den Namen Theobald erhielt. Den ersten Unterricht empfing er durch Hauslehrer; manche Woche verlebte er bei den Großeltern auf Schloß Rheineck. Später ward er mit seinem Bruder dem Gymnasium Schulpforta bei Naumburg in der Provinz Sachsen übergeben, das zu den drei einst von Herzog Moritz von Sachsen gestifteten Fürstenschulen (neben Grimma und St. Afra in Meißen, Lessings Lehrstätte) gehörte und dessen Schüler in einem Hausverband zusammenleben. Schulpforta hat unter den höheren humanistischen Schulen Deutschlands einen besonders klangvollen Namen und hat eine lange Reihe berühmt gewordener Schüler gebildet; deshalb pflegen die, welche durch seine Schule gegangen sind, mit Stolz zu sagen: „Portanus sum", „ich bin einer von Pforta". v. Bethmann Hollweg hat die humanistische Bildung mit ganzem Eifer in sich aufgenommen und gehört zu den überzeugtesten Anhängern dieser Bildungsweise; es hängt damit zusammen, daß er sich besonders in Goethes Werke vertiefte und aus ihnen reichste geistige Anregung und Richtungslinien für sein ganzes Denken schöpfte. Dagegen wäre es irrig, wenn man ihm eine besondere Neigung für philosophische Studien zuschreiben wollte, was manche seiner späteren Beurteiler getan haben, indem sie ihn geradezu einen Philosophen nannten; er ist vielmehr eine überwiegend praktische Natur, allerdings mit einer ausgesprochenen Neigung, die Dinge nicht oberflächlich, sondern gründlich zu nehmen. Die Reifeprüfung erstand er 1875 mit gutem Erfolg und unternahm dann mit einem Freunde seines Vaters eine Reise nach Italien, wobei er mit Vorliebe Goethes Spuren folgte; sie führte ihn über Florenz und Rom bis nach Süditalien. Nach der Rückkehr diente er sein Einjährigenjahr in Straßburg beim 15. Ulanen-Regiment ab und studierte darauf in Straßburg, dessen alte Universität, in der französischen Revolution aufgehoben, 1872 vom deutschen Reich hergestellt worden war, die Rechtswissenschaft; später setzte er seine Studien in Leipzig und Berlin fort. Als diejenigen Professoren, welche ihm den tiefsten Eindruck hinterließen, hat er mir selbst den Pandektisten Windscheid und den klassischen Darsteller des Zivilprozesses Wach, sowie den Kunsthistoriker Anton Springer nennen lassen. Die Staatsprüfung legte er in Berlin ab und ward dann Referendar beim Berliner Kammergericht und beim Amtsgericht in Frankfurt an der Oder. Im Jahr 1882 trat er in den Verwaltungsdienst, ward 1884 Regierungs= Assessor in Potsdam und wurde 1886 zum Nachfolger seines Vaters im Amt eines Landrates von Freienwalde erwählt. Als damals eine Brauerei in Flammen geriet und sechs junge Leute, welche Rettungs= arbeiten tun wollten, in dem zusammenstürzenden Gebäude in höchster Lebensgefahr schwebten, hat v. Bethmann Hollweg selbst die Pumpe bedienen helfen, welche das Feuer löschen und den Gefährdeten den Ausweg frei machen sollte.

Er war 32 Jahre alt, als er sich 1898 mit Martha von Pfuel auf Wilkendorf, deren Mutter eine Gräfin Reventlow aus Holstein war, vermählte; er gewann an ihr eine Lebensgefährtin voll Herzensgüte und Nächstenliebe. Aus der Ehe entsprossen drei Kinder, zwei Söhne, von denen einer August Friedrich (geb. 4. Juni 1890) am 9. Dezem= ber 1914 den Heldentod in Rußland starb, der zweite August Felix (geb. 20. Januar 1898) noch im Heer steht, und eine Tochter Isa (geb. 7. Dezember 1894), welche sich am 5. Juli 1915 mit dem Legations= sekretär Grafen v. Zech=Burkersroda vermählte. Martha v. Bethmann ist den Ihrigen nicht lange vor Kriegsausbruch, am 11. Mai 1914, entrissen worden; der Schlag war schwer, vermochte aber die Berufstreue des nunmehr Vereinsamten nicht zu erschüttern, wie bald die gewaltigen Ereignisse zeigen sollten.

2. Amtliche Laufbahn bis zur Übernahme des Amtes als Reichskanzler.

Im Jahr 1890 wurde v. Bethmann Hollweg von dem Wahl= kreis Ober=Barnim in den Reichstag gewählt, wo er sich der frei= konservativen Fraktion („Reichspartei") anschloß. 1896 wurde er Rat im Oberpräsidium zu Potsdam, 1899 Regierungspräsident zu Bromberg, wo er die schwierigen Verhältnisse der Ostmark gründlich kennen lernte, und 1900 Oberpräsident der Provinz Brandenburg. Ende März des Jahres 1905 übernahm er auf Wunsch des preußischen Ministerpräsidenten, des Reichskanzlers Fürsten Bülow, nach dem plötzlichen Tode des Freiherrn Hans v. Hammerstein das Mini= sterium des Innern. In dieser Stellung rechtfertigte er am 13. Januar

1906 den von dem polnischen Abgeordneten Jazdzewski getadelten Ersatz bisher polnischer Ortsnamen durch deutsche damit, daß die betreffenden Gemeinden selbst diese Neuerung gewünscht hätten. Am 23. März 1906 hatte er die Aufgabe, eine kleine Verbesserung des für den preußischen Landtag geltenden Dreiklassenwahlrechts im Abgeordnetenhaus zu empfehlen, wobei er im Gegensatz zu der Sozialdemokratie und der freisinnigen Partei die Annahme des allgemeinen gleichen Wahlrechts in Preußen ablehnte und erklärte: „In dem Streben der Schwachen des Volkes, emporzustreben, erblicke ich ein großes, vielleicht das größte und edelste Gesetz der Menschheit, und an der Verwirklichung dieses Gesetzes mitzuarbeiten muß auch für jeden Starken ein Stolz sein. Aber dieses Streben darf nicht den alleinigen Inhalt unseres Lebens bilden. Parallel muß das Streben gehen, die besten und edelsten Kräfte zu Führern des Lebens zu machen. Wenn man nach einer Erklärung trachtet, warum die religiösen Dinge unsere Zeit so innerlich aufregen; wenn man sieht, wie unsere Philosophie langsam, aber allmählich den großen Aristokraten des Geistes, Kant, erkannt hat, wie unsere Naturphilosophie weniger Wert zu legen beginnt auf den Anfangspunkt als auf die Gewißheit, daß man immer wieder zu Höherem aufsteigen muß: ist es dann wirklich ein Zeichen von Schwärmerei, wenn man sagt, daß die Kräfte, welche für unsere Nation bestimmend sind, nicht die Höhe gleich machen, sondern zu immer Höherem hinaufsteigen? Es gibt noch Kräfte, welche sich mit Unwillen abwenden von den Auswüchsen einer Bewegung, welche schließlich alles Menschliche zu vernichten trachtet, weil ihr nichts Menschliches heilig ist, weil sie keine Achtung vor den ewigen Gesetzen der Liebe und Treue zum Stamm ihres Volkes hat, vor dem gemeinsamen Herde und vor allem, was unser Haus beherbergt, die nichts wollen als ihre Macht etablieren auf den Fundamenten des Hasses und des Terrorismus. Es bestehen in unsrem Volk noch Kräfte, welche dieses Treibens satt sind, und diesen Kräften wird unsere Zukunft gehören." Diese Worte sind formell wie inhaltlich für den Mann bezeichnend; er ist voll Sympathie mit den emporstrebenden unteren Schichten, aber ein Gegner jeder Gleichmacherei, und er ist voll guten Vertrauens, daß die aristokratischen Elemente auch in sozialer Hinsicht nicht versagen werden. Am 12. Mai 1906 rechtfertigte der Minister die Ausweisung von Russen, welche infolge der 1905 in Rußland ausgebrochenen Revolution sich nach Preußen geflüchtet hatten, weil es sich dabei um wirtschaftlich nicht gesicherte und zum Teil auch verdächtige Leute handle; es sei aber keine rauhe, sofortige Ausweisung aus Preußen erfolgt; vielmehr habe man den Betreffenden den Rat gegeben, sich nach einem anderen Aufenthalt umzusehen, und ihnen nicht einmal eine Frist gesetzt, so daß sie Zeit hätten, den Rat zu befolgen. Am 16. Mai 1906 legte v. Bethmann Hollweg dem Landtag ein Gesetz vor, welches den Zugang zum höheren V e r w a l t u n g s d i e n s t neu regelte und namentlich die Annahme von Referendaren den Regierungs= präsidenten zuwies, welche diese Sache besser erledigen könnten als das Ministerium. Den Konservativen, welche die Art, wie den Reichstagsabgeordneten durch Gesetz vom Mai 1906 T a g e g e l d e r gewährt wurden, als einen Verstoß gegen die preußische Verfassung bezeichneten, trat er am 29. Mai entgegen und warnte davor, den Bundesrat von den einzelnen Landtagen abhängig zu machen.

Infolge des Zusammenstoßes der verbündeten Regierungen mit der aus Zentrum und Sozialdemokratie bestehenden Mehrheit des Reichstages und der Niederlage dieser Mehrheit bei den Wahlen vom 25. Januar 1906 mußte der hochverdiente Staatssekretär des Innern, Graf Posadowsky=Wehner, am 24. Juni 1907 zurücktreten, und v. B e t h m a n n H o l l w e g ü b e r n a h m s e i n A m t. In dieser Eigenschaft lag ihm vor allem die Fortführung der Sozial= reform ob, der er, wie wir oben sahen, innerlich durchaus ergeben war. Als am 22. und 23. Oktober 1907 d e r z w e i t e K o n g r e ß d e r c h r i s t l i c h = n a t i o n a l e n A r b e i t e r in Berlin tagte (der erste war 1903 gehalten worden), sprach der neue Staatssekretär zur Begrüßung die bezeichnenden Worte: „ich kenne keine größere Auf= gabe der gegenwärtigen Zeit, a l s d i e A r b e i t e r b e w e g u n g u n s e r e r T a g e e i n z u o r d n e n i n d i e g e s e l l s c h a f t = l i c h e O r d n u n g." Also nicht diese Bewegung niederzuhalten galt es ihm oder gar sie zu unterdrücken, wohl aber sie in gesetzlichen Bahnen zu halten und sie mit der gesellschaftlichen Ordnung auszu= söhnen, der die Sozialdemokratie Kampf bis aufs Messer geschworen hatte. Da die christlich=nationalen Arbeiter sich das Ziel gesteckt hatten, ihre (freilich sehr bestimmten und weitgehenden) Wünsche innerhalb der bestehenden gesellschaftlichen und staatlichen Ordnung zu erreichen, so war es durchaus geboten, daß die Regierung versuchte, mit ihnen zusammenzuarbeiten, obschon der Kongreß sich mit auf= fallender Schärfe gegen die sogenannten „gelben Gewerkschaften" wandte, welche von den Unternehmern gegründet oder doch von ihnen abhängig seien und höchstens Wohltaten bieten könnten, nicht aber gesicherte Arbeiterrechte. v. Bethmann Hollweg betonte in einer Sitzung des Zentralverbandes deutscher Industrieller vom 28. Oktober die Notwendigkeit einer entschlossenen Fortsetzung der Sozialpolitik und kündigte am 2. Dezember 1907 im Reichstag eine Novelle zur Gewerbeordnung, ein Gesetz über Arbeitskammern, über Sonntagsruhe im Handelsgewerbe, über Verbesserung des Arbeiterversicherungswesens, ein Wein- und ein Scheckgesetz an. Überdies ward, den Wünschen der Linken gemäß, welche seit dem 13. Dezember 1906 mit der Rechten im sogenannten B l o c k zusammen war, ein R e i c h s v e r e i n s g e s e t z ausgearbeitet, das in § 7 den Gebrauch der deutschen Sprache in öffentlichen Versammlungen unbedingt vorschrieb. Der Staatssekretär bekannte sich am 4. April 1908 im Reichstag offen als den eigentlichen Urheber dieses Paragraphens; es sei nicht wahr, daß er dabei einem Druck des oben erwähnten Zentralverbandes gefolgt sei, der damit nach weitverbreiteter Meinung die polnischen Sozialdemokraten in Westfalen habe treffen wollen. Übrigens erhob er keinen Widerspruch, als der Reichstag den Paragraphen dann einigermaßen milderte. Vor allem aber galt seine Arbeit dem großen Werk einer Durchsicht des gesamten, allmählich ungeheuer angewachsenen und vielfach nicht recht zusammenhängenden A r b e i t e r v e r s i c h e r u n g s w e s e n s; auf sein Betreiben berief der Reichskanzler auf den 28. Oktober eine Konferenz zu diesem Zweck, die von Vertretern der Berufsgenossenschaften, der Landesversicherungsanstalten und der Arbeiter beschickt war. Als am 11. November 1908 auf der Zeche Radbod 360 Arbeiter durch schlagende Wetter getötet wurden, erhob die Sozialdemokratie die Anklage grober Fahrlässigkeit gegen die Zechenverwaltung; der Staatssekretär bestritt aber am 24. November die Richtigkeit dieses Bezichts und glaubte feststellen zu müssen, daß nur unberechenbare und unwiderstehliche Naturgewalten das entsetzliche Unglück veranlaßt hätten. Bei der Beratung über die Anträge auf A b ä n d e r u n g d e r R e i c h s v e r f a s s u n g, welche durch den auf den Kaiser zurückgehenden Artikel des Daily Telegraph vom 28. Oktober 1908 verursacht waren, lehnte v. Bethmann Hollweg am 2. Dezember jede Stellungnahme der Regierungen bis dahin ab, wo feste Beschlüsse des Reichstags vorliegen würden; die Sache verlief aber im Sande. Mittlerweile hatte der Staatssekretär ein Gesetz über B i l d u n g von Arbeiterkammern ausgearbeitet, welches er am 15 Januar 1909 dem Reichstag zur Annahme empfahl. Der Staat verfolgte nach seinen Darlegungen den Zweck, die Ursachen der wirtschaftlichen Kämpfe zu beseitigen, ihre Formen zu mildern und auf eine möglichst schnelle Beilegung der Kämpfe hinzuwirken. Ein Mittel zu diesem Friedenswerk sollten paritätische, d. h. aus Arbeitern und Arbeitgebern gebildete Kammern sein, in welchen beide Teile Gelegenheit hätten, sich gegeneinander auszusprechen. Imparitätische, einseitig zusammengesetzte Kammern würden nichts nützen, da sie notwendig einseitig urteilen würden. Der Redner hatte dabei den Mut, es offen auszusprechen, daß bedauerlicherweise das Großunternehmertum im Reichstag wohl nicht diejenige Vertretung habe, welche ihm gemäß seiner Bedeutung für das gesamte wirtschaftliche und staatliche Leben zukomme; wäre es stärker vertreten, so würde es sich mit den Vertretern der Arbeiter auseinandersetzen können und wohl dem Gedanken der Arbeiterkammern nicht so abgeneigt sein. „Man wird wegen dieser Äußerung weidlich über mich herziehen, das alte Märchen von meiner Abhängigkeit vom Zentralverband wieder aufwärmen: ich nehme das ruhig hin." Mit den Arbeiterfragen hingen zusammen Klagen über die Handhabung des neuen Vereinsgesetzes durch die Polizei, worüber der Staatssekretär sich am 21. Januar 1909 dahin aussprach, daß nur in 3 Fällen die höheren Behörden angerufen worden seien, und über die sogenannten schwarzen Listen, welche die Fabrikanten über mißliebige Arbeiter und Privatangestellte führten und einander mitteilten; dadurch wurde natürlich das Fortkommen des Betreffenden erschwert. Der Staatssekretär erwiderte, daß vor allem solche, welche ihre vertraglichen Verpflichtungen leichtfertig brächen, auf die schwarzen Listen kämen; der Vertragsbruch werde leider sehr leicht genommen, und Druck erzeuge immer Gegendruck; die Unternehmer halten sich für berechtigt, die Zugehörigkeit zu gewissen Vereinen zu erschweren. Er habe aber mit dem Zentralverband in Essen verhandelt und das Versprechen erhalten, daß in Zukunft ganz allgemein jedem mitgeteilt werden solle, warum und seit wann er auf die schwarze Liste gesetzt sei; diese sollten also — was besonders erbitternd wirkte — nicht mehr geheim sein.

Im Jahr 1909 lehnte die aus Konservativen und Zentrum bestehende Mehrheit des Reichstags die von den Regierungen beantragte Steuer auf Erbschaften auch für Eltern und Kinder ab und ersetzte den dadurch eintretenden Einnahmeausfall durch Steuern auf den Verkehr. Darüber nahm der Reichskanzler Fürst Bülow seine Entlassung, und am 10. Juli erklärte v. Bethmann Hollweg im Namen des Bundesrats, daß dieser den Beschlüssen des Reichstags zustimme, damit die nun seit Jahren auf Finanzen, Gewerbe und Verkehr lastende Unsicherheit beseitigt werde, nicht durch einen Ausblick in die Zukunft (wie ihr die Linke im Fall ihres Siegs bei den nächsten Wahlen eröffnete), sondern durch eine Tat in der Gegenwart. Das war realpolitisch gesprochen, und so bedauerlich auch der Fall der Erbschaftssteuer war, so hat doch die Folgezeit bewiesen, daß mit den neuen Steuern, mochten sie auch lästig sein, auszukommen war. Bülows Rücktritt ward am 14. Juli 1909 bekannt gegeben, und am gleichen Tag erfolgte die Ernennung v. Bethmann Hollwegs zum Reichskanzler, Präsidenten des preußischen Staatsministeriums und Ministers der auswärtigen Angelegenheiten; das Staatssekretariat des Innern übernahm der bisherige preußische Handelsminister Clemens Delbrück.

3. v. Bethmann Hollweg als Reichskanzler: die innere Politik 1909—1914.

Diese Ernennung erfolgte zunächst im Hinblick auf die Erfordernisse der inneren Politik. Die schweren und verantwortungsreichen Aufgaben der äußeren Politik, die Herr v. Bethmann Hollweg während seiner Kanzlerschaft zu lösen haben sollte, waren damals dem Blick noch gutenteils verschleiert. Zunächst war die Zeit voll von innerpolitischem Sturm und Drang, für dessen Beschwichtigung gerade Herr v. Bethmann Hollweg mit seiner langjährigen Erfahrung in den Verwaltungsgeschäften Preußens und des Reiches, mit seiner parlamentarischen Sicherheit, mit der staatsmännischen Überlegenheit und abwägenden Unparteilichkeit seines politischen Urteils als der gegebene Mann erscheinen mußte. Es galt, den Streit und Hader der Parteien zu dämpfen und ihr Zusammenarbeiten zum Wohl des Reichs aufs neue zu ermöglichen. Dazu gehörte große Geduld, die Gabe abzuwarten und die Dinge von innen heraus reifen zu lassen. In der Tat ist es ein wesentlicher Charakterzug v. Bethmann Hollwegs, daß er von echt brandenburgischer Zähigkeit ist und die Losung hat: Schwierigkeiten sind nicht dazu da, daß man vor ihnen zurückweicht, sondern daß sie überwunden werden. Es ist sehr kennzeichnend, daß er am 16. Februar 1910 im deutschen Landwirtschaftsrat sagte: „Was der Landwirt in seinem Beruf jahraus jahrein üben muß, Unverdrossenheit, Ausdauer und Geduld, das ist auch mir nötig wie das tägliche Brot. Zwischen Saat und Ernte liegt auch in der Politik eine lange Zeit, und wer bei schlechtem Wetter gleich das Vertrauen verlieren wollte, der taugt zum Staatsmann so wenig wie zum Landwirt."

Zunächst hatte v. Bethmann Hollweg einige Monate Zeit, sich in den neuen Verhältnissen zurechtzufinden, da der Reichstag nach Erledigung der Finanzreform nach Hause gegangen war. Erst im Dezember eröffnete er wieder seine Tätigkeit, und am 9. Dezember entwickelte der neue Leiter der deutschen Politik vor der Volks= vertretung die Grundgedanken, von denen aus er seine Aufgabe lösen wollte. „Gewiß, zum Leben jeder Nation gehört der politische Kampf. Aber keine Nation verträgt es auf die Dauer, durch sensationell zugespitzte Streitigkeiten in Atem gehalten zu wer= den. Meine Herren, es gibt einen Zug zum Schaffen, den die Volksgemeinschaft einem jeden ihrer Glieder auferlegt, und die Gewißheit, daß dieser Zwang auch die gegenwärtigen Irrungen und Meinungen überdauern wird." Zur Teilnahme an diesem gemeinsamen, auf das öffentliche Wohl gerichtete Schaffen lud der Reichskanzler nachdrücklich alle Parteien ein; dann, so war seine Hoffnung, werde allmählich die kochende Erbitterung der Gemüter sich legen und das Bewußtsein gemeinsamer Pflichten den Sieg über den unbändigen Parteigeist davon tragen.

Diese Ankündigung einer rein auf die Sache gerichteten Politik wurde anfangs von der öffentlichen Meinung sehr ungnädig auf= genommen und als Äußerung eines Staatsmannes bezeichnet, welcher offenbar in den Wolken schwebe und die wirklichen Verhältnisse nicht begreife; ein Zusammengehen der so eben in anscheinend un= heilbarem Bruch entzweiten Parteien zu irgend einer gemeinsamen Arbeit schien undenkbar. Der weitere Verlauf der Dinge hat aber dargetan, daß das Urteil des Reichskanzlers das Richtige getroffen hatte. Der innerpolitische Heilungsprozeß, den herbeizuführen Herr v. Bethmann Hollweg sich zum Ziele setzte, hat sich zwar langsam, aber so günstig entwickelt, wie man es kaum hatte hoffen dürfen. Unter einem wachsenden Druck von außen ist das zum Teil politisch zerrissene deutsche Volk nationalpolitisch zusammengewachsen, schließ=

lich durch den Krieg zu einem Volk von Brüdern zusammengeschweißt worden.

Freilich der erste Versuch zu positiver, schaffender Arbeit, der auf eine **Reform des preußischen Landtagswahlrechts** gerichtet war, schlug fehl. In Preußen besteht seit 1849 das sogenannte Dreiklassenwahlrecht, wonach zwar alle Preußen das Recht zur Wahl von Abgeordneten besitzen, aber nicht das gleiche Recht; vielmehr teilt das Gesetz vom 21. Mai 1849 alle Preußen nach der Gesamtleistung eines jeden an direkten Staats-, Kreis- und Gemeindesteuern in drei Klassen. Die, welche das erste Drittel der Steuern bezahlen, die Höchstbesteuerten, bilden die erste Klasse; die, welche das zweite Drittel aufbringen, die zweite, alle übrigen (und zwar auch alle die, welche gar keine direkte Steuer entrichten) die dritte Klasse. Jede Klasse wählt in öffentlicher Abstimmung die gleiche Zahl von Wahlmännern (auf 250 Seelen einen); dann treten alle Wahlmänner zusammen und wählen nach einfacher Mehrheit, auch in öffentlicher Abstimmung, den Abgeordneten des Wahlkreises. Es besteht also in Preußen bis heute das allgemeine, aber ungleiche, öffentliche und indirekte Wahlrecht (während im Reich das allgemeine, gleiche, geheime und direkte Wahlrecht eingeführt ist). Es liegt auf der Hand, daß dieses Wahlrecht den Reichen, die an Zahl weniger sind, denselben Einfluß auf das Wahlergebnis gewährt, wie den Armen, deren Zahl sehr groß ist; die Entscheidung liegt schließlich bei der mittleren Schicht, deren Zahl kleiner als die der Armen und größer als die der Reichen ist. Die Sozialdemokratie feindete das Dreiklassenwahlrecht aufs heftigste an, weil es die große Masse politisch rechtslos mache; in der Tat gelang es den Sozialdemokraten erst bei der Wahl vom 16. Juni 1908 in das preußische Abgeordnetenhaus und nur sieben Mann hoch einzuziehen. Auch die liberalen Parteien und das Zentrum stellten sich auf den Standpunkt, daß das bestehende Wahlrecht unbillig sei; die freisinnige Volkspartei (wie die Fortschrittler 1893—1910 sich nannten) und das Zentrum forderten gleich den Sozialisten das allgemeine Wahlrecht wie im Reich; die Nationalliberalen waren dafür, daß man das Dreiklassenwahlrecht durch das sogenannte Mehrstimmenrecht ersetze (wie es in Sachsen seit 1909 besteht); darnach sollten Wähler, welche höheren Besitz oder höhere Bildung nachweisen konnten, etwa zwei oder drei Stimmen abgeben dürfen. v. Bethmann Hollweg ließ, um das Versprechen seines Vorgängers vom 10. Januar 1908 einzulösen, und weil er nach seiner Rede vom 10. Februar 1910 im Abgeordnetenhaus „Überlebtes nicht versteinern und Preußen im Zusammenhang mit der ganzen deutschen Entwicklung erhalten" wollte,

Phot. Nicola Perscheid, Berlin.

Reichskanzler von Bethmann Hollweg in feldgrauer Uniform.

dem Landtag eine Gesetzesvorlage unterbreiten, nach der die Wahl direkt (also durch die Wähler selbst) und öffentlich erfolgen sollte; die Wähler sollten aber nach wie vor in drei Abteilungen getrennt abstimmen und der Kandidat als gewählt gelten, der, indem das

Ergebnis der Abstimmung durch 3 geteilt werde, über 50 % der Stimmen auf sich vereinige. Wenn also ein Kandidat in der ersten Abteilung 80, in der zweiten 60, in der dritten 15 % der Stimmen erhielt, so hatte er vermöge der Formel $\frac{80 + 60 + 15}{3} = 51{,}6\,\%$ der Stimmen, war also gewählt. Außerdem sollten Steuerleistungen, die über 5000 Mark hinausgingen, nicht in Anrechnung gebracht werden, wodurch die 13 000 reichsten Preußen ihrer bisher in der ersten Abteilung Ausschlag gebenden Stellung verlustig gehen mußten. Drittens sollte Bildung, gereifte Berufserfahrung und verdienstvolle öffentliche Tätigkeit dadurch gewürdigt werden, daß der, auf den eine dieser Voraussetzungen zutraf, in die nächst höhere Wählerklasse aufrücken sollte; wer also nach seinem Steuersatz der dritten Klasse angehörte, konnte vermöge einer jener Eigenschaften in die zweite eintreten, bezw. in die erste. Gewiß blieb dieser Vorschlag hinter der Forderung des allgemeinen gleichen Wahlrechts weit zurück; auch hielt er die öffentliche Stimmabgabe aufrecht, und v. Bethmann Hollweg sprach am 6. Februar 1910 denen gegenüber, welche auf die Abhängigkeit vieler Wähler bei der öffentlichen Stimmabgabe hinwiesen, offen aus, daß unser ganzes öffentliche Leben sich aus Abhängigkeiten zusammensetze und diejenigen Abhängigkeiten, welche des Lebens Notdurft schaffen, nach Bismarcks Ausdruck gottgegebene, also von Menschen gar nicht aufhebbare Abhängigkeiten seien. Der Reichskanzler war der bestimmten Überzeugung, daß die Annahme des allgemeinen gleichen Stimmrechts in Preußen sich nicht rechtfertigen lasse, daß dem allgemeinen gleichen Wahlrecht im Reich ein Gegengewicht durch das Wahlrecht in Preußen gegenüber stehen müsse, und der Behauptung, daß das bestehende Wahlrecht die Stimmung der Volksmassen nicht zum Ausdruck gelangen lasse, stellte er den Hinweis darauf entgegen, daß von den 1903 gewählten 433 Abgeordneten 356 auch in der dritten Abteilung der kleinen Leute die Mehrheit erlangt hätten; nur 77, also ein schwaches Sechstel, seien von den zwei oberen Abteilungen allein durchgesetzt. Es konnte nicht bezweifelt werden, daß der Vorschlag der Regierung zwar das Dreiklassenrecht an sich nicht beseitigte, wohl aber seine Härten sehr wesentlich milderte. Gleichwohl ward er bei den Abstimmungen vom 27. Mai 1910 vom Abgeordnetenhaus verworfen, ebenso aber auch alle Anträge aus dem Hause, wie immer sie gefaßt waren, und so stellte sich heraus, daß unter den gegebenen Parteiverhältnissen überhaupt ein gangbarer Weg zu einer Reform nicht aufzufinden war.

Kurz nachher erwirkte der Reichskanzler bei dem Kaiser **die Umgestaltung des preußischen Ministeriums** durch solche Männer, deren Erfahrung und Arbeitskraft ihm für seine weiteren Pläne von Wert war. Das Ministerium des Innern erhielt der Oberpräsident von Schlesien, v. D a l l w i tz, das der Landwirtschaft der Oberpräsident der Rheinprovinz, Freiherr v. S ch o r l e m e r - L i e s e r, das der Finanzen der Oberbürgermeister von Magdeburg, L e n tz e. Um die gleiche Zeit ward der Staatssekretär der Kolonien, Dernburg, durch den Unterstaatssekretär v. L i n d e q u i st ersetzt, der als deutscher General-Konsul in Kapstadt und als Gouverneur von Südwestafrika sich gründlich mit den afrikanischen Verhältnissen vertraut gemacht hatte. Auch das Staatssekretariat der auswärtigen Angelegenheiten ging im Juni 1910 in neue Hände über, in die des früheren Gesandten in Bukarest und zeitweiligen Vertreters des Botschafters in Konstantinopel, des Württembergers v. K i d e r l e n - W ä ch t e r, der ohne Frage durch Sachkunde, Erfahrung, Geschicklichkeit und Tatkraft für diesen Posten ganz besonders geeignet war. Es darf überhaupt aus diesem Anlaß hervorgehoben werden, daß v. Bethmann Hollweg für alle Ämter einzig und allein die tüchtigsten Männer zu gewinnen bemüht war und der Gedanke, daß er selbst etwa durch solche Männer in Schatten gestellt werden könnte, seinem von strenger Sachlichkeit getragenem Wesen völlig fern lag. Er beharrte, wenn er einen tüchtigen Mann gefunden zu haben glaubte, mit Nachdruck auf dessen Berufung und überwand mit Zähigkeit etwaige Widerstände persönlicher Art, wie sie z. B. der Ernennung v. Kiderlen-Wächters sich entgegen stellten.

Ein unliebsamer Zwischenfall entstand gerade damals durch **das Rundschreiben, das Papst Pius X.** anläßlich einer Gedenkfeier des Mailänder Erzbischofs B o r r o m ä u s (1538 bis 1584) am 26. Mai 1910 erließ. Er gestattete sich darin einen sehr heftigen Ausfall gegen die (von Borromäus s. Z. leidenschaftlich bekämpfte) Reformation, deren Anhänger er als „Feinde des Kreuzes Christi", als „Leute von irdischem Sinn" bezeichnete, „deren Gott der Bauch war," und sprach von „den verderbtesten Fürsten und Völkern". Diese beleidigenden Worte erregten in der ganzen evangelischen Christenheit einen Sturm des Unwillens, und v. Bethmann Hollweg zauderte keinen Augenblick, den preußischen Gesandten beim Vatikan, v. M ü h l b e r g , mit der Weisung zu versehen, daß er angesichts des schwer bedrohten konfessionellen Friedens in Deutschland auf Abhilfe dringen solle. Der Papst ließ am 11. Juni durch den Staatssekretär Kardinal Merry del Val dem Gesandten mitteilen, daß die deutschen Bischöfe angewiesen seien, das Rundschreiben nicht amtlich zu verkünden, und am 13. Juni folgte eine weitere Erklärung, wonach es dem Papst ganz fern gelegen habe, die Nichtkatholiken in Deutschland und die evangelischen deutschen Fürsten kränken zu wollen. Als der Papst Pius X. den sogenannten A n t i m o d e r n i s t e n e i d einführte, erkannte v. Bethmann Hollweg zwar das Recht der Kirche auf einen solchen Eid unumwunden an, setzte aber seine Zweckmäßigkeit für Deutschland sehr in Zweifel, weil das friedliche Nebeneinanderleben der Konfessionen dadurch gefährdet werde und der Staat künftig beeidigte Priester als Lehrer weltlicher Fächer an seinen Schulen nicht mehr anstellen könne. Das am 9. Februar 1912 in Bayern ans Ruder gelangte Ministerium des Freiherrn v. H e r t l i n g , eines Führers der Zentrumspartei, versuchte das Jesuitengesetz von 1872 im Gegensatz zu den andern Staaten dahin auszulegen, daß die Jesuiten religiöse Konferenzen selbst in Kirchen abhalten dürften. Der Reichskanzler trat aber diesem Versuch, der im Reich ein doppeltes Recht geschaffen hätte, entgegen; der Erlaß ward außer Kraft gesetzt und die Entscheidung des Bundesrats angerufen, der nach sorgfältiger Prüfung am 28. November 1912 gegen Bayerns Auslegung entschied. Das Zentrum sprach hierauf dem Reichskanzler seine Mißbilligung aus.

Einen zweiten großen gesetzgeberischen Versuch, zu dem ihn wohl weniger der eigene freie Wunsch, als die Erkenntnis der unhaltbaren Halbheit der bestehenden Zustände drängte, machte der Reichskanzler mit der A u s a r b e i t u n g e i n e r V e r f a s s u n g f ü r E l s a ß - L o t h r i n g e n . Dieses Land war durch den Frankfurter Frieden vom 10. Mai 1871 von Frankreich an Deutschland abgetreten worden; es umfaßte damals 14 509 qkm und hatte gegen 1¹/₄ Millionen Einwohner. Das Land war leider damals nicht, was nach Ansicht vieler patriotischer und sachkundiger Männer das Richtigste gewesen wäre, einfach in Preußen einverleibt worden — Bismarck wollte nicht, daß es heiße: nun hätten die Sachsen und Bayern und alle andern wohl ihr Blut ebenso für Deutschland vergossen wie die Preußen, aber den Vorteil hätten nur die Preußen eingeheimst; auch galt es, durch den Besitz eines Frankreich abgenommenen, allen gehörigen Reichslandes, das gegen Frankreichs Rückeroberungsplan verteidigt werden mußte, eine neue Klammer um die deutschen Stämme zu schmieden. Es hätte eines erleuchteten deutschen Patriotismus bei den deutschen Fürsten, vor allem bei Bayern, bedurft, daß diese selbst in deutschem Interesse Preußen ersucht hätten, das gewonnene Gut in bleibende Verwahrung zu nehmen; eine solch erleuchtete Gesinnung war damals nicht vorhanden und angesichts des erst im Reifen begriffenen national-politischen Empfindens auch noch kaum zu verlangen. Aus dem durch Schuld der Verhältnisse verfehlten Anfang ergab sich eine verfehlte Entwicklung. Bismarck hegte zwar die Hoffnung, „daß es mit deutscher Geduld und deutschem Wohlwollen gelingen werde, den Landsmann dort zu gewinnen, vielleicht in kürzerer Zeit, als man jetzt erwartet", indem man „dem deutschen Charakter der Elsässer und Lothringer, der mehr nach individueller und kommunaler Selbständigkeit strebt wie der Franzose", Rechnung trage und ihnen „auf dem Gebiete der Selbstverwaltung einen erheblichen freien Spielraum lasse" (Rede im deutschen Reichstag vom 2. Mai 1871). In dieser Hoffnung erhielt das Reichsland durch kaiserliche Verordnung vom 29. Oktober 1874 einen Landesausschuß und durch Gesetz vom 4. Juli 1879 eine gewisse provinziale Sonderexistenz, indem die Würde eines Statthalters und ein reichsländisches Ministerium geschaffen wurden; dieses hatte mit dem Landesausschuß, dessen 58 Mitglieder teils von den Bezirkstagen, teils von den 20 Landkreisen, teils von den Gemeinderäten von Straßburg, Metz, Mülhausen und Colmar gewählt wurden, den Staatshaushalt und die Gesetze zu verabschieden. Ausdrücklich blieb es aber dem Bundesrat und dem Reichstag vorbehalten, die Gesetzgebung im Reichsland auch direkt über den Kopf des Landesausschusses weg auszuüben, für den Fall dies im Reichsinteresse notwendig erscheinen sollte. Die Elsaß-Lothringer nahmen diese Zugeständnisse gnädig an, beklagten sich aber, daß sie nicht genügend seien; solange das Land nicht völlig allen andern Gliedern des Reichs gleich gestellt sei, insbesondere solange es im Bundesrat nur beratende, nicht beschließende Stimme habe, so lange seien sie „Deutsche zweiter Klasse", und man könne gar nicht verlangen, daß sie sich ohne Rückhalt als Deutsche fühlten, da man sie ja gar nicht als volle Deutsche behandle. Diese Begründung machte auf sehr viele wohlmeinende Männer einen großen Eindruck; sie schien den Weg zu weisen, auf dem das Reich endlich dieses sein jüngstes Glied innerlich für sich gewinnen und der französelnden Richtung, welche höchst bedauerlicherweise anwuchs, statt allmählich zu verschwinden, Herr werden könne. Für andere Lösungen fehlte es sowohl an den entscheidenden greifbaren Beweisen der unbedingten Notwendigkeit als infolge daran an der erforderlichen Unterstützung des Reichstags; auch beeinflußte der bundesstaatliche Charakter des Reichs die ganze Sache. So unternahm der Reichskanzler (immerhin mit aller Vorsicht) den Versuch eines Entgegenkommens an die Wünsche der Elsäßer. Er berief sich dabei in seiner Rede im Reichstag vom 23. Mai 1911 nicht ohne guten Grund auf Bismarcks Vorgang; als der große Staatsmann dem Reichsland innere Selbständigkeit verlieh, war sozusagen der Rubikon überschritten worden; jetzt konnte man nicht mehr zurück, nur noch vorwärts, und bloß auf diese Weise schien man die Elsaß-Lothringer zufriedenstellen und sie gewinnen zu können. „Es ist ein Besitzstand geschaffen worden, der nicht nur für die Elsaß-Lothringer eine Existenzfrage ist, sondern der gleichzeitig auch eine feste Stütze der Empfindungen bildet, mit denen das Reich diesem seinem jüngsten Glied gegenübersteht." Bismarck selbst hat Ende der 80er Jahre, als das Protestlertum zur Blüte kam, den Gedanken erwogen, ob nicht das Reichsland einem der benachbarten Bundesstaaten einverleibt werden sollte, hat ihn aber fallen lassen. Das gab zu denken. Nach der neuen Verfassung, welche am 23. Januar 1911 dem Reichstag zuging, verzichteten Bundesrat und Reichstag auf jedes Eingreifen in die reichsländische Gesetzgebung; das Land blieb dem Kaiser als oberstem Träger der Staatsgewalt unterstellt, erhielt von ihm den Statthalter und bedurfte seiner vom Reichskanzler gegenzuzeichnenden Zustimmung zu den Gesetzen. Aber es erhielt eine aus zwei Kammern bestehende Vertretung, deren erste der Kaiser zur Hälfte ernannte, deren zweite ursprünglich nach dem Mehrstimmenrecht (in 27 Wahlkreisen mit 60 Abgeordneten) gewählt werden sollte; die Regierung verzichtete aber am Ende angesichts der Abneigung der Elsäßer gegen jedes beschränkte Stimmrecht auf die „Pluralität", und nahm das Reichswahlrecht an. Im Bundesrat führt das Reichsland künftig drei beschließende Stimmen, welche aber, damit nicht indirekt Preußens Stellung im Bundesrat verstärkt werde — in dem Fall nicht gezählt werden, wenn durch sie ein sonst in der Minderheit bleibender preußischer Vorschlag die Mehrheit bekäme. Auf dieser Klausel bestanden die drei Königreiche Bayern,

Sachsen und Württemberg, weil der Statthalter den elsaß-lothringischen Bevollmächtigten zum Bundesrat Anweisung erteilt, wie sie stimmen sollen, der Statthalter selbst aber vom Kaiser, der zugleich König von Preußen ist, ernannt und abgerufen wird. Der Reichstag nahm diese Verfassung am 26. Mai mit 211 gegen 93 Stimmen an. Die Minderheit bestand aus den Konservativen, der ihnen nahe stehenden „wirtschaftlichen Vereinigung", den meisten Reichsparteilern, den Polen und der Mehrzahl der elsaß-lothringischen Abgeordneten selbst. Diese waren auch jetzt noch nicht zufrieden gestellt; die Stellung des Kaisers war ihnen zu stark, die erste Kammer ein undemokratischer Hemmschuh. Aber auch im Reich wurde die Verfassung vielfach nicht gut aufgenommen, weil man befürchtete, daß die Elsaß-Lothringer von der vermehrten Freiheit keinen guten Gebrauch machen würden, und weil die Klausel über die Anrechnung der drei elsaß-lothringischen Bundesratsstimmen als eine Demütigung Preußens empfunden wurde, zu der der preußische Ministerpräsident nimmermehr hätte die Hand bieten dürfen. Gegen diesen Tadel läßt sich sagen, daß der Reichskanzler auch den Schein vermeiden wollte, als ob er die Grundlagen der Reichsverfassung zu Ungunsten der Mittelstaaten verschieben wolle und daß Preußens tatsächliche Macht nicht von einigen Stimmen im Bundesrat abhänge. Was die Wirkung auf die Elsaß-Lothringer angeht, so schien sie zunächst einzutreten; bei den ersten Wahlen zur Abgeordnetenkammer vom 22. Oktober 1911 erlitten die Französlinge, welche sich Nationalisten nannten, eine völlige Niederlage. Später freilich traten auch wieder weniger erfreuliche Anzeichen zutage; am schlimmsten waren die Vorgänge in Zabern vom November 1913, wo die Garnison von übeln Elementen der Bevölkerung so belästigt und gereizt wurde, daß ein blutjunger Leutnant v. Forstner, der dann 1915 im Kriege fiel, seine Soldaten zur Abwehr gegen die „Wackes" ermahnte und bei dem Versagen der Polizei der Oberst v. Reuter zur Selbsthilfe griff und Verhaftungen vornehmen ließ. Der deutsche Reichstag hatte wahrlich keinen Ruhmestag, als er am 3. Dezember 1913 dem Reichskanzler, der in der schwierigen Lage zur Vernunft redete, sein Mißvergnügen amtlich aussprach. Über all diesen Dingen ward es nötig, den wackeren und deutschgesinnten Statthalter Grafen v. Wedel durch den preußischen Minister des Innern v. Dallwitz zu ersetzen (an dessen Stelle v. Löbell kam) und auch das Ministerium größtenteils zu erneuern. Kurz nachher brach der Krieg aus, der hoffentlich die im deutschen Interesse notwendig erscheinende Änderung in den Verhältnissen des Reichslandes herbeiführen und den Fehler von 1871 gut machen wird.

Ein weiteres wichtiges Werk, das der Reichskanzler von der Zeit seines Amtes als Staatssekretär her im Auge behalten hat, war die Schaffung der sogenannten Reichsversicherungs= ordnung, die im Reichstag am 30. Mai 1911 mit 232 gegen 58 sozialdemokratische und volksparteiliche Stimmen angenommen ward. Sie enthielt eine Zusammenfassung aller Bestimmungen über Unfall=, Alters=, Kranken= und Gebrechlichkeitsversicherung, war also ein großartiges Werk der Kodifikation, und bildete die bestehenden Einrichtungen überdies in mehreren Punkten weiter. Sie gewährte 1. den Witwen und Waisen der Versicherten eine, wenn auch bescheidene, immerhin 66 Millionen Mark im Jahre betragende Unterstützung; sie erweiterte 2. den Kreis der Versicherten auf die Heimarbeiter, häuslichen Dienstboten und die landwirtschaftlichen Arbeiter, im ganzen auf weitere 7 Millionen Menschen; 3. erhöhte sie das Kranken= geld für die besser bezahlten Arbeiter um 50 Pfg. für den Tag, und 4. befreite sie die Krankenkassen von dem Druck der Sozialdemokratie, indem sie die Wahl der Vorstände durch beide Gruppen, Arbeiter und Arbeitgeber, vorschrieb und für alle Kassenbeamten den Nachweis ordnungsmäßiger Vorbildung aufstellte. Der für die drei großen Versicherungen erforderliche Gesamtbedarf wurde schon 1907 auf $859^{1}/_{2}$ Millionen im Jahr berechnet, gewiß gewaltige Leistungen für die Arbeiter, wie sie in keinem andern Staat aufgebracht werden. Der eigentliche Vater der Reichsversicherungsordnung war der Reichskanzler selbst, und es war eine wohlverdiente Auszeichnung, wenn der Kaiser ihm zwei Tage nach ihrer Verabschiedung, am 1. Juni 1911, in einem Handschreiben dankte und ihm sein Bild verlieh. Es war ein Werk sozialer Reform von hervorragender Be= deutung zustande gekommen, und in der Fortführung dieser Reform= tätigkeit sah der Reichskanzler eine seiner Hauptaufgaben, ohne sich durch die gehässigen Angriffe der Sozialdemokratie oder durch den Tadel der Rechten stutzig machen zu lassen, welche eine Verschärfung der staatlichen Kampfmittel für nötig ansah. Weil v. Bethmann Holl= weg dieser Forderung nicht nachkam, erfolgten, ebenso wie anläßlich der Marokkopolitik, scharfe Zusammenstöße mit dem Führer der Konservativen, Herrn v. Heydebrand und der Lasa (10. Dezember 1910 und 10. November 1911).

Am Ende des Jahres brachte der Reichskanzler unter Über=

windung des Widerstandes einzelner Bundesstaaten im Reichstag noch das Gesetz über die Erhebung von S ch i f f a h r t s a b g a b e n auf den künstlichen Wasserstraßen zur Annahme, wodurch die Kosten für den Ausbau der Wasserwege beschafft werden sollten.

4. v. Bethmann Hollweg als Reichskanzler: die auswärtige Politik 1909—1914.

In der auswärtigen Politik fand v. Bethmann Hollweg, als er Reichskanzler wurde, eine sehr schwierige Lage der Dinge vor. Nicht bloß bestand zwischen den alten Feinden Frankreich und England seit 8. April 1904 das sogenannte „herzliche Einvernehmen" (entente cordiale), das trotz aller Ableugnungen zweifellos seine Spitze gegen Deutschland richtete; sondern dieses herzliche Einvernehmen war 1908 auch auf zwei andere alte und scheinbar unversöhnliche Feinde ausgedehnt worden: auf England und Rußland. In Reval waren am 9. Juni 1908 König Eduard VII., der rastlos an der „Einkreisung" Deutschlands arbeitete, und Zar Nikolaus II. zusammengekommen und hatten auf Grund einer englisch-russischen Abkunft über die Interessenbereiche in Asien vom 31. August 1907, die namentlich Persien in einen russischen und einen englischen Interessenkreis zerlegte, sich auch über die Behandlung der Türkei verständigt, wobei in einer freilich noch nicht öffentlich bekannt gewordenen Weise die Türkei, in ähnlicher Weise wie Persien, wenn auch vorerst nur auf dem Papier, aufgeteilt worden ist. Mit dieser Sachlage hatte v. Bethmann Hollweg zu rechnen; er hatte einen „Dreiverband" vor sich, der durch den gemeinsamen Haß gegen Deutschland fester zusammengehalten wurde, als der „Dreibund", der durch den äußerlich verborgenen, innerlich aber um so tieferen Gegensatz zwischen Österreich und Italien längst unterhöhlt war. Jeder Versuch, den Dreiverband zu sprengen, war aussichtslos und hatte höchstens die Folge, ihn noch fester zusammenzuschmieden; es galt also, ihn wenigstens etwas zu lockern und die Gefahr eines bewaffneten Zusammenstoßes zu vermindern. Das schien dem Reichskanzler möglich, wenn man die gemeinsamen Interessen (welche bei der vielfältigen Verflechtung der Beziehungen aller Staaten trotz des Gegensatzes noch vorhanden waren) benutzte, um eine Annäherung zustande zu bringen. So gelang es dem Reichskanzler am 4. November 1910 mit dem Zaren, der von Friedberg in Hessen mit seiner Gemahlin nach Hause reiste, in Potsdam eine Abkunft zu vereinbaren, laut deren Rußland und Deutschland einander versprachen, sich in nichts einzulassen, was eine Spitze gegen den andern Teil haben könnte; und am 19. August 1911 kam ein Vertrag über die beiderseitigen Interessen in Persien zustande, der den Anschluß der von einer deutschen Gesellschaft z. T. schon gebauten, z. T. noch zu bauenden Bagdadbahn an

Frau Martha von Bethmann Hollweg, die am 10. Mai 1914 verstorbene Gemahlin des deutschen Reichskanzlers.

die russischen Bahnen in Nordpersien (von Teheran nach Hanikin) in Aussicht nahm. Man war in Berlin überzeugt, daß die Partei in St. Petersburg, welche wollte, daß Rußland mit Deutschland gut stehe, zur Zeit das Heft in der Hand habe; ob das dauern werde, konnte natürlich niemand sagen; aber der Versuch, mit Rußland sich zu vergleichen, war der Mühe wert. Mit Frankreich kam es (trotz des noch v. Bülow am 9. Februar 1909 geschlossenen Abkommens über ein friedliches Nebeneinander in Marokko) im Jahr 1911 zu einer gefährlichen Spannung. Die Franzosen besetzten am 21. Mai ungeachtet aller früheren Erklärungen die Hauptstadt des Landes, Fez, so daß der Reichskanzler dem Vorschlag v. Kiderlens beitrat, das deutsche Kanonenboot Panther nach dem marokkanischen Hafen

Agadir zu senden und die in der Umgegend dieses Hafens vorhandenen deutschen Interessen unter den Schutz der deutschen Seemacht zu stellen.

Es war, wie der Reichskanzler am 9. November 1911 im Reichstag gesagt hat, eine Maßregel, welche den Franzosen dartun sollte, daß „wir uns nicht bei Seite schieben lassen würden, selbst nicht auf die Gefahr, daß dadurch die Schicksalsfrage: Krieg oder Frieden? heraufbeschworen werde". Wir wollten Marokko nicht als französisches Schutzland gelten lassen, sondern dort selbständig unsere Interessen wahrnehmen. Wollten sie das Sultanat in ein Schutzgebiet verwandeln, so mußten sie uns dafür einen angemessenen Preis zahlen. Festsetzen wollten wir uns dort aus den triftigsten Gründen nicht; unsere marokkanischen Aktien, die wir 1906 in Algericas erworben hatten, waren durch das französische Vorgehen wertlos geworden; aber wir forderten, daß man sie uns durch ausreichende Entschädigung abkaufe. Daraus ging eine schwere Krisis hervor, weil die englische Regierung, unter Berufung auf ihre 1904 übernommenen Vertragspflichten, Frankreich bewaffnete Hilfe zu leisten sich erbot. Rußland dagegen verständigte sich mit uns während dieser Krisis über Persien. Schließlich kam es aber zu dem Vertrag vom 4. November 1911, in welchem Deutschland Marokko als französischen Schutzstaat anerkannte, aber Sicherheit für seine wirtschaftliche Betätigung in dem Sultanat und den an Kamerun grenzenden Teil des französischen Kongo erhielt — ein Gebiet von 263 000 qkm, so groß als etwa Preußen ohne Schlesien und Ostpreußen.

Die Hoffnung, daß der Vertrag der Ausgangspunkt eines besseren Einvernehmens mit Frankreich sein werde, hat sich nicht erfüllt; die Franzosen betrachteten den „Panthersprung" als eine Herausforderung, welche eigentlich mit Blut hätte gesühnt werden müssen und knirschten, daß wir sie ohne Schwertstreich zur Abtretung einer großen Provinz genötigt hätten. In England wurde aber die öffentliche Meinung über die Kriegsgefahr, in die das Land durch das Ministerium Asquith, Lloyd George und Grey plötzlich versetzt worden war, doch stutzig; es erhoben sich Stimmen, welche dringend die Herstellung eines besseren Verhältnisses zu Deutschland forderten. So erschien der Kriegsminister Lord Haldane am 8. Februar 1912 in Berlin, um ein Abkommen zustande zu bringen. Der Reichskanzler schlug zunächst vor, daß England sich für den Fall eines Krieges auf dem Festland zur unbedingten Neutralität verpflichte.

Allein Haldane konnte nichts bieten als das Versprechen, daß England uns, ohne herausgefordert zu sein, nicht angreifen werde. Der Reichskanzler maß diesen Angeboten einen praktischen Wert nicht bei, da das, was sie enthielten, unter zivilisierten Völkern selbstverständlich ist. Er ließ aber die Forderung unbedingter Neutralität fallen und verlangte wohlwollende Neutralität nur noch, falls Deutschland ein Krieg aufgezwungen werde. Grey lehnte auch das ab, weil er besorgte, durch ein solches Versprechen die bestehenden Freundschaften Englands mit andern Mächten zu gefährden. Hierauf verzichtete Deutschland auf das Weiterspinnen einer offenbar nutzlosen Verhandlung, als deren Ergebnis die Einsicht zu betrachten ist, daß England, auch wenn uns ein Krieg aufgezwungen würde, sich vorbehielt, seine Neutralität fallen zu lassen und sich den Angreifern zuzugesellen — genau das, was es am 4. August 1914 wirklich getan hat. Die Frucht dieser Einsicht waren **die zwei Heeresvorlagen** von 1912 und 1913, wodurch die jährliche Rekrutenziffer um 29 000, bezw. um 68 000 Mann erhöht wurde. Es war ein erfreuliches Zeichen politischer Reife und patriotischen Sinnes, daß der am 12. Januar neu gewählte Reichstag, in dem die Sozialisten auf Kosten aller bürgerlichen Parteien von 53 auf 110 Stimmen angewachsen und Zentrum und Rechte in die Minderheit versetzt waren, gleichwohl am 21. November 1912 und am 30. Juni 1913 beide Vorlagen gegen die Stimmen der Sozialdemokraten, Polen und Elsaß-Lothringer mit Zweidrittelmehrheit genehmigte; und die besitzenden Klassen nahmen, ohne mit der Wimper zu zucken, die Last eines einmaligen „**Wehrbeitrags**" von einer Milliarde auf sich. Wie notwendig die Heeresvorlagen waren, durch welche die seit 1893 mehr und mehr zum leeren Wort herabgesunkene allgemeine Wehrpflicht wieder eine Wahrheit wurde, davon sollte man sich bald überzeugen.

5. Der Reichskanzler beim Ausbruch des Weltkrieges.

Am 28. Juni 1914 fielen der Thronfolger von Österreich-Ungarn, der Erzherzog Franz Ferdinand, und seine Gemahlin Sophie, Herzogin von Hohenberg, in Sarajewo in Bosnien als Opfer einer durch Offiziere und Beamte des Königreichs Serbien geleiteten und ausgerüsteten Mörderbande. Am 23. Juli stellte der österreichisch-ungarische Minister des Auswärtigen, Graf Berchtold, in Belgrad die Forderung einer ausreichenden Genugtuung und Sicherstellung für die Zukunft; aber von St. Petersburg aus ermutigt und der Hilfe versichert, lehnte die Regierung des Königs Peter, der selbst durch den Meuchelmord vom 11. Juni 1903 auf den Thron des unglücklichen Königs Alexander gelangt war, das Ultimatum am 25. Juli abends kurz vor der um 6 Uhr ablaufenden Frist in den wesentlichen Punkten ab. Sofort war deutlich, daß aus dem nun zwischen Österreich-Ungarn und Serbien ausbrechenden Krieg ein allgemeiner Weltbrand entstehen müsse, falls es nicht rasch gelinge, den Krieg in den engen örtlichen Grenzen zu halten. Um ein Eingreifen Rußlands abzuschneiden, erklärte Österreich-Ungarn sofort noch am 25. Juli, daß es keine Eroberungen auf Kosten Serbiens anstrebe, und am 28. Juli erweiterte es sein Versprechen noch dadurch, daß es sich anheischig machte, auch die Unabhängigkeit Serbiens nicht anzutasten. Der Reichskanzler tat alles, um in Wien zum Frieden zu raten; er hat sogar, wie er am 19. August 1915 im Reichstag bekannt gab, den Botschafter Herrn v. Tschirschky am 29. Juli in Wien mit aller Schärfe erklären lassen, „daß wir Österreich-Ungarn zwar nicht zumuten, mit Serbien zu verhandeln, mit dem es im Kriegszustand begriffen ist; die Verweigerung jeden Meinungsaustausches mit Petersburg aber (wovon der deutsche Botschafter in Petersburg, Graf Pourtalès, geschrieben hatte) würde ein schwerer Fehler sein. Wir sind zwar bereit, unsere Bundespflicht zu erfüllen, müssen es aber ablehnen, uns von Österreich-Ungarn durch Nichtachtung unserer Ratschläge in einen Weltbrand hineinziehen zu lassen. Eure Exzellenz wollen sich sofort gegen Graf Berchtold mit allem Nachdruck und großem Ernst in diesem Sinn aussprechen." Darauf antwortete Herr v. Tschirschky, daß Graf Berchtold bemerkt habe, es liege hier ein Mißverständnis vor und zwar auf russischer Seite; der k. k. Botschafter am russischen Hofe, Graf Szapary, habe Weisung empfangen, mit dem russischen Minister des Auswärtigen, Sasonov, in Verhandlungen einzutreten. Diese Verhandlungen aber wurden dadurch durchkreuzt, daß Rußland sofort seine Streitkräfte mobil machte, und zwar nicht bloß gegen Österreich-Ungarn, sondern auch gegen das Deutsche Reich. Es tat dies um so unbedenklicher, als es sehr bald Sicherheit erlangte, daß es nicht bloß auf französische, sondern auch auf englische Kriegshilfe rechnen könne, und alle Mahnungen des deutschen Kaisers, die Mobilmachung zurückzunehmen, weil sonst deutscherseits Gegenmaßregeln ergriffen werden müßten, waren in den Wind gesprochen. So blieb uns nichts anderes übrig, als am 31. Juli ein Ultimatum an Rußland zu richten, daß es binnen zwölf Stunden die Kriegsrüstungen einstelle und hierüber eine bestimmte Erklärung abgebe. Da dies nicht geschah, vielmehr am 1. August Kosaken die ostpreußische Grenze überschritten und auf Johannisburg ritten, so erfolgte am 1. August 1914 abends 5 Uhr die deutsche Kriegserklärung an Rußland. Wie die Dinge lagen, war damit auch der Krieg mit Frankreich gegeben; auf die am 1. August von unserem Botschafter Freiherrn v. Schön in Paris übermittelte Anfrage, ob Frankreich in einem deutsch-russischen Kriege neutral bleiben werde, erfolgte die vielsagende Antwort: Frankreich werde tun, was seine Interessen ihm vorschreiben. Auch hier wurden die Feindseligkeiten gegen uns eröffnet, ehe eine Kriegserklärung erlassen war; am 2. August überschritten französische Truppen die Grenze bei Altmünsterol, und französische Flieger warfen Bomben auf die Eisenbahnen bei Wesel, Karlsruhe und Nürnberg herab. So zeigte v. Schön am 3. August um 6 Uhr abends an, daß Frankreich uns in Kriegszustand versetzt habe, forderte seine Pässe und verließ Paris.

Noch war England zurück, und auch die Feinde müssen, wenn sie ehrlich sein wollen, dem Reichskanzler das Zeugnis ausstellen, daß er nach allen Kräften bemüht gewesen ist, diese Macht, zu der er seit fünf Jahren ein besseres Verhältnis zu erlangen angestrebt hatte, in den Bahnen des Friedens zu erhalten. Wie das erste englische Blaubuch dartut, hatte v. Bethmann Hollweg am 29. Juli mit dem britischen Botschafter Goschen eine Unterredung, worin er England, falls es bei Ausbruch eines Kriegs mit Rußland neutral bleibe, jede Sicherheit dafür anbot, daß Deutschland im Fall eines siegreichen Ausgangs des Krieges sein Gebiet nicht auf Kosten Frankreichs vergrößern werde. Auf die Frage Goschens, wie es dann mit den französischen Kolonien stehe, erklärte der Reichskanzler, hierüber könne er eine ähnliche Versicherung nicht abgeben — natürlich: irgendwie mußten wir doch im Fall eines Sieges uns schadlos halten können. Hollands Neutralität werde Deutschland achten, solange das von anderer Seite geschehe; von Frankreichs Vorgehen werde es abhängen, ob und inwieweit Deutschland in Belgien Operationen vornehmen müsse. Mit England habe das Deutsche Reich stets eine Verständigung angestrebt; er denke an ein allgemeines Neutralitätsabkommen beider Staaten, obschon es im gegenwärtigen Augenblick natürlich zu früh sei, auf Einzelheiten einzugehen. Alle diese Angebote wurden von Grey schroff abgelehnt; er befahl Goschen, dem

Reichskanzler zu sagen, daß England nicht bei Seite stehen könne, wenn Frankreich seine Kolonien und seine Stellung als Großmacht verlieren sollte und den Deutschen unterworfen würde. Am 1. August bot der Kaiser, selbstverständlich nach Verabredung mit dem Reichskanzler, dem König Georg V. von England persönlich und direkt an, daß er trotz des mit Rußland ausgebrochenen Krieges sich anheischig mache, Frankreich nicht anzugreifen, falls dieses sich zur Neutralität bereit erkläre und England diese Neutralität, nötigenfalls unter Einsatz seines Heeres und seiner Flotte, verbürge. Am gleichen Tag aber setzte Grey im Kabinett den Beschluß durch, daß, wenn die deutsche Flotte in den Ärmelkanal eindringen oder die französische Nordküste angreifen sollte, die britische Flotte Frankreich allen in ihrer Macht liegenden Schutz gewähren solle. Darauf erklärte der Reichskanzler, daß Deutschland, wenn England neutral bleibe, auf beide Maßnahmen verzichten, also von der Überlegenheit seiner Flotte über die französische keinen Gebrauch machen werde. Es war alles umsonst. Grey konnte oder wollte nicht mehr zurück; er hatte so lange mit Frankreich und Rußland sich verschworen, daß er jetzt an ihrer Seite in den Krieg gehen mußte. Bekanntlich hat er, um den Widerstand eines Teils seiner Amtsgenossen zu brechen, dann die Verletzung der Neutralität Belgiens als eine Herausforderung Englands bezeichnet, welche dieses zwinge, seine Pflicht und Ehre zu wahren und Belgien bewaffnete Hilfe zu leisten. Am 4. August richtete er ein Ultimatum an das Deutsche Reich, wonach es bis Mitternacht eine genügende Erklärung über seine Achtung der belgischen Neutralität abgeben sollte; andernfalls sollte Goschen seine Pässe fordern und erklären, daß England alle Schritte zum Schutz dieser Neutralität und eines auch von Deutschland unterschriebenen Vertrages ergreifen werde. Als der englische Botschafter sich seines Auftrags entledigte, erhielt er sofort die allein mögliche ablehnende Antwort. Er erschien dann beim Reichskanzler, um sich von dem Manne, mit dem er Jahre lang freundschaftlich verkehrt hatte, persönlich zu verabschieden. Man kann nicht ohne tiefe Ergriffenheit den im englischen Blaubuch abgedruckten Bericht Goschens über diese letzte Unterredung mit dem Reichskanzler lesen. Dieser legte Wert darauf, seine Ansicht über das Vergehen Englands offen auszusprechen. Er sagte, alle seine Anstrengungen, mit England zu einem besseren Verhältnis zu gelangen, seien nutzlos gemacht, seine ganze Politik zusammengestürzt wie ein Kartenhaus; England verfahre wie ein Mensch, der einen von zwei Angreifern Überfallenen von hinten niederschlagen wolle.

Der Reichstag war auf den 4. August berufen worden, um die Mitteilungen der Regierung entgegen zu nehmen und die notwendigen Maßregeln, namentlich eine Kriegsanleihe von fünf Milliarden, zu beschließen. Vor ihm hielt v. Bethmann Hollweg, nachdem die Eröffnung im weißen Saal mit der kraft- und würdevollen Thronrede in bekannter Weise stattgefunden hatte, um 3¼ Uhr eine meisterhafte Rede voll Mäßigung und Entschlossenheit, in welcher er die Entstehung des Krieges darlegte und unsern Entschluß, in Belgien einzurücken, mit der Notwehr begründete: „wer, wie wir, um das Höchste kämpft, darf nur daran denken, wie er sich durchhaut!" Es ist dem Reichskanzler verdacht worden, daß er damals diesen Einmarsch in Belgien offen und redlich als ein Unrecht bezeichnete, „das wir wieder gutzumachen suchen werden, sobald unser militärisches Ziel erreicht ist". Unsere Gegner haben dieses Wort weidlich ausgenutzt; sie haben freilich von der Geradheit der Gesinnung, welcher dieses Wort entsprang, keine Spur in sich und haben dafür keinerlei Verständnis. Später sind uns die Schriftstücke, welche uns völlig entlasten, in Brüssel in die Hände gefallen, und der Reichskanzler hat davon einen vernichtenden Gebrauch gemacht; unwiderleglich hat er an ihrer Hand dargetan, daß Belgien durch seine Verschwörung mit England und Frankreich gegen uns seine Neutralität selbst längst preisgegeben hatte. Um von allen andern Zeugnissen abzusehen, so sei auf die vortreffliche Schrift des Niederländers M. P. C. Walter, Beiträge zur Entstehungsgeschichte des großen Kriegs (Amsterdam, van Langenhuysen, 1915) verwiesen, welcher mit hervorragender Sachkenntnis und Belesenheit und in glänzendem Stil nachweist, daß England seit den 50er Jahren des 19. Jahrhunderts, seit dem Erwerb unserer Kolonien, den Krieg gegen uns vorbereitete, daß Eduard VII. der große Kriegshetzer war und Belgiens König Albert, der durch energischen Widerstand gegen den von Frankreich drohenden Einmarsch diesen hätte verhindern und damit uns die notwendige Sicherheit geben müssen, „im Komplott mit Deutschlands Feinden war". D a s g e n ü g t. Der Reichstag war am 4. August auf der Höhe seiner Aufgabe, und mit Recht sagte der Reichskanzler am Schluß der Beratungen: „nicht das Gewicht Ihrer Beschlüsse gibt dieser Tagung ihre Bedeutung, sondern der Geist, aus dem heraus sie geboren sind, d e r G e i s t d e r E i n h e i t D e u t s c h l a n d s , des unbedingten, rückhaltlosen, gegenseitigen Vertrauens auf Leben und Tod. Was uns auch beschieden sein mag — der 4. August 1914 wird bis in alle Ewigkeit hinein einer der größten Tage Deutschlands sein!" Es verdient bemerkt zu werden, daß das, was der Reichskanzler an jenem denkwürdigen Tage sprach, von hoher patriotischer Glut erfüllt war; er fand die richtigen Worte für die ungeheure Zeit, und stürmischer, einhelliger Beifall des Reichstags und (was der Präsident Dr. Kämpf gegen den sonstigen Brauch verständnisvoll geschehen ließ) der Zuhörerreihen zeigte dem Leiter der Reichspolitik, daß er verstanden ward und einen gewaltigen Widerhall in aller Herzen erweckte. Der 4. August war auch v. Bethmanns größter Tag.

6. Der Reichskanzler im Weltkrieg.

Nach Kriegsausbruch begleitete der Reichskanzler den Kaiser ins Feld und hatte demgemäß seinen Aufenthalt jeweils am Orte des kaiserlichen Hauptquartiers. Öfters kehrte er, wenn die Geschäfte es verlangten, auch für längere oder kürzere Zeit nach Berlin zurück. Das war namentlich der Fall, wenn der Reichstag berufen wurde, was am 4. Dezember erstmals wieder geschah, um ihn ein zweites Mal um die Bewilligung von fünf Milliarden für Kriegszwecke anzugehen. Der Reichskanzler befürwortete die Annahme dieser Vorlage in einer ausgezeichneten Rede, in der er unsern Truppen den wohl verdienten Dank aussprach, den Beitritt der Osmanen zu der deutsch-österreichischen Waffengemeinschaft freudig begrüßte und England „die innere (letzte) Verantwortung" für den Krieg zuschob. „Die insulare englische Denkart hat im Laufe der Jahrhunderte einen politischen Grundsatz ausgestaltet, daß nämlich England mit der Kraft eines selbstverständlichen Dogmas ein arbitrium mundi (Weltherrschaft) gebühre." Er legte dar, welche Versuche er gemacht habe, mit England auf der Grundlage beiderseitiger freier Kräfteentfaltung sich zu vergleichen; die Welt biete beiden Völkern Raum genug, im friedlichen Wettbewerb ihre Kräfte zu messen. England sei aber nicht darauf eingegangen, und nun habe Deutschlands Kraft sich militärisch und finanziell glänzend bewährt. Die belgische Neutralität beleuchtete der Kanzler treffend an der Hand der oben erwähnten Urkunden. Zum Schluß pries er die Einigkeit der Nation, die Beglückung, daß so viel Unrat und Wust weggefegt sei, und verhieß, daß es nach dem Krieg, so weit es auf ihn ankomme, nur mehr Deutsche geben solle. „Wir halten durch, bis wir Sicherheit haben, daß keiner mehr wagen wird, unsern Frieden zu stören!"

An der **dritten Tagung** des Reichstags, die vom 10. bis 18. März 1915 währte und in der die Bewilligung eines weiteren Kriegskredits von 10 Milliarden erfolgte, nahm der Reichskanzler keinen direkten Anteil; die Regierung wurde dabei vertreten durch den Staatssekretär des Innern, Delbrück, dem überhaupt die Stellvertretung des Reichskanzlers in dessen Abwesenheit oblag, und durch den neuen Staatssekretär der Finanzen Helfferich. Dagegen wurde die **vierte Tagung** (vom 18. Mai) in hohem Grade dramatisch durch die Mitteilungen, die der Reichskanzler über die Zugeständnisse machte, mittels deren Österreich-Ungarn **den bisherigen Genossen im Dreibund, Italien**, von dem Abfall und dem Übergang auf die Seite unserer Feinde abzuhalten suchte. Der Reichskanzler fügte hinzu, daß Deutschland, um die Verständigung zwischen seinen zwei Bundesgenossen zu fördern und zu festigen, im Einverständnis mit dem Wiener Kabinett dem römischen gegenüber die volle Bürgschaft für die ehrliche Ausführung des Angebots ausdrücklich übernommen habe. Der Versuch, den unerhörtesten Treubruch der Geschichte, durch den ein Bundesgenosse von gestern sich in einen Todfeind von heute verwandelte, in letzter Stunde noch zu hintertreiben, schlug fehl; am 23. Mai erklärte Italien an Österreich-Ungarn unter den nichtigsten Vorwänden den Krieg, worauf der Reichskanzler noch am selben 23. Mai durch das Wolff'sche Telegraphen-Büro bekannt gab, daß die italienische Regierung damit auch das Bündnis mit Deutschland ohne Recht und Grund zerrissen habe und Fürst Bülow, unser Vertreter in Rom, angewiesen worden sei, Rom zugleich mit dem österreichisch-ungarischen Botschafter Baron Macchio zu verlassen. Eine Kriegserklärung an Italien fand nicht statt, ebensowenig eine solche Italiens an Deutschland.

Die **fünfte Kriegstagung** wurde am 19. August durch eine Rede v. Bethmann Hollwegs eröffnet, in der er der großen Erfolge in Polen, Kurland und an den Dardanellen gedachte und England vor aller Welt die Hauptschuld an dem Krieg zuschrieb, der aus der Einkreisungspolitik Eduards VII. erwachsen sei. Der Minister Asquith habe in öffentlicher Rede die Zugeständnisse unterschlagen, welche wir bei den Verhandlungen mit Lord Haldane im Winter 1912 gemacht hätten, und habe damit die öffentliche Meinung in England in unverantwortlicher Weise irre geführt. Rußlands Mobilmachung habe seiner Zeit den Weltbrand entzündet. Nun haben unsere Heere die östlichen Grenzen Polens erreicht, und es sei zu hoffen, daß eine neue Entwicklung beginne, welche die alten Gegensätze zwischen Deutschland und Polen aus der Welt schaffe und das vom russischen Joch befreite Land einer glücklichen Zukunft entgegenführen werde, in der

Phot. Berl. Illustr.-Gesellschaft.
Der Reichskanzler, seine Tochter zur Trauung in die Kirche führend, dahinter der Bräutigam mit seiner Mutter Gräfin Zech-Burkersroda.

es die Eigenart seines nationalen Lebens pflegen könne. Früher hatte v. Bethmann Hollweg den Kampf gegen das in staatlicher Hinsicht nicht zuverlässige Polentum in unsern Ostmarken als eine Staatsnotwendigkeit angesehen (f. seine Rede gegen den Herrn v. Jazdzewski im preußischen Abgeordnetenhaus vom 13. Januar 1906): jetzt hatte die ungeheure Zeit auch hier eine neue Lage geschaffen, und die Wiedereröffnung der 1869 geschlossenen hohen Schulen Warschau's mit polnischer Unterrichtssprache (15. November) war ein weithin leuchtender Beweis, daß wir es nicht bei Worten bewenden lassen. Der Krieg, fuhr der Reichskanzler fort, werde ein aus tausend Wunden blutendes Europa zurücklassen; solle aber Europa zur Ruhe kommen, so könne dies nur durch eine starke und unantastbare Stellung Deutschlands geschehen. „Die jetzige englische Politik, die ein Brutofen für den Krieg ist und Deutschland zum Vasallen Englands herabdrücken möchte, muß verschwinden. Wir müssen zum Wohl aller Völker und Länder die Freiheit der Weltmeere erzwingen. Wir wollen sein und bleiben ein Hort des Friedens und der Freiheit der großen und der kleinen Völker. Was wir wollen, ist ein neues, von französischen Ränken, von moskowitischer Eroberungssucht und von englischer Vormundschaft befreites Europa." Diese martigen Worte wurden mit lang anhaltendem Beifall und Händeklatschen aufgenommen. Sie umschrieben nicht im einzelnen, aber im großen das Kriegsziel, dem unser Kampf gilt. Der Schluß des Reichstags erfolgte am 27. August, unter Anberaumung der sechsten Tagung auf den 30. November.

Vier Wochen nach der Rede des Reichskanzlers über die Lage erfolgte eine tiefgreifende, für uns günstige Veränderung. Am 19. September donnerten erstmals deutsche Geschütze an der unteren Donau gegen die serbische Festung Semendria; am 23. September schritt Bulgarien, das sich mit der Türkei verständigt hatte, zur Mobilmachung, und am 4. Oktober antwortete es auf ein barsches, russisches Ultimatum ablehnend. Kurz darauf griff es als unser Verbündeter mit aller Kraft in den Krieg gegen seinen serbischen Todfeind ein, einen Krieg, der unsererseits mit dem Zweck geführt wurde, durch Serbien hindurchzustoßen und über Bulgarien die Verbindung mit unserem türkischen Bundesgenossen herzustellen. Ungeheure Fernsichten knüpfen sich an diesen Krieg, eine geschlossene politische Völkerphalanx der Deutschen, Österreicher, Ungarn, Bulgaren und Osmanen von der Nord- und Ostsee bis zum Nil und zum persischen Meerbusen, von wo, wenn das Weltenschicksal sich erfüllen soll, über Persien und Afghanistan hinübergegriffen werden kann bis nach Indien. Wenn diese Möglichkeiten jetzt gegeben sind, wodurch Englands angeblich unerschütterliche Weltherrschaft in der Wurzel getroffen werden kann, so gebührt das Verdienst in erster Linie unserem und dem türkischen Heer, dann aber v. Bethmann Hollweg. In dem Ringen um die Balkanstaaten, das zwischen uns und unsern Feinden seit

Jahresfrist geführt wurde, setzten unsre Gegner auf die falsche Karte, indem sie vornehmlich Rumänien umwarben und auf ihre Seite ziehen wollten. Sie rechneten, daß als Lohn für Siebenbürgen und den Banat, die sie den Rumänen verhießen, 3 bis 400 000 Rumänen sich erheben und die russische „Dampfwalze" unwiderstehlich machen sollten. Aber die Rumänen durften das nicht wagen, wenn sie nicht im Rücken gesichert waren; was mußte aus ihnen werden, wenn sie an den siebenbürgischen Alpen festklebten, wie die Italiener an den krainischen, und die bulgarischen Legionen über die Donau herüberquollen? B u l g a r i e n w a r   d e r   S c h l ü s s e l   d e r   S i t u a t i o n, das erkannte der Reichskanzler mit voller Klarheit, und wenn es gelang, durch Serbien uns Bahn zu brechen, so war das auch die Brücke zur Türkei, zum Suezkanal, zum Euphrat. So setzte die deutsche Diplomatie ihre Hebel in Sofia an, wo man sich sagen mußte: unser Todfeind Serbien steht im Lager Rußlands; also ist unser Platz da, wo die deutschen Fahnen wehen. Durch Darlehen, welche Bulgarien in Deutschland erhielt, durch das Versprechen der Abnahme seiner reichen Getreideernten von 1914 und 1915, durch die Zusicherung Makedoniens und vor allem durch unsere gewaltigen Siege wurde die bulgarische Regierung vollends gewonnen, und so erfolgte der moralisch, politisch und militärisch im höchsten Grad bedeutsame Anschluß des tapferen, 1913 tief gedemütigten und nach Rache lechzenden Volkes an Deutschland und seine Verbündeten. Es ist eine Pflicht der Wahrhaftigkeit festzustellen, daß dieser Erfolg vornehmlich der überlegenen Urteilskraft und dem zähen Willen des leitenden deutschen Staatsmannes verdankt wird.

Wie der Reichskanzler hier einen Bundesgenossen für uns gewann, so hat er andrerseits verhütet, daß ein neuer Feind gegen uns aufstand. Der Unterseebootkrieg gegen die britische Handelsflotte, unsere Antwort auf den berüchtigten Aushungerungsplan der Engländer, hatte zur Folge, daß am 7. Mai 1915 der 41 500 Registertonnen haltende Riesendampfer der Cunard=Linie L u s i t a n i a kurz nach 3 Uhr nachmittags, bei hellem Wetter, unweit der Südküste Irlands durch ein Unterseeboot torpediert wurde und sank. Dabei verloren ungefähr 1400 Menschen, worunter einige Amerikaner, das Leben. Obwohl die Lusitania neben ihrer Eigenschaft eines Passagierdampfers unzweifelhaft öfters auch als Schiff zur Beförderung von Schießbedarf benutzt worden war, den die Amerikaner trotz ihrer

Neutralität in ungeheuren Mengen an unsere Feinde lieferten, und obwohl der englische Gesandte in Bern am 21. Mai öffentlich zugestand, daß sie auch auf der letzten Fahrt Kriegsbedarf für England an Bord gehabt hatte; obwohl somit unser klares Recht zu ihrer Vernichtung feststand: so erregte der Vorfall doch die England ohnehin geneigte angelsächsische Bevölkerung der Vereinigten Staaten dermaßen, daß ein ernster Zwist drohte. Später wurde der Dampfer Arabic versenkt, wobei wieder ein paar Amerikaner umkamen. Nun konnte man mit vollem Recht sagen, daß Leute, welche sich an Bord solcher zu Kriegszwecken dienenden Schiffe begaben, sich selbst mutwillig der Todesgefahr aussetzten und nur erlitten, was sie selbst verschuldeten. Aber in den Vereinigten Staaten sah man die Sache eben nicht so an; hier verlangte man einfach, daß Deutschland Bürger neutraler Staaten nicht umbringe, und die englische Diplomatie und Presse tat alles, um den Gegensatz zu vertiefen. Das allein war schon ein Fingerzeig, welche Haltung wir einzunehmen hatten. Würde auch die letzte noch neutrale Großmacht, deren Präsident Wilson ohnehin Deutschland verständnislos gegenüberstand und ausschließlich von englischen Sympathien geleitet war, sich in Waffen gegen uns erhoben haben, so würde das zwar militärisch aus verschiedenen, auf der Hand liegenden Gründen nicht sehr viel bedeutet haben, moralisch aber um so mehr. Die Empfindung, daß alles sich zusammenschließe, um die deutschen Barbaren wie tolle Hunde niederzuschlagen, würde allgemein geworden sein, und wir hätten nicht erwarten dürfen, daß, wenn alle Großen sich gegen uns wandten, die Kleinen es anders machen sollten. Unsere ganze diplomatische Arbeit auf dem Balkan wäre vergeblich gewesen; Bulgarien hätte trotz allem, was es auf unsere Seite wies, sich uns zuzuwenden nicht gewagt. So entschloß sich der Reichskanzler einen den Vereinigten Staaten weit entgegenkommenden Schritt zu tun; er gab am 5. Oktober 1915 das Versprechen, daß Passagierdampfer nicht torpediert werden sollten, ohne daß sie vorher gewarnt würden, und unter der Voraussetzung, daß sie nicht unternehmen, sich dem anhaltenden deutschen Schiff durch Flucht zu entziehen. Handelsschiffe, auch solche der Vereinigten Staaten, die Bannware führen, werden nach wie vor auf Grund anerkannten Rechts versenkt. Mit diesen Zugeständnissen, welche nichts Demütigendes an sich hatten, erreichten wir eine gütliche Beilegung des Streits und das Verharren der Vereinigten Staaten in ihrer, freilich nach unserer Auffassung nicht einwandfreien Neutralität.

Der Reichskanzler unterließ nicht, neben den großen internationalen Fragen allem seine Aufmerksamkeit zuzuwenden, was dem öffentlichen Wohl dienlich sein konnte. An erster Stelle steht hier die Regelung der Ernährungsfrage durch die Brotkarten, wobei die Engländer bezeugt haben, daß sie in dem „Brotkartengeist" ihren gefährlichsten Feind sehen; die Nation hat sich der unter Leitung des Reichskanzlers geschaffenen großen und zweckvollen Organisation rückhaltlos zur Verfügung gestellt. Als unter Vorsitz des Breslauer Professors Julius Wolf sich am 18. Oktober 1915 in Berlin eine „Deutsche Gesellschaft für Bevölkerungswesen" bildete, die dem schon vor dem Krieg mit Sorge bemerkten Rückgang der Bevölkerung entgegenzuwirken sich vorsetzte, sprach v. Bethmann Hollweg durch eine Zuschrift sein volles Einverständnis und seine Bereitwilligkeit mitzuhelfen aus und entsandte zur Gründungsversammlung einen Vertreter. Eine kurze Anwesenheit in Berlin benützte er am 19. Oktober, um mit seinem Stellvertreter Delbrück die Maßregeln zur Lebensmittelversorgung und gegen die zunehmende Teuerung festzustellen, und auf eine Eingabe der sozialdemokratischen Fraktion erklärte er Ende November, daß er alles tun werde, die Preistreiberei mit allen Mitteln ohne Ansehen des Standes und Gewerbes zu beseitigen, daß die Frage aber dem inneren Parteigetriebe entrückt bleiben und der Opfersinn und Heldenmut, die Grundlage unserer bisherigen Erfolge, von allen Gemütern weiter gepflegt werden sollen; ein anderes Verhalten würde nur die Hoffnungen unserer Feinde stärken und den Krieg verlängern.

Die größten Aufgaben aber erwarten den Reichskanzler ohne Frage b e i dem Abschluß des Friedens und n a ch dessen Abschluß. Wenn über Frieden verhandelt werden wird, gilt es die richtigen Wege zu dem Ziel zu finden, über das wir alle einverstanden sind: der Sicherung des Vaterlandes vor einer Wiederkehr der diesmal überwundenen Gefahr. Wie wir Rußland, England, Frankreich außerstande setzen können, uns nochmals zu überfallen, das will reiflich erwogen und will mit Mäßigung und andererseits mit rücksichtsloser Tatkraft durchgeführt sein. In welcher Weise das elsaß-lothringische Problem zu lösen ist, nachdem die Verfassung von 1911 — auf Grund gewisser Erfahrungen im Krieg — selbst von den Elsäßern als nicht zweckmäßig erachtet wird, das muß unter unbedingter Voranstellung der Reichsinteressen gründlich geprüft und vor allem verhütet werden, daß nicht das Übel noch ärger werde. Und nach dem Frieden gilt es, die inneren Verhältnisse des Reichs neu zu ordnen, die Folgerungen aus der Tatsache zu ziehen, daß die Arbeiterbevölkerung in der Stunde der Not in ihrer ungeheuren Mehrheit treu und opferwillig zum Vaterland gestanden ist, den alten Schutt von Parteizank und Verbissenheit wegzuräumen, den Plan eines Neubaus zu entwerfen und ihn aufzuführen, und es gilt auch, die Kraft und Festigkeit Preußens, ohne welche wir nicht gesiegt hätten, auch unter den neuen Voraussetzungen ungeschwächt zu erhalten. Ein Riesenwerk, dessen Gelingen bei dem verantwortlichen Staatsmann wie bei der Nation, welche auf ihn mit Vertrauen blickt, ein ungeheures Maß von Einsicht, Klugheit, Mäßigung und Kraft erfordert. Hoffen wir, daß dem Manne, der so viel Patriotismus, so viel Ernst und Pflichttreue, so viel Zähigkeit und Einsicht bewährt hat, der große Wurf gelinge und sein Name dauernd mit der Gründung eines sieghaften, weltgewaltigen und friedlichen Deutschlands verbunden werde!

UNIVERSITY OF NORTH CAROLINA
STUDIES IN THE ROMANCE LANGUAGES
AND LITERATURES

JUSTE OLIVIER

PARIS EN 1830
Journal

publié par André Delattre et Marc Denkinger

Published jointly with the
Mercure de France (Paris, France)
and Payot et Cie (Lausanne, Switzerland)

CHAPEL HILL

NUMBER NINETEEN   1951

PARIS EN 1830

JUSTE OLIVIER

PARIS EN 1830
Journal

publié par
André Delattre et Marc Denkinger
Préface de Fernand Baldensperger

SAINTE-BEUVE, LE SALON DE VIGNY
VICTOR HUGO, LES SAINT-SIMONIENS
LA RÉVOLUTION DE JUILLET

UNIVERSITY OF NORTH CAROLINA
STUDIES IN ROMANCE LITERATURES
CHAPEL HILL 1951

Copyright by MERCVRE DE FRANCE *1951*.
Tous droits de reproduction, de traduction et d'adaptation
réservés pour tous pays.

PRÉFACE

Un étranger de langue française, que nulle difficulté linguistique n'éloignerait de la mentalité parisienne du jour, et que pourtant ne satisfont guère les tendances de la capitale française en pleine crise littéraire et politique : c'est une vraie aubaine que de voir comparaître à la barre du Passé un témoin de la valeur de Juste Olivier, l'écrivain vaudois qui allait devenir l'ami de Sainte-Beuve et son introducteur à Lausanne. Son petit-fils le Dr Jean Olivier et MM. Delattre et Denkinger rendent à notre information un service méritoire en publiant le journal tenu par lui à Paris, d'avril à juillet 1830. Et puisque, poète et libéral lui-même, ce visiteur attentif est moins disposé que tant de contemporains à se laisser éblouir par l'élan poétique et les revendications libertaires du moment, n'est-ce pas le cas de rappeler la boutade de Robert Burns sur le don que les dieux peuvent nous faire, « de nous voir tels que d'autres nous voient » ?

Muni de lettres fort valables de recommandation, soucieux de ne point perdre son temps, ce célibataire de vingt-deux ans, muni aussi d'une Bible à laquelle il a éventuellement recours, consigne pour lui-même et pour une chère correspondante ses impressions sur les pièces de théâtre qu'il va voir consciencieusement, sur les cours publics de Sorbonne qu'il s'applique à suivre, sur telles notabilités qu'il rencontre. Dirons-nous que le « mal du pays », cette fameuse nostalgie qu'évoquait récemment Fritz Ernst comme une dominante secrète de l'helvétisme, contrarie d'un vague subconscient l'adaptation d'Olivier à notre accueillante capitale ? Non pas tant la ferme natale d'Eysins au long toit incliné qu'une atmosphère un peu rude, un « esprit de localité » de saveur agreste, dont est assurément dépourvu le Paris des suprêmes semaines de la Restauration, entre Légitimité soupçonneuse et Libéralisme incertain.

Ce que Juste Olivier reprochera aux vedettes du jour, même à Lamartine absent, mais surtout à Musset et Sainte-Beuve qu'il voit de près, même à Victor Hugo, l'homme heureux dans la plénitude de ses satisfactions privées aussi bien que littéraires, c'est de ne pas avoir la foi — non pas nécessairement une croyance religieuse indéfectible, mais la conviction intérieure dont procéderait l'inspiration ; il lui paraît même que les commodités et les agréments du monde modèlent en réalité les affirmations ou les négations proclamées par tant de séduisants Parisiens. Il semble que Vigny, si courtois dans son accueil, si vigilant dans ses remarques, l'ait impressionné favorablement ; mais cet aristocrate se rattache trop nettement, à ses yeux, à une hérédité française sans analogue pour que toute affinité soit d'avance exclue entre le romancier de Cinq-Mars, l'adaptateur d'Othello, et son propre mérite caché de poète encore ignoré. Il est significatif que le nom de Balzac ne vienne pas sous sa plume : une foi dévorante, dans son cas, faisait si peu défaut qu'elle éloignait le futur auteur de la Comédie humaine, privé de tout loisir par d'obscures besognes alimentaires, de tout contact mondain, de toute camaraderie de cénacle : et c'était cela, au contraire, qui donnait au spirituel Émile Deschamps, au sémillant Musset, même à l'indécis Sainte-Beuve, une sorte d'insuffisance de caractère. Quant à la « perfectibilité » dont s'autorise un groupe comme celui du Globe, est-elle un dogme assez certain pour que puisse s'en inspirer un mouvement impliquant — Gœthe s'en persuadait à Weimar à la même époque — des éventualités révolutionnaires ? Enfin la mystique saint-simonienne comporte-t-elle des éléments de durée et d'authentique application propres à rénover désormais la société européenne ? Une sorte de « neutralité » helvé-

tique, comme en diplomatie, pouvait alléguer, pour les vieilles corporations de Zurich ou de Winterthur, d'autres organisations du travail.

Les compatriotes plus ou moins francisés que Juste Olivier rencontre à Paris le confirment sans doute dans une sorte d'expectative polie à l'égard d'un « état de transition en art comme en politique » — et c'est là encore un point où le Journal *me semble intéressant. Il faudra qu'un jour l'histoire de la culture française fasse état de cette colonie à demi assimilée, les Suisses de langue romane, et de moralité plus ou moins calviniste, différents d'autres éléments comme les Alsaciens, et qui permettent à la totalité française maint double jeu, si l'on peut dire, que même nos huguenots du Midi ou de l'Ouest pratiquaient sur un plan différent. Les Monod, les Junod, les Hollard, auxquels s'ajouteront les Stapfer, les Chavannes, les Muret, les Cherbuliez, ce sont là, pour le recensement de nos diverses familles spirituelles, des adjonctions importantes : même si le mérite littéraire que se reconnaît l'auteur des* Poèmes Suisses *le distingue de semi-compatriotes que la banque ou le pastorat avait fixés en France, quelque accord ne peut manquer de s'établir entre eux et lui.*

Notre visiteur assiste, à la fin de son séjour, à la chute fort soudaine de la Légitimité. La nouvelle de la prise d'Alger, suprême succès de Charles X, événement d'une portée mondiale, a laissé l'opinion parisienne indifférente, alors que les fameuses Ordonnances suscitent une agitation qu'il est curieux de voir se développer, sous les yeux de Juste Olivier, presque à l'égal d'une force inconsciente de la Nature. Ces « interminables quais de l'immense Paris », ces lacets de rues où s'égarait notre Vaudois sont plus qu'animés par des remous de foules, des marches et contremarches de police et de réguliers faisant face au désordre spontané et toujours renaissant de l'émeute : il est visible que d'aucun côté une stratégie quelconque ne dominait ces « Trois Glorieuses » qui, suivies au jour le jour, dans leurs épisodes disjoints, avec leurs fusillades et leur tocsin pour basse continue, des harangues éventuelles et des rumeurs soudaines, frappent surtout par leur incohérence. — *Mais qu'elle est noble en sa simplicité antique, la dernière parole qu'il rapporte d'un soldat immolé :* Pourtant, moi aussi, j'étais bon Français ! *C'est que* La Charte *était devenue pour les Parisiens un mot quasi symbolique, plus opérant ces trois jours-là que toute discrimination de patriotisme ou même de libéralisme, car on se rappelle le mot d'Armand Carrel qui se répandit dans les milieux intellectuels de la ville : « Il s'agit d'enfermer le gouvernement dans la Charte ou de le faire sauter par la fenêtre ». Contre un slogan de cette force, que pouvaient les tardives dispositions du général Marmont ?*

Avec assurément plus de clairvoyance que de trop lointains témoins, victimes par surcroît d'idées préconçues, Juste Olivier se rend compte du caractère à la fois historique et épisodique, si l'on peut dire, d'une révolution que d'autres jugent parfaitement catastrophique. Un historien tel que Niebuhr, par exemple, familier cependant avec le monde méditerranéen, va sur ces entrefaites prédire dans la préface du 2ᵉ volume de son Histoire romaine *(1831) une ère de barbarie comme suite immanquable des émeutes de Paris et de Bruxelles, « la folie de la Cour de France ayant brisé le talisman qui tenait enchaîné le démon de la Révolution ». Olivier se gardera d'emboucher une trompette d'Apocalypse pour constater au contraire (comme le fera Emerson à Paris après les journées de 48) que l'ordre se rétablit comme de soi-même dans la capitale où avait régné pourtant, trois jours durant, l'anarchie la plus évidente :*

« Paris est incroyable, *écrit-il le 1ᵉʳ août*. Une révolution dont les suites sont immenses, un bouleversement complet de l'État et, au bout de trois ou quatre jours, une tranquillité, une sécurité complètes ! C'est un miracle, oui, c'est un miracle... La concorde, le bonheur de tout ce qu'on a fait ne paraissent point diminuer... Il me vient souvent à la pensée que Dieu a quelque grand dessein sur le peuple français, tel qu'il l'a fait se montrer pendant ces derniers jours, et je ne puis m'empêcher de croire que ce n'est pas là seulement une révolution politique. »

Épilogue parfait, avant le retour à Lausanne. Ce témoin judicieux est frappé de ce qu'un de ses interlocuteurs de 1830 appelle « la vitesse d'application des idées » propre à la population parisienne, mais dans le cadre d'une sorte de stabilité de civilisation : certitude qui pour lui résulte de ses remarques concrètes, même les plus réservées, et qui explique, en somme, sa future installation à Paris. C'est dire qu'il fera confiance à ce pays-ci et que le poète des Chansons lointaines, *le romancier du* Batelier de Clarens, *avec son attachement à sa propre patrie et sa défiance à l'égard des virtuosités parisiennes, ne se trouve pas trop mal de notre hospitalité : il est vrai que, même au cours de cet établissement à Paris, il reprendra chaque année un contact estival avec Cergniemin ou Gryon, et son chalet haut perché. Il est alors aussi barbu, après tout, qu'un romantique indiscipliné de nos cénacles, tandis que le Juste Olivier de 1830, à en juger par le portrait de jeunesse qui figure en tête de son précieux* Journal, *est aussi impeccable qu'un classique en son ovale juvénile et rasé de près.*

Fernand BALDENSPERGER.

INTRODUCTION

Juste Olivier est né le 18 octobre 1807 à Eysins, petit village situé entre le lac Léman et le Jura, dans le canton de Vaud, en Suisse. Ses parents, paysans cultivés, ne s'opposèrent pas à son désir de suivre les classes du collège de Nyon, la ville voisine, puis les cours du gymnase et de l'Académie de Lausanne.

Il commença des études de théologie, mais peu à peu le goût de la poésie et des lettres s'empara de lui ; il composa des pièces de vers, des chants patriotiques et quelques poèmes qui furent couronnés dans des concours académiques : *Julia Alpinula* et *La Bataille de Grandson*, qu'il va faire imprimer à la librairie Delaunay, à Paris, sous le titre de *Poèmes Suisses*. Sa réputation s'affirma si bien qu'il fut nommé, au printemps de 1830, professeur d'histoire et de littérature au gymnase de Neuchâtel, mais sous la condition de passer quelques mois à Paris pour s'y développer dans les milieux littéraires et universitaires.

Il y séjourna du 17 avril au 6 août 1830 et, dès le 28 avril, il tint régulièrement ce qu'il appelle un *Essai de Journal*. Il avait promis de s'y astreindre à celle qu'il devait épouser quelques mois plus tard, mademoiselle Caroline Ruchet, poète comme lui et avec laquelle il publiera en 1835 un recueil de vers, *Les Deux Voix*.

Quelques extraits de ce *Journal* ont déjà paru. Sur la fin de sa vie, Juste Olivier fit des conférences dans diverses villes suisses ; l'une d'elles est consacrée à ses relations avec Sainte-Beuve, et les notes qu'il rédigea ne parurent qu'après sa mort dans le Tome I de ses *Œuvres Choisies* (Lausanne, 1879), sous le titre de *Souvenirs*. Le premier chapitre (pages 7 à 30), intitulé

Sainte-Beuve en 1830, contient des extraits du *Journal*, mais ce volume étant épuisé nous n'avons pas craint de les présenter à nouveau au public.

Les notes rapides de ce *Journal*, écrites le soir, d'un premier jet, n'ont jamais été revues ou corrigées, ce dont le lecteur est prié de tenir compte. L'auteur consigne tout ce qu'il voit et entend avec des réflexions dont nous avons supprimé les plus intimes. Ce sont les impressions d'un étudiant vaudois de vingt-deux ans et demi, transplanté dans une grande capitale ; il est inquiet, dépaysé, timide, en même temps que, par orgueil de jeunesse et de terroir, d'une sévérité un peu naïve. Mais il a une mémoire excellente et un don d'observation assez perçant pour nous donner des portraits détaillés des personnes qu'il rencontre, ainsi que des comptes rendus abondants des entretiens qu'il a avec elles. Il va beaucoup au théâtre, suit des cours et assiste aux divers événements de l'époque ; c'est ainsi que nous avons un récit partiel de la Révolution de Juillet. M. Émile Henriot, qui l'a eu sous les yeux, l'a commenté dans un article du *Temps*, le 20 janvier 1931.

Il existe plusieurs biographies de Juste Olivier. La plus détaillée est une *Notice biographique et littéraire*, par Eugène Rambert, qui se trouve en tête du Tome I des *Œuvres Choisies*, dont nous avons dit qu'elles étaient épuisées. Nous renvoyons le lecteur à l'excellent ouvrage, plus récent, de madame Cécile Delhorbe, *Juste et Caroline Olivier*, paru en 1935, chez Attinger, à Paris et Neuchâtel.

Disons en bref que Juste Olivier, après ce séjour à Paris, passa trois ans à Neuchâtel, puis fut nommé à la chaire d'histoire nationale de l'Académie de Lausanne, qu'il occupa jusqu'à la révolution vaudoise de 1845. Les Olivier s'installèrent à Paris l'année suivante et y tinrent un pensionnat de jeunes gens jusqu'en 1869. Ils revinrent en Suisse en 1870 et se fixèrent à Gryon, village des Alpes vaudoises. Juste Olivier mourut à Genève le 7 janvier 1876.

Au cours de sa longue vie, il avait publié une série d'ouvrages littéraires ou historiques : volumes de vers, romans, pièces de théâtre, une histoire du Canton de Vaud, des Études nationales, etc., et il rédigea de 1845 à 1860 la chronique parisienne de la *Revue Suisse*.

Ses relations avec Sainte-Beuve ne s'étaient pas bornées aux entrevues de 1830. Le grand critique vint faire visite aux Olivier en 1837 et c'est alors que s'élabora le projet du cours sur Port-Royal qui eut lieu à Lausanne pendant l'hiver 1837-38. M. le professeur René Bray a publié à ce propos un ouvrage capital, *Sainte-Beuve à l'Académie de Lausanne* (librairie Droz, à Paris, et librairie Rouge, à Lausanne, 1937). L'abondante correspondance entre Sainte-Beuve et les Olivier prouve que pendant longtemps les relations entre eux restèrent étroites et amicales. Sainte-Beuve collabora même, mais de façon anonyme, à la *Revue Suisse* que dirigèrent les Olivier de 1843 à 1846. Voir à ce propos la *Correspondance inédite de Sainte-Beuve avec M. et Mme Juste Olivier* (Mercure de France, 1904) et la *Correspondance générale de Sainte-Beuve*, publiée par M. Jean Bonnerot.

Deux notes de la main de Juste Olivier concernent son *Journal* de 1830 ; l'une, que voici, est épinglée à la première page du texte :

« *Après ce premier séjour à Paris en 1830 (j'avais alors 23 ans), je retournai en Suisse et m'y mariai (30 octobre 1830) ; nous passâmes trois ans à Neuchâtel où j'étais professeur de littérature et d'histoire ; puis je revins à Lausanne ; depuis la fin de 1833 jusqu'au commencement de 1846, j'y fus professeur d'histoire, d'abord* extraordinaire *puis* ordinaire. *Pendant ce temps, nous fîmes, ma femme et moi, deux séjours à Paris, en*

INTRODUCTION

1842 et en 1845. Au printemps de 1846 nous vînmes nous y établir Place Royale, d'abord au n° 7 où nous restâmes deux ans, puis au n° 1, que nous avons occupé depuis 1848 jusqu'au 11 janvier 1869, c'est-à-dire plus de vingt ans, et d'où nous sommes venus, à cette dernière date, rue Pernelle, 1. C'est là, en y transportant mes papiers et mes livres, que j'ai retrouvé ce Journal ; je ne l'avais pas relu depuis le temps où il a été écrit. (Ce 19 janvier 1869). »

L'autre note a été trouvée dans les papiers de Juste Olivier ; elle n'est pas datée ; en voici le début :

« *En 1830, pendant mon séjour à Paris, j'ai fait assez régulièrement un journal de ma vie. Il commence avec le 28 avril (j'étais arrivé le 17) et finit avec le 5 août, veille ou avant-veille de mon départ. Moins encore l'intérêt de ma position, des événements dont je fus le témoin et des choses que je fus à portée d'entendre, intérêt très grand assurément comparativement à celui de ma vie précédente, mais moins encore cela qu'une promesse faite à Caroline, me fit mettre quelque persévérance dans cet* Essai de Journal. *J'eus grand'peine à me décider à l'entreprendre. Mais je finis pourtant par m'y accoutumer. Il devint peu à peu un compagnon que le soir, tout seul, j'étais bien aise de retrouver chez moi. Ainsi s'amassa un petit recueil de 304 pages. Mon départ l'interrompit...* »

Des 304 pages manuscrites, il n'en manque que deux, les numéros 129 et 130, qui n'ont pu être retrouvées ; elles se rapportent aux journées des 18 et 19 juin et, d'après le contexte, ne semblent pas avoir dû relater des événements importants, pas plus que l'angle supérieur gauche de la page 139, à la journée du 22 juin, qui est déchiré.

A la page 144 du manuscrit, à l'occasion d'une réception chez A. de Vigny, où Juste rencontre un jeune homme qu'il croit entendre nommer Ballanche, on trouve cette note : « C'était Planche (Gustave), que j'ai bien connu depuis chez Gleyre où il venait fréquemment. Noté ceci en 1869, rue Pernelle, 1. Je n'avais pas revu ce journal jusqu'ici. » Telle est la seule adjonction à relever dans le manuscrit.

Le texte du *Journal*, rédigé sur de minces feuillets de 20 cm. sur 12 ½, est d'une écriture fine et serrée ; quoique lisible, elle n'a pas été toujours facile à déchiffrer, la plupart des mots étant en abrégé ; on s'en rendra compte dans la reproduction photographique insérée plus loin. Toutefois, habitué à lire l'écriture de mon grand-père dont je possède une abondante correspondance, je crois avoir réussi à présenter au lecteur un texte exact.

On a supprimé, comme je l'ai dit, ce qui est trop personnel ou trop intime dans ce *Journal*. Il faut noter encore que les récits de certaines entrevues, de quelques visites, de scènes de la Révolution sont parfois repris plus loin et complétés après coup. Juste écrit lui-même le 29 juillet : « Si quelqu'un lit ce journal, il faut qu'il tâche de distinguer ce que j'écris au moment où cela arrive et ce que j'ai entendu dire et que je rapporte quelquefois après que cela s'est passé. »

Les nombreuses notes et les appendices qui enrichissent l'ouvrage que nous présentons au public sont dus à l'érudition des professeurs André Delattre, de l'Université de Pennsylvanie, et Marc Denkinger, de l'Université du Michigan. M. le professeur Fernand Baldensperger a honoré ce *Journal* d'une fine et compréhensive préface. Quant à M. Delattre, pendant des années et au travers de circonstances difficiles, il n'a épargné ni son temps ni sa peine pour mener à bien cette publication et il vient de prendre la responsabilité de son édition.

Que ces Messieurs trouvent ici l'expression de ma reconnaissance émue !

Dr Jean OLIVIER.

JUSTE OLIVIER EN 1830.
(Propriété du Dr Jean OLIVIER, de Genève.)

Paris, mercredi 28 avril 1830.
(Onze jours après mon arrivée.)

Qu'ai-je fait depuis que je suis à Paris ? Qu'ai-je appris ? Rien. Qu'ai-je vu ? Rien. Qu'ai-je regretté ? Tout. Belle matière pour faire un journal ! Le présent ne fournit aucune observation, aucune remarque intéressante ; et le passé... Allons, allons, ne soyons pas de si mauvaise humeur, car l'avenir est devant nous. Puisqu'il faut passer quelques mois encore à Paris, le seul parti raisonnable est d'espérer que les circonstances me fourniront les moyens de mettre ce séjour à profit et que je ne perdrai pas toujours mon temps à courir les rues, à faire le badaud devant les magasins, sans rien voir comme il faut, sans rien entendre d'intéressant.

Récapitulons, pour remplir au moins cette page, récapitulons le peu que j'ai vu jusqu'ici.

1º Je suis allé, tout plein d'ardeur, aux Français, voir *Hernani*[1]. Ah ! il m'en souviendra ! Si j'eusse rédigé

---

1. Arrivé à Paris le samedi 17 avril 1830, Juste Olivier assista le soir même, semble-t-il, à une représentation d'*Hernani*. On redonna la pièce le mardi 20, mais ce jour-là J. O. allait voir *Marino Faliero*. Le 21 avril il vit *Guillaume Tell* à l'Opéra : on ne le donna que ce soir-là entre le 16 avril et le 16 mai. L'ordre probable est donc le suivant : samedi 17, *Hernani* ; lundi 19 (?),

toutes les notes que je fis le soir en rentrant, mon journal aurait eu un commencement superbe. Six pages au moins. Mais je n'avais point de chambre à moi. Les notes sont restées dans la poche de mon vieil habit noir, maintenant dédaigné, délaissé, attendu qu'un bleu, tout neuf, est en faveur. Voyez à tout hasard, pour les dites notes, ma lettre (la première ou la deuxième)[1].

2º J'ai fait quelques visites, — pas autant que je l'aurais voulu et que je l'aurais dû. Mais ne trouvant presque jamais les personnes que j'allais voir et n'ayant pas d'adresse à indiquer, je résolus d'attendre que je fusse casé. J'ai remis hier à M. Ch. Magnin[2] les deux lettres que j'avais pour lui. Il m'a reçu fort poliment, et je crois qu'il ne cherchera pas à se débarrasser de moi, comme on dit que font la plupart des personnes à qui sont recommandés les nombreux jeunes gens qui arrivent à Paris de toutes parts, et y vivent assez en pauvres diables à ce qu'il me paraît.

Je suis allé ce matin chez M. Dubois. Je ne l'ai pas trouvé. En général, il faut le dire à ma confusion, j'éprouve une sorte de joie quand le portier me répond : « Monsieur est sorti[3]. » Quoique je sache qu'il me faudra

---

Philippe ; mardi 20, *Marino Faliero* ; mercredi 21, *Guillaume Tell* ; vendredi 23 (?), *Stockholm* ; mardi 27, *L'Avare* et *Guerre Ouverte*.

1. Ces lettres adressées à Caroline Ruchet n'ont malheureusement pas été conservées.
2. Charles Magnin (1793-1862), rédacteur au *Globe*, employé alors au département des Imprimés de la Bibliothèque Royale, « esprit doux, fin, progressif, *écouteur ingénieux*, plume excellente » comme le décrira plus tard Sainte-Beuve.
3. Réponse admirable, si l'on songe que Dubois, en théorie, était sous les verrous ! Il avait été condamné le 3 avril à quatre mois de prison et à deux mille francs d'amende pour avoir donné les deux articles (15 et 19 février) intitulés : *De la France et des Bourbons* qui signalèrent l'entrée du *Globe* dans la presse quoti-

repasser, je jouis, comme un enfant, de ce moment de répit. (Juste Olivier ne sera toute sa vie qu'un rustique et sauvage bourgeois d'Eysins, cercle de Gingins, district de Nyon.)

3º J'ai vu quelques autres théâtres. Le Gymnase. Il m'a paru bien monté, mais le plaisir qu'il vous procurera certainement peut-il avoir une grande utilité[1] ? L'Odéon. *Marino Faliero*, de Casimir Delavigne[2]. Cette pièce m'a peu frappé. *Stockholm et Fontainebleau*[3],

dienne. Le délai d'appel avait expiré le 13 avril à midi. Le gouvernement hésitait à donner prise à l'opposition par une rigueur de mauvais ton. De même, Béranger, condamné le 10 décembre 1828, pria son ami Barthe, la veille de Noël, d'aller « prévenir » le procureur du roi qu'il *allait bientôt se rendre en prison*.

1. Le Gymnase Dramatique (surnommé Théâtre de Madame après 1824) possédait, de fondation (1820), le monopole des pièces de Scribe. Ce théâtre était bien *monté*, en effet. Scribe y avait fait triompher certaines innovations dans la mise en scène. On y jouissait depuis 1823 de l'éclairage au gaz. Quant à la remarque de J. O. sur les rapports du *plaisir* et de l'*utilité* dans les spectacles du Gymnase, elle est une constatation des effets du régime des privilèges, dont l'abolition ne date que de 1864. Tandis que les théâtres officiels donnaient les spectacles littéraires, les théâtres secondaires étaient voués de par les clauses de leur règlement aux « amusements dramatiques » et astreints à introduire, dans tous leurs spectacles, des couplets et des flonflons.

2. Tragédie en cinq actes où l'auteur avait la prétention de déterminer une fois pour toutes la dose de romantisme qui serait acceptable sur la scène. La pièce fut reçue d'abord à la Comédie-Française, mais des querelles s'élevèrent au sujet de la distribution des rôles. Delavigne l'offrit alors au directeur de la Porte-Saint-Martin : celui-ci la baptisa « mélodrame en vers », emprunta des couplets à Rossini et la donna le 31 mai 1829. Le succès fut éclatant, et il eut pour effet de diminuer les appréhensions des poètes de la jeune école qui se croyaient condamnés à faire l'assaut de la scène de la Comédie-Française dans la crainte que toute pièce jouée ailleurs fût jugée non littéraire.

Après cent trente représentations, *Marino Faliero* passa à l'Odéon, où on la jouait depuis cinq mois quand J. O. vint la voir.

3. *Stockholm, Fontainebleau et Rome ; trilogie dramatique sur la vie de Christine*, fut donnée pour la première fois le 30 mars 1830

d'Alexandre Dumas. Pas de liaison, à ce qu'il m'a semblé, mais quelques scènes d'un grand effet et qui m'ont paru assez bien jouées. M. Dumas n'a certainement pas le talent de Victor Hugo, aussi sa pièce choque moins que *Hernani*, quoique conçue dans un système analogue. L'Académie Royale de Musique. *Guillaume Tell*. Je n'ai pu que juger les décors très beaux vraiment, pour une nature d'opéra, qui est toujours nécessairement un peu fardée. Musique : elle m'a semblé souvent ennuyeuse et la pièce, en général, trop longue. Ballets charmants, mais que faisaient-ils là[1] ?

Je suis retourné hier aux Français. On donnait *L'Avare*, de Molière. Bien mal joué. J'avais toutes les peines du monde à m'empêcher de bâiller, voire même de sommeiller. *L'Avare* a été suivi de *Guerre Ouverte*[2], comédie d'intrigue à situations piquantes mais ordinairement fausses. Elle a été mieux jouée.

4° Je suis allé hier au Jardin des Plantes. J'ai vu des loups, des ours, des éléphants, un bison, une

---

à l'Odéon. Quoi qu'en ait dit Dumas dans ses *Mémoires*, il n'y a pas eu de « bataille » de *Christine*, mais seulement un succès de curiosité assez péniblement enlevé.

1. La réponse est dans le *Journal* de Cuvillier-Fleury : « Intrigues. Albert et Mlle Noblet obligent Rossini [et Lubbert, le directeur] à sacrifier un grand air pour laisser place à un pas noble. » Ce fut le dernier opéra de Rossini, et le plus grand succès de sa carrière. Après *La Muette*, cet opéra fut le premier où l'on tira le rideau entre les actes pour préparer la décoration. Depuis deux siècles, l'art d'un décorateur se mesurait en grande partie à son habileté à préparer les changements de décors à vue.

2. *Guerre Ouverte* ou *Ruse contre Ruse*, comédie en trois actes de l'acteur Dumaniant (mort en 1828). On l'avait représentée pour la première fois aux Variétés du Palais-Royal le 4 octobre 1786. C'était un modèle d'imbroglio, imité d'une pièce de Moreto, *No puede ser* (guardar a una mujer), de 1781, imitation elle-même de Lope de Vega, *El mayor impossible*.

girafe[1], etc. Si j'en sais retrouver le chemin, j'y retournerai.

Le premier dimanche après mon arrivée je suis allé au Louvre. Aujourd'hui j'ai vu monter la garde au Château des Tuileries. J'ai ensuite traversé tout le jardin. Les allées de tilleuls et de marronniers sont superbes. Rien n'est plus beau, lorsqu'on est obligé de se contenter de l'art et qu'on ne peut pas avoir la nature.

J'ai parcouru rapidement la place Louis XV, le point *(sic)* qui y aboutit et qui est orné de statues que je n'ai vues qu'en passant. Enfin j'ai cheminé à travers les Champs-Élysées jusqu'à la barrière de Neuilly et à l'Arc de Triomphe de l'Étoile. Puis, par ce soleil éclatant, je suis revenu chez moi. Les Champs-Élysées ne m'ont pas plu. Les arbres y sont presque sans feuillage. En général, il doit être difficile aux Parisiens qui ne sont jamais sortis de leur ville de se former une idée de la beauté d'un arbre, d'un noble et grand arbre des montagnes. Le cèdre du Jardin des Plantes[2] est presque le seul arbre que j'aie vu à qui l'on ait laissé la liberté de se développer lui-même et de prendre la forme que la nature lui a affectée.

Je suis allé plusieurs fois au Palais-Royal. Le luxe

---

[1]. La première girafe vivante que l'on ait vue en Europe. Le pacha d'Égypte, Méhémet-Ali, l'avait envoyée en cadeau à Charles X. Son arrivée fut l'événement de l'année de *Cromwell*. On lui fit passer l'hiver à Marseille. Puis elle traversa la France, accompagnée de trois vaches chargées de lui fournir leur lait et escortée d'un peloton de gendarmerie. La route est encore jalonnée d'auberges à l'enseigne de la girafe. Elle arriva à Paris le 30 juin 1827.

[2]. Le fameux cèdre, planté au bas de la colline du Labyrinthe, était un des deux spécimens que Bernard de Jussieu avait reçus à Londres, en 1734, de Sloanes, le directeur de Kew Garden.

seul m'y a frappé. Et en général c'est le *riche* bien plus que le *beau* qu'il faut chercher à Paris, du moins si j'en juge par mes impressions. Il m'est impossible de trouver *beaux* certains édifices, certains magasins devant lesquels la foule s'extasie. Je les trouve riches, voilà tout. Il n'en est pas ainsi de la Colonne Vendôme. J'y suis monté aujourd'hui ; la tête me tournait là-haut. Juste Olivier, regagne bien vite ton village !

Une chose qui me frappe désagréablement ici, c'est la profusion des ornements, des décors dans les édifices. Rarement quelque chose de simple.

J'ai vu la Bourse, il y a quelques jours. C'est assurément un des plus beaux édifices de Paris et un de ceux qui m'ont le plus frappé. L'architecture en est simple et grande[1].

Je n'ai fait qu'entrer dans l'église Sainte-Geneviève. Le portique est beau. Il n'y manque qu'une chose, c'est le ciel du Midi, et la mer ou un beau lac, des montagnes à l'horizon, — au lieu de boutiques d'épiciers et de murs placardés d'affiches en grosses lettres. Décidément, je n'essaie plus de rien dire sur les onze jours que j'ai déjà passés ici. Cela n'en vaut pas la peine. Il y aurait bien à raconter toute une vie d'inquiétude ou d'ennui qui est cachée au fond du cœur. Mais cela se raconte-t-il ? bien ? Non. En ce cas n'en disons mot !

---

1. C'était l'édifice le plus récent de Paris. Commencé en 1808 sur les plans de Brongniart (à qui l'on doit le lycée Condorcet, l'École Militaire, etc.), ce bâtiment était fort admiré en dépit des modifications qu'y avait apportées Labarre, chargé de terminer l'ouvrage. Les travaux ne s'achevèrent qu'en 1827.

Même jour, 9 heures du soir.

Dans le petit recensement qui précède, je vois que j'ai oublié de parler de MM. Villemain et Guizot, dont j'ai commencé à suivre les cours. Ce sera pour une autre fois.

Il faut que je place encore ici une petite observation qui me revient à l'esprit et que j'oublierai si je ne la note pas. A Paris, il est absolument nécessaire de savoir bien le nom de chaque chose, et chaque chose a son nom particulier, bien différencié[1]. Je crains de m'expliquer mal. Voici ce que j'entends : entrez-vous dans une boutique, dans un magasin, vous avez un air épouvantablement niais si vous ne nommez pas de suite, et en le désignant d'une manière précise, ce que vous désirez. Tout est divisé ici, subdivisé à l'infini et tout a un nom, tout est casé, numéroté pour ainsi dire. C'est là, selon moi, une des circonstances où se montre le plus vivement l'esprit singulièrement délié du Parisien. A cette observation se rattache l'habitude

---

1. C.-F. Ramuz, qui avait le même âge en arrivant à Paris, racontera des impressions analogues de son premier contact avec « une population qui est vive, avare de son temps, qui est dense, où les rencontres sont incessantes, où il s'agit de faire vite, et, sous peine d'être évincé, de nommer chaque chose aussitôt par son nom »... « Car, si nous sommes pleins d'archaïsmes, ce qui n'est pas un mal en soi, nous souffrons d'autre part d'une grande impropriété dans les termes, surtout les termes techniques qui sont à Paris d'une grande précision. Notre langue, à nous, très souvent, n'est qu'approximative : elle s'approche, elle ne coïncide pas. Elle est la langue d'un peuple paresseux, d'un peuple lent à concevoir, plus lent encore à s'exprimer, et qui ne s'exprime qu'à moitié faute d'avoir été obligé par la vie à serrer de près ce qu'il veut dire ; d'un peuple qui suggère tout, et ne nomme rien. » *Paris* (1938), pp. 34-35

que ce peuple a de tout disséquer, de tout matérialiser et de juger la montagne grain de sable à grain de sable, et non pas d'un seul coup d'œil, dans son ensemble.

Le Parisien a aussi toujours l'air extrêmement à son aise. Un exemple, baroque peut-être, mais qui m'a frappé. Au Palais-Royal, dans la riche et nouvelle Galerie d'Orléans[1], un homme du peuple, assez mal vêtu, était planté droit devant une glace superbe qui servait de porte à un magasin magnifique, et que faisait là mon Parisien ? Sa toilette de bouche, bien longuement, bien lentement, avec tous les soins convenables, se nettoyant les dents avec un mauvais mouchoir de poche qu'il exposait en regard des foulards indiens et des cachemires français. Et moi qui en passant par là osais à peine regarder dans la même glace si mon habit neuf m'allait bien !

Ce matin, mes courses [m'ont conduit] rue Saint-Honoré. Le mot de madame de Staël m'est revenu à la mémoire et j'ai cherché des yeux le fameux ruisseau qu'elle préférait au Léman, je crois. J'ai regardé le ruisseau (c'est-à-dire ce que nous appellerions chez nous la *rigole*) avec intérêt, tout sale et bourbeux qu'il soit ; mais comme le Léman m'apparaissait bleu, pur, limpide[2] !

---

1. C'est la galerie qui a été détruite en 1935. Elle était alors toute neuve et complétait, depuis 1829, l'aménagement du Palais-Royal. Avec son vitrage, son éclairage au gaz, ses élégantes vitrines symétriques, elle remplaçait avantageusement les trois « galeries de bois » qui étaient des rangées de baraques entre le palais proprement dit et le jardin. Le vitrage était l'œuvre de Fontaine, — celui qui, avec Percier, avait inventé le style Empire. Il créa là le modèle précurseur des grandes galeries de Milan, des halls d'exposition et des gares de chemin de fer à venir.
2. Ruisseau pour ruisseau, Mme de Staël préférait celui de la rue du Bac.

Jeudi 29 avril.

Je suis allé chez M. le chevalier Jullien[1], qui m'a reçu fort aimablement et m'a donné plusieurs cartes d'introduction dans divers établissements publics. Je lui apportais, de la part de M. Monnard, *la Session du Grand Conseil de 1829*[2], afin qu'il en fît rendre compte dans son journal (la *Revue Encyclopédique*). Ne s'est-il pas avisé de m'en charger, moi ? J'enrage quand je suis forcé de me rappeler cette corvée (qui malheureusement est encore à subir).

J'ai fait une longue visite à M. Godet[3], que j'ai enfin

1. Marc-Antoine Jullien (1775-1848), appelé « Jullien de Paris » (pour le distinguer de son père, le Conventionnel de Romans). Il n'avait pas dix-neuf ans que, tout dévoué à l'Incorruptible, il avait débarrassé Nantes de l'infâme Carrier et s'était trouvé en conflit avec Tallien à Bordeaux, au cours du « nettoyage » des derniers Girondins. Bonaparte l'utilisa pour ses capacités administratives, mais sans lui manifester de faveur, car Jullien était resté républicain. Après la Restauration il fonda l'*Indépendant*, qui devint le *Constitutionnel*, soutint La Bédoyère, fut contraint d'abandonner le journal et se retira en Suisse. Il en revint en 1817 avec un *Précis sur les Instituts d'agriculture et d'éducation d'Hofwil* du pédagogue Fellenberg. En octobre 1818, il fonda la *Revue Encyclopédique*.
2. Les débats du corps législatif cantonal devaient-ils rester secrets ? Cette question fut l'objet de vives discussions dans la presse vaudoise en 1828-1829. Charles Monnard (1790-1865), alors titulaire de la chaire de littérature française à l'Académie de Lausanne, menait de front travaux universitaires et activités politiques. Il dirigeait le *Nouvelliste Vaudois* et, à partir de mai 1828, il y publia quelques comptes rendus des séances de l'Assemblée législative. Le gouvernement protesta, l'opinion publique s'émut. Monnard fit paraître ses comptes rendus en volume à la fin de 1829.
3. Charles-Henri Godet (1797-1879), entomologiste et botaniste de Neuchâtel. Sa *Flore du Jura* (1852-1869) est un ouvrage classique. Après des voyages en Russie qui l'avaient mené jusqu'au Caucase, il était précepteur à Paris. Il était fort bien qualifié pour

trouvé. Je crois que c'est un homme de mérite ; il a beaucoup voyagé et possède, à ce qu'il paraît, de grandes connaissances. Il s'est primitivement occupé d'histoire naturelle et de philologie, et ne me semble pas grand partisan de la méthode Jacotot[1]. [...]

Nous sommes allés ensemble rendre visite à M. Vavre, un jeune Neuchâtelois nommé dernièrement à une charge de sa ville natale (conseiller de ville, je crois). Il paraît qu'il a beaucoup *vu* Paris et les environs. Il a dansé avec les paysans de Montmorency. Il nous l'a raconté très naturellement et très bien, avec des observations intéressantes. A propos de danse, ces deux

juger des méthodes d'éducation : il avait enseigné à l'institut modèle de Fellenberg, à Hofwil (près de Berne), à son époque la plus florissante.

1. Joseph Jacotot (1770-1840), qui professa d'abord les mathématiques et le droit romain à Dijon, sa ville natale, s'enfuit en Belgique aux Cent-Jours. C'est là qu'il découvrit sa méthode, qu'il exposa à Louvain dès 1818. « Apprendre quelque chose et y rapporter tout le reste, voilà la méthode de l'enseignement universel », disait-il. Or ce quelque chose était défini : c'était le texte de *Télémaque* ! « L'homme le plus ignorant peut mettre *Télémaque* entre les mains de son fils... Il peut exiger que son fils sache par cœur à six ans le premier livre. Il peut le lui faire réciter tous les jours. Il peut exiger que son fils lui dise ce qu'il a compris chaque jour... Puis on fait commencer la lecture du second livre... : Qu'avez-vous remarqué ? Y a-t-il quelque chose comme cela dans le premier livre ? Tout père pauvre et ignorant qui se sent assez d'esprit pour faire ces questions si simples est sûr de réussir. » Cette méthode avait deux aspects : d'une part, Jacotot se flattait de lui faire suivre la marche spontanée de l'esprit humain ; d'où son nom : « enseignement universel » ; d'autre part, elle avait une portée philanthropique : les maîtres étaient rares, coûtaient trop cher pour beaucoup. Jacotot pensait avoir trouvé un moyen d'éduquer « sans le secours d'aucun maître explicateur ».

Les discussions sur cette méthode avaient été constantes au cours de l'hiver 1829-1830. Il y eut une véritable avalanche de manuels Jacotot, et une circulaire du ministre Vatimesnil put laisser croire un moment que la méthode s'implanterait dans les écoles primaires.

messieurs ont blâmé le rigorisme du clergé français et des méthodistes protestants, qui veulent empêcher de danser. Et M. Godet m'a cité un mot à ce sujet, d'un curé qui se trouvait dans une soirée où les jeunes gens *faisaient une sautée,* comme on dit en Suisse. Madame Godet (la mère de M. Godet qui est ici) demande à ce curé : « Eh bien ! n'est-il pas vrai que ces jeunes gens ne font pas de mal ? » Le vieillard répondit avec bonté et simplicité : « Madame, je ne lis pas au fond des cœurs[1] ! »

J'ai fait quelques visites encore. J'ai dîné avec Jordanis[2], nous sommes allés au Théâtre-Français ensemble ; on donnait le *Tartuffe, Le Manteau* et *Les Héritiers*[3]. Mademoiselle Mars jouait dans les deux premières pièces.

1. Depuis le pamphlet de P.-L. COURIER, *Pétition pour des villageois que l'on empêche de danser* (1822), les journaux de l'opposition rapportaient à tout instant des actes arbitraires du clergé relatifs à la danse. La collection du *Constitutionnel* en fournit de nombreux exemples : 15 novembre 1829 : un curé du Bas-Rhin enferme ses paroissiens dans l'église pour les empêcher d'aller danser ; 29 mars 1830 : les jeunes filles d'une congrégation de la Meuse refusent de « s'engager contre la danse », et la congrégation est dissoute ; au mariage de l'une d'elles, le curé fait voiler la statue de la Vierge ; 10 avril 1830 : un curé près de Verdun demande à des enfants sur le point de faire leur première communion qu'ils prêtent serment de ne jamais aller à la danse de leur vie. Un garçon de douze ans refuse. Il est traité de polisson, privé du sacrement.

La loi enjoignait l'observation des dimanches et des fêtes et autorisait les préfets et les maires à fermer les cabarets pendant les offices. Par zèle, en certains endroits, les autorités interdisaient toute réjouissance dans le voisinage de l'église, c'est-à-dire, dans la majorité des cas, sur la place publique.

2. Jordanis, élève de J. O., était un petit-fils de Mme Murat (voir plus loin).

3. Devant les tendances ouvertement cléricales de la Cour, on donnait à *Tartuffe* une signification politique. Il y eut des troubles violents à l'Odéon et la force armée fut requise pour faire évacuer le parterre. *Le Manteau* et *Les Héritiers* : voir plus loin.

Je viens de rentrer chez moi. J'ai rapidement écrit quelques notes sur le spectacle de ce soir, notes qu'il faudra tâcher de rédiger.

Vendredi 30 avril.

Je suis sorti à onze heures et demie avec l'intention de chercher un cabinet de lecture. Dans aucun je n'ai pu me procurer les *Poésies* de Sainte-Beuve[1]. J'ai lu celles de feu Dovalle[2]. De la grâce, de la fraîcheur, de l'imagination, beaucoup d'imagination pour le plaisir et le bonheur, mais pas, à ce qu'il m'a paru, pour la construction de quelque édifice de longue et forte durée. Dovalle m'avait beaucoup intéressé en Suisse. D'abord sa fin tragique, et puis nous étions nés la même année.

[...] Il est cinq heures du soir et je me trouve dans une disposition assez triste. C'est la première fois

---

1. J. O. réclamait en vain non seulement *Les Consolations*, parues six semaines plus tôt, mais encore *Joseph Delorme*, recueil vieux de plus de treize mois déjà.

2. *Le Sylphe, Poésies de feu Ch. Dovalle*, avait paru dans la seconde semaine de février 1830, chez Ladvocat. L'auteur était un jeune journaliste, mort à vingt-deux ans, le 30 novembre 1829, des suites d'un duel. La dernière poésie, inachevée, avait été « retirée du portefeuille traversé par la balle » et on l'avait imprimée avec des blancs marquant « les traces de mutilation que cette balle y avait laissées ». V. Hugo, sollicité de présenter cette publication, en avait pris prétexte pour lancer des déclarations militantes où il n'était nullement question de Dovalle, mais dont il fut si satisfait qu'il en donna deux pages mot à mot dans la préface d'*Hernani* avant de reproduire le tout dans *Littérature et Philosophie mêlées* (1834). Pendant une génération, Ch. Dovalle fut, comme Félix Arvers plus tard, un de ces Inconnus célèbres dont on cite toujours le nom.

depuis que je suis à Paris que je dînerai seul ; et je puis avoir devant moi tant de longs jours avant de retourner aux seuls lieux où je sais vivre !

J'ai cherché plusieurs adresses dans l'*Almanach* qui en contient vingt-cinq mille, et où plusieurs sont oubliées cependant, car je n'ai pu trouver ni celle de Lamartine ni celle de Sainte-Beuve. J'ai celle de Victor Hugo et, en la cherchant, j'ai appris qu'il était baron[1]. Il demeure rue Notre-Dame-des-Champs, et je sais par un journal que Sainte-Beuve habite la même rue[2]. Après mon dîner, j'ai dessein de diriger ma promenade du côté du Faubourg Saint-Germain et d'aller me camper dans la rue où les deux amis ont choisi leur retraite. Ce sera ce moment du soir où il est doux de *sortir* ; peut-être verrai-je les deux artistes, et je saurai bien les reconnaître. Eux, au moins, parmi cette foule de beaux esprits parisiens, ont une pensée forte, une conviction profonde de l'art. Dieu leur donne la croyance à salut !

J'ai encore voulu faire visite à M. Dubois, rédacteur du *Globe*[3]. Je ne l'ai pas trouvé, et après cette vaine

---

1. Le général Hugo avait été nommé comte par le roi Joseph en Espagne, mais ce titre ne fut jamais confirmé en France et l'officier ne s'en para point. Après sa mort (29 janvier 1828), une note passa dans les bureaux de rédaction selon laquelle le titre de baron était échu à V. Hugo, son troisième fils. Des faire-part envoyés par V. Hugo à la naissance de son second fils (21 octobre 1828) lui donnent ce titre.

2. Victor Hugo au n° 11 et Sainte-Beuve au n° 19.

3. J. O. était venu voir Dubois à la rue Monsigny (dite rue Neuve-Ventadour), n° 6, dans l'ancien hôtel de Gesvres où le *Globe* était installé depuis 1828. Aux termes de l'acte de fondation du *Globe*, Dubois avait son logement au journal, dont le salon de réception était chez lui.

Le bâtiment offrait un curieux symbole de la Restauration finissante. Dubois et la rédaction du *Globe* occupaient le troisième tentative, en traversant l'étouffant passage Choiseul[1], Juste Olivier, dans son imagination d'amour-propre, se disait que, peut-être, un jour... — mais ces choses-là doivent-elles se répéter ?

J'ai lu les huit premières leçons du cours de M. Villemain de cette année[2]. Je ne sais : il me semble que M. Villemain n'est pas toujours aussi superficiel que je l'entends répéter. Ces huit cahiers renferment des observations intéressantes, dont plusieurs étaient déjà connues sans doute, cependant quelques-unes ne l'étaient pas. Ce qui manque, il est vrai, à M. Villemain, c'est le système, c'est l'unité de vue. C'est un promeneur qui s'en va cueillant, çà et là, quelques fleurs, formant quelques bouquets gracieux, mais il ne sait pas faire une collection complète. Et puis son cours est en regard de celui de M. Guizot[3] !

étage. Les locaux du premier étage étaient occupés par la Société des Bonnes Études, dont Chateaubriand venait de démissionner avec éclat. Entre les deux, depuis un mois, Enfantin, avec les Saint-Simoniens Transon, Lechevalier et Cazeaux, occupait le second étage et commençait ses prédications.

Cf. Ed. CHARTON, *Mémoires d'un prédicateur saint-simonien*, Paris, Capelle, 1832.

1. L'ancien portail de l'hôtel de Gesvres servait d'entrée au passage Choiseul. Là se trouvaient moins de libraires que de marchands de nouveautés dont les étalages présentaient des livres récemment parus, notamment ceux qui se publiaient aux frais de leurs auteurs.

2. Le cours de Villemain de 1829-1830 était le *Tableau de la Littérature au moyen âge en France, en Italie et en Angleterre*. Les trois premières livraisons du tome I étaient en vente depuis le mois de janvier.

3. Depuis 1828, les cours de Villemain, de Guizot et de Cousin étaient publiés d'après des notes sténographiées, corrigées par les professeurs eux-mêmes. Ces publications, entreprises par la librairie Pichon et Didier, eurent un succès considérable, qui marque une date dans l'histoire intellectuelle de la province. Voir à ce sujet, dans le *Globe* du 26 septembre 1829, l'article où Dubois

30 AVRIL

Eh bien ! je suis allé à la rue Notre-Dame-des-Champs ! J'ai passé trois ou quatre fois devant le numéro 11. (La maison est de chétive et vulgaire apparence, par parenthèse. Il est vrai que Victor Hugo habite probablement dans une autre maison au fond de l'allée[1].) Personne n'est sorti. Je n'ai rien vu. « Du courage ! » me disais-je. « Entre ! » Et je sentais que j'aurais pu me tirer de l'entrevue en la brusquant, — et je n'ai pas osé. J'ai préféré le parti d'écrire à Victor Hugo pour lui demander l'adresse de Sainte-Beuve, à qui, dirai-je, j'ai quelque chose à remettre (comme c'est vrai : des vers de mademoiselle C[aroline] R[uchet]). En revenant chez moi, j'ai composé (de tête) de verve cette lettre, et je suis persuadé qu'elle aurait eu une réponse. Mais quelques airs, quelques chansons de mon pays que j'ai fredonnés chez Jordanis, à la nuit tombante, m'ont fait oublier ma lettre et mes projets. A quoi bon ? Je suis un pauvre Suisse et dois rester tel. Cependant quelque chose me dit que j'ai droit à voir ces gens-là.

augurait beaucoup de bien de la diffusion de ces cours et déplorait que « dans une nation de trente-deux millions d'hommes, il n'existât pas hors de Paris une seule école d'enseignement supérieur vraiment florissante ».

1. Hugo occupait en effet le second étage de la maison du fond, qu'entourait un grand jardin muré. J. O. manqua ce soir-là d'être le témoin des derniers moments de la célèbre intimité poétique de la rue Notre-Dame-des-Champs. Sainte-Beuve partait le surlendemain pour la Normandie et Hugo déménageait. La tranquillité de sa propriétaire avait souffert des charges des cohortes d'*Hernani* dans l'escalier et des colloques nocturnes qui avaient lieu au-dessus de sa tête. Elle donna congé à la femme du poète en la plaignant du métier qu'exerçait son mari. Victor Hugo n'attendit pas la fin de son bail. Il avait découvert un appartement vide dans l'unique maison qui se trouvât alors dans la rue Jean-Goujon, au quartier François-Premier que l'on commençait à mettre en valeur. Il s'y installa le 3 ou le 4 mai.

Samedi 1er Mai.

Il faut, sans tarder plus longtemps, que je note ici quelques remarques que j'ai faites avant-hier à la Comédie-Française. *Tartuffe*, mademoiselle Mars. Le rôle d'Elmire qu'elle remplissait n'est guère important, ce me semble, qu'au quatrième acte. Mais là que d'intérêt ! Et dans l'actrice, que d'art et que de naturel ! que de grâce, d'esprit, de décence ! A mesure que Tartuffe avance dans ses propositions, Elmire, qui s'est rapprochée de la table, agite de plus en plus violemment les pans du tapis derrière lequel Orgon est caché. Elle les soulève, les froisse. Quand elle voit que son époux ne trouve pas encore la chose *assez avant poussée*, elle jette un regard qui traverse le tapis et semble dire : « Est-ce un homme qui est là-dessous ? »

Le Manteau, que j'ai vu jouer le même soir, est une petite pièce gracieuse d'Andrieux[1]. Mademoiselle Mars s'y est montrée avec toute sa finesse, tout son naturel, car c'est toujours et surtout de naturel qu'il faut parler quand on s'avise de juger mademoiselle Mars. Elle a fait plus de plaisir dans cette petite pièce que dans la grande composition de *Tartuffe*. La comédie d'Andrieux est plus récente, moins connue et porte

---

1. *Le Manteau* ou *le Rêve supposé*, comédie d'Andrieux en deux actes et en vers publiée en 1822, puis refaite en un acte en 1826 avec le titre : *Le Rêve du Mari* ou *le Manteau*. Un mari soupçonneux découvre, en rentrant inopinément, le superbe manteau de cavalier que vient d'abandonner sur un meuble une amie de sa femme. On lui fait croire que c'est un cadeau qui lui est destiné. Après un petit somme, il demande le manteau et on veut le convaincre qu'il a rêvé toute l'histoire. Les soupçons l'envahissent et ne le quittent plus jusqu'au dénouement où ses vilains sentiments sont confondus.

sur des observations bien plus faciles à faire par tous les auditeurs.

Michelot[1] jouait dans *Le Manteau*. C'est un acteur habile. Un de ses gestes m'a frappé par sa vérité, et cependant je suis bien sûr qu'il était concerté. Il croit qu'on le trompe, qu'il y a quelque intrigue, et il se promet bien de la démêler. En disant cela, il tenait ouvert l'index de chaque main et les autres doigts fermés. Vraiment il semblait que ces deux doigts s'agitant seuls dans l'espace allaient chercher tous les fils de l'intrigue et les démêler.

Dans *Les Héritiers*, comédie de M. Alexandre Duval[2], et qui a un intérêt vif et touchant, Monrose[3] nous a fait voir un acteur de talent. Il charge quelquefois, mais cependant pas de manière à choquer.

En général, le Théâtre Madame ou Gymnase passe pour le mieux monté. C'est celui qui a la faveur du public[4] ; c'est là que se jouent les pièces de Scribe,

---

1. Michelot (1786-1856) entra à la Comédie-Française sous l'égide de Talma, après la rupture de la paix d'Amiens qui ferma la banque anglaise où il était employé. Sociétaire en 1811, il remplaça Talma au Conservatoire en 1813 et passa au premier plan après la retraite du tragédien Lafond et celle du comédien Armand. Il faillit être choisi pour créer l'*Othello* de Vigny. Dans *Henri III et sa cour* il se tailla un gros succès. Il parut enfin dans *Hernani*. Un commencement de surdité l'obligea à se retirer peu après (1er avril 1831). Il fut un de ceux qui transmirent à Rachel l'enseignement de Talma.
2. *Les Héritiers*, comédie en un acte et en prose, représentée pour la première fois le 27 novembre 1796. La scène est à Landerneau, et une des dernières répliques est passée en dicton : « ... *mais cela fera du bruit dans Landerneau* ».
3. Voir plus loin (29 juin).
4. En effet, le Gymnase faisait les recettes les plus fructueuses. Seuls l'Opéra et l'Opéra-Comique, théâtres officiels, avaient pu les dépasser en 1829. Scribe gagna 122.000 francs cette année-là, note Stendhal dans sa correspondance.

pièces qui représentent le goût actuel des Parisiens. Personne ne contestera à M. Scribe le talent original qu'il possède. Mais je crois qu'il a nui au théâtre français. Il a ouvert une route nouvelle et tous s'y sont précipités parce qu'elle est très intéressante ; mais elle a eu pour effet, suivie exclusivement, de rapetisser, de *pygméiser* le goût dramatique en France. Au lieu d'une grande et forte action, d'un grand tableau, on n'a qu'une situation intéressante, qu'une piquante lithographie. « Tout est petit », comme l'a dit Béranger, dont les chansons doivent peut-être une partie de leur succès à leur forme peu étendue, à la rapidité de leur action. Mais ceci serait une question trop longue à débattre et, après tout, de quelque tendance que les chansons de Béranger témoignent, il n'y a rien à dire à ses poèmes parce qu'ils ont pour les défendre et pour les soutenir ce qui les a créés, le génie.

Dimanche 2 mai.

Je suis allé à Versailles. Si j'ai le temps plus tard, je parlerai de cette course sur laquelle j'ai fait quelques notes. Il faut pour le moment que j'arrive de suite à M. Dubois[1], que j'ai vu aujourd'hui.

1. P.-F. Dubois (1793-1874) fut professeur de rhétorique à Besançon, puis au collège Charlemagne où il eut Sainte-Beuve pour élève. Il fut destitué en juin 1821, peu après Victor Cousin, son maître. Il fonda le *Globe* avec Leroux en 1824. Véritable directeur sous son titre de gérant, Dubois sut assembler autour de lui une rédaction tout à fait remarquable par la qualité de son esprit critique. Après la révolution de Juillet il devint député de Nantes (1831-1848). Mais il appartenait de cœur à l'Université. Inspecteur général, professeur de littérature française à l'École polytech-

Lundi 3 mai.

Je l'ai trouvé déjeunant[1]. Il a continué son repas tout en causant avec moi. C'est un petit homme à cheveux blonds et plats, à barbe rousse et assez forte, aux yeux gris bleu brillants et où il y a quelque chose de plus que du talent, oui, certainement, il y a quelque chose de plus et, si je ne me trompe, ce quelque chose est une volonté forte, énergique, une volonté *bretonne*, si l'on peut s'exprimer ainsi. Sa figure n'est pas belle ; elle a quelque chose de heurté, mais elle ne choque point. Il a le sourire souvent agréable. Son langage conserve dans la conversation une grande partie de ces tournures pittoresques que tout le monde a remarquées dans le *Globe* ; mais, le dirai-je, elles m'ont paru plus naturelles dans la bouche de M. Dubois que dans ce qu'il écrit, où elles m'ont quelquefois eu l'air d'être placées à dessein et pour faire effet.

Nous avons parlé (c'est-à-dire plutôt M. Dubois ;

nique, membre du Conseil royal de l'Instruction publique, il était directeur de l'École normale quand éclatèrent les journées de Juin, et il conduisit lui-même ses Normaliens aux barricades, Vacherot, le directeur des études, à ses côtés. Il avait cessé d'écrire, ou du moins de publier. Le coup d'État l'ensevelit dans l'obscurité. Il faut lire à ce sujet le billet que Sainte-Beuve se fit un devoir d'adresser au jeune Jules Claretie un jour que celui-ci avait laissé tomber de sa plume ce mot dédaigneux : « un certain M. Dubois... » (15 février 1867).

1. Dubois allait comparaître le lendemain devant le Conseil royal de l'Instruction publique. La peine de censure fut prononcée le 19 mai. Des quatre peines possibles, seule la réprimande eût été plus bénigne. Dubois aurait alors dû se rendre en prison. On l'autorisa, selon un usage fréquent à l'époque, à s'enfermer dans une maison de santé, après un court passage à Sainte-Pélagie où il reçut la visite de Chateaubriand, champion de la liberté de la presse.

moi, je faisais office d'auditeur. Mais comme il en faut toujours un pour parler, à moins de parler en l'air, je me crois autorisé à dire : nous avons parlé !) de beaucoup de choses diverses, de la Suisse, de M. Monnard[1], de M. Thierry de Besançon (Amédée, le frère d'Augustin[2]), de MM. Villemain, Guizot, Cousin et surtout de politique, qui est la partie forte de M. Dubois et que moi,

1. Ch. Monnard collaborait au *Globe* et pouvait ainsi faire paraître dans le Paris de Charles X des comptes rendus sur les événements de Suisse qu'il n'aurait pas pu imprimer à Lausanne depuis la loi de 1824 sur les affaires religieuses. Un des rédacteurs du *Globe*, le comte Duchâtel, était particulièrement lié avec lui : Monnard avait été son précepteur de 1812 à 1816. Cf. Ch. SCHNETZLER, *Ch. Monnard et son époque*, Lausanne, 1934.
2. Jouffroy, Dubois et leurs amis venaient d'être péniblement affectés par la révocation d'Amédée Thierry (1797-1873), frère cadet d'Augustin Thierry. L'*Histoire des Gaulois*, parue en août 1828 en 3 volumes, avait fait sa réputation ; il y rejetait les théories de Montesquieu admises jusque là sans conteste. Jouffroy rêvait alors d'instituer une « Sorbonne franc-comtoise » à Besançon, pour répandre en province les instituts de hautes études, selon le projet cher à Dubois. Sainte-Beuve s'étant dérobé, Amédée Thierry, « l'homme le plus fort que nous ayons sur les origines de l'histoire moderne », fut désigné pour occuper en avril 1829 la chaire fondée par la municipalité. Deux mois plus tard on l'installait à la Faculté. Comme il manquait malheureusement des titres nécessaires il passa son baccalauréat le 13 octobre, sa licence dix jours plus tard et se plongea dans la rédaction de ses thèses de doctorat qu'il soutint victorieusement devant l'Académie de Besançon. Mais dès la chute du ministère Martignac, la robe jaune et la robe noire (comme dit le *Constitutionnel* des 12 et 13 avril 1830) se liguèrent avec « les membres d'une faculté déserte », et l'historien fut dénoncé au ministre pour avoir employé l'expression « caste sacerdotale », manifesté sa croyance à la perfectibilité humaine, commenté de façon subversive la loi salique et être tombé dans une hérésie augustinienne. Avant que tombât le coup, Amédée Thierry eut le temps de donner une leçon d'adieu. On vint en foule s'inscrire chez lui. Le préfet demanda des ordres ; on lui envoya celui d'arrêter le factieux. Averti, A. Thierry passa les montagnes, se réfugia en Suisse et fut reçu par la famille d'Espine de Genève, avec laquelle son frère et lui étaient liés depuis quelques années.

pour ma petite part, je n'entends guère. Voici cependant quelques traits que j'ai retenus :

« Nous », disait-il (et il parle de lui et de ses amis, de ceux qui partagent les doctrines du *Globe*), « nous n'avons d'espérance que dans la lâcheté de la Cour, lâcheté qui est trop grande pour qu'elle ose *faire une folie*. De cette manière, nous l'*acculons* toujours peu à peu et elle sera bien forcée de nous rendre les armes. Si alors elle veut faire une folie, le peuple se laissera peut-être bâillonner pendant quinze mois, puis il éclatera et c'en est fait des Bourbons[1]. Le duc d'Orléans est là. Sa popularité, sa réputation de libéralisme augmentent ; il sera élu.

« Mais alors, avec lui et les partis qu'il ralliera autour de lui, c'est-à-dire les hommes de la Révolution, les bonapartistes, alors viendront les lois d'exception, et la réaction sera violente contre les nobles, les prêtres, etc. Adieu l'ordre légal ! et il faudra de nouveau se remettre à combattre, à organiser une résistance légale, partie de notre éducation constitutionnelle encore bien incomplète. Cela serait d'autant plus fâcheux qu'à ce parti-là viendrait se joindre toute la jeunesse qui, par le mauvais régime universitaire actuel, n'a fait aucune bonne étude ni classique ni moderne[2]. (Sous l'Empire,

---

1. Thiers avait donné la théorie de cette manœuvre au *National*, journal qu'on avait fondé pour la mettre à exécution. Dubois cependant, fidèle à l'excellent esprit critique du *Globe*, voyait plus loin que le but tout pratique vers lequel tendait Thiers : « radicalisme » dont s'inquiétait précisément à cette heure le plus illustre lecteur du *Globe* de par le monde. Cf. F. BALDENSPERGER, « Goethes Lieblingslektüre : *le Globe* » (*Germ.-Roman.-Monatschrift*, 1932).
2. Ce que Dubois entendait par études modernes n'est pas très clair. Au moment où il parlait, la réorganisation des études battait son plein. Elle avait été provoquée par l'introduction de l'étude des langues modernes dans le programme des collèges, ordonnée par Vatimesnil le 26 mars 1829.

depuis la restauration des études, nous avons fait au moins de bonnes études classiques, me disait M. Dubois, si ce n'est en ces termes tout ceci, du moins à peu près.) Les jeunes gens, dont l'éducation est confiée aux Jésuites et qui ne font aucune étude forte, deviennent athées, libertins, sans croyance, sans morale, légers, frivoles. Enfin, ce sont des jeunes gens du dix-huitième siècle, et qui feraient ce que firent ceux de ce temps-là[1]. Nous sommes donc placés entre deux classes d'hommes qui, ne comprenant pas la liberté dans son entier, abuser[aient][2] de la victoire et retarder[aient] l'œuvre du véritable affranchissement politique.

« La Cour est tellement lâche qu'ils n'oseront pas faire la folie qu'il faudr[ait] pour que la nation s'arrache au repos qu'elle aime et qu'elle voudrait conserver. »

Il m'a représenté le roi comme un homme attaché fermement à ses opinions, à ses affections, ayant ses idées à lui, sur lesquelles il est très susceptible et n'en démord[an]t pas. C'est lui qui gouverne, ce ne sont pas ses ministres, comme on le dit. Il ne choisit pas ses ministres afin de penser pour lui, mais parce qu'ils pensent comme lui. C'est un homme d'une grande

1. Ce problème lui tenait à cœur. Il en avait fait le sujet de plusieurs articles au *Globe*, notamment le 10 décembre, à propos des *Attaques dirigées contre les cours de MM. Cousin, Guizot et Villemain* : la contre-révolution, disait-il, incapable de rien édifier, avait brisé les chaires et précipité la jeunesse dans les complots, dans les émeutes, sous les pieds des chevaux et le fer des soldats : « Vous savez bien créer des écoles pour les enfants qui croient ; pourquoi n'osez-vous pas créer des écoles pour les jeunes gens qui examinent ? »

2. J. O. écrivait ces notes très vite (remplissant parfois dix pages en moins de deux heures) et abrégeait beaucoup de mots : *elles pt. prq. tj... j'ai stt. adm. un tabl. sup...* Nous employons le signe [ ] seulement lorsque l'abréviation permet une double interprétation. Ici le futur nous semble convenir aussi bien que le conditionnel.

activité, mais elle s'exerce dans le cercle le plus étroit qu'il soit possible d'imaginer. Du reste, honnête comme homme privé. Il a de la fermeté, de l'opiniâtreté, mais ce qui domine tout cela, c'est une double peur qui le tourmente : la peur de la damnation, d'un côté, quand il a fait quelque concession au peuple et, de l'autre, l'effroi de quelque révolution populaire (car il craint toujours d'avoir le cou coupé), quand la peur de la damnation lui a fait prendre quelques mesures qui déplaisent à la nation.

Le dauphin, M. le duc d'Angoulême, a encore plus d'opiniâtreté que son père ; de plus il a du courage personnel et ne craint pas la mort[1].

Le petit duc de Bordeaux est très jeune encore et, quoique élevé sous l'influence jésuitique, il a montré assez de sagacité cependant en refusant d'obéir à tout autre qu'à celui de ses maîtres qui est vraiment un homme de savoir, quoique bigot[2]. Mademoiselle est, dit-on, très-bien élevée, par une dame royaliste, mais d'un très-grand mérite[3].

1. Chateaubriand a rendu le même témoignage que Dubois : « M. le dauphin a du courage », mais « une invincible timidité [lui] ôte l'emploi de ses facultés » (*Mém. d'Outre-Tombe*).
2. Le petit duc de Bordeaux, « l'enfant du miracle », âgé de neuf ans et demi, avait pour gouverneur le baron de Damas. En 1826 l'évêque de Strasbourg, Mgr Tharin, avait été nommé précepteur du prince. Il était assisté de l'abbé de Noirlieu. L'évêque et l'abbé n'étaient guère dans les bonnes grâces de la Congrégation. Poussé par l'abbé Nicolle, recteur de l'Université, Damas obtint leur renvoi en ce mois de mai 1830, malgré l'opposition de Frayssinous, grand maître de l'Université, et de la duchesse de Berry, mère de l'enfant.
3. Louise-Marie-Thérèse (1819-1864), sœur aînée du duc de Bordeaux, arrière-grand-mère de Zita, la dernière impératrice d'Autriche, reçut une excellente éducation sous la direction de madame de Gontaud. On lui donna Michelet comme professeur d'histoire en septembre 1828.

Un autre candidat à la couronne de France eût été le roi des Pays-Bas, qui aurait eu l'avantage de rendre à la France la Belgique et ses anciennes frontières (et qui est de plus protestant, a ajouté M. Dubois); mais c'est fini de lui depuis sa conduite illibérale[1].

Reste donc le duc d'Orléans qui, m'a dit M. Dubois, sera roi quand il voudra.

Nous avons parlé aussi de mon pays et il a paru s'y intéresser. Je lui ai dit qu'un de nos grands défauts, c'est d'être *copistes* (et je ne parlais que sous le rapport politique). Il m'a dit que c'était là ce qu'avait fait toute l'Europe depuis la Révolution française. Voyez l'Espagne et les Cortès qui voulurent adopter l'idéal le plus pur de constitution, et que la France républicaine elle-même n'avait pu supporter. Voyez au moyen âge, ajouta-t-il, l'établissement des Communes. Lorsque quelques villes s'organisèrent en Communes, partout, de tous côtés, sur tous les points, chaque ville, sans consulter ses besoins particuliers, voulut suivre la même marche que celle des communautés qui avaient donné l'exemple.

Le *Globe* est encore lui-même très-mal compris à cet égard, comme à beaucoup d'autres. Là-dessus nous

---

1. Dans l'histoire de la Restauration en France, Guillaume Ier (1772-1843) joue un rôle fort curieux. Le congrès de Vienne avait inventé le nouveau royaume de Hollande, qui englobait la Belgique, et l'en avait fait monarque. Après 1815 les libéraux français voulurent voir en lui le contraste vivant de Louis XVIII ; on déclarait heureux le peuple belge dont le souverain pouvait se promener partout « sans sabres stipendiés ». Bientôt les sociétés secrètes imaginèrent un plan qui agréait aux patriotes, aux bonapartistes et aux demi-soldes. Il ne s'agissait de rien moins que d'appeler Guillaume au trône de France à la faveur d'un coup de force et de réaliser par cette manœuvre l'union des Pays-Bas et de la France, c'est-à-dire de constituer enfin le territoire à frontières naturelles réclamé par la Convention, qui eût mis la France hors de tutelle en Europe.

avons parlé du *Constitutionnel* et de la faveur dont il jouit, bien qu'il comprenne si peu encore les véritables doctrines constitutionnelles, la liberté dans toute son étendue.

Le *Constitutionnel*[1], m'a dit M. Dubois, est le journal auquel s'adressent chez nous tous ceux qui acquièrent l'art de lire et qui, dès qu'ils l'ont acquis, veulent un journal. Le *Constitutionnel* est là, il se fait comprendre d'eux facilement, c'est un abécédaire politique et sans lequel, *nous autres*, nous ne ferions rien, nous tomberions, parce que le pays n'est pas encore assez avancé.

En parlant du *National*[2], avec lequel le *Globe* fait assez cause commune cependant, il l'a signalé comme s'occupant uniquement de choses de fait, d'utilité, et point des principes, et par conséquent, dans le cas d'une lutte suivie de la victoire, non douteuse, du parti libéral, comme prêt à se rattacher à ce parti à moitié éduqué et à soutenir les lois d'exception qui ne man-

---

1. La tactique du *Constitutionnel*, jusqu'à la veille de la révolution de Juillet, fut de s'efforcer de mettre la dynastie hors de cause. Son succès fut d'ordre commercial, et ses actionnaires firent des bénéfices considérables. En 1830, à une époque où pourtant la lecture du journal à haute voix était de règle dans le peuple, le nombre des abonnés atteignait 22.000.

La rédaction, dirigée par Jay et l'équipe de l'ancienne *Minerve*, professait un anti-romantisme aveugle en littérature. Elle prit l'initiative de la fameuse requête au roi contre l'intrusion des drames poétiques à la Comédie-Française, et s'attira une spirituelle réponse de Charles X : il déclara n'avoir comme tout Français qu'une place au parterre.

2. Le premier numéro du *National* était sorti le 3 janvier 1830 ; Thiers en était l'animateur. Il s'était formé une idée exacte de l'attachement porté par le vieux Charles X au cabinet Polignac qui répondait en tout à ses idées, et il prévoyait l'avènement du duc d'Orléans. Le *National* fut donc anti-dynastique sans être anti-monarchique tout d'abord. (Il ne deviendra républicain qu'après Juillet, lorsque l'éloignement de Thiers et de Mignet aura mis Carrel au premier rang des rédacteurs.)

quer[aient]¹ pas d'arriver et que le *National* approuver[ait] comme des *faits utiles*, sans s'embarrasser beaucoup des principes. (Cette dernière réflexion n'a pas été énoncée d'une manière aussi tranchée peut-être par M. Dubois, qui n'a parlé du *National* qu'en passant ; mais elle ressortait de ses paroles. J'ai voulu la consigner ici, parce que le *National* paraît devoir acquérir une grande faveur et est dirigé par des hommes d'un mérite éminent, Thiers, Mignet, etc.)

M. Dubois m'a paru faire plus de cas de M. Villemain que de M. Guizot. Il trouve qu'il y a beaucoup plus de profondeur et d'érudition dans le premier qu'il ne semble communément², mais c'est dans les détails qu'elles se trouvent (et c'est vrai que les détails sont quelquefois très-piquants, très-intéressants, très-neufs). M. Guizot a surtout une grande sagacité pour découvrir les différents mouvements qui ont agité les nations et vous fait arriver ainsi à voir clairement leur degré de civilisation à l'époque qu'il signale ; mais il n'a pas ce brillant, cette grâce de M. Villemain, ces mots heureux qui représentent pour lui une idée vaste, féconde, qui demanderait à être développée pour les auditeurs, mais dont il suffit à M. Villemain d'avoir la conscience p[ou]r lui-même. Et puis ce que M. Guizot traite actuellement, c'est ce qu'il sait le mieux, etc., etc.³. Du reste,

1. Voir page 22, note 2.
2. Dans ses articles du *Globe*, Dubois s'est constamment élevé contre le reproche de superficialité auquel s'exposait Villemain.
A cette époque, le point de vue de Dubois était aussi celui de Sainte-Beuve qui, plus tard, en viendra à cette appréciation dans la *Chronique Parisienne* : « Villemain n'aime et ne sent directement ni la religion, ni la philosophie, ni la poésie, ni les arts, ni la nature. Qu'aime-t-il donc ? il aime *les lettres*, et, par elles, tout. »
3. Le jour même où se tint la conversation que J. O. nous rapporte, on mit en vente la première moitié du cours d'histoire

M. Dubois rend bonne justice au talent de ce professeur.

M. Cousin a une grande puissance de parole. Les leçons avaient quelque chose de sacerdotal, il était écouté avec un silence religieux[1] et, quoique l'instruction publique, même à Paris, ne mît pas les élèves à même de comprendre complètement le cours de M. Cousin, il était cependant plus suivi encore que les autres. Il parle lentement, chaque mot tombe comme des diamants qui tomberaient d[ans] un écrin et seraient enchâssés aussitôt. Au lieu que chez M. Villemain, tout le travail de la pensée se produit extérieurement. Il reproduit plusieurs fois son idée jusqu'à ce qu'il arrive enfin au terme qui la rend dans toute sa vivacité et son éclat. Mais chez M. Cousin ce travail-là se fait intérieurement. L'accent quelquefois plus long, le geste indiquent seulement ce travail, puis la parole arrive et fixe la pensée.

moderne professé par Guizot en 1829-1830 ; c'était l'*Histoire de la civilisation en France, deuxième époque* (la société féodale des xie, xiie et xiiie siècles).

Sainte-Beuve, dont le véritable initiateur en critique fut Villemain, partageait l'avis de Dubois. Ce n'est que plus tard qu'il rendit justice à la haute éloquence à laquelle Guizot atteignit par la pratique de la vie parlementaire. Ajoutons que Guizot était plutôt actionnaire du *Globe* que rédacteur ; sa collaboration se borne à quelques articles insignifiants. Il faisait partie du groupe des « grands seigneurs rentés » qui fondèrent la *Revue Française* à leur usage : ils ne gagnèrent jamais complètement les sympathies de Dubois et des siens, gens d'esprit littéraire et philosophique à qui le doctrinarisme déplut dès l'origine.

1. J. O. parle du cours de Cousin à l'imparfait, car après être remonté en chaire au printemps 1828 et avoir donné ses leçons pendant tout l'exercice 1828-29 (de novembre à juillet), Cousin ne continua pas son enseignement. Il avait l'excuse de la maladie, il eut ensuite celle que lui fournit la mort de sa mère. Ses amis le pressèrent de ne pas se retirer de l'arène publique, Hegel lui écrivit (26 février 1830) : rien n'y fit.

Cousin avait eu une grande influence personnelle sur Dubois, qui avait suivi ses cours à l'École normale.

M. Dubois (profane, à son avis, en philosophie, dont il ne parle que d'après les conversations de ses amis) trouve que Hegel[1] semble flottant, incertain entre le supernaturalisme d'un côté et le rationalisme de l'autre, ne se décidant pas, ménageant ces deux opinions (au moins, il m'a semblé que c'était la pensée de M. Dubois sur ce sujet ; il n'en a dit que ces deux mots).

« Nous allons étudier l'Allemagne, que nous ne connaissons presque pas encore (il y a quinze mois, je ne savais pas l'allemand, me disait-il) ; et les Français, comme c'est ordinairement leur rôle, en tireront ce qu'il y a de bon. Car remarquez que c'est toujours en France qu'ont paru les systèmes de philosophie les meilleurs et les plus durables, ce qui prouve qu'en dernière analyse, malgré la légèreté qu'on nous reproche, nous sommes le peuple le plus systématique ; et cela, à cause de l'esprit essentiellement pratique de la nation et de sa langue claire et précise. Nous ne sommes pas uniquement métaphysiciens, comme les Allemands, ni uniquement positifs, comme les Anglais. »

M. Dubois m'a dit qu'il n'y avait pas un seul bon cours secondaire en France, dans les villes départementales[2]. Il m'a appris que M. Sainte-Beuve était à

1. C'est par l'intermédiaire de Jouffroy et de Damiron que Dubois entendit d'abord parler de Hegel. Ceux-ci avaient été informés par Cousin qui, en août 1817, avait fait connaissance de Hegel à Heidelberg, peu avant que le philosophe fût appelé à la chaire de Berlin. Quand Cousin, au cours d'un second voyage, eut été arrêté à Dresde le 14 octobre 1824 et gardé au secret jusqu'au 28 avril suivant, comme *suspect* d'idées libérales, Hegel s'efforça de le tirer de prison. Mais dans l'Allemagne des métaphysiciens, les philosophes avaient peu de poids effectif. Si Hegel finit par obtenir l'élargissement de Cousin, ce fut surtout à cause du tapage que mena Dubois dans le *Globe* naissant.

2. On sait que lorsque Sainte-Beuve eut achevé ses études secondaires à Boulogne (1813-1818), il persuada sa mère de

Honfleur pour y terminer un roman qu'il se propose de publier bientôt[1]. « C'est un de mes anciens élèves[2], un de mes amis, beaucoup plus célèbre que moi maintenant ! » Telles furent ses paroles.

J'ai reçu aujourd'hui une lettre d'Espérandieu[3]; elle m'a fait un grand plaisir, elle m'a transporté au milieu

l'envoyer refaire à Paris sa troisième, sa seconde et sa rhétorique.
Cette médiocrité dans le niveau des études en province désolait Jouffroy et Dubois. « Quand on songe, écrivit Dubois le 26 septembre 1829 dans le *Globe*, que depuis quarante années, cependant si agitées de réformes, pas une seule ville en France n'a eu un mouvement d'idées qui lui fût propre, et que, hormis deux ou trois légistes célèbres perdus çà et là à Rennes, à Dijon, à Poitiers, pas un seul maître puissant ne s'est élevé... » Le *Globe* fit une campagne qui porta des fruits. Des chaires municipales furent créées à Besançon, Lyon, Marseille ; un Athénée fut fondé à Nantes. On fit appel à Amédée Thierry (voir plus haut), à J.-J. Ampère (Marseille) à E. Souvestre (Nantes) et à d'autres. Mais ce mouvement fut privé de toute portée par deux coups de sens contraire, l'arrivée de Polignac au pouvoir et la révolution de Juillet.
1. Le jour précédent, Sainte-Beuve était parti en effet pour retrouver Guttinguer en Normandie. Le roman en question devait être l'histoire d'un drame sentimental vécu par celui-ci. Mais en mai, loin de terminer l'ouvrage, les deux écrivains se bornèrent à en arrêter le plan.
Arthur fut publié par Guttinguer seul (une première édition, fragmentaire, parut à Rouen en novembre 1834, sans nom d'auteur : *Arthur, ou Religion et Solitude. Troisième partie* (sic). L'édition définitive parut en 1836. Elle a été rééditée par Henri Bremond en 1925). On connaît une centaine de pages du roman qu'avaient entrepris Sainte-Beuve et Guttinguer : elles ont été publiées par le vicomte de Lovenjoul, dans *Sainte-Beuve inconnu* (Plon, 1901). Enfin beaucoup des notes de Sainte-Beuve entrèrent dans la composition de *Volupté* (1834).
2. Dubois avait été son professeur de rhétorique au collège Charlemagne pendant l'année scolaire 1820-1821.
3. Frédéric Espérandieu (1812-novembre 1890) dirigea la *Revue Suisse* avec Fr. Chavannes à partir de 1839, fut pasteur à Ouchy de 1839 à 1845. Après la révolution vaudoise de 1845 le gouvernement exigea de tous les fonctionnaires du canton leur adhésion au nou-

de notre Suisse. Ce pauvre Espérandieu ! Il est malheureux, il se croit un *être manqué* ; j'ai souvent eu aussi cette idée de moi. Hélas ! Nous sommes tous des êtres manqués ici-bas, si l'esprit du Sauveur ne vient pas compléter notre existence et l'assurer.

J'ai revu M. Godet et son ami, M. Spach[1], un des rédacteurs de l'*Universel*[2] (celui qui fait la revue allemande). Ces deux messieurs m'ont encore parlé du charlatanisme parisien, de la bassesse de tout ce monde si brillant, si animé ; je crois tout cela sans peine, j'ai déjà soulevé plus d'un coin du tapis. Mais ces messieurs parlent beaucoup de morale, et je ne sais trop si la

veau régime. L'Église Nationale étant salariée par l'État, ce décret s'appliquait aussi bien aux pasteurs qui, de plus, reçurent l'ordre de lire en chaire une proclamation recommandant l'acceptation de la nouvelle constitution. Le 11 novembre 1845, le corps pastoral du canton se réunit ; 190 de ses membres, sur 275 que comptait le clergé vaudois, donnèrent leur démission et entreprirent d'organiser leurs églises sans le secours financier de l'État. Frédéric Espérandieu fut parmi les démissionnaires et se joignit aux Églises Libres. Il partit pour les États-Unis en 1849 (avec ses amis Mayor, Matile, Marc Fivaz) et mourut en Floride en novembre 1890.

1. Louis Spach (1800-1879), de Strasbourg, qui publia plus tard quelques romans (une nouvelle de lui parut dans la *Revue Suisse* en 1839) et se distingua surtout comme archiviste du Bas-Rhin, était alors attaché au comte de Sainte-Aulaire comme précepteur et secrétaire particulier. Quand J. O. le vit, il écrivait des correspondances théâtrales pour le *Morgenblatt* de Strasbourg et collaborait à l'*Universel*. « Vers 1830 », a écrit Ernest Lehr (*Revue d'Alsace*, 1888), « [un ami de Spach], Schnitzler, alors établi à Paris, l'avait introduit pour la partie allemande dans l'*Universel*, journal patronné par M. de Polignac, mais qui laissait une parfaite liberté à ses collaborateurs non politiques. Il fournissait à peu près tous les huit jours un feuilleton... »

2. L'*Universel*, fondé le 1er janvier 1829 par Abel Rémusat, le sinologue auquel Juste rendit visite le 25 mai, et par Saint-Martin. D'abord journal littéraire, il devint politique le 1er décembre et disparut au premier jour de la révolution de Juillet. C'était un organe royaliste, spirituel et incisif.

leur est bien assurée. Au moins elle ne paraît pas l'être sur quelques croyances religieuses. M. Godet et son ami ont, je crois, de grandes connaissances en philologie, et je me rappelle ce que me disait M. Manuel[1] des philologues allemands, uniquement occupés du culte du Beau et lui subordonnant facilement la morale.

En politique je ne sais trop quelle est l'opinion de ces messieurs. M. Spach, en prenant un numéro du *Figaro*, ce soir, lisait un article et s'écria : « Voilà de quoi le faire accuser ! » ce qui m'a semblé une découverte assez dans le genre de celles que font la *Gazette*[2] et l'*Universel* (ce dernier journal est ministériel et payé ; M. Godet me l'a dit lui-même ; du reste j'en ai toujours trouvé les articles littéraires fort remarquables). M. Godet n'a pas trouvé que le *Figaro* pût être attaqué.

1. Louis Manuel, né à Rolle en 1790, mort à Lausanne en 1838, fut pasteur à Francfort-sur-le-Main (1815-1826), dans une de ces églises huguenotes qui gardèrent leur culte en français jusqu'en 1914. Cousin fit sa connaissance en août 1817, lors de son premier voyage en Allemagne. Ils discutèrent religion, calvinisme. Cousin allait au prêche entendre Manuel. Ils se promenaient dans la campagne et passaient presque toutes leurs soirées ensemble. C'était, dit le philosophe, « un homme vraiment évangélique ». Du moins il écrivit ceci dans ses « Souvenirs d'Allemagne » (*Revue Française*, 1838). En 1857, dans ses *Fragments et Souvenirs*, Cousin reprit la page qu'il avait consacrée à Manuel pour la modifier de façon à y introduire une diatribe contre les méfaits du « jansénisme exagéré » et du « méthodisme ».

E. RITTER (*Revue Historique Vaudoise*, juillet 1914, p. 217) a fait remarquer que la rencontre de Manuel et de Cousin en 1817 a sa place dans l'histoire des idées. C'était la première fois depuis plus d'un siècle que s'affrontaient l'orthodoxie protestante et l'esprit français ; « celui-ci, depuis le règne de Louis XIV, avait perdu de vue celle-là ». Sainte-Beuve, à son tour, fit la connaissance de Manuel, en 1837 à Lausanne. Le critique lui a consacré une page, fort inattendue dans son contexte, qui est un chef-d'œuvre (*N. L.*, ix, 7 novembre 1864).

2. Voir plus loin, 20 juillet.

M. Godet reproche beaucoup aux autres de n'avoir pas une opinion. Je n'ai pas encore pu saisir la sienne dans son ensemble. D'une seule fois que j'ai vu M. Dubois, on voit ce que l'homme pense, ce qu'il pensera, ce qu'il fera dans telle ou telle circonstance donnée. Assurément M. Dubois n'est pas très parisien, dans le sens que M. Godet attache surtout à ce mot, c'est-à-dire de n'avancer aucune opinion arrêtée et de les mettre toutes en avant suivant qu'on les paye le mieux ou qu'elles flattent le plus l'amour-propre. Enfin, il faudra voir, et voir par moi et pour moi seul.

Mardi 4 mai.

A midi, je suis allé entendre M. Villemain. Au commencement de la séance, il a jeté, sans la développer et seulement en passant et en se contentant de la caractériser par un mot, selon sa coutume, il a jeté une idée qui me semble très remarquable : « Plusieurs grands esprits », a-t-il dit, « ont regardé tout le temps du règne de la théologie comme perdu pour la vérité. C'est une erreur. Au moyen âge, la théologie était la forme que prenaient toutes les études ; tout se *traduisait*, si je puis m'exprimer ainsi, en théologie ; de même qu'à d'autres époques, tout se traduit en politique, toute la vie scientifique prend cette forme[1]. » Cette idée me

1. On a le texte sténographié (mais revu) de cette leçon qui est la 18ᵉ du *Tableau de la Littérature au moyen âge* : « C'est une réponse à l'opinion de ceux qui ont regardé le règne de la théologie dans le moyen âge comme une époque perdue pour l'intelligence humaine. La théologie a été la forme que prenait alors la pensée. De même que, dans un autre temps, toutes les idées se

paraît très féconde ; elle a été exprimée par le professeur avec beaucoup d'originalité. Je voudrais qu'il l'eût développée davantage.

J'ai dîné tout seul. Je suis allé tout seul au spectacle, qui m'a paru bien long. J'ai vu Odry[1], qui a certainement quelque chose d'original dans son talent de bouffon, et Brunet, assez bon acteur, mais au-dessous de la réputation qu'il a eue dans le temps[2]. [...]

Jeudi 6 mai.

J'ai un peu travaillé à *Julia*[3].

Je suis allé le soir aux Italiens (ou plutôt aux Allemands). J'ai vu le *Freischütz* de Weber[4]. La musique m'a souvent ravi, moi profane cependant.

traduiront en idées politiques, et s'appliqueront aux grands problèmes de la société ; ainsi, dans le moyen âge, les esprits se faisaient une occupation à la fois plus subtile et plus désintéressée, toutes les idées, toutes les forces du raisonnement s'appliquaient à leur vie future. »
1. Odry (1779-1853), pitre célèbre, entra en 1808 aux Variétés et, sauf une interruption d'une année, y resta trente-trois ans.
2. J.-J. Mira, dit Brunet (1766-1853), se spécialisa dans les Jocrisse et les Cadet Roussel. Pendant trente ans il fut co-directeur du Théâtre des Variétés, qu'il avait installé en 1807 au boulevard Montmartre.
3. *Julia Alpinula*, un des deux poèmes auxquels travaillait J. O., était fortement influencé par les *Messéniennes* de C. Delavigne, modèle de la poésie historico-patriotique de l'époque. L'héroïne était une jeune prêtresse d'Aventicum. Ce poème avait été couronné en 1829 par l'Académie de Lausanne, et J. O. le révisait pour l'impression.
4. C'est par le *Freischütz* que, deux jours avant l'arrivée de J. O. à Paris, la troupe d'opéra allemande avait ouvert sa saison au Théâtre-Italien.

Vendredi 7 mai, 9 heures du soir.

J'ai lu, après mon dîner, la *Confession*, par l'auteur de *L'Ane mort et la Femme guillotinée* (M. Janin[1]).

J'ai aussi lu dans le *Globe* un nouvel article sur Sainte-Beuve[2] et une seconde citation de son dernier recueil. Toujours, chez moi, même désir de le voir et de causer avec lui quelques instants. Et cependant il me semble que je saurais moins lui dire de choses qu'en Suisse. Il me semble maintenant que ce dont j'aurais tant désiré de parler à lui et à quelques autres, il le sait mieux que moi, ou bien que cela n'est pas assez intéressant pour lui. Il y a toujours le grand sujet de la religion, mais chaque jour je m'en reconnais plus indigne.

1. *La Confession* avait paru en deux petits tomes un mois auparavant et allait reparaître en seconde édition avant la fin du mois. Ce succès dut plaire aux Classiques du *Constitutionnel*. Bien que le livre fût « demi-romantique sans y songer », ils en louèrent l'auteur qui fournit de nouvelles variations à leur tirade hebdomadaire contre les Romantiques : on y voit figurer Vigny, les deux Deschamps, Sainte-Beuve, Dumas, Musset : « Regardez-moi, dit celui-ci, j'arrange tout Shakespeare en vers sans césure, je suis terriblement original ! — Moi, j'ai mis tout l'*Enfer* en enjambement, j'ai furieusement de génie ! — Parlez-moi de mes études étrangères, que j'appelle françaises par antiphrase, reprend un troisième ; oh ! pour avoir du génie et de l'originalité, rien ne vaut mes sonnets suivant Ronsard ! » On se détournait de ces « singeries grotesques » pour s'épanouir devant le talent de Jules Janin, jeune et nouveau « à côté de tant de *jeunes hommes* qui sont si vieux quoi qu'ils fassent ».

2. Sainte-Beuve considérait cet « article d'examen et de fond » comme « un de ses titres d'honneur ». Il était de la plume de Duvergier de Hauranne, et avait paru le 7 mai. J. O., qui cherchait en vain à mettre la main sur un exemplaire des *Consolations* dans les cabinets de lecture, avait lu dans le premier article les pièces IX et XVII, et dans le second, celle qui commence ainsi : *Dans l'île Saint-Louis...*

Samedi 8 mai.

M. Villemain dit quelque part, dans ses leçons sténographiées de 1828, en parlant de Gibbon et du séjour que cet historien fit à Lausanne : « Vous savez que Lausanne est une ville toute française. Il n'y manque, messieurs, que notre domination[1]. » En ce cas, il n'y manque rien, monsieur le Professeur !

Dimanche 9 mai.

Hier, je suis allé dans l'après-midi visiter Sainte-Geneviève, naguère le Panthéon français. Je me suis promené dans le temple, dont j'ai admiré les belles colonnades et la simplicité de plan. Puis je suis monté à la coupole, qui est ornée de peintures à fresque de Gros. Cette coupole est environnée d'un revêtement extérieur, au haut duquel est une plate-forme d'où l'on découvre l'immensité de Paris[2]. [...] Au-dessus de cette plate-forme, il y a encore une petite tour (une lanterne, comme on dit) avec des colonnes, surmontée d'une énorme croix en fonte qui a presque vingt pieds de haut[3].

Avant de sortir de l'église nous allâmes visiter

1. Voir le *Tableau de la Littérature au XVIIIe siècle*, vol. II 30e leçon.
2. Pendant un siècle le Panthéon fut le monument le plus élevé de Paris, on l'oublie aujourd'hui. Le sol de la place est au niveau du sommet des tours de Notre-Dame, et le pied de la croix s'élevait à 80 mètres du sol.
3. L'énorme croix fut descendue le 25 août par ordre du gouvernement. Le lendemain, une ordonnance rétablissait le Panthéon.

les tombeaux. Voltaire et Rousseau y sont encore, mais ils n'occupent plus la même place et sont relégués dans un caveau fermé[1].

Je ne suis pas allé au sermon aujourd'hui parce que je redoute un pasteur pareil à celui que j'ai entendu. J'ai lu ce matin dans les *Épîtres*, et mes prières se sont unies et vont s'unir encore à celles de mes parents et de mes amis.

Lundi 10 mai.

J'ai travaillé ce matin à *Julia*. Après dîner je suis allé voir le Musée Colbert[2]. J'ai surtout remarqué *Le Tasse avec les fous*, d'Eugène Delacroix[3] : le poète est appuyé sur le coude, ses genoux sont recouverts d'une couverture de laine et les fous rient à côté de lui ; *Le Christ au tombeau*, de van Dyck : la tête de la Vierge est sublime ; *Phrosine et Melidor*, de Rioult ; il y a dans la Phrosine une grande délicatesse, elle s'évanouit et le *laisser-aller* du corps a été rendu avec beaucoup de vérité par le peintre. D'autres tableaux encore m'ont frappé, et je retournerai les voir. Un buste de Lamartine

1. Ces détails étaient connus de tous, à la fin de la Restauration. Mais les hommes de la Troisième République, soucieux du sort des reliques de leurs grands hommes, chargèrent une commission, le 18 décembre 1897, de vérifier les sépultures. La commission trouva les cercueils intacts et découvrit que la Restauration n'avait pas profané les tombes. Elle les avait seulement déplacées.
2. Cette exposition permanente de tableaux et d'objets d'art, ouverte en novembre 1829 par H. Granjean, marchand de couleurs à la rue Vivienne, 2, était une des curiosités de Paris.
3. Tableau entrepris en 1823, interrompu par la mise à exécution du *Massacre de Scio*. M. JOUBIN (éd. du *Journal de E. Delacroix*, 1932, I, p. 35, note 4) a cru à tort que ce tableau ne fut exposé qu'en 1839.

11 MAI 37

par David (d'Angers[1]) a surtout attiré mes regards. Quelle noble et gracieuse tête ! Je contemplais cette bouche et il me semblait à chaque instant la voir s'entr'ouvrir et laisser tomber quelques vers harmonieux et sans suite. Si la représentation est exacte, Lamartine a une tête magnifique, pleine d'harmonie et de grâce, son front est élevé, ses yeux grands, ses cheveux épais et bouclés légèrement, et toute sa figure est parfaitement bien proportionnée.

J'ai vu aussi quelques médailles (du même David) représentant divers personnages morts ou vivants ; au nombre de ces derniers, Victor Cousin, avec une barbe qui lui fait le tour du menton ; Alexandre Dumas, avec les cheveux épais et formant mille anneaux (il est aussi là, lui !). J'oubliais de mentionner un tableau de M. Steuben, représentant *Napoléon dictant ses mémoires au général Gourgaud.*

Mardi 11 mai.

J'ai entendu M. Villemain. Il nous a fait briller tout son esprit, toute sa grâce et sa facilité. Mais toujours peu de suite. En parlant des littératures vieillissantes, il nous a dit que vainement elles cherchaient à refaire les temps qui les ont précédées, le moyen âge, par

1. Ce buste fut modelé d'après un croquis tracé par David sur une enveloppe, un soir de juin, chez V. Hugo, alors que, debout à la fenêtre, Lamartine venait de lire une de ses *Harmonies* encore inédites. Ce « buste apothéose », selon le mot de M. Jouin, exécuté en marbre pendant l'hiver 1829-30, montre le poète dans « l'attitude de l'homme resté sous le charme d'une musique évanouie ». Dans les dernières années de sa vie, vers 1860, Lamartine en fit cadeau à Moïse Millaud, qui avait empêché le poète d'être saisi. Plus tard il fut acquis par M. Chéramy, puis par M. Barthou.

exemple. On peut contrefaire, jusqu'à un certain point, le langage, mais les idées toujours sont modernes. Il a développé cela avec infiniment d'éloquence, de cette éloquence à moitié satirique et qui ne peut cependant pas blesser. Pour ma part, si j'étais d'un parti et que le mien eût été opposé à cette idée-là de M. Villemain, j'eusse été converti. Instruction pour moi retirée de cette leçon, c'est que je garde toujours bien le dépôt que j'ai reçu, que je ne le perde ou ne le dénature pas en le mêlant à d'autres, que je reste seul.

Ce soir, au théâtre des Nouveautés, j'ai vu jouer *Henri V et ses compagnons*[1], pièce à grand spectacle, salles royales, places publiques avec églises gothiques, cortèges pompeux, bannières, costumes du moyen âge.

Maintenant que, par conscience et par amitié (je l'ai promis à Mademoiselle C.), maintenant que j'ai fini le griffonnage de ce jour, je vais me coucher.

---

1. *Henri V et ses compagnons*, drame en trois actes par Auguste Romieu et Alphonse Royer. Les éléments du 1er acte étaient tirés de Shakespeare ; le reste était de l'invention des auteurs. La première représentation avait eu lieu le 27 février. La décoration était remarquable et d'une grande richesse. On admira la « poétique exactitude des costumes », mais surtout des effets de tableau : une salle de bal « qui se perdait à la lueur des lustres dans une délicieuse perspective » et, au dénouement, l'apparition de Westminster « au milieu de l'atmosphère de la Tamise et de la ville de Londres, avec ses maisons en relief comme au diorama » (Le *Constitutionnel*, 1er mars). Il ne faut pas oublier, en lisant les remarques de J. O., dans quelles conditions on jouait une pièce historique au Théâtre des Nouveautés. Le privilège du théâtre restreignait les comédies à n'avoir pas plus de trois actes et exigeait qu'il y fût mêlé des couplets sur des airs du domaine public (c'est-à-dire ayant fait partie du répertoire d'un théâtre depuis au moins cinq ans). On « empruntait » des chœurs, des romances et des passages à grand orchestre aux compositeurs connus (Rossini, Meyerbeer, Weber, Sporh, etc.).

Mercredi 12 mai.

Après mon déjeuner, qui m'a servi de dîner, je suis entré dans un cabinet de lecture où j'ai fait une séance assez longue (depuis deux heures jusqu'à cinq et demie) occupée presque exclusivement à lire un volume et demi des *Mauvais Garçons*[1], roman qui vient de paraître et qui est destiné à peindre le XVIe siècle.

Le soir, au Vaudeville, j'ai vu *Harnali ou la Contrainte par cor*[2]. Cette parodie est spirituelle, quoique quelquefois trop chargée. Elle contient plusieurs remarques très justes. Du reste elle n'est pas trop méchante pour l'auteur qui, dit Quasifol, à la fin de la pièce, est jeune et *corrigera son style* ; car pour les Français, comme toujours, c'est encore là la grande question. C'est de toutes les parodies d'*Hernani* celle qui a eu le plus de succès. On en a cité plusieurs [répliques], entre autres l'exclamation d'Harnali lorsque Quasifol lui dit (5e acte) : *Que la lune est jolie*, etc. Harnali, qui a souvent répété : *Viens donc !* en faisant mille grimaces significatives, s'écrie impatienté : *Qu'une femme astronome est un être embêtant !* Le vieux Concilva

1. *Les Mauvais Garçons*, en deux volumes, parus à la fin d'avril chez Renduel, sous l'anonymat. L'ouvrage avait deux auteurs : Alphonse Royer et Auguste Barbier.
2. *Harnali ou la Contrainte par cor*, d'Aug. de Lauzanne et de F.-A. Duvert, est la meilleure des parodies d'*Hernani*. Elle tenait l'affiche sans interruption depuis le 23 mars 1830. On la jugea assez bonne pour l'imprimer au bout de la seconde semaine.

D'après une très curieuse introduction de Francisque Sarcey au volume VI du *Théâtre Choisi de F.-A. Duvert* (Charpentier, 1878), *Harnali* fut écrit à la requête du duc d'Orléans. Un acteur communiqua un manuscrit de la pièce de Hugo à Duvert, qui put ainsi faire jouer ses cinq actes en vers moins d'un mois après la première d'*Hernani*.

(ce rôle me semble parfaitement joué par Lepeintre jeune[1]), lorsqu'Harnali le supplie de ne pas le contraindre à manger la boulette tragique (qui est un émétique et doit produire... cherchez une rime à émétique), le supplie de lui accorder au moins quelque temps, le vieux Concilva répond en montrant sa trompette, dont le son, par parenthèse, est bien le plus drôle et le plus significatif :

... Faudrait-il donc que j'eusse
Trompetté pour sa Ma-jesté, le roi de Prusse ?

Lorsque Quasifol le supplie à son tour de n'être pas si cruel, il ne répond jamais que ces trois mots : *C'est un arrangement !*

Bref, concluons, avec le bon Ducis, dont les pièces furent ainsi parodiées, qu'une parodie constate toujours le succès d'une pièce, et qu'il vaut mieux être l'occasion de ces sortes d'ouvrages que leur auteur (ce sont à peu près ses termes ; voyez ses lettres).

Arwed[2], que j'ai vu jouer le même soir, est tiré du roman de *Lionel Lincoln*, de Cooper. Mais il ne me paraît pas que les auteurs aient su profiter avec originalité de leur modèle.

Jeudi 13 mai, 10 heures du soir.

Enfin, j'ai vu une actrice ! Non, j'ai vu une femme, une épouse, une mère ! J'ai vu madame Smithson,

1. Emmanuel-Augustin Lepeintre (1790-1847), dit Lepeintre jeune.
2. *Arwed ou les Représailles, épisode de la guerre d'Amérique*, drame en deux actes d'Étienne, Varin et Desvergers. La première représentation eut lieu le 31 mars 1830. Le texte fut publié trois semaines plus tard.

dans *L'Auberge d'Auray*[1]. C'est une actrice anglaise qui ne sait pas du tout le français et qui a un rôle dans cette pièce, ou plutôt, c'est elle qui fait la pièce à elle seule, car pour l'opéra-comique de MM. d'Épagny et Moreau, ce n'est qu'un opéra. Ce qu'il a de plus intéressant, c'est de fournir à madame Smithson l'occasion de jouer sa pièce à elle[2]. [...]

1. *L'Auberge d'Auray*, opéra en un acte, musique de Hérold et Carafa. J. O. assista à la seconde représentation. Le jeu de Miss Smithson transporta les spectateurs : il « pénètre jusqu'au fond de l'âme », s'écriait l'anti-romantique *Constitutionnel* après la représentation à laquelle assista J. O. « C'est la nature », s'écriait Boulay-Paty, « c'est le désespoir vivant ! Elle est sublime ! Les yeux fixes, la peau blêmissante, le doigt tendu, elle tombait roide à terre... Je n'ai jamais éprouvé tant d'émotion ». Cuvillier-Fleury la vit deux mois plus tard : « Elle est pathétique au dernier point... »
Harriet Smithson (1800-1854) avait dépassé, à trente ans, l'époque de ses succès. L'inoubliable Ophélia des représentations de 1827 à Paris n'avait jamais pu atteindre le premier rang en Angleterre. Son théâtre à Londres avait fait faillite. Elle revint sur le Continent. Le besoin l'avait fait entrer à l'Opéra-Comique comme figurante de luxe. Berlioz, qui devait l'épouser en 1833, était revenu de sa grande passion de 1828 ; il s'était éloigné d'elle un mois avant la date où nous sommes et se livrait à des réflexions amères : « C'est une femme ordinaire, douée d'un génie instinctif... Je la plains et je la méprise. »
M. BORGERHOFF, dans son *Théâtre anglais sous la Restauration* (1913), a publié sans un mot de commentaire la requête, libellée en anglais, que Miss Smithson envoya à Louis-Philippe le 15 août 1830. Cette requête se rapportait non aux représentations shakespeariennes, comme on pourrait le croire, mais à *L'Auberge d'Auray*. On venait de rouvrir l'Opéra-Comique en dépit d'une promesse formelle selon laquelle l'autorisation ne serait donnée qu'après que les artistes auraient été payés : elle sollicitait une audience de Guizot afin d'obtenir justice.
2. On trouvera en appendice les notes du journal où J. O. raconte la pièce dans tous ses détails, en six longues pages. Leur intérêt général est faible, mais quelques indications sur le jeu de l'actrice principale méritent d'être conservées.

Vendredi 14 mai.

Entre autres choses, [j'ai oublié] hier au soir de parler du rôle de William, fils de Caecilia (madame Smithson), rempli par mademoiselle Anaïs[1]. Cette charmante enfant joue avec beaucoup de grâce et de vérité.

Minuit.

J'arrive des Nouveautés. J'ai vu *Rafaël*[2], de M. Théaulon. O vous qui auriez envie (désir bizarre, j'en conviens !) d'avoir mal à l'estomac, allez voir *Rafaël*. Mais si votre épouse est enceinte, qu'elle ne vous accompagne pas ! Un plaisant disait derrière moi : « Mais ce n'est pas un vaudeville ! » Quelque temps après, une voix grave ajouta du ton de l'indignation : « Ils sont f... pour faire avorter les femmes ! » La phrase est bien grossière, bien hideuse, mais l'idée est juste. Car sachez que l'héroïne (après avoir chanté un petit air, il est vrai) est pendue presque sur la scène et qu'on la voit monter à l'échafaud.

---

1. Nathalie Aubert, dite Anaïs (1802-1871), que J. O. appelle une enfant, était en réalité son aînée de cinq ans. Petite, intelligente, elle avait une figure enfantine qui réussit à faire illusion pendant trente ans au théâtre. H. Lyonnet (*Dictionnaire des Comédiens français*) ignore sa participation à *L'Auberge d'Auray* qui ne paraît pas douteuse.
2. *Rafaël*, en trois actes mêlés de chants, avait été tiré par Théaulon de l'*Occasion*, petit drame ajouté par Mérimée à la deuxième édition (1830) du *Théâtre de Clara Gazul*. La pièce était une protestation contre l'obligation faite aux fils de bourreaux de devenir bourreaux à leur tour. On la jouait depuis le 26 avril

Dimanche 16 mai.

Je suis allé ce matin chez M. Jules Muret[1]. Nous nous sommes entraînés mutuellement à voir le Diorama[2].

Trois tableaux (par extraordinaire) étaient exposés. Le *Campo Santo* de Pise, vaste bâtiment en marbre blanc entrelacé de dalles noires et entouré d'arcades gothiques, de l'architecture la plus gracieuse et la

---

1. Jules Muret (1805-1880) était fils d'un médecin élu député ; son oncle, le célèbre landamman J. Muret (1759-1847), acclamé autrefois par Mme de Staël, était devenu conservateur rigide, adversaire déclaré du Réveil, condamnateur de Vinet. Le jeune Muret fut plus tard conseiller d'État (1840-1845), puis juge au Tribunal cantonal.
2. Le Diorama (1822-1839) consistait en une rotonde entourée sur trois côtés de longs bâtiments dans lesquels étaient exposées des toiles de 14 mètres de hauteur et de 21 mètres de longueur. Daguerre (1789-1851), le plus habile peintre de son temps, ne suivait pas la pratique ordinaire des panoramas. Il ne montrait qu'un horizon aux spectateurs assis sur une plate-forme mobile, à pivot et à rail, capable de porter trois cent cinquante personnes. La salle était donc disposée comme un théâtre où tout le spectacle était fourni par le décor. Le public était séparé des toiles par un espace de quinze à vingt mètres. Les premiers plans comportaient un décor à trois dimensions, différentes constructions, voire de l'eau courante, des animaux vivants. Quant au ciel du tableau, Daguerre savait l'animer, le rendre clair ou obscur, passer des effets de soleil à ceux de la lune, déplacer des nuages, des fumées. Tout ceci était obtenu par l'emploi raisonné de la peinture opaque et de la peinture transparente sur les deux côtés des toiles. Daguerre travaillait déjà à l'invention de la photographie (annoncée le 8 janvier 1829 par Arago à l'Académie des Sciences), mais il était encore plus préoccupé de réaliser des tours de force au Diorama. Il y parvint. En 1834 il présenta la *Messe de Minuit à Saint-Étienne-du-Mont*. On voyait d'abord l'église vide passer du jour au crépuscule, puis à l'obscurité et bientôt elle apparaissait remplie de fidèles à la lueur des cierges.

plus élégante. Tout est d'une grande vérité de détails dans le tableau : les colonnades, les statues entières ou mutilées, les dalles qui recouvrent des tombes, les chapiteaux renversés, les restes de peintures à fresque, le soleil qui se joue à travers les arcades, la charpente que l'on répare. Ce tableau produit une grande illusion (le *Campo Santo* a été peint par Bouton). Nous avons vu en même temps le *Tableau de Paris*, pris de Montmartre. Il a été fait par Daguerre. Tout nous a paru être d'une grande fidélité, mais il nous a moins intéressés que le précédent et que celui que nous avons vu ensuite, le *Commencement du Déluge*, peint aussi par Daguerre. Les eaux ont déjà recouvert et dévoré les habitations, les hommes gravissent les premières montagnes autour desquelles on voit les eaux bouillonner et s'amonceler incessamment. Dans le lointain apparaît l'arche, bien fermée et mystérieuse. Un rayon de lumière tombe sur son toit. Plus loin sont de hautes montagnes et, sur leurs flancs, on voit se précipiter en tous sens mille torrents. Cette partie du tableau m'a surtout paru d'une grande variété et d'un grand naturel en même temps. A droite et à gauche du tableau, les eaux débondent des cieux, comme d'immenses et noires cascades. Sur le premier plan, et au bord d'un roc couvert d'hommes qui s'y sont réfugiés, un serpent s'élance de l'onde et cherche aussi à gagner le roc, qu'il croit protecteur. En général, ce tableau nous a cependant plutôt fait l'effet d'un vaste orage, d'une inondation qui submergerait une vallée qu'il n'a frappé notre imagination de la pensée du Déluge.

Nous avons vu deux autres petits tableaux encore, dont l'un représente une arcade du Colisée et l'autre une partie de l'église de Saint-Germain-l'Auxerrois. La même vérité de détails nous a frappés. Ces deux tableaux ont quelque chose de très frais. [...]

Lundi 17 mai.

J'ai assisté à la représentation du *Bigame*[1] et de *Shaylock*[2]. Il y aurait sans doute beaucoup à dire sur les pièces, les acteurs, le genre du spectacle, les spectateurs, au nombre desquels se trouvait madame Léontine Fay[3]. Mais il faudrait plus de temps que je n'en ai et surtout il faudrait... se donner la peine d'*arranger* les observations, car sans cela celles de ce soir ennuieraient beaucoup. Je ne m'en sens pas la force et je me couche, en pensant, comme je l'ai fait tout le jour, qu'il y a aujourd'hui un mois que je suis arrivé à Paris. Un mois de perdu !

1. *Le Bigame*, mélodrame en trois actes de Sauvage et Georges dont la première représentation avait été donnée, non sans opposition, dix jours auparavant.
2. *Shaylock*, drame en trois actes de Dulac et Alboize. La première représentation fut donnée le 2 avril 1830. Le critique du *Constitutionnel* (5 avril), après le paragraphe d'usage contre les Romantiques et particulièrement contre Vigny, adaptateur d'*Othello*, nous apprend que les auteurs ont conservé presque tout le bizarre et le fantastique de l'original, mais qu'ils en ont « retranché le personnage de Portia » et qu'ainsi ils ont « donné au drame une marche régulière ».
3. Léontine Fay, dont les parents étaient des artistes dramatiques, monta sur les planches à huit ans ; elle eut, dès l'âge de dix ans et demi, d'universels succès d'enthousiasme. En 1826, elle entra au Gymnase et, pendant huit ans, partagea tous les succès de ce théâtre et de Scribe. Elle se maria avec l'acteur Volnys en 1832. Tous deux passèrent au Théâtre-Français pour en sortir bientôt. La carrière triomphale de Léontine Fay s'acheva en Russie.

Mardi 18 mai.

Je ne suis sorti que pour la leçon de M. Villemain. Elle a roulé sur l'origine du théâtre en France et ne m'a pas semblé bien remarquable, surtout en comparaison de la dernière, dont le principal sujet était Chatterton et, en général, les poésies faites par des modernes et attribuées par leur auteur à un auteur d'une époque plus ancienne.

J'ai lu aujourd'hui dans le *Figaro*[1] ou le *Sylphe*, journal à papier rose[2] et qui n'est pas toujours à l'eau rose, cette phrase-ci ou du moins cette pensée : « Les Parisiens sont les plus grands *jugeurs* du monde ! » C'est bien vrai, aussi ne sentent-ils que médiocrement. Le même journal, je crois, faisait remarquer un jour combien le public, si juste juge, commet souvent les plus sottes bévues. Dans *Philippe*[3], il se moque de madame d'Harville, qui s'écrie, en parlant d'une bonne ou belle action de Frédéric (c'est le fils, non avoué, qu'elle a eu de Philippe ; et celui-ci, actuellement son

---

1. Le *Figaro*, journal quotidien (1826-1833), se jeta dans les discussions politiques après la formation du ministère Martignac. Son propriétaire, Victor Brohain, directeur du Théâtre des Nouveautés, l'avait doté d'une rédaction de jeunes à plume mordante, P. Lacroix, J. Janin, Adolphe Royer, Romieu, Rolle, Roqueplan, etc.

2. Le *Sylphe*, « journal des salons », imprimé sur papier rose, alternait avec le *Lutin*, « écho des salons », et le *Trilby*, « album des salons ». Chacune de ces feuilles paraissait deux fois par semaine, mais c'était un seul et même journal qui, par ce procédé, échappait au fisc. Le premier numéro signalé par Hatin est seulement du 1er juin 1830.

3. Petit drame en un acte, mêlé de vaudeville, tiré d'un roman de Scribe et Bayard. On le jouait au Gymnase depuis le 19 avril 1830.

intendant, autrefois soldat à qui elle a dû la vie, est uni avec elle par un mariage secret) : « Je reconnais le sang des d'Harville. »

Le public fait bien de se moquer des vieilles idées de noblesse de la dame. Mais lorsque Philippe ajoute : « Je reconnais le sang d'un vieux soldat... », le public ne manque pas d'applaudir cette *ineptie nationale*, comme dit le journal.

Mercredi 19 mai.

Je m'étais fait la promesse de me gorger, de me saturer de visites, afin d'en finir une fois avec mes remords de politesse. Cette promesse, je l'ai tenue, autant qu'on peut le faire à Paris.

Je suis allé d'abord chez M. Dubois, que je n'ai pas trouvé : il était à la campagne ; puis chez M. Émile Deschamps[1], mais je m'étais trompé de rue, et il m'a fallu longtemps revenir sur mes pas jusqu'à la rue Ville-l'Évêque où il demeure effectivement et où je ne l'ai pas trouvé. J'ai gagné ensuite la rue Miromesnil, où demeure M. Alfred de Vigny, que je n'ai pas trouvé. On m'a dit qu'il ne tarderait pas à rentrer, que c'était l'heure à laquelle il recevait ordinairement *ces messieurs...* Puisqu'il attendait du monde, raison de plus pour partir bien vite. Je m'en suis repenti un moment après, en pensant que c'était peut-être une réunion d'hommes de lettres qui devait avoir lieu chez lui, que là je rencontrerais peut-être Victor Hugo et d'autres

1. J. O. avait reçu de Monnard une lettre d'introduction pour Émile Deschamps.

amis de M. Alfred de Vigny. Mais j'ai bien vite ri de mon imagination qui était déjà en train et je suis revenu chez moi, où j'ai écrit cette lettre à M. Abel Rémusat[1] :

« L'académie de Lausanne, en Suisse, possède depuis peu un manuscrit chinois apporté, je crois, en Europe à la fin du siècle dernier. Désirant savoir s'il pourrait offrir quelque intérêt, elle vous prie d'avoir la complaisance d'en examiner les premières feuilles qu'elle a fait lithographier et qu'elle m'a chargé de vous remettre. Voilà d'où naît, Monsieur, la liberté que je prends de vous écrire et de vous demander l'heure à laquelle je pourrais, sans indiscrétion, me présenter chez vous. Dans mon ignorance si l'objet qui m'est confié ne renferme peut-être pas quelque important mystère, je tiens à m'acquitter de ma commission le plus fidèlement possible et à me procurer ainsi l'avantage de vous remettre moi-même ces savantes feuilles qui n'ont point de secret pour vous. Daignez agréer l'expression des sentiments de haute considération avec lesquels j'ai l'honneur d'être, monsieur, votre très-humble serviteur. »

11 heures du soir.

J'arrive de l'Opéra. J'ai entendu le rossignol et les charmants duos de madame Damoreau-Cinti[2] et de la

1. Abel Rémusat (1788-1832), directeur titulaire de l'*Universel* (journal tout dévoué à Polignac), conservateur et administrateur des manuscrits orientaux à la Bibliothèque Royale depuis 1824, professeur au Collège de France depuis 1814. Il avait été un des fondateurs de la Société Asiatique, qu'il présidait depuis 1829.
2. Cf. 30 juin.

flûte de Tulou[1]. J'ai vu aussi le nouveau ballet de *Manon Lescaut*[2] ; Paul[3] et Lefebvre, mesdemoiselles Taglioni[4], Noblet, Dupont[5], Legallois ont dansé. Le siècle précédent, avec ses parures brillantes et guindées, m'est apparu sur la scène. [...]

Jeudi 20 mai.

Je suis retourné à *L'Auberge d'Auray*. La pièce m'a ennuyé ; mais madame Smithson m'a encore vivement ému. Chatelanat, qui était avec moi, a été frappé de la *vérité de ses cris*, si je puis parler ainsi. Quel dommage que je ne sache pas l'anglais et que je ne puisse voir madame Smithson jouer une des femmes de Shakespeare !

Vendredi 21 mai.

Je suis allé au Vaudeville[6]. J'ai voulu assister à une première représentation. C'était celle de *Madame*

1. Tulou (1786-1865), célèbre flûtiste entré à l'Opéra en 1813, professeur au Conservatoire (1826-1858).
2. *Manon Lescaut*, ballet pantomime en trois actes de Scribe et Aumer, musique de Halévy, se donnait à l'Opéra depuis le 3 mai. Le décor, peint par Cicéri, représentait la salle et le théâtre de l'Opéra au xviiie siècle.
3. Paul, dit l'Aérien, né en 1797, avait débuté en 1813.
4. Marie Taglioni (1804-1884) était la plus fameuse danseuse de son temps. Elle débuta à Vienne avant de paraître à Paris en 1827.
5. Lise Noblet et Mme Alexis Dupont étaient les sœurs d'Alexandrine Noblet qui jouait alors à l'Odéon et entra à la Comédie-Française sous Louis-Philippe.
6. Le Vaudeville était installé depuis 1792 dans une salle de la rue de Chartres nommée le Vauxhall d'Hiver, aménagée en théâtre

Grégoire, ou le Cabaret de la Pomme de Pin[1]. Dans cette pièce les auteurs (M. W. Duponty et Charles) ont développé chacun des couplets de la chanson de Béranger sur ce sujet, en y ajoutant une petite intrigue qui n'est pas sans intérêt. Puis la pièce se termine par la chanson même du *nouveau Collé*, comme l'appellent modestement ces messieurs. Le tout m'a assez amusé. Il y a beaucoup, quelquefois trop de farces ; elles ne sont pas toujours amusantes. Une partie du parterre a même sifflé violemment le discours d'une poissarde et de madame Grégoire qui lui tient tête. Il est vrai que d'autres (les claqueurs probablement) applaudissaient à outrance ces singulières tirades et les redemandaient.

Samedi 22 mai.

M. Abel Rémusat m'a fait l'honneur de me répondre et de m'indiquer les heures où je serais le plus sûr de le trouver.

J'ai voulu aller à la Porte Saint-Martin entendre Potier[2]. J'ai fait queue assez longtemps, mais avant que je puisse arriver au bureau il n'y avait déjà plus de

par l'architecte Lenoir. Le Vaudeville brûla en 1838 et se transporta dans la salle de la place de la Bourse où se trouvait en 1830 le Théâtre des Nouveautés.

1. Un troisième auteur que J. O. ne nomme pas était Rochefort, le père du fameux pamphlétaire. D'après le *Constitutionnel* du 24 mai, ce n'était que « la chanson de Béranger délayée en deux actes ; ... le vaudeville final a contribué au succès ».

2. Voir 27 mai. Cet acteur venait de rentrer de Londres et il y eut affluence ce jour-là, car la direction avait annoncé une représentation unique.

billets. Il a bien fallu prendre un parti. Chatelanat, Fivaz et moi nous sommes donc allés à la Gaîté[1], où nous avons vu représenter entre autres *Le Couvent de Tonnington*[2]. Ce drame, d'un grand intérêt, est au-dessus du théâtre où on le joue, qui est un véritable théâtre de province, avec cette différence qu'on y voit difficilement bonne compagnie. Les dames qui occupent les premières galeries nous ont paru être de bonnes grosses marchandes, riant à gorge déployée en s'éventant avec des éventails de six sous que l'on achète au spectacle même. Au parterre nous vîmes un homme, debout, tenant d'une main une bouteille surmontée d'un verre qu'il élevait ainsi au-dessus des spectateurs voisins. Et puis les cris, les quolibets et l'action exagérée ou grossière des acteurs! Dans *Le Couvent de Tonnington*, les deux principaux rôles, celui de Tom Love et d'Héléna, ne sont pas mal remplis par M. Adrien[3] et madame Eugénie[4].

1. Le Théâtre de la Gaîté, fondé en 1760, boulevard du Temple, fut reconstruit en 1808 et de nouveau en 1835, toujours au même emplacement, entre les Folies-Dramatiques et les Funambules. Les trois théâtres furent démolis en 1862.
2. *Le Couvent de Tonnington, ou le Pensionnaire*, drame en trois actes et en prose, par V. Ducange et A. Bourgeois. La première représentation datait du 12 mai 1830. Il s'agissait d'une jeune fille mariée à un pauvre gentilhomme avant d'être livrée à un ministre tout-puissant. Ceci se passait en Angleterre, sous Henri VIII, grâce au « soin délicat de la censure pour un temps plus voisin de nous », remarquait le *Constitutionnel* (14 mai).
3. Acteur dont on ne connaît que le nom ; il jouait dans cette pièce un rôle de colonel, qui a échappé aux recherches de Henry LYONNET *(Dictionnaire des Comédiens français)*.
4. Eugénie Sauvage. Le *Constitutionnel* du 14 mai admirait la « remarquable intelligence » qu'elle avait de son rôle.

Dimanche 23 mai (matin).

J'ai oublié de dire dans mon journal d'hier que j'ai enfin fait visite à la famille Hollard, dont j'ai été beaucoup trop bien reçu, puisque j'ai été si impoli que de tarder tant à me présenter dans cette maison. M. Henri Hollard[1] a l'air d'un homme instruit et aimable. Il est médecin, je crois, et chrétien. Il m'a parlé d'un grand mouvement religieux qui règne à Paris. Il me conduira à l'assemblée des Saint-Simoniens. Il est bien probable que la maison où j'ai le plus tardé à me rendre est cependant celle qui me conviendrait le mieux. Mais Juste Olivier n'en fait pas d'autres.

Je suis allé au sermon. On est bien peu édifié dans cette église où tout le monde entre et sort à chaque instant. Je ne connais pas le ministre. Je l'entendais à peine. Mais il me paraissait affecté de ton et de sentiments, et ne produisait pas la conviction chez moi. J'ai oublié de noter un singulier emploi d'un passage de saint Paul fait par M. Marron[2], je crois, jeudi der-

1. Henri Hollard, né à Lausanne en 1801, mort à Paris en 1866, médecin, auteur de nombreux ouvrages d'anatomie et de zoologie. Il fonda en 1827 le *Journal des progrès des sciences médicales* et fut le premier directeur du *Semeur* (fondé en septembre 1831). Cf. Philippe Bridel, *Roger Hollard*, 1902, pp. 17-23.
2. Paul-Henri Marron (1754-1832), chapelain de l'ambassade de Hollande à Paris à partir de 1782, fut agréé pasteur à Paris en 1788 quand les droits civils eurent été rendus aux protestants. Il consacra le 22 février 1790 la chapelle de Saint-Louis du Louvre que Bailly et Lafayette, à son instigation, avaient obtenue pour l'usage du culte protestant. Emprisonné le 7 juin 1794, il n'échappa à la mort que grâce au 9 Thermidor. Ce fut lui qui sauva les archives des protestants pendant cette période. Il a lui-même rectifié l'anecdote apocryphe selon laquelle Napoléon l'aurait appelé le Pape des protestants. Lady Morgan l'ayant interrogé sur ce point en 1829, il lui raconta que c'était Pie VII qui avait inventé

nier. Il prêchait sur l'ascension du Sauveur et, pour arriver aux preuves, il se servait de cette transition : « ... mais la foi est une *démonstration*, mes frères, ce n'est point une croyance aveugle, etc. » Je connais maintes gens, dans mon cher canton de Vaud, qu'une pareille phrase eût grandement scandalisés.

J'ai lu aujourd'hui un volume de Hoffmann, les *Contemplations du Chat Murr*, entremêlé de la *Biographie du Maître de Chapelle Jn. Kreissler*[1]. J'avoue que je suis de ceux qui trouvent beaucoup d'esprit, infiniment, merveilleusement d'esprit à Ernest-Théodore Hoffmann. Cette imagination spirituelle, cet esprit d'imagination me charment. Hoffmann réalise pour moi, d'une manière bizarre et magique, mille rêves que j'ai faits et que je fais encore et que je n'ai aucun moyen de saisir et d'expliquer.

J'ai lu *Hernani*. Victor Hugo a beau demander à grands cris que l'on ne le juge pas en détail[2], qu'on attende de voir l'édifice tout entier pour prononcer si

ce sobriquet pour mystifier l'abbé Testa, en lui remettant une ode en latin sur le mariage de l'Empereur que Marron lui avait présentée. Pie VII était dans les meilleurs termes avec Marron et lui adressa un jour ce distique :

Vertueux protestant, que je souffre à vous voir !
Tirer Marron du feu n'est pas en mon pouvoir !

1. Ce volume faisait partie des *Contes fantastiques* (tome IX et X des *Œuvres* de Hoffmann, en vingt volumes, traduction Loëve-Veimars) parus le 15 mai chez Renduel. Théodore Toussenel publiait une autre traduction à la même époque ; Lefebvre en avait lancé une autre encore ; mais surtout le Dr Koreff, à Paris depuis 1823, ami dévoué du romantique allemand, ne se lassait pas de faire campagne en faveur de Hoffmann, initiateur d'un « merveilleux » nouveau.

2. La troisième « édition » d'*Hernani* avait paru au début de mai. On lit dans la préface : « En somme, le moment n'est peut-être pas encore venu de le juger. *Hernani* n'est jusqu'ici que la première pierre d'un édifice... »

la porte fait un bon ou mauvais effet, on ne le comprend pas et on se pâme à critiquer ses vers coupés et, il faut bien le dire, *hachés menu* quelquefois. Et puis je ferai tout bas cette observation générale. A Paris on est si loin de la nature et de son originalité, si enfermé dans le moule uniforme de la société *infiniment* civilisée, qu'on ne peut en sortir qu'avec de grands efforts, — partant avec quelques contorsions et quelques allures bizarres, fausses, qui ont cela de malheureux qu'elles frappent tout le monde et que, faciles à imiter, elles ont beaucoup d'insensés copistes.

Lundi 24 mai.

J'ai écrit trois grandes lettres, à MM. Manuel, Monnard et Félix Chavannes[1]. J'ai continué la lecture des *Contemplations du Chat Murr*. J'aime cet auteur. Je crois tout ce qu'il dit.

Mardi 25 mai.

Je suis allé ce matin à onze heures et demie à la Bibliothèque pour remettre à M. Abel Rémusat les feuilles chinoises dont j'étais chargé. Je l'ai trouvé à la Salle des Manuscrits. C'est un homme de taille un peu au-dessous de la moyenne, à larges épaules, d'une

1. Félix Chavannes (1802-1863), de Vevey, ami particulier de J. O., était alors pasteur à Yverdon. En 1825, dans le concours de poésie sur *La Grèce régénérée* où J. O. avait eu le premier prix, Chavannes avait emporté le second. Il fonda plus tard, avec Frédéric de Gingins, la Société d'Histoire de la Suisse Romande.
Ses chants patriotiques sont restés célèbres.

tournure assez peu gracieuse ; les cheveux sont noirs, longs et très rares. Il est obligé de les arranger pour cacher quelques endroits chauves. Il a de larges sourcils noirs et des yeux vifs et assez grands. Je me suis nommé. « Ah ! m'a-t-il dit en prenant les feuilles, veuillez vous asseoir un instant, je vais vous donner la réponse. » Je n'ai pu trouver de siège vacant, car ils étaient tous pris par des personnes occupées à déchiffrer et à copier de vieux manuscrits. Je me suis mis à considérer les tablettes ; parmi les titres qui m'ont frappé était celui-ci : *Conférence de Payerne* ; la date était du xve siècle et le volume était placé à côté d'un autre intitulé *Traité avec les Suisses*.

Pendant que je faisais assez triste figure debout et occupé à méditer sur des dos en parchemin, j'ai vu M. Rémusat qui prenait son chapeau et partait par une autre porte que celle où j'étais entré. J'ai attendu un moment ce qu'il adviendrait. A la fin, ennuyé, j'ai dit à l'huissier de prévenir M. Rémusat que j'aurais l'honneur de repasser à l'heure qu'il voudrait bien m'indiquer. Le savant, qui était dans une autre chambre, comme je le compris ensuite, revint aussitôt. Je lui fis mes excuses qu'il écouta à peine, car ces messieurs n'écoutent pas beaucoup, puis il jeta un coup d'œil sur les feuilles lithographiées. Ce qu'il remarqua le plus, c'est que c'était très exactement calqué. Il en traduisit quelques phrases dont il eut la complaisance de me donner le sens par écrit, me dit qu'on ne pouvait rien tirer du manuscrit qui n'était qu'un ouvrage de mythologie et que, du reste, on avait choisi les dernières feuilles, comme cela arrive ordinairement avec les manuscrits chinois qui vont de droite à gauche, je crois.

J'ai entendu émettre le soupçon que M. Abel Rémusat, pas plus que les autres qui s'en vantent, ne sait le chinois. Pour ma part, je crois que cette opinion n'a aucun fondement. M. Rémusat n'était nullement embarrassé ; il a lu à haute voix quelques lignes et il y avait là une autre personne à qui il a montré le manuscrit, en lui faisant remarquer je ne sais quoi. Il y avait sur la table un dictionnaire manuscrit chinois. J'y ai remarqué, entre autres, une figure, un chiffre bizarre comme tous les caractères chinois et dont la traduction latine était le *signe du faucon*. Quant à moi, je crois aux connaissances chinoises de M. Rémusat.

Je me disposais à partir lorsque j'entendis ce mandarin d'Occident me dire : « Je vous prie de faire mes compliments à M. Olivier. » Je fus bien étonné. « Mais c'est moi, monsieur. » — « Comment donc ? Je croyais que c'était un monsieur Olivier à qui j'ai donné autrefois des leçons. » — « Non, monsieur, je suis bien fâché. » — « Oh ! c'est la même chose. » Là-dessus, remerciements balbutiés de ma part, courbettes de part et d'autre, et j'ai sauté en bas des degrés.

J'allai ensuite à la leçon de M. Villemain. Elle a principalement roulé sur Philippe de Comines, qu'il a jugé avec esprit et parfois avec profondeur. Il a dit aussi quelques mots de Schiller, de Gœthe, mais je trouve qu'il a tort de s'aventurer sur un terrain qu'il ne connaît pas[1].

J'ai lu le *Figaro* après mon dîner. A propos des

---

1. *Tableau de la Littérature au Moyen Age*, xxie leçon : « Gœthe... est, si vous voulez, le plus habile des poètes alexandrins ; ... [il] appartient à une école, et à une école subtilement littéraire, ... qui déduit avec artifice ce que les impressions peuvent avoir de plus excentrique et de plus capricieux. »

poésies de M. de Beauchesne[1], le spirituel et malin
journal contient un article désespérant pour un poète
qui *croit aux journaux*. Il représente les poètes actuels
(il les appelle une corporation repentie qui n'a plus
d'inspiration, plus de verve et seulement de l'impatience) comme uniquement occupés de l'art et ne prenant point part au mouvement de ce qui est autour
d'eux. Il leur en fait un crime. Ils ne sont bons à rien,
dit-il ; les ouvrages du poète doivent être des actions.
Il ne doit pas se borner à fournir quelque aliment
nouveau et passager aux imaginations mais il doit agir
sur les intelligences. Dieu l'a envoyé pour faire ou
faire faire quelque chose. Si je suis à peu près d'accord
avec l'auteur de l'article sur la théorie, je n'ai pas les
mêmes idées que lui quant à l'application. Sur ce terrain il n'est plus qu'un journaliste, qu'un *partisan*
politique et littéraire, après avoir écrit une observation
très remarquable, selon moi, sur un vice de la tendance
poétique de la jeune école. En effet que voudrait-il
qu'elle fît ? De la politique, et sans doute de la politique à la façon du *Figaro*. Il voudrait que les poètes
se mêlassent à la lutte actuelle au lieu de rester toujours « près du lac *bleu*, sous le saule *vert*, où l'on voit
des rayons *jaunes*[2] ». C'est fort bien, encore une fois,

1. Ses *Souvenirs poétiques* avaient paru la semaine précédente
avec une vignette de Tony Johannot. Il y eut une seconde édition
avant la fin de l'année. La troisième édition (juillet 1834) fut augmentée de vers extraits de la *Chronique de France* du 6 avril 1833
reprochant à V. Hugo son évolution politique. L'auteur, un Breton,
qui avait été secrétaire de Sosthène de La Rochefoucauld et son
chef de cabinet aux Beaux-Arts, resta légitimiste.
2. *Les Rayons jaunes* est le titre d'une des tentatives les plus
remarquées et les moins réussies de Sainte-Beuve dans *Joseph
Delorme. Lac bleu, saule vert*: allusions à la seizième des *Pensées de
Joseph Delorme* : « Depuis que nos poètes se sont avisés de regarder

de vouloir que les poètes *agissent* aussi ; mais de ce qu'on doit agir, il ne s'ensuit pas que le *Figaro* et les journaux libéraux soient les seuls modèles à suivre. Pour que le poète voie dans l'avenir d'un œil plus sûr, il n'est qu'un moyen, et il n'est guère dans le goût du *Figaro*, c'est que le poète demande à Dieu de lui donner un regard plus vif et plus perçant qu'à celui qui ne voit que l'homme ici-bas et dont le présent est l'unique croyance.

Mercredi 26 mai.

[...] Je suis retourné ce soir à *Hernani*.

Mademoiselle Mars est certainement admirable, surtout au dernier acte ; mais on a beau dire, je la trouve un peu trop vieille[1]. Toujours à l'exception de mademoiselle Mars, les acteurs me paraissent jouer avec peu d'intelligence de leurs rôles. Firmin (Hernani) se démène et crie beaucoup trop. Joanny (don Ruy) répète et brusque trop ses gestes ; il veut peut-être donner par là quelque vivacité à sa vieillesse, mais cela ne produit pas un bon effet[2]. Michelot est savant,

la nature et qu'aussi, au lieu de dire un *bocage romantique*, un *lac mélancolique*, ils disent un *bocage vert*, un *lac bleu*, l'alarme s'est répandue parmi les disciples de madame de Staël et dans l'école genevoise ; et l'on se récrie comme à l'invasion d'un matérialisme nouveau. » En réalité, continue Sainte-Beuve, comme les peintres qui « paraissent copier », les grands poètes ont un secret d'idéalisation ; ils savent faire jaillir le *je ne sais quoi*.

L'attaque du *Figaro* porte, comme on le voit, sur ce qu'avant 1830 déjà on appelait l'art pour l'art.

1. Elle était âgée de cinquante et un ans.
2. Firmin (1784-1859) et Joanny (1775-1849), que la disparition de Talma et la retraite de Lafond avaient laissés en vedette, forçaient leur jeu. Leurs sympathies littéraires n'allaient pas à la nouvelle école. Firmin tenait surtout à ne pas être identifié avec

habile, mais son rôle est trop difficile pour lui. Il a cependant mieux dit que la première fois que je l'ai entendu le monologue du quatrième acte (dont, par parenthèse, ils ont retranché *les deux moitiés de Dieu*[1];... *Ils sont parce qu'ils sont*[2]) et qui, grâce à ces retranchements, a été écouté avec attention et sans murmure. Le rôle de Charles-Quint est bien beau, mais il est peut-être le défaut capital de la pièce à laquelle il donne malheureusement une fausse couleur historique.

Quant aux spectateurs, ils sont toujours les mêmes, c'est-à-dire qu'ils ne méritent pas un meilleur théâtre. Ils ne jugent encore que les vers isolés et ne saisissent pas un ensemble. Ils critiquent une expression et en applaudissent une autre. Et ce sont toujours les vers à sentences ou ceux qui sont déclamés comme tels qui excitent leur admiration. Le public est encore *voltairien*, à ceci près qu'il n'a plus l'habitude d'aller beaucoup au spectacle et d'y voir de grands acteurs tragiques.

C'est le troisième acte qui a excité le plus de bruit. La gauche du parterre s'est levée et, en se tournant vers la droite qui sifflait, a crié : *A la porte ! A la porte !* Celle-ci s'est levée à son tour et a répondu de la même manière. Il n'y a pourtant pas eu de rixe.

J'ai loué une petite chambre rue du Harlay[3], nu-

son rôle. Quant à Michelot, qui jouait Charles-Quint, il s'obstina dans une incompréhension totale.

1. Acte IV, sc. 2, vers 1480 :

Ces deux moitiés de Dieu, le pape et l'empereur.

2. *Ibid.*, vers 1475-6 :

*... Ils ont
Leur raison d'être en eux, et sont parce qu'ils sont.*

3. La rue de Harlay est dans l'île de la Cité, entre le Palais de Justice et la place Dauphine. Elle va du quai des Orfèvres au quai de l'Horloge. Jusqu'à ce jour, J. O. avait logé dans les environs de la rue Saint-Honoré et du Palais-Royal, au n° 7 de la rue Chauchat.

méro 29. Un des locataires que je connais m'a dit qu'on était bien dans cet hôtel, qu'il était habité généralement par des Suisses.

Jeudi 27 mai.

J'ai vu Potier[1] à la Porte Saint-Martin dans *Ci-devant jeune homme* et dans *Le Bourgmestre de Saardam*. On se représente ordinairement cet acteur comme un bouffon ; du tout, c'est un comédien véritable, un excellent artiste, qui a un génie à lui, qui compose ses rôles et connaît bien les ressources de son art. Quant à son talent, qui est certainement très-grand encore, je croirais cependant qu'il se ressent de l'âge un peu avancé de Potier, qui parfois me semblait un peu mou, un peu languissant.

Vendredi 28 mai.

J'ai dîné et passé la soirée avec la patriarcale famille Hollard. Je me suis retrouvé en Suisse. J'ai entendu parler religion (et en parler bien) à M. Henri Hollard, dont la foi est la foi véritable et dont la raison, de plus, est fort éclairée et savante. Comme il me le disait, la foi n'est point simplement une croyance, comme le disent les philosophes ; c'est un fait nouveau dont les résultats sont féconds, un fait que la raison ne peut

1. Potier (1774-1838) fut un des plus grands acteurs comiques de son temps. Il suscita l'admiration de Talma, malgré le peu de sonorité de son organe. Il avait joué alternativement aux Variétés, où il attira tout Paris avant la fin de l'Empire, et à la Porte Saint-Martin. Il avait pris sa retraite officielle en 1827, mais en 1828 le Théâtre des Nouveautés, qui chancelait, obtint son retour.

point fournir et dans laquelle elle n'intervient que comme contrôleuse.

J'ai lu *Grandson*. On m'a fait beaucoup de compliments. Mais moi, j'ai éprouvé quelque chose de pénible à cette lecture. J'aimais moins la faire qu'en Suisse. Je cherchais à vite m'en débarrasser. Aussi j'ai horriblement lu ; j'avais toujours quelque chose qui me serrait la gorge. Plus j'y pense, plus je crois que le mieux serait de ne publier ni d'imprimer ces poèmes à Paris. [...]

Hélas ! la Suisse pourrait seule soutenir [cet ouvrage], car ce n'est que pour elle qu'il a été fait. Mais la Suisse, comme le disait M. Hollard le père, est perdue aussi avec ses vingt-deux gouvernements et son manque d'unité.

J'ai chanté quelques-unes de mes chansons. Elles ont fait plaisir, je crois. Elles leur auront parlé de mon père. J'aurais voulu aussi un long souvenir pour lui. Mais le fils sera oublié et le père avec lui.

M. Hollard m'a dit qu'un Saint-Simonien avait écrit à Sainte-Beuve en lui disant : « Vous êtes en chemin vers des croyances religieuses. Vous êtes poète, il est temps de consacrer votre talent à propager une noble doctrine. Venez à nous ; nous sommes fixes. Ne soyez plus errant. » Sainte-Beuve doit avoir répondu : « Pourquoi irais-je à vous ? Vous êtes en marche. Vous n'êtes pas plus fixés que je ne le suis, etc. » Je suis bien content de cette réponse, si cette anecdote est vraie[1].

---

1. Cette lettre de Buchez, qui date du 31 mars 1830, a été publiée à la fin des *Poésies complètes* de Sainte-Beuve, 1879, volume II. Sainte-Beuve répondit le 5 avril (*Correspondance générale*, édition J. Bonnerot, I, N° 117). En ce même mois d'avril 1830, Sainte-Beuve subit un nouvel assaut : Vigny lui transmit une lettre de son ami Bois-le-Comte, disciple de Buchez (VIGNY, *Correspondance*, édition Baldensperger, 1ʳᵉ série, p. 225).

Samedi 29 mai, minuit.

Je suis allé ce soir avec MM. Hollard et Muret à une réunion de Saint-Simoniens. Cette secte est divisée en deux branches, la branche panthéiste (qui est la plus nombreuse) et la branche théiste (qui sont, en quelque sorte, les *séparés*[1]). C'est à une réunion des membres de cette dernière branche que j'ai assisté[2].

Nous sommes arrivés rue de la Ferme-des-Mathurins, numéro 19, dans une salle meublée très-simplement. On a fait cercle autour d'une table où se trouvait une lampe. Un jeune homme était assis à côté, sans papier, sans livres. Il a pris la parole et a développé un point de leur système relatif aux *savants* (ils établissent trois classes : les artistes et les prêtres ; les savants ; les industriels). Il me serait difficile de réunir quelques notes bien claires et précises de ce que j'ai entendu. Beaucoup de raisonnements m'ont échappé, par l'ignorance où je suis des antécédents. Il me paraît qu'ils considèrent dans les sociétés deux époques, l'une *organique*, où l'on procède par la synthèse, *a priori* ; l'autre *critique*, où l'on procède par l'analyse, *a posteriori*, par l'observation. Ils retrouvent ces deux époques dans l'histoire des sociétés et des philosophies[3]. L'époque de

1. On appelait ainsi les groupes dissidents qui finirent par constituer les Églises Libres en 1847. Cf. note 3 p. 29, note 2, p. 73 et note 2, p. 181.
2. Voir l'appendice II.
3. Cette division en périodes critiques et organiques était, selon Ott (notice sur Buchez, en tête de son *Traité de Politique*, p. LXIX), une des plus importantes contributions de Buchez à la doctrine. Toutefois, dans son *Traité de Philosophie*, l'arrangement des « âges logiques » est un peu plus compliqué (Cf. vol. III, pp. 513-517). Auguste Comte, tous les socialistes de l'époque et jusqu'aux pères

l'établissement du christianisme fut une époque organique ; son époque critique est arrivée. Selon eux il faut une nouvelle doctrine, une nouvelle organisation, et c'est Saint-Simon et ses disciples qui la prêchent. Christ a eu une révélation, en ce sens qu'il a, le premier, émis des idées qui devaient faire faire un pas, un progrès à l'humanité. Ces idées, selon eux, sont les idées de *liberté* et d'*égalité*, fondement du christianisme, ce qui leur a été vivement contesté par un M. Cook[1], ami de M. Hollard et par un autre étranger dont j'ignore le nom. Mais ni les uns ni les autres ne s'entendaient. Les Saint-Simoniens ne veulent considérer le christianisme que *historico-politiquement* et comme ayant été réalisé par le catholicisme[2]. Leurs adversaires soutenaient qu'il y avait quelque chose d'autre dans le christianisme, quelque chose de supérieur aux principes de l'égalité et de la liberté[3]. L'étranger dont je

du communisme ont établi leur métaphysique de l'histoire sur une classification de ce genre. Après les Grecs, leur ancêtre à tous est Vico (1668-1744). Michelet publia en 1827 un ouvrage sur lui dont l'influence se fit sentir parmi les hommes de lettres aussi bien que parmi les philosophes : on en trouve des traces chez Nisard, chez Vigny (*Réflexions sur la vérité dans l'art*, préface de la 4ᵉ édit. de *Cinq-Mars*, 1827), chez Sainte-Beuve jusque dans les *Lundis*.

1. Pasteur du Midi, disciple de Wesley.
2. C'est la doctrine particulière de Buchez. Voir l'appendice.
3. Vers le 25 avril 1831, Henri Hollard publia une *Lettre à messieurs les disciples de Saint-Simon sur quelques points de leur doctrine* (Paris, Delaunay et J.-J. Risler, 34 pages) : « La confusion que vous vous faites du catholicisme avec le christianisme et des peuples catholiques avec l'église chrétienne... résulte... de ce que [vous placez au] premier rang, parmi les caractères d'une religion, sa réalisation politique... » (p. 14). « ... Je suis bien éloigné de prétendre que l'Évangile n'ait pas une œuvre sociale à accomplir... ; mais ce que je nie, c'est que cette œuvre ait été accomplie au moyen âge par le catholicisme. En effet, il est facile de se convaincre par l'histoire qu'il n'y a jamais eu de société politique chré-

viens de parler soutenait même que ce principe ne se trouve pas dans la doctrine de Jésus, que Jésus ne s'était pas inquiété de la Société, qu'il n'avait eu pour but que la vie future. La discussion a été très-vive et a changé souvent de face parce qu'elle soulevait une multitude de questions particulières. « Vous voulez agir sur les individus, disaient les Saint-Simoniens. Nous, nous allons à un but plus grand et plus vaste, nous voulons agir sur les masses. » — « On ne convertit pas les masses », répondaient les autres. Enfin l'on s'est séparé sans s'être convaincus.

Je me disais, après avoir été frappé d'abord de cette gravité, de ce sérieux de recherche : « Ce n'est qu'une secte de philosophie. » Mais il est certain que c'est un spectacle intéressant que cette ardeur à poursuivre la vérité, cette chaleur, cet ensemble d'idées, cette érudition ; quelques-unes de leurs idées particulières m'ont souvent paru très ingénieuses, profondes. Ce qui gâte tout (sans parler même de la fausseté ou des vices du système) c'est l'orgueil philosophique poussé à un très-haut degré. Muret les disait pires que les hégéliens. Leur système me paraît être au moins incomplet car ils n'ont guère en vue qu'un but social, un but politique. Aussi sont-ils très matériels, en dernière analyse, bien qu'ils s'étonneraient probablement beaucoup de ce reproche.

tienne, c'est-à-dire composée d'hommes qui montrassent par toute leur vie qu'ils étaient animés par l'esprit de Jésus-Christ...; jamais les disciples de Jésus n'ont formé un corps social, une église visible (p. 28). Ni protestants, ni grecs, ni catholiques ne peuvent prétendre à représenter la société chrétienne. Les chrétiens se trouvent dispersés en plus ou moins grand nombre dans les groupes que distinguent ces dénominations. C'est l'ensemble de ces hommes de toute nation qui... compose la véritable église de Jésus-Christ. »

Celui des Saint-Simoniens qui m'a le plus frappé est un M. Buchez[1]. C'est un grand jeune homme, la tête couverte de beaucoup de cheveux noirs, plats. Sa figure est peu agréable ; il lui manque quelques dents, je crois ; mais sa voix est forte, sonore ; c'est une voix d'orateur. Il parle avec facilité, véhémence, imagination. Ses phrases ont une sorte d'éclat. Le dogmatisme de ses opinions a chez lui quelque chose de fanatique. Il croit à l'avenir, il prédit ce qu'il sera. C'est un prédicateur, et je suis persuadé que lui se croit un **apôtre.**

Lundi 31 mai et mardi 1er juin.

Hier, j'ai déménagé. Me voici maintenant rue de Harlay, dans une des îles de la Seine. Si je n'étais pas attaché à ma précédente demeure, j'étais, du moins, familiarisé avec elle et j'ai éprouvé quelque chose de pénible à me remettre ainsi en route. [...]

Aujourd'hui, je n'ai rien à noter que ma première visite à la Morgue[2]. C'est un petit bâtiment grisâtre, aux murs humides et *flétris*. Derrière une grille et sur des tables noires sont couchés les cadavres. Il y en avait un aujourd'hui, celui d'une femme. Elle paraissait être jeune encore ; elle devait avoir de grands et beaux yeux sous des sourcils noirs bien marqués. Ses

---

1. P.-J. Buchez (1796-1865), docteur en médecine (1825), éditeur du *Journal des progrès des sciences médicales* (1827-1830). En 1821 Bazard et lui fondèrent la Charbonnerie française. Il connut les travaux de Saint-Simon en mai 1825 (*Traité de philosophie*, I, 26) et collabora aux six derniers numéros du *Producteur*.
   En 1848 il fut premier président de la Constituante.
2. La Morgue se trouvait depuis 1804 entre le Petit-Pont et le pont Saint-Michel, sur le quai du Marché-Neuf.

cheveux noirs avaient été entortillés et presque bouclés par les ondes.

Ce soir, en revenant chez moi après une courte visite chez les Hollard et une *jaserie* chez Muret, en traversant la rue Neuve-Saint-Marc, je me laissais aller à mes pensées, que la tournure de la conversation avait un peu attristées, lorsqu'une voix douce murmura ces mots à mon oreille : « Monsieur, voulez-vous prendre la peine de monter, nous avons de bien jolies femmes. » Je tressaillis, ne comprenant pas d'abord qui troublait ainsi ma rêverie. Enfin, me rappelant où j'étais, ce que l'on voulait, je me remis en marche, comme font ceux qui ne se laissent pas prendre à la politesse de ces invitations et je m'acheminai chez moi où je suis maintenant à écrire ces lignes et à repasser les souvenirs de la journée. Ainsi donc, le matin, cadavre d'une femme noyée, le soir, la prostituée ou plutôt la servante de la prostituée[1] attendant les passants au coin des rues. Et souvent c'est le soir qui est la cause du matin.

Mercredi 2 juin.

Je vois que décidément le travail nécessaire pour mes cours de littérature et d'histoire ne peut pas se faire

1. Mangin, le préfet de police, avait eu pour prédécesseur Debelleyme, magistrat fort avisé sur les questions sociales. Ce dernier, en entrant en fonction en 1827, avait été frappé de la facilité avec laquelle, depuis le commencement de la Restauration, on interrompait le stationnement des prostituées au Palais-Royal dix ou quinze jours avant et après le Nouvel-An, à la demande des marchands, « pour ne pas empêcher les femmes honnêtes d'arriver jusque chez eux ». En 1829 Debelleyme étendit cette mesure à tout Paris, et son successeur la compléta encore le 1er mai 1830. Non seulement le stationnement fut défendu, mais il fut interdit aux prostituées de se montrer à leurs portes.

pendant mon séjour à Paris. Je n'y puis pas rester assez longtemps pour me *caser* bien tranquillement et savoir où prendre, en étendant la main, ce qui m'est nécessaire. Il faudra donc que je m'occupe uniquement de voir et de courir, de prendre quelques notes, de tâcher d'attraper quelques conversations avec les hommes distingués dans les lettres. Puis je repartirai pour la Suisse où j'aurai facilement de la tranquillité, du temps et de bons livres peu rares, les seuls dont j'aie besoin et qui, pour moi, sont plus faciles et moins chers à obtenir en Suisse qu'à Paris.

J'ai vu aujourd'hui, à la Bibliothèque Royale, M. Robert[1], médecin, un ami de M. Hollard. Il doit me conduire demain chez M. Alfred de Vigny. Il le regarde comme celui d'entre les poètes de la jeune école qui est destiné à opérer la révolution. « C'est lui le seul qui ait innové dans l'idée jusqu'ici, me disait-il. C'est en créant Éloa, un ange-femme, et en représentant le Démon comme beau et employant la séduction de l'amour. Cet ouvrage, dont le mérite fut vivement contesté d'abord (même par les catholiques, pour

1. P. Robert, personnage fort mal connu. Il possédait un exemplaire de l'édition in-folio de Shakespeare (1623) qu'il prêta à Vigny quand celui-ci se mit au travail sur *Roméo et Juliette*, *Othello* et *Shylock*, afin qu'il partît d'un texte sûr dans ses adaptations. On le trouve nommé dans le *Journal d'un Poète* : « 1830. Efforts et luttes de l'École Saint-Simonienne. Lettres de mes amis : Buchez, *Robert*, Bois-le-Comte, Boulland. — Lettres d'inconnus adhérents. — Notre école, dissidente de celle d'Enfantin qui joue à la chapelle et tombe dans le ridicule. » Aux notes de M. Baldensperger (Vigny, *Corr.* I, pp. 194-5), on peut joindre le passage suivant, tiré de la préface du 1er volume de l'*Introduction à la Science de l'Histoire* de Buchez (2e éd. 1842, p. viii) : « Déjà, dans la préface de ma première édition [1833], je déplorais la perte de P. Robert, sous-aide au Val-de-Grâce, employé de la Bibliothèque Royale, homme aussi distingué par les qualités du cœur que par celles de l'esprit, mort le 13 septembre 1831, à l'âge de 25 ans. »

lesquels il n'était pas orthodoxe), est regardé maintenant par plusieurs comme ce que la jeune école a fait de mieux, soit pour la forme, soit pour le fond. »
M. Robert m'a paru grand admirateur d'Alfred de Vigny. Il m'a dit que ce poète avait beaucoup d'ouvrages en portefeuille, terminés, mais qu'il n'aimait pas à publier.

M. Robert est saint-simonien. Il reproche à la nouvelle école de n'avoir pas de croyance et de s'être bornée à refaire la forme. Il connaît la plupart des poètes qui la composent, — Sainte-Beuve, qui est un petit homme maigre, sans barbe et bredouillant, très remarquable surtout par son dernier recueil[1], Victor Hugo, qui ne met pas de franchise dans l'énoncé de ses pensées, qui a toujours quelque chose derrière, qui d'ailleurs n'est pas croyant (*Que le poète croie à Dieu ou au Démon*, etc., a-t-il dit) et qui a voulu se faire roi, etc. Voilà, à peu près, les jugements et les expressions de ce monsieur qui, du reste, s'il fallait le ranger dans un parti littéraire, est certainement romantique.

Maintenant que j'y pense, je crois que mon séjour à Paris m'a été profitable et me le sera encore dans l'appréciation que je fais des écoles et des systèmes.

J'ai lu hier le livre de M. Jay, *Conversion d'un romantique*[2]. C'est un gros ouvrage où il y a des remarques

1. *Les Consolations*, son chef-d'œuvre poétique.
2. *La Conversion d'un Romantique, manuscrit de Jacques Delorme, publié par M. A. Jay* ; suivi de deux lettres sur la littérature du siècle et d'un essai sur l'éloquence poétique en France, datés de 1824. Le livre avait été déjà annoncé pour août 1829. Jay attendit les représentations d'*Hernani* pour lâcher son pamphlet dialogué, qui fut publié à la mi-avril 1830. Il était rédacteur-fondateur du *Constitutionnel* : on y fit de son livre le grand livre de l'année contre les « novateurs rétrogrades », confondus avec les jésuites et les mauvais Français.

vraies, quelquefois piquantes, d'autres fois assez lourdes, mais qui ont le tort de ne pas porter coup, le plus souvent, parce que M. Jay se bat sur un terrain et que ses adversaires sont sur un autre. Et puis les plaisanteries usées, les accusations fausses de prétendre rabaisser les grands et vieux génies ! etc., etc.

Aujourd'hui, j'ai lu tout entier le volume des *Contes d'Espagne et d'Italie*[1] de M. Alfred de Musset. Je ne prétends point faire l'apologie de ces poèmes où l'auteur n'a pas mis, je crois, tout le ridicule sérieux que les journaux lui ont prêté. Mais on ne m'empêchera pas de dire qu'il y a dans ces pièces de l'originalité et souvent des vers très heureux. Après cela il y a de la bizarrerie, du faux, du mauvais, du ridicule tant qu'on en veut, mais il y en a tant que je crois qu'on l'y a mis à dessein, et l'effet m'a paru quelquefois assez comique. Ce qu'il y a de sûr encore, c'est qu'il importe assez peu comment le livre sera ou a été jugé.

Jeudi 3 juin.

J'ai lu aujourd'hui dans le *Sylphe* : « Weber est le Byron de la musique, comme Gluck en est le Corneille, Mozart, le Racine, Boieldieu, le Parny et Rossini, le Voltaire. »

Eh bien ! voilà onze heures du soir, et je n'ai pas vu Alfred de Vigny, monsieur le Comte Alfred de Vigny ! Au diable tous ces gens-là ! Je ne sais qui me

---

1. *Les Contes d'Espagne et d'Italie* avaient paru aux premiers jours de l'année. Beuchot, dans la *Bibliographie de la France*, explique à ses lecteurs que M. Alfred de Musset est « le second fils de l'auteur de *Jean-Jacques Rousseau* ».

pousse encore à désirer de les voir. M. Robert, à ce qu'il m'a dit, est allé hier chez le noble poète, qui l'a renvoyé (et moi par conséquent) à mercredi prochain (parce qu'il doit poser pour Devéria)[1].

Nous avons dîné, Véret et moi, au Père Lathuille[2]. Ce nom est historique. A l'entrée des Alliés à Paris, le père Lathuille donna tout son vin aux Français qui avaient défendu la barrière de Clichy. Maintenant sa maison, autrefois petite et peu apparente, est un restaurant vaste et brillant. Voilà ce que dit la chronique et ce qu'a consacré un tableau d'Horace Vernet.

J'ai revu ce soir Odry. Toujours le même. Il m'a beaucoup moins amusé que la première fois. C'était pourtant dans *Les Jolis Soldats*[3] qu'il jouait. Ces tableaux de mœurs ennuient aussi à la fin. Les Français m'ont *joliment l'air* ennuyés de tout, comme dirait Odry lui-même qui doit joliment à son tour s'ennuyer de faire le farceur tous les soirs au commandement : *Marche ! en avant, farceur !*

---

1. Tandis qu'Eugène Devéria avait fourni la vignette à la deuxième édition des *Poèmes* de Vigny en 1829, c'est l'autre Devéria, Achille, son ancien condisciple de la pension Hix, qui faisait alors son portrait.
2. La maison du père Lathuille, fondée en 1790, était tout à côté de l'ancienne barrière de Clichy dans la grande rue des Batignolles. En 1814, quand la barrière de Clichy fut attaquée par Blücher, le père Lathuille mit son restaurant à la disposition des troupes françaises. Dans le tableau de Vernet représentant cette bataille, on voit au fond à gauche se dégager de la fumée l'enseigne de la maison.
3. *Les Jolis Soldats*, « tableau militaire, civil et vaudeville » de MM. Francis, Théaulon et Dartois, fut représenté pour la première fois aux Variétés le 4 novembre 1826. C'est une des créations d'Odry.

Samedi 5 juin, minuit.

[...] J'arrive de la rue Ferme-des-Mathurins[1] ; la réunion saint-simonienne a eu pour objet l'*industrie*. Je n'ai pu saisir que quelques idées éparses, ignorant que je suis des antécédents. Ce sont toujours les deux époques *a priori* et *a posteriori* ou *organique* et *critique*. On nous a montré l'homme d'abord dans l'état d'anthropophagie, c'est-à-dire n'attaquant et ne conquérant son semblable que pour satisfaire le premier et le plus impérieux besoin, la faim ; puis le conquérant et lui laissant la vie, afin de s'approprier tous les résultats de son travail, c'est-à-dire le réduisant à l'état d'*esclavage*. L'ancienne société antérieure à l'organisation chrétienne présentait trois classes dans la société, les *maîtres* (guerriers et prêtres, je crois), les *fermiers* (tel était Joseph en Égypte), les *esclaves*. Moïse (qui emmena une colonie d'esclaves, comme toutes les colonies de cette époque) améliora déjà l'état d'esclave ; mais le christianisme l'abolit. Au moyen âge nous trouvons les seigneurs (ou guerriers, les maîtres), les *vassaux* (ou fermiers), les *serfs* (qui correspondent à la division des esclaves, mais dont la condition est bien améliorée, car ils ne sont plus la propriété complète d'un homme ; ils ne sont plus attachés à un homme ; ils sont attachés à la terre). Maintenant il y a des *propriétaires* et des *salariés*. Mais la doctrine saint-simonienne tend à ceci, que les propriétaires, jouissant de tout et ne faisant rien tandis que les autres travaillent pour eux, agissent immoralement. [Elle prévoit]

---

1. Aujourd'hui la rue Vignon.

qu'on arrivera à une organisation telle que l'on consommera en raison seulement de son travail ; que la propriété sera abolie ; qu'il n'y aura plus d'*héritage*. En nous montrant la naissance et le développement de l'esclavage, on nous avait exposé la naissance et le développement de l'*héritage*, qu'ils prétendent aussi avoir été aboli par la loi de Christ, mais je n'ai pas bien saisi cette partie de la doctrine.

Comme à l'ordinaire, après cette exposition il s'est établi une conversation familière. Plusieurs objections ont été faites, qui presque toutes ont porté sur le christianisme. Mais toujours cette différence dans la manière de comprendre le christianisme ! Les Saint-Simoniens ne veulent envisager une religion que politiquement, c'est-à-dire comme organisant une société, comme liant *(religans)* les hommes entre eux ; et ils considèrent le christianisme seulement dans le catholicisme. Quand on leur parle du christianisme comme d'un lien établi entre un individu et Dieu[1], ils vous contestent cette manière de voir ou bien ils la trouvent étroite, etc., etc. En sorte que, de part et d'autre, les coups m'ont presque toujours semblé porter à faux.

M. Buchez (je ne fais ici que rapporter les idées sans

1. H. HOLLARD, *Lettre à messieurs les disciples de Saint-Simon...* (voir plus haut), p. 26 : « C'est à Dieu que l'homme doit son premier amour... ; le premier fruit de cet amour est une conformité parfaite de nos inclinations et de notre volonté avec la volonté divine, manifestée par la loi morale. Or cette conformité n'existe pas en nous, notre conscience nous le dit hautement. Nous sommes donc dans un état de désordre... Pour rentrer dans notre état normal... il faut qu'il s'opère dans notre cœur une révolution complète, il faut que l'amour du créateur vienne y remplacer l'amour exclusif de la créature. C'est cette révolution qui constitue la véritable conversion chrétienne. »

suite, comme cela arrive dans une discussion qui, souvent, est une suite de digressions), M. Buchez a dit à peu près ces mots, en parlant de leur doctrine : « Quand la doctrine saint-simonienne n'aurait que son infl[uen]ce propre comme doctrine philosophique *(sic)*, elle en aurait déjà une très grande ; mais [elle a plus d'importance encore] (et cela par la volonté de Dieu !), car elle a montré la première que, par l'histoire du passé, on pouvait prévoir l'avenir. » De là, leurs prévisions sur l'organisation de l'avenir où l'élection se fera par *en haut*, comme ils disent (ce fut déjà le cas de l'organisation chrétienne). Il y aura un chef[1]. Les plus savants choisiront ceux qui, dans les différentes classes et dans les divers degrés, seront les plus capables. L'élection par en haut est donc sans aucun doute la meilleure. L'élection par *en bas* (la souveraineté du peuple) est la plus grossière, la plus matérielle de toutes, puisqu'elle ne tend qu'à satisfaire les désirs individuels.

M. Muret a demandé à l'un d'eux : « Ainsi donc dans votre organisation, qui sera toute théocratique, vous n'admettez pas la liberté des cultes[2] ? » — « Non,

---

1. Les Saint-Simoniens n'étaient nullement démocrates au sens vulgaire. Mais tandis qu'Enfantin, lecteur de Joseph de Maistre, voyait ce chef dans un pape, Buchez le symbolisa bientôt dans Robespierre.

2. La liberté des cultes était un problème poignant pour les Protestants en France, et cela depuis longtemps. Mais elle avait pris aussi un caractère d'actualité dans le canton de Vaud. Les partisans du Réveil, dont on a fort bien dit qu'il fut la vraie Réformation vaudoise (celle du XVIe siècle ne s'étant établie que sous l'égide du conquérant bernois), tombaient sous le coup d'une loi interdisant toute assemblée religieuse hors de l'Église nationale. Cette loi, qui d'abord reflétait l'esprit réactionnaire régnant en 1815, resta en vigueur malgré deux changements de constitution et une révolution, de par la volonté des radicaux vaudois, étatistes de doctrine. C'est sur cette question que Vinet a écrit quelques-

sans doute. La liberté des cultes est la négation de toute religion. »

Il est clair qu'ils n'admettraient pas non plus la liberté de la presse et qu'ils seraient intolérants, persécuteurs. Nous ne leur avons pas [posé la] question en toutes lettres, mais si on le fait, je suis persuadé qu'ils répondront catégoriquement que oui, car ils sont très-conséquents avec leurs principes.

Plus j'y réfléchis, plus je crois que toute la discussion devrait rouler sur ce qu'il faut entendre par christianisme. Il me semble, en effet, que le catholicisme et même le protestantisme (celui-ci considéré dans l'organisation sociale qu'il a produite) sont à la fin de leur existence politique, que le christianisme, entendu comme [le font] les Saint-Simoniens, va cesser, ou plutôt a déjà cessé[1]. Mais les Saint-Simoniens connaissent-ils l'autre manière d'envisager le christianisme, c'est-à-dire la révélation qui nous annonce une rédemption divine ? L'ont-ils étudiée ? (je dis même humainement parlant). Peuvent-ils, veulent-ils la juger ? Peuvent-ils affirmer que par conséquent tous les germes de développement ou, pour parler bibliquement, toutes les promesses que contient cette doctrine, ont produit tous leurs fruits, ont été tous réalisés ? [...]

---

unes de ses meilleures pages, à commencer par son *Mémoire en faveur de la Liberté des Cultes*, dont Édouard Vautier a donné récemment une très remarquable édition critique (Société d'Édition Vinet, Payot, Lausanne).

1. Hollard, *Lettre...*, p. 29 : « Et tandis que les églises visibles, où le sceptique se trouve à côté du croyant sous une même dénomination, dépérissent de jour en jour sous nos yeux, la grande assemblée des vrais disciples du Christ... s'accroît... et renverse les barrières que d'anciens préjugés, que des divergences secondaires à l'égard de quelques dogmes avaient élevées ». (Hollard pense ici au mouvement du Réveil.)

Dimanche 6 juin, minuit.

J'ai entendu Léontine Fay dans *La Reine de seize ans*[1] et dans *Louise ou la Réparation*. Cette actrice a certainement un talent très remarquable, qui est encore aidé par une figure charmante. Que d'art dans son jeu ! Le moindre geste, le moindre regard ont été étudiés, on en a calculé l'effet, on a essayé de toutes les nuances, et celle que l'on voulait une fois trouvée, on s'y est tenu ; jamais on n'y change rien. [...]

Lundi 7 juin.

J'ai entendu Andrieux[2]. C'est un petit homme, très vieux mais très vert et droit encore. Il a traversé rapidement l'allée qui conduit à sa chaire et a donné sa leçon debout. Il n'est certes pas beau ; un de mes amis comparait sa figure à celle d'un singe ; la proéminence de son menton sur les autres saillies du visage de ce

---

1. *La Reine de seize ans*, comédie mêlée de couplets en deux actes, de Bayard, se donnait au Théâtre de Madame depuis le 30 janvier. C'est une pièce sur Christine de Suède. *Louise, ou la Réparation*, comédie-vaudeville en deux actes, de Scribe, Mélesville et Bayard, se donnait au Théâtre de Madame depuis le 16 novembre 1829. La scène est dans le grand-duché de Bade. Sur une donnée scabreuse — réparation par mariage — c'est une comédie de l'esprit de contestation et de l'esprit de contradiction.
2. Andrieux (1759-1833) avait été juge à la Cour de Cassation sous la Révolution, député aux Cinq-Cents (1798), président du Tribunat. Depuis 1797 il appartenait à l'Institut et en 1829 était devenu secrétaire perpétuel de l'Académie française. Il enseignait au Collège de France depuis 1814.

professeur autoriserait presque cette comparaison. Un de ses yeux est plus fermé que l'autre, ce qui donne quelque chose de baroque à sa physionomie. Quelques rares cheveux pas trop gris couvrent son front. Tout le monde a entendu parler du filet de voix d'Andrieux : effectivement, quand il commence, c'est à peine si l'on distingue le *son*, et cependant aucun mot ne vous échappe[1]. Puis avec ce faible organe il trouve moyen de s'animer et de vous communiquer son sentiment qui, du reste, est toujours assez calme. Tout en lui respire une grande bonté, une aimable et touchante affabilité. C'est un modèle de naturel, de simplicité et de malice innocente qui ne veut que piquer légèrement sans faire souffrir. J'avais plaisir à considérer ce petit homme en habit brun, bien propre, mais d'une mode en arrière de quelques années ; sous l'habit, un gilet blanc, serviteur déjà ancien du maître, la cravate blanche bien serrée, sans laisser passer le col de la chemise, nouée fort gracieusement droit au bas par un petit nœud assez coquet et faisant mille petits plis autour du cou. La cravate était la partie la plus soignée de toute la toilette et celle qui le paraissait le moins. Le professeur parlait debout, gesticulant sans la moindre affectation, tantôt une main dans sa poche, tantôt, lorsque la fin de la leçon approcha, l'autre main à la chaîne de montre, qu'il tint ainsi en l'air assez longtemps, devisant toujours à son aise de la littérature, de la poésie, de ses amis et lançant sa petite croquignole classique sur les pauvres romantiques qui, j'en suis sûr, aiment fort ce bon Andrieux.

---

1. D'où le mot de Villemain : « Il se fait entendre à force de se faire écouter. »

Ses enseignements ont assez peu de suite et le fil en est fréquemment interrompu par des digressions, des exemples, des historiettes contées avec infiniment de grâce. Cependant ce ne sont point des divagations.

D'après ce que j'ai compris, Andrieux a parlé dans les leçons précédentes du *Beau* qu'il a considéré d'abord dans les *ouvrages de la nature*, puis dans les sciences (qui, me semble-t-il, sont plutôt le domaine du *Vrai*). Il va le considérer maintenant dans les *Arts*, puis ensuite dans les *Sentiments*. Le professeur s'est récrié d'abord sur ce mot d'*Art* que l'on employait si fréquemment, que l'on *vociférait* aujourd'hui. Mais qu'est-ce que l'art, s'est-il demandé ? Il y a art et art et [quelques moments après] il a dit encore : il y a artistes et artistes, comme il y a fagots et fagots. Tous les arts ont, sans doute, des points communs, etc. [Mais] il y a aussi bien des différences. Là-dessus développement de la grande différence qui existe entre la poésie et la peinture, malgré le fameux passage *ut pictura poesis*[1], au reste mal interprété et qu'Horace n'entendait point comme les rhéteurs qui l'ont commenté. La peinture n'a qu'un instant, et quand elle veut aller plus loin elle dépasse ses moyens. Dans un tableau, un cheval au galop n'avancera cependant jamais d'un pas, de toute l'éternité. Un ennemi, sous le sabre qui va le pourfendre, peut être bien tranquille, le sabre ne tombera pas, etc. La peinture, comme la poésie, ne peut pas satisfaire toutes les imaginations. La *Vénus* du Titien est très-belle, sans doute, mais elle peut être brune et que vous aimiez les blondes ; elle peut être blonde et que vous préfériez les brunes. La description

---

1. Horace, « Épître aux Pisons » *(Art Poétique)*, v. 361.

d'Ève par Milton vous rappellera, au contraire, vous représentera l'objet de votre adoration : « La grâce était dans tous ses mouvements, le ciel entier était dans ses yeux, etc. » Ce dernier trait surtout, comment un peintre le rendra-t-il ? Et puis, pour un tableau de peinture, il faut absolument savoir le sujet. (Un brave homme, un galant homme, un paysan, amenés devant le tableau de *Léonidas*, etc.). Là-dessus, conseil de mettre toujours ses sujets dans les tableaux, etc. Quant aux descriptions proprement dites, nul doute que pour la fidélité, pour faire voir les choses, pour dire : « Les voilà ! » la peinture n'ait un immense avantage sur la poésie.

Il y a aussi artiste et artiste. Le coiffeur, la personne qui fait des fleurs artificielles (quoique ce soit là un talent très gracieux) méritent-ils ce nom ? Non. L'artiste invente ; il faut donc bien distinguer entre celui qui crée et celui qui ne fait que travailler sur l'œuvre des autres, que la copier. Dieu fit le monde d'un seul mot. Le génie qui, suivant Platon, est une émanation de la Divinité, doit faire beaucoup de choses avec rien. L'antipode du génie, c'est de produire peu d'effet avec beaucoup de moyens.

Là-dessus digression sur les comédiens, à qui Andrieux n'accorde pas le génie, sans en excepter même Talma ni Lekain, car ils ne font que mettre en œuvre la création du génie. Nous aimons ce qui nous procure du plaisir et ce plaisir, au théâtre, nous arrive directement par les acteurs, en sorte que nous oublions un peu ce pauvre auteur qui est derrière la coulisse et qui se cache soigneusement. Je sais bien, continuait Andrieux en prenant son verre d'eau sucrée, que les comédiens *composent* quelquefois leur rôle, c'est même leur expression.

Mais les rôles que l'on compose sont précisément ceux qui ont été traités mal ou faiblement indiqués par l'auteur. Lorsque celui-ci est homme de génie et que, par conséquent, il a lui-même composé les rôles de sa pièce, l'acteur qui voudrait les composer de son côté ne ferait que les *décomposer*. Je n'ai pas besoin qu'un comédien me compose le rôle de Polyeucte ! Corneille ne l'a-t-il pas fait ?

Résumé : il faut donc bien s'entendre sur ce que c'est que l'art ; nous en examinerons l'origine, le début, les moyens, les effets, etc., etc. Ce sera là l'objet d'une étude sérieuse, grave. « Ne croyez pas, messieurs, que, parce que je vous annonce cela d'un ton familier et de conversation, je n'aie pas réfléchi au sujet dont je veux vous entretenir », ajoutait-il avec un sourire aimable et qui avait une sorte de dignité. « J'y ai beaucoup réfléchi, je m'en suis beaucoup occupé et mon dessein n'est point de vous amuser par quelques entretiens frivoles. J'ai plus d'ambition que cela. » Puis, en finissant, digression sur la légèreté que l'on nous reproche, à nous autres Français, mais qui cependant disparaît ; on nous reproche de croire que nous savons une chose comme les gens de qualité qui savent tout sans avoir rien appris. Pour savoir une chose, il faut l'étudier. Ce n'est pas bien malin sans doute et cependant il faut le dire, car on ne met pas toujours cette maxime en pratique, etc.

Dans le cours de la leçon Andrieux nous a parlé de son ami Droz[1] qui a fait un ouvrage sur le *Beau dans les arts* parfaitement écrit, parfaitement pensé. « Je me rencontrerai souvent avec lui parce que, pendant

---

1. François Droz (1773-1851), professeur de Ch. Nodier à Besançon, grand ami d'Andrieux (tous deux appartinrent à la Société d'Auteuil). Ses *Études sur le Beau dans les arts* sont de 1815.

trente ans que j'ai vécu avec lui, nous avons souvent causé de ces matières, etc. » Il nous a cité aussi une anecdote de Parny. C'était en parlant de ces petites pièces de poésie bien travaillées, bien finies, bien élégantes et qui correspondent aux miniatures dans la peinture (voyez le passage d'Horace). Parny lui dit un jour, à propos d'une pièce de ce genre (dont il a fait plusieurs) : « Voyez, une pièce de vers comme cela, c'est un bijou. On le fait monter, puis on le met en épingle à la chemise. » « C'est un mot très spirituel, très poétique », ajoutait Andrieux.

Il a terminé la leçon par une lecture[1]. On lui avait adressé une lettre où on le priait de lire quelques-uns de ses vers. « Ah ! » a-t-il dit, moitié fâché, « si ce jeune homme savait combien je fais peu de cas de mes vers ! Et puis il y aurait un manque de convenances, un manque de goût... Quoi ! venir lire mes vers et dire : *admirez ! que c'est gentil !* Ce jeune homme a besoin de cette leçon ; quand il ira dans le monde il saura que le meilleur moyen d'y être aimable est de s'y faire oublier. D'ailleurs, messieurs, je ne suis point ici pour moi, j'y suis pour vous. » Là-dessus, Andrieux a commencé la lecture du quatrième chant du *Lutrin*. Il a conté l'anecdote de Chapelle à propos des voix *argentines*[2]. Chapelle n'aimait pas cette expression. Boileau et lui se disputaient là-dessus au cabaret. Le satirique impatienté s'écria : « Chapelle, vous êtes ivre. » — « Je ne suis pas si ivre de vin que vous de vos vers ! »

1. Sainte-Beuve (*P. L.*, I ; article du 17 mai 1833) décrivait ainsi les leçons d'Andrieux : « Il lisait en perfection, avec un art infini, il jouait et dialoguait ses lectures. »
2. V. 1-2 :
> *Les cloches dans les airs, de leurs voix argentines*
> *Appelaient à grand bruit les chantres à matines...*

7 JUIN

« Quant à moi, ajoute Andrieux, je suis de l'avis de Chapelle, je n'aime pas *argentines*. Je ne sais pas si c'est parce que le son des cloches m'a toujours paru assez ennuyeux. » (Voilà du classique, j'espère, M. Andrieux !) Le professeur a très-bien fait ressortir le rythme du vers *Les cloches cependant*[1], etc. Il nous a « d'un mot mis en sa place enseigné le pouvoir ». Dans un endroit, il est dit que le chantre « prend ses gants violets ». Ah ! dirait-on aujourd'hui, vous voyez ! Boileau a dit « des gants violets ». Oui, mais il a ajouté pour relever l'expression « prend des gants violets, les marques de sa gloire[2] », il n'aurait pas dit comme vous : « prend des gants violets et puis il est sorti » ou telle autre phrase de douze syllabes, mais qui n'est pas un vers.

Il nous a fait aussi une remarque assez drôle sur les *chantres impuissants*[3] qui étaient peut-être fort puissants, mais le mot est si bien placé qu'on ne pense pas à ce sens vulgaire et fâcheux. Il a appliqué les deux vers : *Laisse à des chantres vulgaires Le soin d'aller si tôt mériter leurs salaires*[4] à tous les états où c'est toujours le plus payé qui travaille le moins. Le surnuméraire arrive le premier au bureau, le chef de division, le dernier. Voilà quel fut le malicieux commentaire ! Andrieux, malgré sa voix éteinte, nous lisait très bien les vers. Il s'animait, il faisait ressortir le comique des situations par des accents et des gestes et une expression naturelle et plaisante, etc.

1. C'est le premier vers, que J. O. cite de mémoire.
2. Vers 46.
3. V. 23 :
    Là, triomphant aux yeux des chantres impuissants...
4. V. 13-14 :
    Ah ! dormez, et laissez à des chantres vulgaires
    Le soin d'aller si tôt mériter leurs salaires.

En parlant du titre de *génie* (voyez plus haut) : « Donnerai-je ce titre à un enfant à qui l'on a appris à jouer sur le violon les quatuors d'un grand maître ? Non assurément. Je dirai : c'est un gentil petit enfant qui fait bien son affaire ! Mais à coup sûr je n'irai pas l'égaler au compositeur. »

Voilà donc quelques anecdotes de la leçon de M. Andrieux. Je les ai rapportées sans explications, sans commentaires, sans objections ni approbations[1], parce que mon intention est seulement d'en garder le souvenir.

Andrieux m'intéressait aussi par tout ce qu'il me rappelait, et son Collin[2], et Thomas, et Ducis, et Florian... Il est le représentant de toute cette génération de poètes qui a gracieusement animé la fin du dix-huitième siècle, mais qui vivra peu dans la mémoire des hommes.

Mardi 8 juin.

Dans une lettre que j'ai reçue hier, on me presse de voir Hugo, Sainte-Beuve, Lamartine, etc. (Ce dernier est à Mâcon où il vit habituellement.) Comme si la chose était si facile ! D'ailleurs que leur dirais-je ? Ils

1. Dubois, dans un article du *Globe* sur le cours de Villemain, avait écrit (26 septembre 1829) : « Cependant il est bon de le redire à quelques esprits routiniers et jaloux, la biographie, les excursions dans l'histoire contemporaine, les rapprochements de la littérature nationale avec les diverses littératures antiques et modernes nous semblent beaucoup plus philosophiques que les *analyses suivies pied à pied* et les *dissertations admiratives* dont on nous ennuie encore dans d'autres chaires. »

2. Collin d'Harleville (1755-1806), auteur de fables et de comédies dont Andrieux faisait grand cas (cf. sa préface à la *Suite du Menteur* en 1803).

ont protégé Galloix[1], oui, mais Galloix s'était fait leur écolier. Et puis Galloix était dans le besoin, était malade, ne pensait qu'à vivre à Paris. Moi, je vais retourner en Suisse. Personne ne se sera aperçu de mon arrivée ici. Peut-être y a-t-il un peu de timidité de ma part, mais la timidité, la timidité... Les personnes qui n'en ont pas croient qu'on la quitte comme on quitte une cravate ! D'ailleurs j'ai toujours eu peur d'ennuyer les gens. Et l'unique chose dont je savais parler autrefois[2], j'ai appris qu'à Paris le mieux était de n'en pas dire un mot. C'est le seul moyen d'avoir encore un peu d'esprit.

M. Jacob, bibliophile, membre de toutes les académies, l'auteur des *Deux Fous*, des *Mauvais Garçons*, des *Soirées de Walter Scott*, s'appelle M. A. Royer[3].

J'ai entendu M. Cuvier[4]. Il a fait l'histoire de la

1. Imbert Galloix : voir 9 juin.
2. J. O. veut sans doute dire : les choses de la foi. Il était étudiant de théologie de quatrième année quand il accepta le poste de Neuchâtel qui le tourna définitivement vers les lettres. Cf. l'excellent ouvrage de Mme DELHORBE, *Juste et Caroline Olivier*, Neuchâtel, Attinger, 1935.
3. Erreur. Le « Bibliophile Jacob », auteur des *Deux Fous* (avril 1830), des *Soirées de Walter Scott à Paris* (1829-31), se nommait P.-L. Lacroix. Alphonse Royer (1803-1875) n'était alors que l'un des collaborateurs de *Henri V et ses compagnons* et des *Mauvais Garçons* (cf. 11 mai).
4. L'illustre fondateur de la paléontologie venait de donner en mars la troisième édition de ses *Recherches sur les ossements fossiles;* en juillet sa contestation des théories de Geoffroy Saint-Hilaire allait émouvoir l'Académie des Sciences. Administrateur d'une capacité extraordinaire, apprécié par Napoléon, Cuvier siégeait au Conseil supérieur de l'Instruction publique, devant lequel Dubois venait de passer. Rappelons que c'est lui qui organisa sous la Restauration les concours d'agrégation (à l'exemple de l'université de Turin) et, dans l'enseignement secondaire, les cours d'histoire, de langues vivantes (cf. 3 mai) et de sciences naturelles.

chimie pendant la seconde moitié du dix-septième siècle. M. Cuvier est un homme grand et fortement proportionné. Sa tête est grosse ; il a encore beaucoup de cheveux ; ses yeux (bleus, je crois) sont brillants et indiquent le génie qui les anime. Tantôt ils sont tout ouverts, tantôt ils se referment peu à peu, comme si M. Cuvier voulait considérer quelque objet imperceptible. C'est même peut-être là l'origine de ce mouvement qui sans doute est maintenant involontaire. On dit que tous les grands hommes ont un beau et long nez : M. Cuvier a un nez d'aigle. Ses dents sont laides et il lui en manque beaucoup. Sa bouche est un peu rentrée. Son organe n'est pas désagréable, mais son ton a quelque chose de singulier. Il n'est pas parisien, il est pesant, lourd, chantant quelquefois d'une manière négligée et vulgaire. Il me rappelait certains Grands-Conseillers de mon pays, instruits assez, ayant beaucoup vu de choses qu'ils savent bien, et qu'ils racontent en appuyant sur chaque mot. On dirait que M. Cuvier, lorsqu'il a fait quelque découverte, s'y est arrêté avec complaisance et que son ton, en l'annonçant, marque, par sa lenteur ou sa pesanteur, le sentiment qu'il a éprouvé dans ses recherches. (Ainsi, « il était né à Spi—re », etc.) Du reste, il n'a réellement pas l'accent parisien ou, du moins, très peu[1]. Ainsi il fait les *a* brefs dans les mots terminés par *ation*.

Sa leçon était intéressante, quoique traitant un sujet qui l'était peu par lui-même, ou du moins qui ne pouvait attirer l'attention que d'un petit nombre de personnes. Dans sa prochaine leçon il traitera de

---

1. Fils d'un officier protestant, Cuvier (1769-1832) était né à Montbéliard, sous le gouvernement du duc de Wurtemberg et avait étudié à l'université de Stuttgart.

l'histoire de l'anatomie à la même époque, c'est-à-dire au dix-septième siècle, « pendant lequel, nous a dit le professeur, furent faites plusieurs belles et grandes découvertes dans cette science ; tant est vrai ce que j'ai déjà eu l'honneur de vous dire, que le dix-septième siècle fut, plus qu'un autre, un siècle de science ».

Mercredi 9 juin, 6 heures du soir.

J'ai une fameuse journée à raconter.

A deux heures je suis allé prendre, à la Bibliothèque, M. Robert, avec qui je suis allé chez M. de Vigny. On nous a introduits dans un salon décoré avec un luxe de bon goût. Des chaises, des fauteuils rouges ornés de dessins noirs ; quelques tableaux représentant diverses situations, divers costumes du *More* ou du *Marchand de Venise*[1]. Dans un coin, tout seul, un portrait de Cinq-Mars.

Nous avons été reçus par madame de Vigny. C'est une Anglaise qui a assez d'embonpoint, n'est plus jeune, mais qui a quelque chose dans la physionomie de très agréable et de simple. Pour la dépeindre, je suis tenté d'employer ces expressions : *c'est une bonne grosse Anglaise !* Mais il faudrait un peu idéaliser la représentation que l'on se ferait de madame de Vigny d'après cette phrase.

1. *Othello* ou *le More de Venise* fut joué au Théâtre-Français du 24 octobre 1829 à la fin de janvier 1830. *Le Marchand de Venise* ne fut pas représenté, bien que Vigny l'eût traduit à la même époque, en le réduisant à trois actes, ce qui aurait permis de le jouer à l'Ambigu (comme il en fut question en avril 1830). Vigny ne l'imprima qu'en 1839.

Les « tableaux » dont s'ornait le salon de Vigny étaient vraisemblablement des maquettes d'*Othello*.

L'auteur d'*Éloa* n'a pas tardé de paraître. Après les premières salutations et présentations, lesquelles se sont faites sans trop d'embarras, je me suis mis à examiner l'objet de ma curiosité poétique. M. Alfred de Vigny a une figure plutôt jolie que belle. Ses cheveux sont blonds et ramenés de côté, de manière à ombrager, comme les branches d'un saule, son front qui est grand et qui semble fuir sous ses cheveux. La barbe est rouge ; les favoris, très-classiques, c'est-à-dire à moitié de la joue seulement ; le teint, légèrement échauffé. Ses yeux sont bleus et de petits plis dans le coin de la paupière, qui est assez aigu, leur donnent une expression de malice aimable. Ils semblent aussi en même temps dénoter le goût du plaisir. Ils sont quelquefois flottants, nageants, si je puis ainsi dire. Sa bouche s'embellit fréquemment d'un sourire agréable, gai, bienveillant. Sa taille n'est pas grande. Il m'a paru un peu voûté.

Sa politesse est simple et me donnait une idée de cette politesse du cœur dont parle La Bruyère. Il y avait quelque chose de singulièrement aimable dans son ton lorsqu'il disait à une dame qui était là, en lui parlant d'un ouvrage nouveau : *Si vous voulez bien permettre, je vous l'enverrai*, etc., et autres phrases aussi simples. Cependant j'ai pensé plusieurs fois pendant notre visite (il est vrai sans embarras et en remarquant seulement l'élégance des manières), j'ai pensé, dis-je, ou plutôt je me suis rappelé qu'Alfred de Vigny était un homme de la haute classe, non pas un grand seigneur précisément, mais enfin qu'il n'était pas un bourgeois.

A peine commençait-on un peu à entrer en conversation, et moi à hasarder quelques mots, qu'on a annoncé une visite. C'était monsieur et madame Thor[1] (je ne sais pas l'orthographe du nom), qui ont habité longtemps Lausanne ; j'ai été quelque temps avant d'en être certain, mais la conversation n'a pas tardé à me l'apprendre. C'était la première fois que je voyais cette dame de près. Elle passait pour ressembler beaucoup à... une personne de mes amies. Je n'ai guère trouvé ; et puis, quoiqu'elle ait de beaux traits, elle a l'air vieilli. Ces Anglais étaient accompagnés d'un Italien qui porte, je crois, le même nom que le fameux tragique Alfieri et qui a dit qu'ils étaient probablement de la même famille[2]. C'est lui qui a le plus parlé, — assez bien il est vrai, — c'est-à-dire qu'il parlait avec une grande facilité. Mais il parlait trop. M. de Vigny avait assez de peine à dire son mot, et M. Robert et M. Olivier aussi.

Ce M. Alfieri a improvisé à M. de Vigny un éloge de *Cinq-Mars* et il a raconté quel plaisir il avait eu à le lire, en Suisse, à Lausanne, où il l'avait trouvé dans un petit magasin de librairie, etc. « Oui, on dit que cet ouvrage est connu en Suisse », a interjeté M. de Vigny. Je voulais me mettre à confirmer le témoignage de l'Italien, mais il ne m'en a pas donné le temps et la conversation continua sur divers objets littéraires, *Melmoth* (de Maturin[3]), Walter Scott, les théâtres.

1. Personnages inconnus.
2. Il s'agit sans doute de Cesare Alfieri di Sostegno (1799-1869), un des héros du Risorgimento, le fils de l'ambassadeur du roi de Sardaigne à Paris (1814-1828). Entré fort jeune dans le service diplomatique, Cesare avait pris en janvier 1824 le poste occupé naguère par Joseph de Maistre à Saint-Pétersbourg. Il ne remplissait aucun emploi en 1830.
3. Ch.-R. Maturin (1782-1824), pasteur protestant irlandais. *Melmoth le voyageur* ou *l'Homme du Mystère*, sorte de *Faust* et de *Juif errant* combinés, avait eu l'honneur de deux traductions en

Entre autres on revint sur la dernière pièce qui a été donnée à l'Odéon, *Shylock, le Marchand de Venise*, traduit en vers par M. Delamarche[1]. On s'accorde généralement à trouver cet ouvrage mauvais. M. de Vigny en parla très-bien, car il a traduit cette même pièce. « M. Delamarche, dit-il, a tourné vraiment autour des beautés comme Napoléon autour des forteresses qu'il laissait derrière lui. J'assistais à la représentation dans un petit coin et j'avais à toute heure le sentiment que je voyais marcher sur des fleurs, sur des pierres fines, les fouler aux pieds, les écraser. » (C'est l'idée de M. de Vigny, mais que je rends mal.) En général, l'auteur d'*Éloa* et de *Cinq-Mars* m'a paru s'occuper de poésie et de littérature comme d'un délassement favori, mais non point comme écrivain, comme auteur, et surtout point comme auteur disputeur.

Madame Thor a dit une fois qu'elle trouvait les Français une nation bien peu poétique et tout le monde s'est mis à sourire en regardant M. Thor et M. de Vigny. Madame Thor s'est tirée de ce demi mauvais pas très-bien, c'est-à-dire en riant, en portant la main à sa figure et en expliquant par son air sa pensée que, du reste, l'on comprenait fort bien. Et M. de Vigny riait de son côté et tout en riant souscrivait avec un air sérieux à ce jugement. L'Italien a fait observer que les Anglais étaient un peuple peu poétique et que cepen-

1821 (par J. Cohen, en 6 vol. et par Mme E. F. B., en 3 vol.). Balzac, en 1828, avait imprimé la traduction de deux autres ouvrages de Maturin. Cf. E. PARTRIDGE, *The French Romantics' Knowledge of English Literature (1820--1848)*, Paris, 1924, et Alice M. KILLEN, *Le Roman terrifiant ou Roman noir*, Paris, 1923.

1. La première représentation fut donnée au début de juin, à l'Odéon. C'est, écrivit le coriace *Constitutionnel* le 4 juin, « une espèce de farce tragique que le jeu de Ligier fait aller jusqu'au bout ». La pièce de Lamarche fut publiée chez Barba (Paris, 1830, 78 p.).

dant ils avaient les plus grands poètes, comme Naples, la partie de l'Italie où il y a le plus d'imagination, de sentiment, etc., avait produit peu de poètes et les publicistes les plus célèbres de l'Italie. M. de Vigny a contesté que la nation anglaise ne fût pas poétique. Quant à leur poésie, il est vrai que c'est la plus belle. « Nous, nous avons la plus belle prose ».

Enfin les deux Anglais et l'Italien sont partis. Il était arrivé auparavant un autre jeune Anglais qui a l'air fort instruit et qui, je crois, travaille à un drame sur Édouard VI. Il a des yeux noirs très-vifs. Il a fait comme moi, il n'a pas dit grand'chose. Cependant, après la disparition de M. Alfieri, je me lançai et, en prenant *Cinq-Mars* pour une transition (que j'eus soin d'abréger, car il y avait eu déjà trop de louanges italiennes), j'en vins à la Suisse et au séjour que l'on croit que M. de Vigny doit y faire. Il fut très-étonné quand je lui donnai tous les détails que j'avais appris en Suisse. Il y en avait quelques-uns de plus que ceux qu'il savait lui-même. M. Monod (son cousin et non pas beau-frère) n'ira pas en Suisse cet été, à ce qu'il paraît. Mais M. Alfred de Vigny tient toujours à y aller passer quelque temps. Il m'a dit qu'il partirait dans un mois[1]. Je lui ai conseillé de ne pas choisir pour sa demeure (comme madame et monsieur Monod en avaient eu l'intention) le château de Grand Clos[2]

1. « J'ai toute ma vie rêvé Genève et n'ai pu la visiter », écrira Vigny en février 1849 à Camilla Maunoir, la « puritaine » parente de sa femme, sans doute alliée aussi à quelque membre de la famille Monod. Car J. O. attribue au mari des affinités genevoises qu'il convient évidemment de réserver à Lydia Bunbury, alliée aux Campbell-Maunoir. (Note obligeamment fournie par M. F. Baldensperger.)

2. Le Château de Grand Clos est situé au débouché de la Vallée du Rhône sur le Léman. Les bâtiments modernes dataient du milieu du xviiie siècle.

dont la situation est sans intérêt, etc. M. de Vigny et surtout madame paraissent connaître la Suisse, car celle-ci m'a parlé des belles maisons de campagne des environs de Lausanne et son mari, en apprenant que j'étais Vaudois, m'a dit : « En ce cas, vous n'aimez pas les Genevois », ce dont je suis convenu, avec les explications d'usage sur les caractères différents des deux peuples, dont l'un est industriel et l'autre agricole.

Nous en étions donc sur ce chapitre lorsqu'est entré un monsieur avec une légère redingote bleu clair, un ruban rouge ou orange à la boutonnière, et M. Alfred de Vigny l'a salué en s'écriant : « Ah ! vous voilà, Émile ! » C'était un beau jeune homme, aux cheveux très-noirs, barbe noire et encore plus classique que celle de M. de Vigny ; teint brun, front assez grand, yeux bleus, je crois. Il appelait souvent M. de Vigny, *mon ami*, tout simplement et sans y mettre d'importance. « Serait-ce M. Émile Deschamps ? » me disais-je. Mais M. Monnard m'a dit qu'il était blond ! Sa conversation était très-spirituelle, malicieuse. M. Robert m'a dit qu'il avait un grand talent de satire et d'ironie avec sang-froid. Du reste il avait l'air et on le dit aimable, bon enfant. On reparla du *Marchand de Venise* de M. Delamarche et les mêmes jugements à peu près furent portés. « Il a tout à fait manqué, disait le jeune homme aux cheveux bruns et soyeux, il a tout à fait oublié, laissé de côté la partie poétique. Ainsi, à la fin, point de musique, point d'imagination. Tous ceux qui récemment ont ainsi gâté la pièce de Shakespeare ne voient pas que les détails poétiques sont destinés à faire oublier ce qu'il y a d'horrible, d'affreux dans le dénouement. Ils ont pris toutes les choses terribles, bizarres et ont manqué le reste, etc. » On avait déjà remarqué précédemment que Shakespeare ne négligeait jamais d'employer un contraste lorsque l'occasion s'en présentait.

M. de Vigny a fait lire à son ami une ou deux scènes du recueil de M. Henri Monnier, intitulé *Scènes populaires*[1]. Elles ont amusé beaucoup et nous tous et M. Émile Deschamps, — car c'était lui-même, comme me l'a appris M. Robert en sortant et en me faisant remarquer comme il jouissait des observations satiriques sur le peuple que contient cet ouvrage.

Nous sommes donc partis. M. de Vigny m'a dit fort obligeamment que tous les mercredis lui et sa femme restaient à la maison et recevaient ceux qui voulaient bien, etc. Je lui ai répondu que j'aurais un grand plaisir à revenir, s'il le permettait, etc., et à l'intéresser un peu à la Suisse puisqu'il allait l'habiter. Il a répondu que lui-même serait bien aise de me demander des renseignements. Les phrases sont devenues un peu plus vagues, j'ai cru apercevoir chez M. de Vigny un regard inattentif. Il m'avait cependant touché la main avec bienveillance... Nous étions dehors et je remerciais M. Robert de m'avoir procuré une visite aussi agréable, etc.

En revenant par ces longues rues et ces interminables quais de l'immense Paris, nous causâmes, M. Robert et moi, de M. de Vigny, d'*Éloa*[2] ; il regarde ce poème comme son chef-d'œuvre en ce qu'il contient une création dans cette nouvelle représentation de

---

1. H. Monnier avait fait paraître ses *Scènes populaires* («ornées d'un portrait de M. Prudhomme et d'un fac-similé de sa signature», avec six lithographies hors texte et des dessins à la plume) moins de trois semaines plus tôt, chez Levavasseur et Urbain Canel.

2. *Éloa*, achevé à Bordeaux en 1823, avait paru en avril 1824.

« Dès 1830, dit P. Flottes, Vigny avait transformé le mythe d'Éloa à la lumière du Saint-Simonisme. »

Satan, qui apparaît sous un nouvel aspect, comme séducteur, comme amant, touchant le cœur d'un *Ange-Femme*. Je me laissai aller à lui parler quelque peu de mes poèmes, de mes idées, du sort qu'aurait mon travail et que je prévoyais bien, du peu d'excitation qu'il y a en Suisse. Tout en ramenant toujours ses idées saint-simoniennes, il m'approuvait et me faisait des compliments, mais avec assez de simplicité. « Du reste, me dit-il, quant à ce peu d'excitation, cela vaut peut-être mieux encore que ce mouvement de Paris qui finit par vous laisser froid quand les brosses ont bien passé sur vous. Voyez Victor Hugo, son talent est arrêté, est étouffé par ses flatteurs. » (Je ne fais que rapporter ici des opinions individuelles[1].)

Comme j'étais en train, je lui ai demandé l'adresse de Sainte-Beuve, et je suis parti pour la rue Notre-Dame-des-Champs. [...]

J'arrive au numéro 19. Je demande M. Sainte-Beuve. Une vieille dame que l'on m'indique apparaît à une fenêtre et, après quelques difficultés, peu prononcées, il est vrai, elle crie : « Sainte-Beuve, es-tu là ? » Je vois une figure derrière une petite fenêtre. On m'indique l'escalier. Je heurte. Un jeune homme m'ouvre, c'était M. Sainte-Beuve[2]. Je lui dis que je viens de la part de M. Robert. (Du reste, par la suite, je me suis bien aperçu que la recommandation n'était pas très puissante. « C'est un bien bon garçon », me dit-il une fois, en parlant de lui.) Puis je fais vite ma petite histoire. Je suis étranger. etc. « Mais vous êtes

---

1. Robert se faisait l'écho d'une idée qui avait fourni le fonds de l'article de Latouche sur la *Camaraderie littéraire* (oct. 1829).
2. Rappelons que Sainte-Beuve, né le 23 décembre 1804, avait alors vingt-cinq ans.

Français ? » — « Non, Monsieur, *je suis Suisse* (ce qui est difficile à dire », ajoutai-je). — « C'est que vous n'avez pas l'accent étranger, etc. » Nous disons quelques mots de la Suisse, des questions littéraires qui y sont aussi parvenues, etc., des Genevois. M. Sainte-Beuve en a connu plusieurs, au moins par leurs noms, Didier, Imbert je crois, et surtout Galloix[1] dont il m'a ensuite beaucoup parlé. « Il avait du talent, m'a-t-il dit, mais ce n'était pas un talent complet. On aurait pu recueillir, parmi ses dernières pièces, des morceaux qui étaient bien ; mais je ne sais ce qu'elles sont devenues. Il était venu ici croyant percer facilement. Tant qu'on ne désire que de la bienveillance, de bonnes intentions, comme on dit, c'est très facile en effet. Mais lorsqu'il s'agit de services réels, d'une activité matérielle, ma foi !... Cependant on l'a aidé, à ses derniers moments, M. Jouffroy entre autres, qui l'avait vu comme moi chez M. Charles Nodier[2]. Je n'étais pas à Paris lorsqu'il est mort[3]. »

1. Il s'agit d'une seule personne. Imbert Galloix (1807-1828), après avoir publié ses *Méditations lyriques* en 1826, quitta Genève, sa ville natale, et vint à Paris où il mourut dans la maison de santé du D*r* Dubois. Vigny l'appela, dans une note de son *Journal*, le Chatterton de la Suisse. V. Hugo, qui lui était venu en aide, l'ensevelit sous les phrases émues qu'on lit dans *Littérature et Philosophie mêlées* (1834). C'est Sainte-Beuve qui avait conduit Galloix à la maison de santé.

2. « Mon cher Galloix, lui écrivit Nodier, je vous envoie septante-trois francs que je vous prête ; c'est juste la moitié de ce que je possède en ce moment, et voici la première fois que je rougis d'être pauvre. Votre ami, Charles Nodier. » Billet cité par Petit-Senn, *Journal de Genève*, 16 mai 1869.

Les difficultés pécuniaires de l'excellent Nodier ressortent de ses lettres du 3 septembre 1829 et du 28 octobre 1830 à son ami Weiss (Charles NODIER, *Correspondance inédite* publiée par Alexandre Estignard, Paris, 1876).

3. Cette remarque de Sainte-Beuve soulève un problème de dates. D'après Gaullieur (*Revue Suisse*, 1849, 701-712 : « Jaques Imbert Galloix, Esquisse biographique »), Galloix mourut le

Il n'y avait guère que quelques minutes que j'étais entré lorsque j'ai annoncé à M. Sainte-Beuve que j'avais encore un motif pour désirer le voir, le motif de lui donner connaissance de vers que lui a adressés mademoiselle Caroline Ruchet[1]. Je n'ai nommé personne d'abord et je me suis servi d'un mot vague afin qu'il ne sût pas si les vers étaient d'un homme ou d'une femme. Je lui ai bien protesté qu'ils n'étaient pas de moi, etc. Il s'est mis à les lire. Il disait de temps en temps : « C'est fort beau ! Je ne mérite pas tant. » Quelquefois sa figure devenait plus sérieuse et, quand il a eu fini : « C'est bien la manière dont je crois que la chose est (il a répété cette pensée, mais sous une autre forme encore), mais la conviction n'y est pas. »

Voyant que le morceau lui avait plu (ce qui n'était pas bien difficile), je lui ai dit qu'afin de l'intéresser davantage, je lui apprenais que l'auteur de ces vers était une femme. Cela l'a étonné, je crois, agréablement ; cependant il est trop difficile de saisir les impressions de cette figure, surtout à la première visite, pour prononcer. « Oui, c'est un talent bien viril. Nos dames n'ont pas une si longue haleine. » Puis il a dit quelques mots marquant qu'il était nécessaire de relire ces vers. Il m'a demandé le nom de l'auteur. Je lui ai dit que c'était une Vaudoise, que le nom ne lui apprendrait rien, etc. « Mais cependant ce serait plus intéressant ! Est-ce un secret ? » — « Oh ! non. Elle s'appelle mademoiselle... » et j'ai dit le nom en toutes lettres.

---

27 octobre 1828. D'après J. Bonnerot, Sainte-Beuve, parti pour l'Angleterre le 16 août 1828, y resta « cinq ou six semaines » (*Correspondance générale de Sainte-Beuve*, I, 100) et aurait donc été de retour à Paris au début d'octobre au plus tard.

1. Ce poème a été publié depuis dans *Les Deux Voix*, pp. 95-99.

9 JUIN 95

J'ai réfléchi ensuite qu'il aurait peut-être mieux valu laisser quelque chose de mystérieux, mais, comme je dis, j'ai réfléchi *ensuite*. Et d'ailleurs il fallait lui ôter toute idée que ces vers étaient de moi, comme il aurait peut-être pu le croire. Quand je suis parti, il a pris en note mon adresse et le nom de mademoiselle Caroline Ruchet à Lausanne, car je n'ai pas indiqué Aigle, en sorte que pour lui mademoiselle Ruchet habite le canton de Vaud (il n'en sait pas plus).

Je lui ai expliqué ce qui l'avait engagée à faire ces vers. « De quelle religion est-elle ? m'a-t-il dit. Est-elle catholique ? » — « Non, protestante. » — « Ah ! protestante ! C'est singulier. » — J'ai balbutié quelque chose sur ce mot *protestante*. — « Oui, a-t-il repris, méthodiste[1]. » — Nouveau balbutiement de ma part. — « Il y a un mouvement singulier dans le protestantisme aujourd'hui, a-t-il continué. Il se rapproche du catholicisme. Il n'est plus si rigide, si sec ; il a une tendance d'amour (ce ne fut pas la phrase, mais c'était l'idée). J'ai lu l'*Omicron*[2] et quelques autres ouvrages de ce

---

1. Il était apparemment courant dans les milieux du *Globe* de nommer méthodisme le mouvement de réveil qui s'opérait alors dans le protestantisme de France et de Suisse. Dubois fera de même plus loin. Cousin emploiera ce terme dans ce sens jusqu'en 1857 (*Fragments et souvenirs*). Voir le très remarquable article *Réveil* de Philippe BRIDEL dans le *Dictionnaire Historique et Biographique de la Suisse*.
2. *Omicron, ou Quarante-et-une lettres sur des sujets religieux*, par J. NEWTON ; traduit de l'anglais par Mlle Chabaud-Latour (2 vol., Paris, Servier, 1829). J. Newton (1725-1807), ancien marin et négrier, avait publié cet ouvrage en 1762 pour justifier sa prétention à être reçu dans le clergé anglican. Il obtint en 1764 la cure d'Olney (Buckinghamshire) et se lia avec le poète William Cowper, lequel finit en 1767 par s'établir dans la paroisse de Newton pour vivre auprès de lui. Sainte-Beuve s'intéressait beaucoup à l'œuvre de Cowper et venait d'imiter quelques-unes

genre. » — Il me cita aussi les *Méditations religieuses* en me prononçant le dernier mot du titre allemand... *Stunden*[1], supposant, sans doute, que je savais cette langue.

La conversation allait son train sur la poésie. Je parlais toujours de ma Suisse. « Vous êtes poète aussi ? » — « Je fais quelques vers, etc. » Et je me mets à lui exprimer quelques-unes de mes idées, mais vaguement et trop rapidement pour avoir été bien compris : « Je ne suis qu'un Suisse. Je fais des vers suisses. » — « Oui ! mais ce sont des vers français. Votre langue est le français. » — « Ah ! sans doute », et je lui ai expliqué mon idée de rester Suisse dans mes poésies. — « Oh ! c'est bien de conserver votre originalité, etc. » — « Du reste, je sens bien qu'avec ce but-là, je ne puis pas aspirer à une réputation. Je fais des vers pour moi et qui ne sortiront pas de mon oubli. » — « Oui, mais tout en faisant des vers ainsi, on arrive à être connu, etc. » et autres choses de ce genre-là qui sont vraies et fausses à la

de ses poésies : c'est peut-être ce qui l'amena à lire Newton. Le premier numéro de la *Revue Française* en 1830 publia un article intitulé : « Du méthodisme et des écrits de J. M. Newton. »

1. On lit dans le *Constitutionnel* du 6 mai 1830 une annonce des *Méditations religieuses en forme de discours pour toutes les époques, circonstances et situations de la vie domestique et civile*, traduites par Charles Monnard et Gence, d'après *Stunden der Andacht*. L'auteur était Heinrich Zschokke (1770-1848), plus connu par son *Histoire de la Suisse*, que Monnard traduisit également. Les *Stunden der Andacht* avaient paru en cahiers hebdomadaires de 1808 à 1816.

J. O. ne savait pas l'allemand, que l'on connaissait d'ailleurs très peu à Lausanne. « Chose notable, et qui prouve combien l'ancien régime était libéral en matière de langue, jamais Berne n'avait imposé l'étude de l'allemand à ses sujets. Ce sont les Vaudois, devenus indépendants, qui en ont senti la nécessité. » Henri MEYLAN, *La Haute École de Lausanne* (Lausanne, 1937), p. 78.

fois, vraies prises en général, fausses relativement à l'individu, c'est-à-dire qu'elles deviennent alors des compliments.

Nous avons parlé ensuite de M. Dubois et des moyens pour arriver jusqu'à la prison de Béranger, qui toute la journée était excédé de visites : « Ces visites sont le plus grand supplice de la prison », me disait-il[1]. Puis il m'a donné sur Béranger quelques détails que je lui demandais. « Il a une assez mauvaise santé. Il n'est cependant pas morose. Il a une croyance philosophique. Oui, il croit en Dieu », me disait Sainte-Beuve en reprenant ses phrases. « Il croit comme cela » et Sainte-Beuve agitait ses mains. « Mais oui, il a une croyance. Du reste, il a une grande puissance de rire, il ne résiste pas à un bon mot. Cependant il sait être sérieux sur ces matières. Il n'aime pas la partie religieuse des poésies de Lamartine. Il préfère la partie d'amour. Il n'aime pas que l'on appelle Dieu, *Seigneur*, parce que cela a trop l'air d'un culte[2]. Il est arrivé à considérer le système constitutionnel comme le seul possible,

1. Béranger avait été condamné une première fois en 1821 et une seconde fois en 1828. Le 10 décembre 1828 il lui fut infligé neuf mois de prison et dix mille francs d'amende pour avoir écrit *La Gérontocratie* et *Le Sacre de Charles le Simple*. L'amende fut payée par une souscription partie des bureaux du *Globe*, dont Béranger ne fut jamais un collaborateur, bien que Dubois et lui fussent liés d'amitié. Le jour où il sortit de La Force, Béranger envoya au *Globe* une lettre de remerciement et une chanson inédite (23 septembre 1829).

Les prisonniers ne pouvaient échapper aux visiteurs : la grille était ouverte tout le jour de six à quatre heures. Béranger, qui comptait rendre les visites reçues — et il abhorrait cela — sortit de prison avec une liste de trois cent cinquante noms, celui de Chateaubriand en tête.

2. Sainte-Beuve répétait ce que Béranger lui avait écrit à propos des *Consolations* deux mois plus tôt : « Il faut pourtant que je vous dise que moi, qui suis de ces poètes tombés dans l'ivresse

le seul convenable (et non la république), mais il ne croit pas qu'il puisse aller avec les Bourbons. C'est un homme d'un grand sens, d'une grande étendue d'esprit, d'une grande intelligence » (je réunis les différents mots dont Sainte-Beuve s'est servi à différentes reprises). « Il juge très bien les positions littéraires, ce qui mourra et ce qui survivra. C'est Victor Hugo » (a répondu Sainte-Beuve à ma question), « c'est Victor Hugo, je crois, qu'il apprécie le plus parmi la nouvelle école. Il le regarde... comme cela... avec une sorte de respect. Au reste, ils se connaissent. D'ailleurs Béranger, pour la forme (pas pour l'idée, il est vrai), a quelque chose de romantique, et même il s'en glorifie. Mais en général, il se conduit dans tout cela comme les gens d'esprit qui occupent une position, il ne se prononce pas.

« Il ne travaille pas beaucoup. Du reste il a toujours travaillé lentement. Il fait une chanson tous les quinze jours, tous les mois[1]. Il vit sans faire beaucoup de dépense. Il peut avoir cinquante mille francs de placés. Le reste, il le trouve, comme cela, sur ses ouvrages, etc. »

Je sentais qu'il était temps de partir. Je me suis

des sens dont vous parlez, mais qui sympathie même avec le mysticisme, parce que j'ai sauvé du naufrage une *croyance* inébranlable, je trouve la vôtre un peu affectée dans ses expressions. Quand vous vous servez du mot *Seigneur*, vous me faites penser à ces cardinaux anciens qui remercient Jupiter et tous les dieux de l'Olympe à l'élection d'un nouveau pape. Si je vous pardonne ce *lambeau de culte* jeté sur votre foi de déiste, c'est... » etc. (*Corr. de Béranger*, 1860, I, 401).

[1]. A Lady Morgan, qui lui rendit visite à La Force, accompagnée de David d'Angers et d'Alexandre Dumas, Béranger déclara : « Je ne suis un écrivain ni facile ni rapide ; je compose rarement plus de seize chansons par an. » (*France in 1829*, 1830, 2d ed., 1831, p. 500.)

levé en demandant la permission de revenir, maintenant que j'avais surmonté ma timidité. J'ai même lâché, à différentes reprises, quelques phrases assez niaisement naïves sur ce sujet. M. Sainte-Beuve m'a répété ses remerciements en me priant de nouveau de les faire parvenir à mademoiselle Caroline Ruchet. Je lui ai dit qu'elle avait eu connaissance des vers que M. Lamartine avait adressés à M. Sainte-Beuve[1] et qu'elle en était jalouse. Il a souri : « C'est vrai, c'est la même chose. »

Je m'en suis allé et, chemin faisant, quand je me suis demandé si je commencerais ce soir à exécuter mon idée sur le caractère d'Yzolier, j'ai répondu non, car l'enthousiasme avait passé. J'étais presque mécontent. Qui fallait-il en accuser ? D'où cela venait-il ? Je ne sais, car ce n'était pas de Sainte-Beuve. Et pourtant je sentais que je n'étais pas en cause là-dedans, que je ne faisais que subir un sentiment. — Je revins donc assez tristement chez moi. Et je suis surtout toujours plus décidé, s'il faut absolument faire imprimer mes deux poèmes, à le faire en Suisse. Ils doivent suivre leur destin, et c'est là le leur.

Voici encore quelques observations que j'ai recueillies pendant la journée et que j'ai négligé de noter dans le narré qui précède.

Saint-Simon avait des disciples soudoyés. Quand il rencontrait un jeune homme qui avait du talent, il lui donnait une pension afin qu'il pût travailler. C'est ainsi qu'il a dépensé beaucoup d'argent pour Poisson

---

1. *Harmonies*, livre III : « Épître à M. de Sainte-Beuve, en réponse à des vers adressés par lui à l'auteur, ou Conversation ». Sainte-Beuve fit paraître les deux poèmes dans le *Correspondant* du 30 mars 1830.

et d'autres. Tous l'ont abandonné. Il est mort dans la misère et, autour de son lit de mort, il n'y avait que les derniers disciples, nouveaux venus et qui n'avaient pas reçu d'argent de leur maître. Au nombre de ceux qui eurent part à ses bienfaits se trouvait Charles Comte[1], qui profitait en outre de ses ouvrages et, en citant d'autres auteurs, n'a jamais fait mention de Saint-Simon ; Augustin Thierry, que Saint-Simon appelait son fils adoptif et par qui il fut abandonné. Cependant Augustin Thierry est un brave homme. Mais aucun de ces disciples ne comprenait leur maître et ils le quittaient comme [s'il avait été] un fou. — Augustin Thierry a été nommé à l'Académie des Inscriptions[2], ce qui lui fera une mesquine pension de neuf cents francs. On retranche quelque chose aux pensions des nouveaux venus afin d'augmenter celles des anciens, de M. Pastoret[3] qui a cent mille francs d'appointements pour je ne sais plus quelle place ; de monsieur je ne sais qui, dont les appointements sont de dix mille francs comme directeur de bibliothèque et un logement particulier.

M. de Vigny, en parlant des *Harmonies Poétiques* de Lamartine, qui vont paraître demain[4], je crois, a

1. C'est évidemment *Auguste* Comte.
2. Le 7 mai, Augustin Thierry avait été élu au fauteuil de Boissy d'Anglas, vacant depuis quatre ans.
3. Claude-Emmanuel de Pastoret (1756-1840) fut comblé par la Restauration qui le fit pair de France, académicien (1820), grand officier de la Légion d'Honneur (1821), ministre d'État, membre du Conseil privé (1826). Il s'était fait nommer Chancelier en 1829, et c'est probablement à cela qu'il est fait allusion.

C'est en venant arrêter Pastoret chez les Piscatory, parents de sa femme, que l'agent du comité de Sûreté générale trouva André Chénier (7 mars 1794).

4. Les *Harmonies poétiques et religieuses* avaient été annoncées en effet pour le 10 juin. Elles parurent le 13. Voir 14 juin.

dit : « C'est superbe, c'est magnifique. Ce sont des cascades, des cataractes de vers qui se succèdent. Il y a sept cents vers qui n'ont, je crois, ni un point ni une virgule. » Sainte-Beuve m'a dit que le caractère en était encore plus religieux que dans les précédentes. Il y a beaucoup de *prières*. Il y a aussi de beaux chants d'amour.

M. de Vigny, en parlant à madame Thor, lui disait : « Il y a ici un poète qui a beaucoup de rapport avec Coleridge, que j'aime beaucoup, un poète bien remarquable, c'est Sainte-Beuve. »

Ce dernier, à propos de Galloix, ajouta à ce que j'ai noté plus haut : « Il cherchait à s'échapper à lui-même en parlant beaucoup. Il avait une curiosité insatiable. » Et en parlant de ses difficultés à parvenir : « On lui procura cependant quelque travail, des articles pour les journaux. Il ne les fit pas. »

Et maintenant, je ne sais trop comment caractériser cette conversation de M. Sainte-Beuve. Il n'achève pas toujours ses phrases. Je ne dirai pas précisément qu'il les bredouille, mais il les jette et il a l'air d'en être dégoûté et de n'y plus tenir, déjà avant qu'elles soient achevées. Cela donne à sa conversation un caractère sautillant. Sa voix est assez forte. Il appuie sur certaines syllabes, sur certains mots. Je crois que c'est là un caractère des esprits penseurs. M. Sainte-Beuve est un homme de moyenne taille. Il a un teint blanc, où l'on ne distingue pas de barbe. Sa figure n'est pas régulière. Sa tête est ronde, grosse et presque un peu disproportionnée avec son corps. Il a le nez grand, mais mal fait. Ses yeux sont bleus, lucides et d'une grandeur variable ; il semble les ouvrir quelquefois davantage. Ses cheveux sont rouge blond plutôt que bien rouges. Ils ont l'air un peu raides, quoique assez fins. M. Sainte-Beuve n'est pas beau, n'est pas même bien. Cependant sa figure n'a rien de précisément désagréable. Au bout d'un moment, elle plaît assez. (Quant aux cheveux bruns de M. Deschamps, M. Monnard est cause que j'ai des doutes. Cependant la chose serait bien ridicule. Non ! la mémoire de M. Monnard l'a trompé.)

Il (Sainte-Beuve) était mis simplement, cependant très bien. Redingote verte, gilet de soie, pantalon d'été. Sa chambre m'a frappé. Il était derrière un paravent, dans un petit enclos qui renfermait deux tables chargées de livres, de journaux et de papiers ; son lit était à côté. Je me suis rappelé ce sonnet où il se représente dans son lit écoutant l'orage :

Dieu parlait dans mon cœur plus haut que dans l'orage[1].

M. de Vigny, à qui madame Thor demandait si M. Lamartine était bien croyant : « Oh ! oui ! oui ! Il a une foi simple, la foi du charbonnier. »

M. Robert trouve que M. Augustin Thierry, dans son ouvrage, d'ailleurs remarquable, de la *Conquête des Normands*[2], a eu tort de représenter le peuple envahisseur comme apportant le malheur aux Saxons. Le résultat ordinaire des conquêtes est de faire avancer la civilisation. Oui, mais M. Augustin Thierry n'a point voulu faire une histoire philosophique, il n'a voulu qu'exposer les faits matériels de la conquête, les résultats qu'elle eut immédiatement pour le peuple

---

1. Septième morceau des *Consolations*, sonnet daté d'août 1829 :
    L'autre nuit, je veillais dans mon lit sans lumière...

2. *L'Histoire de la conquête de l'Angleterre par les Normands* (1825), dont la troisième édition, « entièrement revue et corrigée », était sous presse et allait paraître dans la semaine même des Trois Glorieuses.

vaincu, et ne pouvait nous faire une histoire de la civilisation en Angleterre.

Voilà une journée dont on me dira en Suisse qu'elle a été bien remplie. Quant à moi, elle m'a encore plus convaincu d'une chose, c'est que je ne suis pas fait pour vivre ici.

Jeudi 10 juin.

Dans le *Sylphe*, où l'on essayait de caractériser le style de différents auteurs en y joignant celui de quelque oiseau ou de quelque animal qui ont un caractère bien prononcé, on disait : « Le style de M. de Chateaubriand nous rappelle le vol de l'*aigle* ; celui de Victor Hugo nous rappelle l'*étalon du désert* libre dans ses bonds ; celui de Lamartine, le *cygne* ; celui de madame Desbordes-Valmore est un *style-rossignol* ; celui de feu Dovalle, un style *fauvette*. » Puis le journaliste, par cette transition, en venait à son but, qui était de lancer quelques pointes sur M. Mangin[1] dont le style est le *style-oie*, sur M. Dudon[2] au *style-vautour*, etc.

Hier, chez M. de Vigny, on parla de *Henri III* de M. Dumas. On convint que ce n'était pas là le caractère du duc de Guise. « C'est, dit M. de Vigny, c'est l'aventure de la dame de Montsoreau et de son amant que M. Dumas a représentée. » — « Je trouve alors, dit l'Italien, qu'il a eu tort d'employer là la personne du duc de Guise. » — « Ah ! répliqua M. de Vigny, par ce

1. Préfet de police depuis août 1829.
Peut-être son nom est-il mis ici par erreur alors qu'il s'agirait de Fr. Manguin (1785-1854), député de Beaune depuis 1827.
2. J.-F. Dudon (1778-1857), député depuis 1820, membre du ministère Polignac, mena une lutte acharnée contre les libéraux. On le surnomma « le cosaque Dudon ».

nom-là, il a élevé la pièce, il l'a poétisée. Une pièce où l'on aurait observé scrupuleusement l'histoire et représenté la dame de Montsoreau et ses intrigues galantes n'aurait rien eu de poétique. Ce n'eût plus été qu'une obscure et bourgeoise aventure de ménage. »

M. Sainte-Beuve m'a dit que Béranger ne pouvait souffrir Casimir Delavigne (ne l'aimait pas comme poète).

Ph. Pellis[1], qui m'avait invité à dîner aujourd'hui, m'a parlé de ses travaux d'astronomie, de Lausanne dont la situation astronomique est extrêmement intéressante, des observatoires, etc. « Dans les observatoires, me disait-il, on se laisse beaucoup trop aller à des pensées religieuses. Et même on recommande toujours aux jeunes astronomes de se tenir en garde contre cela. » Il est clair que le *beaucoup trop aller* me parut bien extraordinaire, mais je ne discutai point. [...]

Vendredi 11 juin, 11 heures du soir.

[...] Arrivé de Passy. Je partis vers les quatre heures (le dîner était fixé pour six heures). Je voulais aller tout doucement et lire en chemin une énorme lettre que j'ai reçue aujourd'hui de Muston. Je longeais tout doucement la Seine en habit bleu, gilet blanc, pantalons

---

1. Philippe Pellis (1807-1885), né à Lausanne, étudia l'astronomie avec Arago. Il obtint une licence qui lui permit de professer en France, et pendant près d'un demi-siècle il fut le directeur du collège protestant de Sainte-Foy-la-Grande, fondé en 1825. Bien qu'il n'eût jamais été naturalisé officiellement, il fut nommé maire de la commune de Pineuilh, après 1870, et resta longtemps conseiller municipal.

(Ces renseignements sont dus à l'obligeance du Dr Henri Pellis, de Lausanne.)

noirs collants et cravate empesée. Ce que je craignais arriva, car il était décidé que cette course (et en général la plupart des visites qui me sont dévolues en ce monde) serait malencontreuse ; ce que je craignais, dis-je, c'est les nuages noirs amoncelés dans le ciel qui commencèrent à se couvrir d'une multitude de petits trous, et la pluie de tomber, tomber *crescendo*, ce qui est très désagréable avec une cravate blanche, des pantalons, etc. (voir plus haut la description de ma toilette).

J'avisai un café *limonadier restaurant*. Je considérai la chose comme un heureux coup de la fortune et je m'installai vite sous cet abri. Je demandai un verre de limonade, qui était bien la plus détestable drogue et que l'on me fit payer cher, car on voyait bien que je n'étais pas un habitué du café. Mais la pluie ne cessait pas. J'attendis là bien longtemps. Enfin je me décidai à me remettre en route et j'arrivai par une pluie très fine et presque insensible à Passy, à la barrière. Mais je n'étais pas encore chez madame Gautier[1]. A peine touchais-je la barrière que la pluie recommence de plus belle. Et cependant il était six heures. Que faire ? Je voyais un cabriolet de place. Il fallut bien m'exécuter ! Et me voilà avec trente sous de moins en poche, quinze sous la limonade et compagnie, ainsi donc quarante-cinq sous avec lesquels j'aurais supérieurement dîné au Palais-Royal, sans gêne, et les coudes sur la table ! Pour me consoler, chemin faisant, j'avais soin de me rappeler les plaintes de Jean-Jacques Rousseau lorsqu'il allait dans le monde et qu'on le renvoyait en voiture : il aurait beaucoup mieux aimé qu'on le laissât

---

1. Mme Gautier habitait dans la rue Basse (devenue rue Raynouard), à Passy.

revenir à pied, cela lui aurait fait moins de dépense, car avec les cochers de grands seigneurs, il s'agit d'avoir des procédés honnêtes. Moi de même (riez du « *de même* » tant qu'il vous plaira ! Je ne le retrancherai pas), j'aimerais bien mieux qu'on me laissât dîner pour mon argent. Il ne m'en coûterait pas plus et j'aurais moins d'ennuis.

On m'introduit. Un laquais crie mon nom. Je salue madame Gautier[1] et nous bredouillons les phrases d'usage. On se met à table un moment après. On dîne passablement, on aurait pu dîner très bien, mais moi, je n'ose pas et, afin d'être plus vite hors d'embarras, je refuse ce qu'on m'offre. C'est mon usage. Il est bête et horriblement désagréable, cet usage-là ! On revient au salon. On languissait. Enfin M. Petitpierre[2] (le surveillant, l'homme de compagnie de M. Gautier), M. Picot, jeune ministre de Genève, classique et chrétien à preuves scientifiques, et un membre de la famille Delessert qu'on appelle Baptiste[3], nous descendons au jardin, qui est charmant, bien distribué. Des serres, des arbres, des vergers. Puis un chalet, —

---

1. Marguerite-Madeleine Delessert (1767-1830) avait épousé un Genevois établi à Paris. Ses parents avaient offert à Jean-Jacques Rousseau le refuge de leur maison à Motiers, au Val de Travers. Elle avait cinq ans lorsque sa mère voulut l'intéresser à la connaissance des plantes et demanda conseil au philosophe ; il lui fit présent en 1773 d'un herbier de 180 plantes, et d'un écrin contenant six petits instruments « pour permettre à l'aimable Madelon de le continuer et de l'enrichir à son aise ». Cet herbier, par les soins de son frère, Benjamin Delessert, le célèbre banquier, devint une collection de 80.000 espèces, qui se trouve actuellement au Conservatoire de botanique de la Ville de Genève.

2. Samuel de Petitpierre, né à Neuchâtel en 1800, fut pasteur à Nîmes et Neuchâtel (1827). Il mourut en 1831.

3. Baptiste Delessert appartenait à la branche vaudoise de la famille ; elle était établie à Cossonnay.

le palais des chalets[1]! Les appartements de cette petite maisonnette sont meublés très élégamment, mais toujours d'un goût rustique. Ils contiennent une belle collection de tableaux et de vues de Suisse. Et de leurs fenêtres on voit Paris, ses tours, ses dômes et ses innombrables maisons...

Nous rentrâmes au salon où nous trouvâmes la société au grand complet. M. Degérando[2] venait d'arriver. C'est un homme assez grand, maigre, chauve et qui a peu parlé. Il souriait des anecdotes de M. Raynouard[3] (avec qui j'avais dîné). C'est un petit homme qui a assez d'embonpoint, surtout dans la partie abdominale, mais vif, le teint un peu rouge et les cheveux tout blancs. Culottes, mollets. Il me rappelait assez M. Bridel, de Montreux. Il a conservé l'accent méridional d'une manière prononcée. Cela me faisait plaisir à entendre.

1. C'était un chalet suisse, orné à l'extérieur des armoiries des différents cantons. Une vue, datée de 1832, en a été reproduite dans le *Bull. de la Soc. hist. d'Auteuil et de Passy*, 1900, III, n° 10, p. 245.

2. Degérando (1772-1842) était voisin des Delessert, dans la rue Basse de Passy. Cet ancien émigré, auteur d'une *Histoire comparée des systèmes de Philosophie* (1803), était d'avance partisan de la philosophie éclectique. A cette époque, ses occupations étaient beaucoup d'ordre philanthropique. Au bureau de la Caisse d'Épargne, il siégeait avec Benjamin Delessert, le frère de Mme Gautier, celui qui voulut avoir cette épitaphe : « Il fut un des principaux fondateurs des Caisses d'Épargne en France. » Ils publièrent ensemble *La Morale en action ou les Bons Exemples* (1842).

3. Raynouard (1761-1836) était un autre voisin de la rue Basse, qui porte son nom aujourd'hui. Avocat à Draguignan, il fit sa réputation littéraire avec sa tragédie *Les Templiers* (1805) qui lui ouvrit l'Académie française (1807), comme ses travaux de romaniste lui ouvrirent l'Académie des Inscriptions. A l'inverse de tant d'érudits de l'époque impériale, il abdiqua très tôt toute ambition politique ou administrative.

Peu après 1830, il sacrifia sa fortune pour sauver un frère de la banqueroute. Il alla dès lors à pied de Passy à l'Académie.

L'anecdote qui faisait rire M. Degérando est celle-ci :
« Lorsqu'il s'agit de nommer Bonaparte consul à vie
(connsûl à vîe, comme dit M. Raynouard), Lucien fit
un ouvrage ; Bonaparte en corrigea les épreuves.
Lorsqu'il parut, sans doute qu'il inquiéta le gouvernement, car Bonaparte fit saisir l'ouvrage et condamner
les auteurs supposés[1]. Ce qui ne l'empêcha pas
d'être nommé consul à vie trois mois après ; et les
auteurs ne furent pas punis, comme vous comprenez,
etc. Voilà ce que je sais, dit M. Raynouard. Bonaparte a fait saisir un ouvrage dont il avait corrigé
les épreuves. Et si j'étais empereur, j'en ferais bien
plus encore... »

Madame Gautier a lu la ballade que chante Odry
dans *Les Brioches à la Mode*[2] et M. Raynouard s'est
écrié : « Voilà qui est digne de Victor Hugo !̱ » Puis
bientôt il est parti.

[...] Madame Gautier est une femme un peu riche,
un peu genevoise. Je la crois instruite, quoiqu'elle
ait dit : *les quatre-z-académies* ; mais elle tranche ; et
puis, rarement sa physionomie prend un air doux,
bon enfant[3]. Elle sourit, elle accueille, mais ce n'est
pourtant pas une de ces bonnes figures de femme,
comme madame Hollard. J'aimerais mieux, je crois,

---

1. Il s'agit de la brochure intitulée : *Parallèle entre César,
Cromwell et Bonaparte*. Voir Th. JUNG, *Lucien Bonaparte et ses
mémoires*, 1882, I, 421-432 et Fréd. MASSON, *Napoléon et sa
famille*, I, 355.
2. Voir 12 juin.
3. L'impression que J. O. cherchait à rendre est précisée dans le
Journal de Mme Cazenove d'Arlens, qui rendit visite à Mme Gautier sous le Consulat : elle lui trouvait de la raideur, « rien de
moelleux ni d'abandonné dans la conversation ». Mme Gautier, née
à Lyon, de sang vaudois et neuchâtelois, ne touchait à Genève que
par les origines de son mari.

12 JUIN 109

une autre dame, qui doit être madame Delessert[1], si j'ai bien compris le nom quand je fus présenté à elle.

Samedi 12 juin.

Les conversations prennent tout de suite la tournure politique à présent, même avec les dames. Aujourd'hui j'ai fait visite à madame Morel[2], qui est vraiment fort aimable pour moi. Bien que je fusse resté fort longtemps sans aller lui rendre mes devoirs, elle m'a accueilli avec la plus grande bonté. Je note cela parce que j'en ai éprouvé du plaisir. Ce n'est pas l'effet ordinaire que produit une visite sur moi. Nous avons parlé de mes visites à MM. de Vigny et Sainte-Beuve, et aussi de politique. Madame Morel m'a dit que depuis la Révolution on n'avait pas vu un tel accord chez les partisans de la liberté, qu'on s'attend à une crise. On prétend que le roi a dessein de publier, *en son nom*, signée de lui et point contresignée de ses ministres, une proclamation par laquelle il déclarerait hostile à sa personne et à ses droits l'élection de l'un des deux cent vingt et un députés qui ont voté l'adresse[3].

1. Il y avait deux dames Delessert en 1830. Si nous écartons la femme de François-Marie Delessert, J. O. aurait donc préféré celle que Chateaubriand appelait la « jolie madame Delessert », la femme de Gabriel Delessert, futur préfet de police de Louis-Philippe, la fille de l'archéologue Laborde, bref celle que Mérimée devait aimer sept ans plus tard et dont l'abandon vers 1854 le brisa.
2. Mme Morel : inconnue. Peut-être s'agit-il d'une personne se rattachant à la famille Morel-Fatio, laquelle avait des affinités vaudoises.
3. Il la publia en effet le lendemain. Elle commençait par ces mots : *Français ! La dernière chambre des députés a méconnu mes intentions...*

J'ai lu un morceau des nouvelles poésies de Lamartine *(Harmonies poétiques et religieuses)*. Il est intitulé « Bénédiction de Dieu dans la solitude ». Je me suis retrouvé en Suisse, avec mes émotions de poète, de chrétien et de campagnard. Mes yeux se remplissaient de larmes. J'aurais eu du bonheur à pleurer, mais j'étais au café, et au Café des Variétés encore[1] !

On donnait ce soir *Les Brioches à la Mode*[2] aux Variétés. C'est une petite pièce dirigée contre les romantiques, mais qui ne frappe que les ridicules des sots imitateurs, désavoués par les *imités*. Walter Scott, pâtissier anglais, est pris pour le fameux baronnet écossais. On l'enlève, on le fait entrer de force dans la campagne de Théobald, seigneur romantique à pantalons collants, à chapeau pointu, à longue barbe, à fraise, à chemise à bouton, etc., bref un costume aussi ridicule que le sont nos costumes d'à présent. Le pauvre pâtissier assiste à une représentation de quelques scènes de *Christine* ; à une parodie de *Hernani*, qui sort d'un œuf à la coque, lequel œuf s'avance sur le théâtre au moment où le pâtissier affamé souhaite un œuf, comme dans les contes de fées certaine femme bien connue des enfants souhaite un boudin. Puis le buste de Racine, la prétendue danse romantique autour de l'image du vieux poète, les cris de « *Racine enfoncé !* » Enfin toutes les plaisanteries, bonnes ou mauvaises, usées ou neuves, que l'on a pu rassembler contre le

---

1. Le Café des Variétés était situé au boulevard Montmartre. J. O. lut la 5ᵉ Harmonie du livre I dans quelque journal (cf. 14 juin).

2. *Les Brioches à la Mode ou le Pâtissier anglais*, « camaraderie » en deux tableaux, mêlée de couplets, par MM. Dumersan et Brazier, eut sa première représentation le 8 juin 1830, au théâtre des Variétés.

romantisme. La pièce est assez amusante, mais je ne conçois pas qu'un journal classique ait pu la présenter comme une critique du genre opposé. Il n'y a là aucune critique ; il y a des calembours, des accusations fausses et des jugements... français.

Du reste, les acteurs, surtout Lhéric[1], dans le rôle d'une cantatrice allemande et Odry, dans celui de Caramel[2], font beaucoup valoir une pièce qui serait certainement fort peu intéressante à la lecture. Ce que l'on y relève le plus, c'est le style, les vers coupés. Les auteurs ont fabriqué quelques vers à césures bien ridicules (ce qui n'est pas difficile) ; et le parterre de rire et de s'écrier : « Ah ! ces romantiques, ces barbares ! »

Mais, me dira-t-on, ces césures bizarres sont permises par le système de ces messieurs qui brisent le vers sur tous les points. — Oui, mais ils ne les ont pourtant jamais employées. C'est que l'oreille doit présider encore à l'arrangement de ce vers, tout brisé qu'il vous paraisse. Les romantiques ont observé cette règle. Quand ils s'en sont écartés, c'est que ni classiques ni romantiques ne peuvent jamais observer une règle quelconque en entier et toujours, par une raison à laquelle il n'y a rien à répondre, c'est qu'ils sont des hommes.

---

1. Victor Lhérie ou Lhéric (1808-1845) avait fait sa réputation en 1828 dans une imitation burlesque des acteurs anglais de *Roméo et Juliette*. Il se spécialisa dès lors dans la parodie et les travestis féminins. Il avait un frère vaudevilliste avec lequel il collabora.

2. Lyonnet (*Dict. des Coméd. français*, II, 496) donne une gravure d'Odry dans ce rôle.

Dimanche 13 juin.

C'était aujourd'hui la Fête-Dieu. J'ai vu différentes processions, entre autres celles de la paroisse royale, Saint-Germain-l'Auxerrois. Le roi, le dauphin et la dauphine, la duchesse de Berry, la reine et la princesse de Naples y étaient. J'ai reconnu le *dandinement* héréditaire et historique des Bourbons. J'ai vu des tentures, des habits de prêtres, or, pourpre, noirs, blancs, des cierges, des jeunes filles et des jeunes garçons avec des bouquets et des rubans et chantant le nez en l'air ou contre terre ; des soldats superbes avec des bouquets aux canons de leurs fusils ; des reposoirs en bois recouverts de papier peint ; de la foule, du bruit, de la musique, des tambours ; j'ai vu enfin *une religion*, et (pour me servir de la distinction faite par Muret) je n'ai pas vu *de religion*. Et encore la *religion* que j'ai vue, on sentait qu'elle est morte depuis longtemps.

J'ai vu tout cela avec mon collègue Ladame[1] (pour parler académiquement). C'est un excellent garçon, fort aimable avec moi. Il connaît Neuchâtel parce qu'il y a fait ses études. Il est jeune (vingt-deux ans et demi) ; il a, aussi, un peu d'inquiétude et, comme moi, il ne sait pas l'allemand. Nous avons dessein de nous liguer et de nous aider mutuellement à supporter les tribulations qui pourraient nous assaillir.

1. Henri Ladame (1807-1870), d'une famille de Neuchâtel qui a donné des savants distingués. Il suivait alors en externe des cours à l'École des Ponts et Chaussées et à l'École polytechnique. Revenu à Neuchâtel en 1831, il enseigna les sciences au Gymnase, puis fut professeur de chimie à l'Académie de 1841 à 1848, professeur de mathématiques de 1856 à 1870. De 1848 à 1856, il s'occupa de politique.

14 JUIN

J'ai dîné et passé la soirée chez les Morel où l'on a parlé de politique et où l'on a bu de très bon champagne.

Lundi 14 juin, 11 heures du soir.

Toute la journée j'ai cherché à me fuir. Je n'ai pas pu rester chez moi, où je ne savais pas à quoi m'occuper tant j'ai de choses à faire. J'ai eu le bonheur de trouver dans un cabinet de lecture les *Harmonies poétiques et religieuses*[1] que j'ai dévorées tout d'un trait. Que de beaux vers, de hautes inspirations ! Je dirais presque : que de prophéties ! Je ne puis donner aucun détail, ma lecture a été trop rapide et trop échauffante. La couleur de ce recueil, encore plus religieuse que celle des précédents, le fera probablement méconnaître de plus de gens aussi. Puis dans quelques mois, dans quelques années, il sera reconnu de tous que c'est un beau et un sublime ouvrage ! L'expression m'en a paru généralement plus correcte, plus retouchée que dans les *Méditations*. Cependant, surtout à la fin du premier volume, ce caractère disparaît dans quelques morceaux.

---

1. Il est d'usage de dire que les *Harmonies* parurent le 15 juin et que Lamartine quitta Paris ce jour même sans prendre la peine de savoir quel serait le succès de l'ouvrage. Le témoignage de J. O. permet de fixer plus précisément la date de la publication. D'ailleurs un entrefilet dans le *Constitutionnel* du 14 juin, en quatrième page, annonçait que « *les Harmonies poétiques* de M. de la Martine *(sic)* ont paru aujourd'hui ». Comme le journal sortait le soir avec la date du lendemain, c'est donc le dimanche 13 juin qu'elles parurent. Le *Journal de la Librairie*, qui se publiait le samedi, mentionne les deux volumes le 19 juin, au numéro 3311, avec l'indication : « deuxième édition ».

Mardi 15 juin.

J'ai vu, à la leçon de M. Villemain, Sainte-Beuve qui causait avec d'autres jeunes gens. Dirai-je que j'ai éprouvé de la tristesse de n'être pas avec eux, de [ne pas] causer aussi, moi, avec Sainte-Beuve, de [ne pas] aller avec lui et ses compagnons arrêter M. Villemain à la sortie de la salle, rire et discuter familièrement avec lui ! Hélas ! hélas ! faut-il m'avouer que c'est la mort que j'ai embrassée, que j'ai vainement tenté de ressusciter un corps glacé ? Si Dieu n'y mettait la main, qu'amère alors serait ma destinée !

J'ai commencé ce matin l'article pour le *Globe* relatif au *Cours* de M. Monnard[1]. Mais je ne trouvais pas mes idées ou je les développais froidement, de mémoire et non de cœur. Aussi ai-je planté là ce triste ouvrage.

Grâce à Fivaz, j'ai pu envoyer aujourd'hui à M. Jullien l'article qu'il désirait pour la *Revue Encyclopédique* ; c'est Fivaz qui a fait l'ennuyeux travail d'annoncer et d'analyser l'ouvrage de M. Monnard (*Session du Grand Conseil de* 1829). J'ai revu les feuilles de Fivaz et je les ai rendues un peu présentables, car le style en était passablement mauvais. J'y ai ajouté par-ci par-là quelques petites choses, entre autres la conclusion. Si l'article est accepté, il paraîtra signé des initiales H. F. (Henri Fivaz).

---

[1]. Charles Monnard avait donné un cours libre à Genève pendant l'hiver précédent. Le manuscrit se trouve à la Bibliothèque cantonale et universitaire de Lausanne.
Voir plus loin, 18 juillet.

Mercredi 16 juin.

Cet après-midi je suis retourné chez M. Alfred de Vigny, tout seul (il faut noter cette circonstance) et sans que personne m'y ait poussé. Il y avait nombreuse compagnie. Quatre jeunes élégants, l'Anglais que j'y avais trouvé la première fois, monsieur et madame de Vigny. Je remarquai un jeune homme, aux cheveux blonds, à la mise distinguée (redingote col de velours jusqu'à la ceinture, pantalons bleu de ciel collants). Sa figure était belle, les traits réguliers, les yeux bleus, la barbe blonde, les dents belles, le nez bien fait ; enfin une belle figure, ne manquant pas d'expression, sans cependant en avoir beaucoup. Il y avait de plus, dans cette figure, quelque chose que je ne saurais comment exprimer, quelque chose de matériel, d'un peu épais. (Le mot est pourtant trop fort, mais je n'en trouve pas d'autre.) La suite de la conversation m'apprit que c'était M. Alfred de Musset, l'auteur des *Contes d'Espagne et d'Italie*, l'auteur de la Complainte à la Lune « comme un point sur un i ».

Il parlait beaucoup, et de plusieurs sujets, et avec esprit. C'est un jeune homme à la mode, qui était au bal du duc d'Orléans et à qui le duc de Chartres montre ses caricatures[1]. Il a beaucoup parlé des théâtres, de la meilleure place à l'Opéra, de celles où un jeune homme à la mode ne pouvait pas aller (le parterre, par exem-

---

1. Musset avait été pendant deux ans le condisciple du duc de Chartres au lycée Henri IV. On l'avait invité à Neuilly, et le prince lui avait écrit des lettres où il lui offrait son amitié. Un mois et demi plus tard, Louis-Philippe était proclamé roi, le duc de Chartres devenait duc d'Orléans et Musset s'écarta dès lors pour ne pas se confondre avec les courtisans intéressés.

ple), de tableaux, de statues, des boissons inspiratrices. Il est de l'avis d'Hoffmann : du vin de Champagne pour un opéra-buffa ; du vin du Rhin pour un opéra sacré ; du vin de France pour un opéra-seria ; pour un opéra comme *Don Juan*, où le comique et le tragique sont mêlés, du *punch*. M. de Vigny a dit qu'il avait voulu quelquefois, après avoir bu du champagne, engager les chastes muses à lui faire visite, mais qu'il n'en avait pas vu la queue d'une.

M. Musset a parlé aussi fort gaiement et sans façon des caricatures qu'un de ses amis a faites sur lui-même et son point sur un *i*. Il a vanté Odry dans *Les Brioches à la Mode* et la complainte qu'il déclame si comiquement. En général la conversation avait une tournure frivole. Ces messieurs n'ont aucune croyance, du moins ils m'ont semblé le dire assez ouvertement.

On parlait de la *statuaire*, sujet auquel je reviendrai plus tard. « Que faire, disait-on ? Les dieux anciens, à l'adoration de qui les offrir ? Des saintes Vierges ? Personne n'y croit plus. Il n'y a plus de foi. »

M. Musset nous parlait aussi de M. Henri Ternaux[1] qui, parti pour les États-Unis avec les idées les plus libérales, venait d'en arriver tout désenchanté, accoutumé à regarder les noirs comme une race inférieure, déclarant l'Amérique le pays le moins libre de la terre parce que, dès que l'on veut y vivre à sa guise, on est remarqué, on est en dehors de l'ordre, où l'on vous fait bien vite rentrer. Les jeunes gens, suivant le même voyageur, sont aux États-Unis d'un commerce insup-

---

1. Henri Ternaux-Compans édita la Collection des *Voyages, Relations et Mémoires originaux pour servir à l'histoire de la découverte de l'Amérique* (1836-1838). Il s'y était préparé par une *Bibliographie américaine* (de la découverte à 1700) publiée en 1836.

portable. Ils s'ennuient, ils sont pédants, n'ont aucun talent d'agrément et boivent tout le jour. M. Ternaux, se promenant un jour avec une femme blanche à laquelle il donnait le bras, fut salué par une femme de couleur. Il lui rendit son salut. Sa compagne lui dit qu'elle voyait bien qu'il était ignorant des usages, mais que s'il continuait à saluer ainsi les femmes de couleur elle serait obligée de quitter son bras. Et là-dessus, quelques remarques piquantes et légères sur ces *bibliques* qui agissent ainsi. Ce même mot que j'ai souligné fut prononcé encore avec ironie et réprobation dans une autre occasion que j'ai oubliée. M. de Musset était aussi fort choqué de ce que M. Ternaux, allant faire une visite au Président des États-Unis, fût suivi jusque dans le salon par le cocher de fiacre qui l'avait amené.

Je comprends le désappointement de M. Henri Ternaux : il arrive là avec ses idées de libéralisme de banquier ! Or tout le monde sait que l'aristocratie de la richesse en France menace d'être pire que l'autre encore. Ainsi donc, ces messieurs les poètes romantiques sont de grands messieurs, vivant bien, ayant toutes leurs aises. — Quant aux poèmes de M. de Musset, je suis toujours davantage pour ce que j'en ai dit plus haut. Il les a faits pour s'amuser, il en a ri lui-même lorsqu'ils étaient risibles et il n'y a pas attaché d'autre importance. Il a cité, en riant, et avec un ton fort comique, les vers de Sainte-Beuve à la rime : ... *qui donne leurs sons Aux chansons*[1], etc.

---

1. Premiers vers de la deuxième poésie de *Joseph Delorme*, intitulée *A la Rime* :

> *Rime, qui donnes leurs sons*
> *Aux chansons,...*

Du reste, pas de croyance, parce qu'il ne me paraît pas qu'il y ait chez eux plus de moralité que chez la plupart des Parisiens, surtout lorsque l'argent ne leur manque pas pour satisfaire leurs passions. Cette réflexion que je fais depuis quelque temps me raffermit vivement dans la foi et je me persuade toujours plus que si l'on ne croit pas, c'est que nos passions ont intérêt à ne pas croire et que l'on se trompe soi-même et les autres quand on dit : « *Je ne puis pas croire.* » Je crains bien que ce ne soit plutôt, comme à l'ordinaire, « *Je ne veux pas croire* », qu'il faut dire.

Il y avait là un autre jeune homme blond, au teint un peu maladif, à la figure fatiguée et aux traits peu réguliers. On le nommait Antony. Je présume que c'est le frère d'Émile Deschamps et l'auteur de la dernière traduction du Dante.

On a parlé aussi d'un M. Paul Fouché[1], dont on a montré le portrait ou la caricature. On le peignait comme un homme bizarre, ridicule, petit et gros, romantique à ce qu'il paraît et s'évertuant pour la *Christine* de M. Dumas. Ces messieurs rirent beaucoup en se représentant ce Paul Fouché apparaissant à quelqu'un des héros d'Hoffmann. Ils s'en seraient souvenus toute leur vie ; en voyant son habit rouge, ils auraient dit : « Voilà une flamme », etc.

A propos de *Manon Lescaut*, on parla de la Camargo

---

1. Paul Foucher (1810-1875), beau-frère de Victor Hugo, son prête-nom pour *Amy Robsart*. Il s'occupa de théâtre toute sa vie. Dumas, qui écrivait *Fouché* comme J. O., l'a décrit ainsi : « Ce garçon myope et distrait qu'il est encore aujourd'hui, se heurtant indifféremment aux passants, aux bornes, aux arbres, contre lesquels il a toujours l'air de chercher les affiches de théâtre qui le jouent ; absorbé dans la pensée qui le tient au moment où on le rencontre... »

qui y danse un pas dans le ballet. (C'est mademoiselle Legallois qui remplit ce rôle). Et M. de Vigny chanta pour ceux qui ne le connaissaient pas l'air de la Camargo, lent et gracieux. Sa voix est douce et agréable. C'est ce que j'ai entendu qui m'ait fait le plus de plaisir durant cette longue visite de deux heures.

Je suis obligé de relater ici que de tous les romantiques qui étaient là nul n'avait de barbe au menton. Tous, de très-petits favoris ; plusieurs même n'en avaient point ; les chapeaux coniques, il est vrai ; mais tout le monde en porte maintenant, excepté moi parce que mon chapelier, pour se débarrasser de ses vieux chapeaux, a trouvé moyen de m'engager à en prendre un qui ne fût pas pointu.

Le duc de Chartres est romantique ; il a défendu *Hernani* contre toute sa famille[1]. Il a vanté à une dame la préface d'*Othello*. « Ah ! le bon prince, l'excellent prince ! » s'est comiquement écrié M. de Vigny. Il a fait une caricature de Gulliver que M. de Musset a fort drôlement décrite. Je me rappelle surtout ce trait : Gulliver est étendu ; les Lilliputiens dressent des échelles sur son corps ; un carrosse à huit chevaux emmène la pipe ; avec une poulie on tire son canif de sa poche, etc. Sur la couture de ses pantalons, il y a une large raie, une espèce de galon. Et l'on voit un peintre qui y écrit : *Il est défendu de déposer* etc. Pour quelqu'un qui a vu Paris et les murs couverts de cette défense, cette idée est comique.

Quelqu'un nous a appris que Sainte-Beuve avait envoyé au classique *Constitutionnel* une annonce des *Harmonies* de Lamartine, dans laquelle il disait « que

---

1. Selon Cuvillier-Fleury, rien n'aurait fait lire un écrivain romantique à Louis-Philippe, « lettré à la vieille manière ».

l'on voyait avec plaisir que M. Lamartine était resté étranger, avait échappé au mauvais goût des novateurs, etc. ». Si elle est vraie, la mystification n'est pas mauvaise[1].

On a parlé de M. Lamartine. M. de Vigny en a vanté encore les derniers vers. « C'est si beau ! C'est si large... peut-être trop large ! » a-t-il ajouté en riant et la petite critique est venue. J'avoue qu'elle ne m'a pas fait plaisir. Elle sentait un peu le confrère. « Au milieu de toutes ces grandes idées, on en voit tout d'un coup une petite de six pieds qu'il enferme dans un vers. » Ils trouvaient « fat » *Le Premier Amour*[2], surtout l'endroit *Je partis, elle mourut*. M. de Vigny a vanté ce vers : ... *dans une larme avait noyé son cœur*. « C'est joli, c'est gracieux ! » disait-il. Tous critiquaient *la première étoile dans ma nuit*. Je n'ai pas bien compris une autre de leurs plaisanteries ; je crois cependant qu'elle avait rapport à madame Lamartine qui ne devait pas être trop contente de ces vers, etc., etc.

Ces messieurs ont beaucoup parlé de la statuaire. M. de Vigny a répété ce qu'il en avait dit la première fois que je l'ai vu : « Il me paraît indigne du ciseau et du marbre de les employer à faire une giberne, un bou-

---

1. Cf. l'appendice III. Voir aussi le *Mercure de France* du 1er février 1951.
2. *Le Premier Regret*, qui commence par ce vers :
   Sur la plage sonore où la mer de Sorrente...

Il semble que le poète ait ajouté ce morceau à son recueil au dernier moment, en mai 1830. Les allusions des amis de Vigny se rapportent aux vers suivants :
   Dans sa première larme elle noya son cœur...
   Je pleure dans mon ciel tant d'étoiles éteintes,
   Elle fut la première, et sa douce lueur
   D'un jour pieux et tendre éclaire encor mon cœur !...
   Ainsi, quand je partis, tout trembla dans cette âme ;
   Le rayon s'éteignit...

ton, un galon. » Cette fois, il a rapporté ces paroles comme étant celles de David[1] avec qui il parlait un jour de son art. La statuaire est un art mort. Si l'on fait le nu, on vous dit : « Vous imitez l'antique. » Si on représente les habits modernes, alors ce n'est pas digne du ciseau. David était tourmenté de cela. M. de Musset a dit fort sensément : « Moi, je ferais le nu. Que m'importe que les *Grâces* de Canova[2] soient antiques ou modernes ? Elles me plaisent. » — « C'est aussi ce que je lui ai conseillé » a répondu M. de Vigny. « J'ai été longtemps, dit-il dans une autre occasion, à comprendre les beautés du *Torse* du Vatican. Enfin des gens de l'art m'ont appris qu'elles consistaient surtout en ce que la cuisse était bien liée, que les muscles entraient bien », etc. Je mets *etc.* parce que je n'ai guère compris M. de Vigny, qui lui-même s'avouait vulgaire en ces matières.

Un M. Gaspard est entré. Je crois un peu que c'est M. Gaspard de Pons[3]. J'en ai profité pour prendre congé. M. de Vigny m'a accompagné fort poliment, m'a demandé mon adresse afin de pouvoir me prévenir s'il faisait quelque lecture. En général il est très-aimable en faisant les honneurs de la maison. Il vous présente, il cherche à animer la conversation, à vous faire causer. Et moi, devant tous ces beaux messieurs, je n'ai pas su dire un mot.

Je suis allé ce soir aux Français pour entendre

1. David d'Angers (1783-1856), l'ami des poètes romantiques.
2. Canova (1757-1821) avait terminé ce groupe à Rome, vers 1817. Il fut acquis par le musée de l'Ermitage, à Saint-Pétersbourg.
3. P. Gaspard de Pons, officier de la Garde, était un des amis intimes de Vigny depuis 1817 et de Hugo depuis 1821. Il fit la guerre d'Espagne, et reçut la croix dans la « promotion du sacre ». Il quittait l'armée quand J. O. le vit.

mademoiselle Mars dans *Le Misanthrope* et dans *La Comédienne*[1]. Dans le rôle de Célimène, elle est une coquette à endiabler tous les amants. C'est le naturel qui est surtout le trait principal du caractère de mademoiselle Mars. — C'est bien dommage que l'on ne puisse plus guère se faire *assez d'illusion* sur sa figure. — Je suis obligé d'en convenir : j'ai eu un peu de peine à maintenir mon attention pendant *Le Misanthrope* quand mademoiselle Mars ne jouait pas. Ah ! c'est surtout pour ces grandes et belles pièces que tout le monde connaît qu'il faut de bons acteurs. [...]

[*Ici manquent deux pages du manuscrit : les pages 129 et 130.*]

Dimanche 20 juin.

[...] Notez que la relation du 20 juin est faite aujourd'hui 21.

Je suis rentré hier au soir à minuit et tout mouillé. M. Ladame, avec qui je me lie toujours davantage, est venu me chercher pour aller au catéchisme de M. Monod[2]. J'ai été touché et édifié de ses instructions familières plus que d'un sermon bien ronflant (calembour pour ceux qui voudraient). Ensuite nous sommes allés

---

1. Trois actes en vers d'Andrieux, joués pour la première fois en 1816 et une trentaine de fois depuis. La représentation à laquelle assista J. O fut la seule de cette année-là.
2. Frédéric Monod (1794-1863), né dans le canton de Vaud, pasteur de l'Église réformée de Paris (adjoint, 1819-1832 ; pasteur en titre, 1832-1849), principal rédacteur des *Archives du Christianisme au XIXe siècle* à partir de 1824. Il démissionna en 1849 pour fonder l'Église libre de Paris avec A. de Gasparin. Le célèbre prédicateur Adolphe Monod était son frère.

à la Salpêtrière, hospice de femmes âgées. Il y a aussi un local particulier dans le même établissement pour les femmes folles ; grâce à notre qualité d'étudiants en médecine que nous nous sommes laissé donner, nous l'avons visité. Cet hospice de la Salpêtrière est immense. C'est absolument comme une petite ville, comme un satellite de Paris. On traverse plusieurs grandes cours, plusieurs corps de logis, des jardins, des bâtiments pour les cuisines (où nous avons vu deux chaudières dans chacune desquelles cuisait un bœuf tout entier), pour la lingerie, la buanderie, etc. L'hospice renferme actuellement en tout cinq mille trois cents personnes. Nous avons visité les différentes infirmeries, qui ont l'air très bien tenues. Elles sont composées ordinairement de vingt-quatre lits, avec des rideaux blancs. Tout cela a l'air très propre. Nous avons vu, dans l'enceinte des femmes folles, les bains au moyen desquels on leur donne les douches. Elles sont assises dans une baignoire et on leur passe autour du col une plaque de fer qui les empêche de remuer la tête. Au-dessus d'elles, dans le plafond, il y a un trou, tantôt complètement ouvert, tantôt formé de grille d'arrosoir. Au moyen d'un cordon on fait tomber par un de ces trous une certaine quantité d'eau sur la tête de ces malades qui poussent quelquefois des cris effroyables.

Elles ont beaucoup de liberté pour se promener. Nous en vîmes qui étaient couchées dans l'herbe ou qui erraient dans de vastes cours et nous suivaient, nous demandant du tabac ou de l'argent, marmottant les paroles de leur délire. Celles qui sont méchantes sont enfermées dans une enceinte particulière. Une d'entre elles était même attachée par le corps sur un

poteau. Elle était échevelée et n'avait que sa chemise
pour se couvrir. Elle nous aperçut à travers les grilles
et, se dressant sur ses pieds et animant sa figure et ses
yeux d'une façon terrible, elle nous invita à venir,
puis, nous voyant partir, elle nous accabla d'injures
dans le style du peuple de Paris.

Après cette visite à la Salpêtrière, où nous admirâ-
mes encore le génie du XVIIe siècle[1], nous dirigeâmes
nos pas vers les Gobelins où il y avait hier l'exposition
annuelle. Nous avons vu des tableaux magnifiques :
jamais je n'aurais cru qu'avec des fils on pût arriver à
ce point de vérité. Toutes les nuances sont observées,
tous les effets de lumière sont produits. Nous avons vu
les ateliers ouverts, mais les ouvriers ne travaillaient
pas. On sait qu'ils font leur tableau sans le voir. Ils ont
dans leur cellule le tableau peint qu'ils veulent reproduire avec leurs fils et, à mesure qu'ils travaillent dans
cette cellule, le tableau se fait de l'autre côté de la toile.

Nous revînmes en ville, et chemin faisant nous
entrâmes au Luxembourg voir la galerie des tableaux.
Ils sont tous de l'école moderne. Une observation
générale qui m'a frappé déjà et qui me frappa encore
alors, c'est qu'il y a dans le coloris de la plupart des
peintres modernes quelque chose de singulier que moi,
ignorant, je ne sais comment appeler autrement qu'en
disant qu'ils me font l'effet d'avoir été *polis*, *ratissés*.
J'aime cette manière dans certains sujets gracieux,
comme *Diane et Endymion*, de Girodet[2], *Didon*, de
Guérin, mais en des sujets plus graves, elle m'a déplu.

1. La Salpêtrière était un ancien arsenal de Louis XIII (1634) ;
le bâtiment principal de l'hospice fut construit vers 1660.

2. A propos de l'*Endymion* de Girodet, Louis Hourticq a noté :
« La technique lisse et froide, à la David, échoue à rendre la rêverie nocturne ». (*Guide du Musée du Louvre*, 1921, p. 125.)

20 JUIN 125

Un tableau qui m'a fait grand plaisir, c'est une scène d'une fête italienne par Robert[1], peintre neuchâtelois de La Chaux-de-Fonds. Des paysans et des paysannes sont assis, tout couronnés de fleurs, sur un char traîné par des bœufs. L'un des paysans assis sur le derrière du char joue de la mandoline. Il y a quelque chose de champêtre, de frais et d'antique dans ce feuillage, ces bœufs et ces belles figures italiennes.

Ladame et moi nous dînâmes ensemble, après quoi nous allâmes au Vaudeville. On donnait *Léonide ou La Vieille de Suresnes*[2], pièce qui a des situations intéressantes, mais aussi bien des longueurs (jamais les couplets sur la scène ne m'ont tant choqué que là). On donnait encore *L'Oubli ou La Chambre nuptiale*[3], petite pièce bâtie, comme on l'a dit, sur la pointe d'une aiguille.

---

1. Léopold Robert (1794-1835), élève de David, devait sa célébrité à ce tableau, popularisé par la gravure et qui allait en principe être le premier d'une série de quatre, symbolisant les saisons. Le printemps y était représenté par des paysans napolitains revenant du pèlerinage de la Madone de l'Arc. La série ne fut jamais terminée. Le peintre se prit de passion pour Charlotte, fille du roi Joseph et veuve de Louis Bonaparte, et se trancha la gorge à Venise, au palais Pisani.

2. Drame en trois actes, « à spectacle », tiré du roman de Victor Ducange par Dupeuty, Villeneuve et Saint-Hilaire ; il fut joué pour la première fois à l'Ambigu-Comique le 18 novembre 1823. La pièce avait paru, vers le 15 mai 1830, dans le « Répertoire du Vaudeville », 12e livraison. Mais à partir de 1840, on lui donna un titre nouveau : *Lisbeth ou la Fille du Laboureur*, le seul que connaisse la Bibliothèque nationale.

Cette pièce, et *Trente Ans ou la Vie d'un Joueur*, de Ducange et Dinaux, ont fourni un poncif sur lequel d'innombrables drames ont été fabriqués dans les deux mondes.

3. Vaudeville en un acte de Paul Duport. La première représentation avait eu lieu deux jours plus tôt, le vendredi 18 juin. On avait remarqué que le sujet rappelait la donnée du chapitre x de la *Confession* de J. Janin où Anatole oublie le nom d'Anna le soir de ses noces.

Lundi 21 juin, 7 heures du soir.

Si j'ai bonne mémoire, je dois avoir parlé déjà de cette idée de M. de Vigny que la statuaire est un art mort, et de ce désespoir du sculpteur David qui ne sait plus ce qu'il doit faire, le nu (on lui reprochait alors de copier l'antique) ou l'habit moderne (c'est alors profaner le ciseau que de le consacrer à faire des boutonnières, etc.). Pendant le conversation où ces choses furent rapportées[1], M. Robert parla d'une statue exécutée par un artiste sans doute saint-simonien. C'est une Vierge, nous dit-il (une Vierge, c'est-à-dire une Sainte Vierge, mais il est clair qu'ils modifient cette idée chrétienne). Elle est représentée avec un ornement de tête qui figure les organisations précédentes (je ne sais s'ils en comptent deux ou trois) et au-dessus le sculpteur a représenté une étoile, qui figure l'organisation nouvelle (la doctrine de Saint-Simon).

Mardi 22 juin, 3 heures après midi.

J'ai entendu M. Villemain, comme tous les mardis. Une petite observation que j'ai faite en l'entendant est celle-ci. Je la note parce que je ne pourrais pas la retrouver dans son cours. Une phrase l'avait amené à prononcer ces mots *se trouvait là* ; il avait dessein de dire ensuite *avec la littérature* (ou telle autre chose, peu importe). Il a prévu qu'il y aurait un hiatus désagréable et, s'arrêtant un instant au mot *là*, il a comme laissé tomber celui de *messieurs*, pour arriver

1. Voir la conversation du 16 juin.

sans encombre au mot *avec*. Après la leçon (qui a roulé sur la littérature aragonaise et castillane), j'ai voulu m'acheminer chez M. Sainte-Beuve. Je ne l'ai pas trouvé. C'est déjà la seconde fois que cela m'arrive. C'est au moins dépitant !

Mercredi 23 juin.

En allant, comme à l'ordinaire, chez M. de Vigny, j'ai pris la résolution de faire visite à M. Charles Lucas[1], l'auteur du mémoire sur la peine de mort. J'avais pour lui une lettre et un livre qui m'avaient été remis par M. le professeur Chavannes[2]. M. Lucas, malgré le retard que j'ai mis à m'acquitter de ma commission, m'a parfaitement reçu. C'est un homme de taille moyenne, jeune encore à ce qu'il paraît, quoique ses cheveux noirs soient très grisonnants. Ses yeux sont grands, clairs et prennent quelquefois une grande expression de réflexion. Ils sont de la couleur de ceux de Minerve.

Nous avons parlé politique. Il m'a énoncé sur le [roi][3] à peu près les mêmes opinions que M. Dubois. Le [roi] est placé entre deux peurs, la peur du diable et la peur de la révolution. Mais comme il est poltron et

1. Charles Lucas (1802-1889), avocat, originaire de Saint-Brieuc. Il avait fait paraître quinze jours plus tôt sa *Conclusion générale de l'ouvrage sur le système pénitentiaire en Europe et aux États-Unis*. L'auteur reçut le grand prix Monthyon. Le régime de Juillet le fit inspecteur général des prisons. Adversaire déclaré de la peine de mort, il s'occupa du sort des jeunes détenus, et fonda près de Bourges une colonie pénitentiaire.
2. Daniel Chavannes (1765-1846), professeur de zoologie à Lausanne. Son fils et ses filles étaient des amis particuliers de J. O. et ce fut dans leur cercle que Sainte-Beuve fut reçu à Lausanne, en 1837.
3. En blanc dans le manuscrit.

n'oserait pas payer de sa personne, il cédera. — Il y a deux partis en France, les libéraux et le parti-prêtre. Ce dernier seul mérite le nom de parti parmi les antagonistes des libéraux, parce que seuls ils ont une volonté ferme et de l'influence. — Les nobles sont plus riches et plus heureux qu'avant la Révolution. Ils ont eu le milliard d'indemnité ; ils sont à la pairie, aux ambassades. Ils auraient tout à perdre. Mais le parti jésuite voudrait regagner le pouvoir et il a une très grande influence par la *prédication*. « Jugez, me disait M. Lucas. Un évêque peut faire par un mandement qu'à la même heure sa volonté, sa manière de voir, ses désirs soient connus et prêchés dans toutes les paroisses, dans toutes les communes de son diocèse[1]. — La cause de la France est la cause de l'Europe, aussi s'occupe-t-on beaucoup de nous dans les autres pays, en Allemagne, parce que la France est la seule puissance (prépondérante) où existe la liberté. L'Angleterre n'aime la liberté que pour elle-même. Elle hait plus la liberté continentale que l'autocratie elle-même[2]. Aussi à quoi

1. Ch. Lucas faisait allusion à la proclamation lancée par Charles X exactement dix jours plus tôt et contresignée par Polignac, dans laquelle le roi se jetait lui-même dans la lutte électorale au risque, si ses partisans n'étaient pas élus, d'être humilié sans recours ou de briser les lois constitutives du système électoral en vigueur. Un assez grand nombre de prélats soulignèrent la proclamation du roi par des lettres pastorales où ils blâmaient la Chambre, qualifiaient l'adresse (dans laquelle les députés avaient averti le roi qu'il n'y avait pas de collaboration possible entre le ministère et le pays) d'écrit « hypocrite et perfide », et demandaient aux fidèles de s'employer à obtenir « de bonnes élections ».

2. Les notes inédites du banquier genevois Jean-Gabriel Eynard (1775-1863), bien connu par ses luttes en faveur de l'indépendance de la Grèce, contiennent des impressions analogues. Voyez particulièrement sa « *Note très confidentielle* » de juin 1837 au comte Molé, président du Conseil des ministres (folios 495-496). Manuscrits Eynard, bibliothèque de Genève.

tendent tous les soins de son administration politique ? Sachant bien que la France, laissée au libre développement de ses doctrines, deviendra plus influente qu'elle et étendra cette influence sur le continent, elle cherche toujours à embrouiller nos affaires domestiques, disait M. Lucas. — La France est le seul pays où tous les anciens préjugés soient éteints. La Révolution a fait table rase. Aussi quelqu'un a-t-il quelque chose de vraiment bon, qu'il vienne en France ! Il trouvera une cire molle qui recevra toutes les empreintes qu'il voudra lui donner. »

Quant au côté religieux de ce pays (j'ai ainsi divisé en deux parties le récit de notre conversation, où tous ces sujets furent mélangés, comme on pense), il est nul en France. Il n'est point de pays où il y ait si peu de croyance, comme l'a dit M. Lamennais. L'incrédulité est ici de l'esprit. Le catholicisme est mort. Le protestantisme ne prendra pas non plus en France parce que nous ne sommes pas un peuple fait pour le protestantisme. « Si l'on prêche le déisme je suis convaincu, ajoute M. Lucas, que beaucoup de gens, que le plus grand nombre l'embrassera. Il est affreux, il est bien triste », me disait dans sa conversation mon interlocuteur, « de penser qu'il n'y ait aucune croyance religieuse, de n'avoir, par exemple, auprès de la tombe d'un ami qu'on a accompagné à sa dernière demeure, aucune parole de la religion pour vous consoler, etc., etc. »

Nous avons aussi parlé de la Suisse. « C'est un pays très intéressant, très curieux », répétait plusieurs fois M. Lucas, qui l'a parcourue. « On y voit rassemblés tous les degrés de civilisation et de société constituée, depuis les plus élevés aux plus bas. On y retrouve, par exemple, tous les *âges de la prison*. Dans le canton d'Uri, il n'y a presque pas d'arrestation. Je suis étonné que personne n'ait pensé à faire un ouvrage où l'on présenterait le tableau de toutes ces diverses constitutions suisses, avec des observations. Cet ouvrage manque. J'en ai parlé à plusieurs de vos messieurs à Lausanne et à Genève, mais ils m'ont peu donné de détails là-dessus. » (Je dis à M. Lucas que cela venait de notre esprit de localité, etc.) « On pourrait faire un ouvrage très-curieux là-dessus. Le canton de Neuchâtel » (dont il m'a aussi parlé, car M. Chavannes lui apprenait ma nomination) « est aussi fort curieux à observer. C'est un petit pays matériellement très heureux. Le caractère de son gouvernement est de n'en point avoir. Ils font leurs affaires, ils s'arrangent entre eux. Tenez ! nous allons chercher bien loin des choses intéressantes et nous en avons à nos portes. C'est que nous sommes comme cela, nous autres Français. Ainsi, les Pays-Bas. Jusqu'à il y a peu de temps, tous les publicistes français vous auraient dit, quand on leur aurait parlé de cet État : oh ! c'est là que la liberté a reçu un grand développement, etc.; et les dernières affaires seulement nous ont fait voir combien nous avions de fausses idées sur le gouvernement de ce pays[1]. »

Je m'acheminai, après cela, de la rue du Dragon à la rue Miromesnil[2], chez M. de Vigny. Je trouvai là deux personnes, dont l'une a fait comme moi, n'a rien dit et a souri d'autant plus ; je n'en parlerai pas. L'autre était un grand beau jeune homme, au front proéminent, aux cheveux châtains et légèrement bouclés,

1. Voir plus haut la conversation avec Dubois, le 3 mai.
2. Vigny demeurait au n° 30 ; il y logea jusqu'en juin 1831.

aux grands yeux, au teint un peu échauffé. Je n'ai pas pu en savoir le nom. Je crois pourtant l'avoir entendu nommer une fois M. Ballanche. (Note de Juste Olivier[1] : *C'était Gustave Planche, que j'ai bien connu depuis chez Gleyre, où il venait fréquemment. Noté ceci en 1869, rue Pernelle, 1. Je n'avais pas relu ce journal jusqu'ici.*) Serait-ce le fils du fameux M. Ballanche qui traita de la palingénésie sociale ? Quoi qu'il en soit c'est un jeune homme très spirituel, qui a l'air instruit, a beaucoup lu. Il nous a dit lui-même qu'il était gradué dans trois facultés, mais ne s'était fait encore recevoir docteur dans aucune. Il sait et écrit plusieurs langues. Du reste, à ce que j'ai compris, il n'a jamais publié d'ouvrage[2] (quoique M. de Vigny lui dise toujours : « Mais publiez donc un gros livre ») et dit qu'il n'est pas capable de faire un livre. Il a l'air dégoûté de tout, quoiqu'il parle de tout avec énergie et vivacité, quelquefois même avec une sorte de fureur. Sans foi, sans croyance (durable, car il paraît qu'il avait écrit quelques jours auparavant à M. de Vigny un morceau sur la Providence. « C'est qu'apparemment, dans ce moment-là, j'y pensais », a-t-il répondu), — et, j'ajoute,

1. Note ajoutée ici par J. O. quand il relut ce Journal à la fin de sa vie. C'est le seul passage du Journal qui ne date pas de 1830, nous semble-t-il après examen attentif du manuscrit.
2. G. Planche (1808-1857) ne se mit à écrire qu'en 1831. Son coup d'éclat de début fut l'article sur *la Haine littéraire* (*Revue des Deux Mondes*, nov. 1831) en réponse à la *Camaraderie littéraire* de Latouche (*Revue de Paris*, oct. 1829). Il devint alors le critique à tout faire qu'après sa mort Buloz désespéra de jamais pouvoir remplacer. Il avait, selon V. Pavie, « un sous-sol d'études fortes ». Dans l'automne de 1830, on le verra chercher à obtenir une chaire de littérature anglaise au Collège de France, avec l'aide de madame Tastu. (« Ce qu'il a le mieux su c'est l'anglais », a dit Sainte-Beuve, *N. L.*, V.) Son premier livre sera le *Salon de 1831*, publié à ses frais.

sans beaucoup de moralité, parlant de choses quelquefois assez sales, et légèrement, comme un jeune Parisien qui a joui de tous les plaisirs.

Plus tard est arrivé M. Dittmer, l'un des auteurs des *Soirées de Neuilly* (*Conjuration de Malet, Les Français en Espagne*, etc.[1]). C'est un jeune homme assez grand, la figure un peu rude mais point désagréable, les cheveux blonds, serrés sur les tempes, les yeux bleus, la voix sonore. Quatre autres personnes arrivèrent aussi et se joignirent à nous. L'un était un jeune homme (que je crois anglais) qui a beaucoup parlé de Lamartine et aussi de Sainte-Beuve, dont il a surtout vanté le petit traité sur *l'Amitié* que renferme la préface des *Consolations*, ou plutôt, a dit M. de Vigny, « *contre l'amitié* ». Le second était un M. Guinon (je ne suis jamais sûr de ce nom), placé à côté de moi, qui m'a appris que M. Lamartine avait moins de quarante ans, trente-neuf environ (puisqu'il n'est pas éligible), qu'il passait l'été à Paris et l'hiver à la campagne (Saint-Point), qu'il aimait mieux la campagne l'hiver que l'été. Chose singulière ! — Quelques personnes prétendent que c'est parce qu'il mène un grand train à Paris et que sa fortune ne lui permettrait pas de le soutenir l'hiver. Le troisième était un jeune homme de petite taille, assez joufflu, aux cheveux épais, moustache et barbe mentonnière. On lui a demandé des

___

1. Dittmer (1795-1846), « l'ironique et bon Dittmer,... si supérieur à Cavé » (Sainte-Beuve, *N. L.*, III) avait été le condisciple de Vigny au collège Bourbon. Il quitta l'armée en 1825, à peu près en même temps que Vigny, et se mit à étudier la médecine. Il collabora au *Globe*, où il rendait compte des petits théâtres avec Cavé. Tous deux publièrent les *Soirées de Neuilly* (1ᵉʳ vol. 1827 ; 2ᵉ vol. 1828) sous le pseudonyme de M. de Fongeray, dont ils donnaient en frontispice le portrait et un autographe.

nouvelles de Victor (comme ils disaient, sans ajouter Hugo), de Dumas, etc. Il paraît qu'il vit beaucoup avec eux. Il avait apporté, dans un beau livre blanc bien relié, des vers que M. de Vigny a lus mystérieusement. Le quatrième était ce M. Gaspard qui est arrivé, cette fois comme la dernière, à peu près au moment où je partais.

Je suis bien resté environ trois heures chez M. de Vigny, en sorte que j'ai entendu beaucoup de choses diverses que je ne pourrai guère que noter brièvement et confusément. Quand je me rappellerai les noms de ceux qui les ont dites, je les ajouterai entre parenthèse.

« Fontan (enfermé à Poissy[1]) n'est intéressant que comme la représentation d'un symbole, d'une idée, car il ne mérite pas d'intérêt par lui-même ; il paraît que c'est une canaille, un pilier d'estaminet » (Planche).

« M. de La Fayette aussi n'est que le représentant d'une idée, ce n'est certes pas un grand homme » (de Vigny). — « Oui, ce n'est qu'un niais illustre, un *niais grand homme*, mais enfin il est propre, on peut le toucher, tandis que Fontan, on ne le *ramasserait pas avec des pincettes* » (Planche).

---

1. L.-M. Fontan (1801-1839), qui avait mis à la scène *L'Espion* de Fenimore Cooper, en collaboration avec L. Halévy (Odéon, 6 déc. 1828), avait été condamné à cinq ans de prison et à dix mille francs d'amende le 20 juin 1829, pour un article de l'*Album* dirigé contre le roi : « Le Mouton enragé ». Mais il n'avait été écroué à Sainte-Pélagie que le 15 avril 1830. Sa pièce *Jeanne la Folle, ou la Bretagne au XIII*ᵉ *siècle*, fut aussitôt reçue à l'unanimité par le comité de l'Odéon. Elle fut jouée le 28 août et publiée en octobre avec « le Mouton enragé » pour préface.

Sur La Fayette qu'il rencontra personnellement le 16 octobre 1830, Vigny écrit de même dans son *Journal* (édition Conard, I, 119) : « Cet homme est un symbole de l'idée républicaine ; mais il n'a que cette idée. »

« Oh ! ne me parlez plus de cette *pourriture* de peuple. Il ne vaut pas la peine qu'on s'occupe de lui. C'est une fille vérolée avec laquelle on ne peut pas coucher. Je suis convaincu qu'on ne refusera pas l'impôt. Et si on le refuse, comme l'impôt foncier ne comprend guère que deux cent cinquante millions (le quart du budget), on trouvera à emprunter. Les capitalistes offriront des actions et on en achètera, M. Laffitte lui-même le premier. Les bons bourgeois en achèteront aussi parce que, diront-ils, au fait le roi a raison et fera taire tous ces mutins... » (Planche). — « Il est sûr que ce côté gauche va être bien ridicule » (de Vigny). — « Je vous demande un peu : M. Laffitte qui parle, qui disserte à la tribune et qui va ensuite à la Cour » (Planche). — « Ces messieurs les députés libéraux mettent beaucoup de gloire à faire quelques retranchements au budget, mais ils ne recherchent pas ceux qu'il y aurait vraiment profit et grand profit à faire, parce qu'il faudrait étudier la matière et qu'il faudrait la comprendre. Tenez, j'ai un cousin tanneur : il est presque toujours nommé député. C'est une bête ! » (Planche).

« Victor Hugo n'étudie pas. Il croit tout savoir par intuition. Je les trouvai un jour, lui et ses amis qui lui lisent des vers, bâtissant des théories sur les fossiles : il ne peut pas y avoir d'hommes fossiles, parce qu'il ne se peut pas qu'un corps qu'une âme a habité se pétrifie. Je leur dis alors qu'il n'y a pas d'hommes fossiles parce que l'homme, étant un corps plus composé, est par là plus vite décomposé et que la pétrification n'a pas le temps de s'opérer ; qu'un corps d'homme se décompose plus vite qu'un corps de chien et que l'âme humaine n'a rien à faire là. Ils me répondirent que ce n'était pas une raison. Je répliquai : oui, ce sont des raisons, mais des raisons raisonnables » (Planche).

« Oui, ils sont étonnants. Je trouvai un jour Victor, Abel et Eugène (celui qui est mort fou[1]) occupés à construire une espèce de machine » dont M. de Vigny nous fit la description et que j'ai oubliée. Après quoi, M. Planche dit : « Cela revenait précisément à prendre un oiseau en lui mettant du sel sous la queue. »

« Victor Hugo a pris un arrangement avec son libraire qui lui paye dix mille francs et à qui il doit livrer, le 1er janvier prochain (je crois) un roman de quatre volumes qui n'est pas encore commencé »[2] (Planche).

« Quant à moi, j'ai un système par lequel j'arrange

---

1. Eugène Hugo devint fou le 12 octobre 1822 ; il fut enfermé en 1823 à Charenton, où il mourut le 5 mars 1837. Cependant ces mots : « *celui qui est mort fou* » sont de la même écriture que l'ensemble du journal : ils paraissent bien dater de 1830. La seule apostille du manuscrit, d'une écriture très différente (J. O. l'ajouta quand il relut son journal en 1869) se trouve plus haut à la page 131 et se rapporte à Planche. Cf. pp. xv et xvi.
J. O. se fait peut-être ici l'écho d'un bruit qui aurait couru à l'époque.
Victor Pavie (1808-1886) était très lié avec la famille Hugo en 1830, et depuis plusieurs années. Il a écrit à propos d'Eugène : «… Comme on ne parlait jamais de lui, beaucoup d'amis ignoraient son existence. » (*Victor Pavie, sa jeunesse et ses relations littéraires*, p. 266.) Voir aussi Eugène Fay, *Eugène Hugo, sa vie, sa folie, ses œuvres* (Paris, 1924) : « Eugène, tombé dans la démence, était devenu le frère gênant, le fléau de famille dont on ne parle pas. »
2. Le 15 novembre 1828, V. Hugo avait passé un traité avec Gosselin selon lequel il devait livrer le manuscrit de *Notre-Dame de Paris* vers le 15 avril suivant. Très occupé par le théâtre, il laissa passer la date. Un nouveau contrat établi le 5 juin 1830 prévoyait des dommages-intérêts écrasants (mille francs par semaine de retard) si le roman n'était pas terminé le 1er décembre. Gosselin consentit plus tard à un délai supplémentaire de deux mois. Le poète avait donc jusqu'au 1er février 1831. Il parvint à livrer l'ouvrage le 15 janvier.

l'athéisme et le théisme. Je ne suis pas panthéiste » (Planche).

« Mérimée n'est jamais allé en Espagne (Planche). N'est-ce pas comme il en a bien saisi le caractère ? Il s'est fait Espagnol. Il écrit peu à la fois. En recopiant, il ne retranche pas, il ajoute. Il sait bien ce qu'il veut décrire. Il a étudié. Il ne fait pas de broches, comme certains auteurs, Fenimore Cooper, par exemple : le *Corsaire*[1] en est rempli » (je pensais à part moi à la *Frégate* de M. de Vigny[2]). « Du reste, il va partir pour l'Espagne ; il est muni de plus de quatre-vingts lettres de recommandation pour les archevêques, les évêques d'Espagne et tout ce qu'il y a de mieux ; il se les est procurées ici ; il connaît tout Paris » (Planche, qui paraît connaître beaucoup Mérimée et être fort lié avec lui). — Il nous a fait la description du tuyau de pipe que possède Mérimée, lequel tuyau est en cerisier de Bosnie. Là-dessus, petite histoire de la manière dont on avait fait croire à quelqu'un comment on se procurait ces

1. La traduction de *Red Rover*, par Defauconpret, chez Gosselin, en 1827, avait paru à Paris, sous la direction de l'auteur, plusieurs jours avant l'édition anglaise (qui est du 30 novembre) et plus d'un mois avant l'édition américaine (9 janvier 1928) ; elle est inscrite au *Journal de la Librairie* dans la livraison du 1er décembre ; elle parut donc dans la semaine du 25 novembre au 1er décembre. C'est Sainte-Beuve qui en avait fait le compte rendu au *Globe*, le 16 avril 1828.

2. Dans l'édition de 1829, les deux premiers vers du poème étaient :

Qu'elle était belle ma Frégate,
Lorsqu'elle voguait sous le vent !

On lit dans le *Globe* du 21 octobre 1829 : « *Voguer sous le vent* n'est d'aucune langue. On est *sous le vent* d'un autre navire, ce qui exprime un rapport de position, et le plus souvent un désavantage... Vous voulez être plus précis, plus vrai que vos devanciers : vous avez raison ; mais prenez garde ! De tous les genres de faussetés, le technique faux serait le pire. »

tuyaux-là. Les gens du pays vont sur les montagnes impraticables où ce bois croît et avec deux ou trois chevrotines dans un fusil en abattent une branche, etc.

« Mérimée se trouva un jour chez madame de Broglie et dans sa société puritaine. Il y avait là M. Guizot, Villemain et tous les *bas bleus* (je rapporte les termes et les expressions, qui n'étaient pas toujours achevés). On parlait de Martinez la Rosa[1], qui va donner un drame à la Porte Saint-Martin[2]. « Mais, dit Mérimée, pour un conspirateur, il me semble qu'il a une figure bien demoiselle ! » — « Eh bien ! quand on lutte pour des idées morales, dit madame de Broglie, est-il nécessaire qu'il y ait du sang versé ? » (Geste et expression de M. Planche, signifiant : « Voyez quelle bêtise ! »). — « Comment est-il écrit, ce drame ? » (de Vigny). — « Oh ! comme le *Télémaque* ! » (Dittmer). — « Oui, c'est ainsi qu'écrivent toujours les étrangers. Ils veulent faire du beau français tout de suite, et pas du français tout simple : les épithètes à droite et à gauche, où l'idée se trouve comme entre le bon et le mauvais larrons » (de Vigny). — « Il y a quelques scènes où il y a de la passion, du naturel, et le mot simple, le mot propre s'y trouve » (Dittmer). — « Mais M. Guizot, M. Villemain lui feront

---

1. Francisco Martinez de la Rosa (1787-1862), littérateur et homme d'État espagnol, chef du parti modéré, passa huit années en exil après la réaction royaliste de 1823. Il séjourna à Paris du 26 septembre 1824 au 5 septembre 1831. Sur ses relations avec le duc de Broglie et avec Guizot, voir Jean SARRAILH, *Martinez de la Rosa*, 1930, p. 177.
2. La Rosa composa deux drames historiques qui sont, selon Menendez y Pelayo, ses meilleurs titres de gloire. Le premier, *Aben Humeya ou la Révolte des Maures sous Philippe II*, fut représenté à Paris le 19 juillet. Il réussit moins en Espagne que le second, *La Conjuración de Venecia*, qui eut un succès immense en 1834 à Madrid.

bien vite corriger et employer le beau langage, etc. » (Planche).

« Lamartine, il y a quelques vers enjambés, dans les *Harmonies*, mais peu » (de Vigny). — « Et puis, il n'ose pas encore tout dire par son nom : l'eau qui sort d'une *urne écumeuse*[1] au lieu d'une *bouillotte* » (Planche).

— « Il me dit, il y a quelque temps : Ah! j'ai acheté les tableaux de Martin, le *Festin de Balthazar*[2], etc. — Quelles gravures ? les gravures anglaises, j'espère ? — Non! — Oh! bien, mon ami, on vous a volé; les autres ne valent rien. — Qu'est-ce que cela me fait ? Ce ne sont pas les détails que je veux, c'est l'idée » (Vigny). Exclamation de dédain de Planche.

M. de Vigny paraît être bon connaisseur en peinture. Il a fait de nouveau compliment à Devéria sur le portrait que celui-ci avait fait de lui, et à David aussi sur ses médailles et son buste. « Ce buste — il est beaucoup trop beau, beaucoup plus beau[3] » (de Vigny). — « C'est un mauvais ouvrage, un ouvrage honteux pour un statuaire » (Planche).

« Dans *Milly*, je n'aime pas autant le commencement que la fin. Cette description de l'Italie ne me paraît pas d'un caractère assez arrêté » (Dittmer). — « Lamartine lit très bien les vers. Je n'ai rien éprouvé de plus poétique qu'en l'entendant lire la *Pensée des Morts* » (l'Anglais présumé. Ensuite je n'ai pas assez bien entendu pour être sûr que ce fût Lamartine lui-même qui lût si bien ses vers; cependant je le crois). — « Il y a, dans ses *Harmonies*, une pièce adressée à

1. Dans *Milly*, Lamartine appelle « urne » le seau qu'un vieillard tire d'un puits.
2. « *Belshazzar's Feast* », œuvre de John Martin (1789-1854), exposée en 1821.
3. Le buste de Lamartine. David n'a pas fait de buste de Vigny.

un de ses amis d'enfance. On dit que quand celui-ci l'a lue, cet ami a dit qu'il ne savait point tout cela, qu'il n'avait pas fait ce chemin[1], qu'il voudrait bien que M. Lamartine lui expliquât, etc. » (l'Anglais).

« Il paraît qu'il se fait des lectures de vers chez Victor Hugo. — Le sujet de son roman est Louis XI. Il en a envisagé seulement la partie triste et recueillie. (« Ah ! c'est heureux ! C'est bien ! » Vigny.) C'est la chanson de Béranger, mais en quatre volumes, ce qui est fort long. Il n'a point considéré la partie libertine. Il ne le veut pas. Quand on n'étudie que psychologiquement, on ne peut pas savoir ces choses-là, et il faut les savoir, les avoir faites pour les raconter. Tenez ! il y a dans le *Sofa* de Crébillon un chapitre sur *l'enchantement rompu* (je crois !) que vous liriez à une jeune fille, à une femme qui n'aurait couché qu'avec son mari : elle n'y comprendrait rien. Mais une vieille douairière de la Cour, oui. Il faut avoir fait, avoir connu cela pour le peindre » (Planche).

« Nous nous promenions, Victor Hugo et moi, un jour, sur les quais, et nous regardions la gravure anglaise du *Festin de Balthazar*. Je lui faisais admirer cette lumière, etc. — Oh ! vous ne savez pas ce qui me frappe là-dedans ? C'est, dans le fond, la Tour de Babel. — Mais, mon ami, il s'agit ici du temps du prophète

---

1. Lamartine, ayant épousé Miss Birch, était un gibier marqué dans les commérages de la société anglaise. *Les Souvenirs d'enfance ou la Vie cachée* (L. II, harm. 14) louent au contraire son ami Guichard de Bienassis, à qui le poème est adressé, de n'avoir parcouru aucun chemin, d'avoir vécu fixé dans ses terres :

Il ne promena point sa vague inquiétude
De rivage en rivage et d'étude en étude.

La principale objection de Vigny à Lamartine, demeuré son ami, était de faire « des confidences à tout l'univers ».

Daniel ! La Tour de Babel était détruite ! Il n'en existait plus vestige ! » (Vigny).

« Oui, ces messieurs veulent juger de tout par intuition. Il faut savoir, et pour savoir il faut étudier. Mais c'est long ! C'est comme ce petit jeune homme qui, interrogé par le professeur sur les propriétés des deux cercles, se passa la main dans les cheveux, comme se disant : Voyons, je le trouverai bien. Alors le professeur lui dit : — Mon ami, je vous avertis que si vous ne savez pas quelles sont les propriétés des cercles, vous ne les découvrirez pas. S'il s'agissait d'un madrigal ou d'une élégie et que vous eussiez de l'esprit, peut-être en viendriez-vous à bout, mais les propriétés des deux cercles, ce n'est pas comme cela ! — Je suis sûr que Victor Hugo s'imaginerait découvrir les propositions d'Euclide par intuition. Quant à moi, je ne crois pas que Pascal les ait jamais devinées » (Planche, tout ce qui précède).

« A propos, on prétend (c'est Charles Nodier) que les *Pensées* de Pascal ne sont pas de lui, que ce sont des notes qu'il avait recueillies de toutes parts et que sa famille remit à des libraires qui les firent imprimer sous le titre de *Pensées* de Pascal » (Planche).

Statuaire. « La *Vénus* de Milo[1] (envoyée par M. Rivière) est à mon gré plus belle que la *Vénus* de Médicis et que l'*Apollon* » (Planche). « Et même que le

---

1. Sur un rapport de Dumont d'Urville, qui herborisait dans les environs, le marquis de Rivière, ambassadeur à Constantinople, envoya le vicomte de Marcellus acquérir la statue, découverte en février 1820. On chargeait la Vénus sur un bâtiment turc pour le compte du prince Morosini, drogman de la Porte, quand les envoyés de Rivière arrivèrent à Milo. Après quelques tiraillements, ils réussirent dans leur mission et Rivière fit présent du marbre au Louvre.

Laocoon » (Planche). — « Oh ! je ne sais pas » (Vigny). — « Oui, car dans le *Laocoon*, les enfants, ce sont bien des figures d'enfants, mais avec une anatomie de personnes de trente ans. Au reste, la statuaire grecque avait pour type vingt-cinq ans ; elle ne représente pas l'enfance. Il y a bien l'*Apolline*[1] qui a seize ans, mais c'est de la statuaire romaine » (Planche). « Les bas-reliefs du Parthénon, le Parthénon lui-même, beaucoup de personnes qui ont été à Athènes ne le trouvent pas beau ! » (Toujours en disant qu'il faut apprendre à juger, que ce n'est, par exemple, qu'après avoir entendu cent ou deux cents fois une symphonie, une ouverture, qu'on la comprendra). « Les bas-reliefs, ils sont de Phidias. Ils sont magnifiques. Ce sont des guerriers qui combattent, des chevaux superbes, un combattant qui tombe, etc. On peut les voir en plâtre, très beaux, chez Jaquet, où il y a de fort belles choses » (Planche).

La Bourse. « De nos jours, on élève un temple à l'argent ; on le nomme du nom de ce petit sac où l'on dépose l'argent » (Vigny). — « Oui, et l'on trouve moyen, dans les chapiteaux des colonnes, d'entremêler aux feuilles d'acanthe des ancres, etc. C'est un fort beau détail à observer », dit en riant M. Planche[2].

« Il y a, au Louvre, un plafond dont la peinture est tout ce qu'il y a de plus ridicule : Louis XVIII donnant la Charte, qu'il a l'air de laisser tomber comme

1. Statue exposée au musée des Offices, à Florence, depuis 1780. On l'attribuait parfois à Cléomène, auteur de la Vénus de Médicis. Elle représente Apollon adolescent.
2. Brongniart avait adopté d'abord l'ordre ionique, qui ne permettait pas une hauteur suffisante. Labarre, quand il reprit le travail en 1813, jeta son dévolu sur le corinthien, en le modifiant comme n'hésitaient pas à le faire les grands architectes de la Renaissance dont il était le disciple.

une jeune fille son mouchoir. Et Montesquieu qui s'avance avec l'*Esprit des Lois* sous le bras, comme un laquais de grande maison qui crie : « Voulez-vous une assiette ? » (Planche). — « Il faut voir le monument élevé à Malesherbes dans la salle des Pas-Perdus » (Dittmer). — « Oh ! oui, on ne perdra pas ses pas » (Planche). — « Il paraît que la famille de Malesherbes en possédait un buste assez ressemblant. On l'a fiché sur un corps de prêtre, d'évêque, de Bossuet, qui était sans tête. Et Malesherbes est là dans un temple, qui pèse bien plusieurs milliers... » (Dittmer). — « Quelle ridicule économie ! » (Vigny).

« Je m'étais laissé prendre à cette histoire de Rothschild qui devait acheter Jérusalem, — ce terrain couvert de masures qu'on nomme Jérusalem, et aller s'y établir. C'était une belle conquête, une conquête toute d'argent, succédant à celle de la force par Napoléon » (Vigny, et là-dessus les réflexions sur la Bourse).

« Il y a un bien beau vers dans les *Harmonies* :

Ce qui n'a point de rame et qui pourtant arrive[1].

Et puis tout est bien large. Mais souvent, en finissant, il s'en va, en quelque sorte. Il ressemble à ces chanteurs qui s'arrêtent tout à coup parce que l'haleine leur manque, — puis des pointes » (Vigny).

Voilà ce qui m'est revenu ce soir de la conversation. Sans doute que je perds beaucoup des illusions que je m'étais faites sur tous ces messieurs, que je vois bien des choses qui me semblent condamnables ; mais l'indépendance de mes opinions en augmente, peut-être aussi l'appréciation que tout homme doit avoir de sa

1. « Bénédiction de Dieu dans la solitude », vers 46.

propre pensée. Et puis cette idée se confirme en moi que s'il y a si peu de foi à Paris, c'est qu'on y manque de moralité, qu'on y a intérêt à ne pas croire, et la vérité de la pensée contenue dans l'ouvrage d'Erskine[1] sur la foi acquiert toujours pour moi plus de force.

J'ai vu M. Hollard. Nous avons parlé de Lamartine. Il a été choqué de la fausseté d'une pensée dans une des Harmonies, laquelle est d'ailleurs poétiquement fort belle. C'est quand il représente un *enfant faisant la prière du soir*. Ce doit donc être une prière apprise par cœur. Jamais un homme grave qui sait ce que c'est que la prière n'aurait dit cela. Cette pièce est poétique, mais elle est peu véritablement religieuse. — Lamartine a établi dans sa maison un culte domestique régulier. Il se considère bien comme chrétien (Hollard).

Jeudi 24 juin, 1 heure et demie du matin.

Je viens de terminer la relation qui précède, et je vais me coucher.

2 heures après-midi.

[...] M. Lucas me disait hier : « Le catholicisme se soutient par croyance et par indifférence : par croyance chez ceux qui ont quelque foi, par indifférence chez ceux qui veulent encore une religion et qui disent : autant celle-là qu'une autre. »

1. Thomas Erskine (1788-1870), avocat écossais. Ses *Remarks on the internal evidence for the truth of revealed religion* (1820) avaient été traduites en 1822, avec l'aide de Mlle Sobry, par la duchesse de Broglie dont Vinet trouvait la préface « très remarquable » (Lettres à Forel, 22 sept. 1824). Elle traduisit aussi son *Essay on faith* (1823) en 1826.

« M. Lamartine, disait hier M. Planche, s'est peut-être hasardé, dans ses *Harmonies*, à dire une *hanche* ; autrefois il aurait dit la *ligne sinueuse*, etc.[1] »

J'ai entendu affirmer, je crois chez M. de Vigny, que les livres dont il se vend le plus d'exemplaires en France, c'était les *Incas* de Marmontel, la grammaire de Lhomond et je ne sais quel autre. On disait en même temps que les belles estampes, les bonnes lithographies étaient toujours celles que l'on demande le moins à acheter.

MM. Planche et Dittmer ont conté hier plusieurs anecdotes que je ne me soucie guère d'insérer dans mon journal (où M. Planche m'a déjà fait écrire des choses assez crues). Je vais seulement les noter en deux mots qui pourraient me les rappeler si cela était nécessaire (mais je ne vois pas trop à quoi) : Roi d'Espagne, bataille perdue, puis coups de poing à Martinez la Rosa. M. de Béthusy, Madame de Montdragon et son mari. Le roi Charles X, point d'excuse. Cheval, saint Louis, pétition. Les obusiers et comme on fait les canons petits, Charles X, les quintaux, je croyais qu'ils étaient en cuivre. Charles X encore.

Vendredi 25 juin.

[...] « Il est toujours dans sa nacelle », dit M. de Vigny en parlant de Lamartine. Lui ou un autre a ajouté : « Il n'a guère que les flots, les soupirs du vent, sa campagne. »

---

1. Livre II, harm. 10 :
    Sa chevelure qui s'épanche...
    Glisse en ondes jusqu'à sa hanche (v. 56, 58).

J'ai lu ce soir le *Sylphe* ou *Trilby*, enfin le *Journal Rose*[1]. Il m'a paru souverainement ridicule. Le romantisme me semble tomber en de tristes mains et vraiment j'en suis fâché. Ces jeunes hommes (comme ils affectent bêtement de s'appeler, parce que Victor Hugo, je crois, a employé ce mot qui pouvait passer une fois, mais qui, devenu un titre, est niais), ces jeunes hommes donc sont d'une effronterie d'admiration vraiment remarquable. Ils vous citent comme chefs-d'œuvre romantiques de petites pièces de vers ou de prose qui tout bonnement sont de mauvaises imitations de quelques originaux qui ne sont pas sans reproche mais qui, au moins, vivent d'eux-mêmes. Aujourd'hui, c'était un petit morceau de prose intitulé, si je me rappelle bien : *Trois jours à Lesches* ! Description de ce village avec des phrases qui commencent toutes par *Oh !* Allocution aux habitants de Lesches : « Bonnes gens ! trois jours à Lesches valent mieux que trois ans à la ville, etc. » et quelques lambeaux de style descriptif. Un autre jour c'était un sonnet de je ne sais qui dans lequel l'auteur nous disait qu'il aimait à entendre chanter, à l'Opéra-Comique, l'intéressante Pradher[2] ; qu'il aimait de plus à voir passer une pension de demoiselles ; qu'il aimait en troisième lieu je ne sais plus quoi. Puis « que conclure de là ? » disait-il. « Qu'il aimait la grâce (Pradher), l'innocence (pension) » et une troisième chose qui finissait le vers et répondait à la troisième chose aimée par le poète. Vous m'avouerez que c'est bien intéressant. Et voilà un des journaux soutiens du romantisme ! Heureusement que le roman-

1. Voir pp. 46 et 208.
2. Félicité More (1800-1872), seconde femme du compositeur Louis Pradher, était à l'Opéra-Comique depuis 1816.

tisme a pour lui le *Figaro*, qui est disposé à bien l'entendre. Mais le *Figaro* est plus politique encore que littéraire.

M. Rothschild, disait-on chez M. de Vigny, au moins, lui, ne veut pas se faire homme d'État ; il est tout simplement homme d'argent[1].

J'ai entendu aujourd'hui M. Naudet[2], professeur de poésie latine au Collège de France. Je crois que c'est lui qui est l'auteur de la romance intitulée *Pauvre petite !* Ce qu'il nous a dit sur Horace était intéressant, mais rien de neuf, rien d'original ; une leçon passable d'un professeur de rhétorique latine à Lausanne ou à Neuchâtel.

M. Daunou[3] professe aussi au même Collège. C'est un petit homme, portant une perruque qui descend un peu sur le cou. Il a la figure assez prononcée, l'organe pas très distinct. Il nous a lu plusieurs pages écrites menu, comme je n'ai jamais vu écrire. C'était l'examen des livres III, IV et V de Polybe.

J'ai vu, avec M. Hollard, qui m'y a conduit, M. Éve-

1. Depuis sept ans environ, Rothschild assurait à lui seul le service des emprunts gouvernementaux, dont il garda une sorte de monopole jusqu'en 1848. Les autres banquiers (dont Benjamin Delessert) ne se risquaient qu'en consortium. Pendant la Restauration et sous la monarchie de Juillet les finances étaient en si bel état qu'on discutait beaucoup d'impôts, mais très peu d'emprunts.

2. Joseph Naudet (1786-1878) obtint la chaire de poésie latine au Collège de France lorsqu'on destitua Tissot, ancien révolutionnaire, en 1821.

3. François Daunou (1761-1840), ancien Oratorien, fut le principal auteur de la constitution de l'an III et le premier président des Cinq-Cents. S'il n'entra pas au Directoire, c'est qu'il avait lui-même fixé l'âge minimum à quarante ans : il n'en avait que trente-quatre. Il devint professeur au Collège de France en 1819 (histoire et morale). On a un résumé de ses leçons dans les vingt volumes de son *Cours d'études historiques*, publié après sa mort.

rat[1], imprimeur de la *Revue de Paris*. Mille exemplaires de mes poèmes me coûteraient environ neuf cents francs de France. « Faites-en tirer mille », me disait-il. « Si les quatre cents que vous aurez de plus que vos souscriptions ne se vendent pas, eh bien ! vous pourrez au moins faire quelques gratifications ; et, passé cinq cents, il n'y a guère que le papier que l'on paie[2]. »

[...] Voilà déjà longtemps que je remarque à la Sorbonne ou au Collège de France un jeune homme à la figure caractérisée, mais sans indiquer cependant de grands talents, peut-être seulement beaucoup de force de volonté. Les cheveux sont noirs et droits, les traits anguleux. Il porte quelquefois la barbe par toute la figure, mais à coup sûr c'est par un romantisme que l'on imite le moins que l'on peut, — la pauvreté ; car ce jeune homme est mis d'une manière presque dégoûtante. Il a un habit vert, sale, déchiré aux manches, et l'endroit où la main entre dans la poche de derrière est troué et horriblement crasseux. Son chapeau est de la mode la plus antique, gros, haut, à larges bords et a les mêmes caractères de crasse et de vétusté. Le jeune homme, lui, est maigre et n'a l'air que trop à l'aise dans ses pauvres vêtements. Il n'a point de livres ; il

1. Éverat imprimait aussi l'*Organisateur*, organe des Saint-Simoniens.
2. Son premier recueil de poésie s'était fort bien écoulé. On lit dans le *Courrier du Léman* du 8 juillet 1826 : « Quand nous avons rendu compte du poème de M. Olivier sur *Marcos Botzaris*, nous ignorions une circonstance honorable pour le canton de Vaud. C'est que ce poème, tiré à mille exemplaires, a été écoulé dans moins de quinze jours, et que le Conseil d'État a souscrit pour *deux cents* exemplaires qui ont été distribués aux membres du Grand Conseil. Voilà des encouragements bien doux ; et un pays dont le gouvernement protège ainsi les talents naissants est bien digne qu'il s'en élève pour le chanter et rendre hommage à son zèle éclairé pour les lettres. »

paraît vivre de cours et suit plutôt (à ce que j'ai pu conjecturer) les cours dont l'objet est littéraire. Du reste, il ne paraît point que ce soit passion de l'étude car il s'est endormi à la fin de la leçon de M. Daunou qui, il est vrai, était assez ennuyeuse.

J'ai regardé les gravures de Jazet[1], critiquées par MM. de Vigny et Planche. Il est certain que les détails sont bien mauvais et gâtent beaucoup l'effet de la composition originale. Les figures sont incorrectes. C'est grossier. J'en ai été frappé tout de suite, mais je ne sais cependant si, avant l'observation de ces messieurs, j'aurais su le remarquer.

M. Lamartine est actuellement à sa campagne de Saint-Point, où il s'est rendu pour voter. Il votera, dit-on, pour le candidat ministériel. M. Lamartine n'a pas encore l'âge d'être éligible ; il lui manque un an environ ; il aurait donc trente-neuf ans.

Samedi 26 juin.

[...] J'arrive, en ce moment, du Cirque-Olympique, où j'ai vu le *Déluge*[2] dont on parle beaucoup.

Lundi 28 juin.

Afin de revoir la *Vénus* de Milo (ou *Vénus victorieuse*) je suis allé hier au Louvre. J'ai longtemps contemplé

1. Jazet (1788-1871), qui grava *Mazeppa* et la série des batailles peintes par Horace Vernet. Planche le met fort bas dans son *Salon de 1836* : « Quand il copie les compositions bibliques de Martin, il réduit à rien l'œuvre de l'artiste anglais... »
2. La pièce se jouait depuis le 26 mai 1830. Le *Courrier des Théâtres* du 27 mai en donne un compte rendu.

cette belle statue. Quelle harmonie dans tout ce corps divin ! quelle tête gracieuse ! Il me semblait que ce marbre insensible allait s'animer et qu'un esprit de vie palpitait sous l'enveloppe qui me le cachait.

Je suis allé au cours de M. Andrieux. Le professeur, toujours aimable et gracieux, m'a cependant un peu ennuyé. Il a repris une définition de l'art qu'il avait donnée dans sa leçon précédente (à laquelle le mauvais temps m'empêcha d'assister). Je regrette de n'avoir pas pu prendre note de cette définition pour la comparer à loisir avec d'autres. Mais il la répétera sans doute. Ce que je me rappelle, c'est qu'il avait joint aux définitions ordinaires l'idée d'*action*, parce que les productions des arts ne peuvent pas toujours être des ouvrages qui restent, qui subsistent. Ce ne sont quelquefois que des actions, etc. Il avait aussi rassemblé ces trois qualités dans les ouvrages d'art, de *nécessaire*, d'*utile* et d'*agréable* à l'homme, etc. Mais tout cela a été peu développé et le professeur s'est livré à d'interminables digressions sur tout ce qu'il pouvait attraper en passant. Il nous a rabâché les anecdotes trop connues de Carnéade à Rome qui prouvait un jour la justice et le lendemain qu'il ne faut pas être juste, le mot d'Octave sur la mort de Cicéron, etc. Il a rappelé la distinction entre *arts libéraux* et *arts vils et abjects*. Il a dit qu'il n'y avait pas d'art vil et abject et que ce qui l'était ne devait pas porter le nom de l'art, mais que le mot était quelquefois pris dans le sens d'artifice (art de la flatterie, de l'intrigue, etc. « Ce ne sont point des arts dont j'aie à traiter »). Digression sur un cordonnier qu'il a connu et qui était fort brave et fort galant homme ; digression sur les fausses idées de naissance avant la Révolution (cet homme a de la naissance, disait-on, comme si un homme pouvait ne point avoir de naissance). Exhortations à la jeunesse sur différents sujets de morale, faites d'un ton doux, pénétrant et fondées, en général, sur l'intérêt. « Soyez sages, vous en serez plus heureux, croyez-moi ! Celui qui commet de grandes fautes se prépare de grands regrets ; celui qui commet de petites fautes se prépare des regrets moindres, mais il s'en prépare... » Dans tout cela, peu ou point de littérature. Il nous a lu, en terminant, l'épître de Voltaire au roi de Danemark sur la liberté de la presse.

M. Andrieux, tout en nous parlant des arts, nous a fait un petit tableau dramatique de l'invention de l'écriture. Il s'est mis à parler comme aurait pu le faire l'homme qui le premier a eu cette idée : « Comment faire, disait-il, pour garder le souvenir de ce que nous disons ? » Et toute la physionomie de M. Andrieux peignait la réflexion. Il avait une de ses mains à la partie inférieure de la bouche. « Eh ! mais... » puis il s'arrête. « Sans doute ! » et il regarde sa main. « J'y suis ! » Il se frappe dans la main. « C'est cela ! Si l'on fixe les sons au moyen de signes, etc. »

A propos des opinions différentes et du progrès de la raison, progrès qu'il ne conteste pas, il nous a cité un vers d'Empédocle, qu'il a ainsi traduit :

Dans le temps où nous sommes
La raison prend essor et grandit chez les hommes.

Puis il s'est mis à causer : « Je souhaite que les bonnes opinions augmentent et s'affermissent, mais je ne m'en tourmente pas cependant. A l'âge où je suis arrivé, les différentes opinions... » et il branlait la tête. « Qu'est-ce que ça me fait ? Je m'en irai demain ! Veux-je me mettre en colère ? Oh ! non, ce n'est point dans mon caractère, etc. »

Après la leçon, je me dirigeai vers la demeure de Sainte-Beuve. Je voulais tâcher de le revoir, et lui demander en même temps s'il ne pourrait pas me procurer un billet pour assister à la séance académique de mardi 29, où l'on reçoit M. Philippe de Ségur et M. de Pongerville[1]. Je suis arrivé entre quatre et cinq heures, comme la *maman* (terme du portier) de M. Sainte-Beuve me l'avait dit. Cette maman me répondit : « Je crois que Sainte-Beuve est chez lui. Vous connaissez où est sa chambre. » J'y monte (elle est dans un autre corps de logis). Je frappe deux ou trois fois. Personne ! Et je m'en vais assez triste et un peu en colère, parce que je me suis mis à croire que Sainte-Beuve ou bien était dans sa chambre et que, m'ayant vu traverser la cour, il n'aura pas voulu me recevoir, ou qu'il était chez la maman et se préparait à dîner, parce que, en arrivant, j'entendis un bruit d'assiettes et que cette dame m'avait dit, pour être plus sûr de le trouver, de venir entre quatre et cinq, que c'était l'heure de son dîner.

[...] En rentrant, j'ai trouvé un billet de madame Gautier, qui avait eu l'attention de m'envoyer une carte d'entrée à l'Académie pour la réception de mardi.

J'ai entendu, aux Nouveautés[2], *Une nuit du duc de*

1. Sainte-Beuve, dans le *Globe* du 13 avril, avait vigoureusement mis à nu la piteuse insuffisance du traducteur de Lucrèce, Pongerville, qui avait trouvé moyen de « vivre 15 ans avec Lucrèce sans se pénétrer de son esprit » au point d'en faire un déiste. Il n'avait donné de son poème qu'une « contrefaçon pâle et fade », un « faux-sens perpétuel promené sur un alexandrin symétrique et bercé d'épithètes sonores ».
2. Le théâtre des Nouveautés était situé place de la Bourse. Ouvert le 1er mars 1827, il avait été repris en 1829 par Bossange

Montfort[1], imbroglio assez embrouillé et qui rappelle maladroitement *Le Mariage de Figaro*, sans avoir aucunement de son esprit. Du reste j'étais venu là pour admirer les costumes et les décorations, ainsi que *Henri V* que l'on a joué en dernier lieu. On a aussi donné *La Famille Suisse*[2], opéra de Weighl. J'ai admiré madame Schroeder dans le rôle d'Emmeline, jeune Suissesse qui regrette son pays et l'amant qu'elle y a laissé.

Mardi 29 juin, minuit.

Voyons la journée !
Assisté à la moitié d'une leçon de Villemain, que je

---

et Bohain qui voulaient en faire une sorte de troisième théâtre lyrique. Mais on se heurta au régime des privilèges. Après l'*Isaure* d'Adam (qui travailla beaucoup pour les Nouveautés), les directeurs furent assignés par l'Opéra-Comique et, malgré une contre-assignation burlesque publiée dans le *Figaro* (dont Bohain était directeur), ils durent se borner à rivaliser avec l'Odéon où l'on jouait des pièces « lyriques » faites de fragments de toutes sortes d'opéras divers. Le *Figaro* prétendait que « l'orchestre du Théâtre de la Bourse était incontestablement le premier de Paris après celui de l'Opéra ». Ce jugement est confirmé par Berlioz, qui fut un temps choriste de ce théâtre, à 50 francs par mois. Il dit dans ses *Mémoires* (I, 188) que cet orchestre avait 50 musiciens à l'ordinaire, et une lettre à son père témoigne qu'il espérait, en doublant le nombre des exécutants, leur faire donner sa *Symphonie fantastique*.

En 1840, les Nouveautés devinrent le théâtre du Vaudeville.

1. La pièce, de Frédéric et d'Arnoult, était tirée d'un conte des *Soirées de Walter Scott* du Bibliophile Jacob intitulé *Le Page*. On y voyait un page, sous le déguisement de Jeanne d'Arc, aller consoler Agnès Sorel de l'absence de Charlot, autrement dit Charles VII. La censure exigea des changements. Charles VII devint le duc de Montfort, Agnès Sorel, Blanche, et *Une nuit au palais des Tournelles*, *Une nuit du duc de Montfort*. Les représentations commencèrent vers le 20 juin.

2. C'était l'ouvrage le plus populaire de l'auteur ; on l'avait représenté d'abord à Vienne en 1809, puis en traduction française, à Paris, en 1827. La troupe allemande l'avait donné le 15 juin, sans grand succès d'après les journaux.

29 JUIN 153

quittai pour me rendre de bonne heure à l'Institut. J'ai très bien vu et entendu les deux récipiendaires, les deux académiciens qui leur répondaient et j'ai encore accroché quelques autres figures d'hommes de lettres, mais qui me sont inconnus pour la plupart.

M. Philippe de Ségur[1], qui remplace M. de Lévis[2], a parlé le premier. M. Arnault lui a répondu ; puis M. de Pongerville[3], qui succède à M. de Lally-Tollendal[4], et auquel a répondu M. Jouy[5]. Cette séance a été un véritable triomphe classique. On a frappé à coups d'épingles et de massues sur ces pauvres romantiques[6]. Mais je le dis tout franchement, parce que dans mon journal c'est

1. Le général Philippe de Ségur (1780-1873), historien de la Grande Armée.
2. Le duc de Lévis (1764-15 février 1830), qui en 1829 avait publié des *Lettres sur la méthode Jacotot*. Les prétentions généalogiques de la famille de Lévis étaient remarquables. On racontait ainsi la réception faite par le grand Frédéric à un duc de Lévis : « Monsieur le duc, on dit que vous descendez de la Sainte Vierge ? — Sire, nous le croyons. — Et l'on dit qu'un de vos ancêtres, s'étant arrêté devant une petite statue de la Vierge et l'ayant saluée le chapeau bas, comme étant de la famille, la Vierge lui cria : « Couvrez-vous, monsieur le marquis ». — Sire, nous le croyons, répondit de nouveau le duc de Lévis. » (*Journal* de Cuvillier-Fleury, 29 février 1829.)
3. Voir p. 151, n. 1.
4. Le marquis de Lally-Tollendal (1751-11 mars 1830), fils du gouverneur des Indes exécuté en 1766.
5. La biographie de V.-J. Étienne, dit de Jouy (1764-1846), a été écrite par Jal (*Souvenirs*, 1877, pp. 456-464) qui avait été rédacteur au *Miroir* sous sa direction.
6. Jay, dans sa *Conversion d'un Romantique*, a répondu à l'accusation de stérilité lancée contre l'école classique : Pongerville, le traducteur de Lucrèce, va publier ses *Epîtres philosophiques* ; le comte de Ségur, « écrivain plein de goût, penseur ingénieux », va donner son *Histoire de Louis XI* ; Senancour va rééditer ses *Libres Méditations* (qui dataient de 1819) : « Voilà, criait-il victorieusement, la stérilité de notre époque ! » (p. 14, n. 1). Rien ne donne mieux le ton qui régna dans l'ultime séance publique de l'Académie sous la Restauration.

comme si je ne le disais à personne, les discours de ces graves et savants académiciens ressemblaient furieusement, dans leurs critiques du romantisme, à des vaudevilles. C'était des espèces de *Brioches à la Mode*, comme on peut en acheter aux Variétés pour sa pièce de quarante sous (j'entends les petits bourgeois comme moi qui ne vont jamais qu'au parterre). C'était toujours les mêmes accusations sur la langue, sur les intentions de renverser les vieilles gloires littéraires, etc., etc. M. de Jouy surtout s'en est donné à cœur joie. M. Arnault[1] ne les a pas épargnés non plus, et sa rondeur, sa franchise, sa voix forte et éclatante, que j'aimais lorsqu'il parlait du plus « redoutable et du plus rapide des capitaines », m'a déplu lorsqu'il disait : « ... Ils nous donnent les rebuts de la raison pour les produits du génie. »

La progression a même été plus descendante encore, si bien que cela m'a fait l'effet de friser le grossier, n'en déplaise à l'Académie. Avec cela, des mots fort heureux et vrais : « Ce qui n'est pas bien dit n'a pas été dit », en parlant des ouvrages des romantiques que des auteurs plus sages pilleront, sans qu'on puisse leur en faire un reproche.

M. de Jouy a été plus faible que M. Arnault, et comme lui, plus que lui peut-être, a presque eu le tort de se fâcher. M. de Pongerville, dont le discours a été froid, doucereux et m'a ennuyé, a montré plus de délicatesse. Il a énoncé son opinion littéraire en disant qu'il fallait porter, sur les traces des grands maîtres, des pas « hardis mais respectueux » et, en homme d'esprit et de goût, s'en est tenu là.

---

1. Rayé de l'Académie en 1815, Antoine Arnault (1766-1834) fut réélu le 2 avril 1829. Entre sa réélection et sa réception (24 décembre) son *Pertinax* subit un échec complet au Théâtre-Français, le 27 mai.

M. Philippe de Ségur, dont le discours renfermait un morceau fort touchant sur son père, s'est beaucoup étendu sur la question littéraire et cependant ne l'a pas approfondie. Il a rappelé « la confusion des langues, sans que l'on voie pourtant d'édifice qui menace les nues » (à peu près ces termes) et, comme ses trois confrères, a cité force noms, au bout desquels il a revendiqué Lamartine pour son parti.

Quant à la réunion en elle-même, elle m'a paru une chose assez... singulière, — ou plutôt non, elle ne l'est pas. Elle me jetait toujours sur les lèvres le proverbe : *Gratte-toi...* Pas moins de dix éloges en deux heures de temps. Éloge par les deux récipiendaires de leurs deux prédécesseurs, éloge des deux récipiendaires et des deux mêmes prédécesseurs par ceux qui répondaient, éloges du Roi par chacun des deux récipiendaires et des deux répondants font dix éloges, sans compter les éloges généraux à l'Académie en corps, au beau sexe (par M. Philippe de Ségur), à la nation française, à l'honneur français, à la gloire française, au théâtre français, à Corneille, à Racine, à Voltaire, car ce sont toujours ces messieurs que leurs descendants en droite ligne (comme on sait) mettent en avant. Bref ! éloges à tout le monde, excepté aux romantiques. Je me suis vite fait classique *in petto* et j'ai donc empoché ma part d'éloges. Il y a eu beaucoup d'applaudissements, excepté pour ce pauvre M. de Pongerville qui n'en a obtenu qu'une seule fois et qui furent si maigres que le silence eût cent fois mieux valu. On a battu des mains avec fureur, et longtemps, et en recommençant, lorsque M. Jouy a dit, à propos de je ne sais plus quoi : « ... Et tel qui fait des chansons peut marcher l'égal des plus grands génies. » Il cita un exemple et le public, saisissant l'allusion, a rendu hommage à quelqu'un... qui, je crois, ne sera jamais de l'Académie. Ah ! que je n'oublie pas de noter, parmi tant d'éloges, tant de traits de satire contre les romantiques, la figure d'Andrieux, calme, souriante, à demi épanouie.

Je suis allé aux Français, où j'ai entendu *Le Mariage de Figaro*, cet admirable chef-d'œuvre de Beaumarchais. De toutes les pièces de théâtre, je crois que c'est celle qui vieillira le moins. Ses intrigues, ses actions si folles et si spirituelles, jamais cela ne cessera d'attacher, de captiver, d'enlever ! Mademoiselle Mars, dans Suzanne (un peu vieillotte cependant), Monrose[1] dans Figaro, Samson[2] dans Brid'oison ont parfaitement joué. Peu de spectacles m'ont autant fait de plaisir que celui-là.

Une lettre m'attendait chez moi. Elle est de M. Émile Deschamps[3]. Je suis tombé des nues. Il m'a rendu ma

---

1. Louis-S. Barizain, dit Monrose père (1783-1844), était entré à la Comédie-Française en 1815. Il remit en honneur les rôles de valets fourbes et adroits, les Mascarille, sortis du répertoire faute d'acteurs compétents. Le *Charivari* a donné une caricature de Monrose dans son rôle de Figaro.
2. J. Samson (1793-1871), acteur, auteur dramatique, conférencier, professeur au Conservatoire et maître de Rachel, fut un modèle que Legouvé ne se lassa pas de commenter dans ses ouvrages bien connus sur l'art de la lecture.
3.   Monsieur,
Une absence de quelques semaines et une assez grave indisposition m'ont privé de l'avantage de votre séjour à Paris. Je n'ai pas été plus heureux dans la visite que j'ai eu l'honneur de vous faire que dans celle que vous aviez pris la peine de me consacrer.
Seriez-vous assez bon pour me faire savoir si votre séjour doit se prolonger assez dans notre ville pour que je puisse espérer un dédommagement et auriez-vous la complaisance de faire parvenir la lettre ci-incluse à M. Monnard qui m'en a écrit une charmante que j'aurais eu bien plus de plaisir encore à recevoir de vos mains.
Me voilà de retour de mes courses hors de Paris et à peu près

visite qu'un séjour à la campagne, une indisposition l'avaient empêché de recevoir, etc. Deux ou trois compliments. C'est trop de quatre. Une lettre (incluse) à faire parvenir à M. Monnard. C'est une lettre *explicatoire* (celle qui m'est adressée). [...]

Mercredi 30 juin, minuit.

Les journaux sont d'accord sur le ridicule de la séance académique de hier. Les *Débats*, le *Courrier*, la *Quotidienne* elle-même ont tous porté ce jugement. Cela console un peu.

Aujourd'hui, chez M. de Vigny, on a dit quelques mots de cette fameuse séance. Ces messieurs n'y avaient point assisté. « Je trouve, disait M. de Vigny, que ces cérémonies ont l'air d'une distribution de prix. J'ai en horreur l'Académie, etc. » Bref, ces messieurs n'avaient pas l'air abattu du coup qu'on leur a porté.

Je suis longtemps resté chez M. de Vigny, mais j'ai peu recueilli de notes parce que la conversation, n'ayant pas été générale, a été peu fertile pour moi, qui ne voyais rien de mieux à faire souvent qu'à rester dans un coin. J'ai pourtant un peu causé avec madame Deschamps (elle se nomme Aglaé ; c'est une brune très brune, des dents avancées, peu jolie et qui n'est

---

quitte de mon indisposition ; il me tarde d'en profiter pour le plaisir de l'instruction, et je ne sais mieux m'adresser qu'à vous.

Agréez, monsieur, l'expression des sentiments les plus distingués de votre tout dévoué serviteur

Émile Deschamps.

Rue de la Ville-l'Évêque, n° 10 *(bis)*

Paris 29 juin 1830.

Cette lettre appartient au Dr Jean Olivier de Genève.

plus jeune). Elle paraît instruite et être bien au fait de l'état actuel de la littérature. Elle m'a répété presque la phrase de son mari (dans la préface des *Études poétiques*[1]) : « Lamartine, Alfred de Vigny, Victor Hugo, Sainte-Beuve sont les plus grands poètes du temps, etc. »

M. Deschamps, que je n'avais pas trouvé chez lui aujourd'hui quand j'allai lui rendre sa visite, arriva chez M. de Vigny qui, par hasard, me nomma en disant que je venais de Suisse, ce qui nous fit faire une reconnaissance, à M. Deschamps et à moi. Il a été fort poli. Il veut me conduire chez Victor Hugo, du moins me le faire voir. Il aurait pu me présenter à Lamartine. Pourquoi a-t-il été malade, ce M. Deschamps ? Mais il faut savoir faire gaiement son deuil des choses que l'on ne peut pas rappeler. M. Émile Deschamps signale le *Globe* comme représentant du romantisme. « Il nous manque un bon journal qui ne soit pas quotidien[2] » me disait-il. « La *Revue Française*[3] est écrite sous l'influence

1. *Études françaises et étrangères* (novembre 1828), dont l'importante préface fut, avec la préface de *Cromwell* et le *Tableau de la poésie au XVIe siècle* de Sainte-Beuve, un des grands manifestes romantiques.
2. En avril 1828, Émile Deschamps, Hugo et Vigny avaient poussé assez loin les plans d'organisation d'une revue mensuelle qui devait s'appeler la *Réforme littéraire et des Arts*. Voir l'appendice de l'édition Albin Michel de *Littérature et Philosophie mêlées* (1934), pp. 447-448.
3. La *Revue française* (janvier 1828-septembre 1830) paraissait tous les deux mois, en livraison de 300 pages, sur le modèle des revues anglaises. Ses fondateurs étaient les « grands seigneurs rentés » du *Globe* : Guizot, Rémusat (qui fit l'introduction), Prosper de Barante, le duc de Broglie (qui y publia ses essais de science législative). Elle portait comme épigraphe cette formule doctrinaire : « Et quod nunc ratio est, impetus ante fuit. » Quant aux « origines » genevoises du seigneur auvergnat de Barante, elles se réduisent à ceci, que son père fut préfet de Genève (il déplut en haut lieu et fut déplacé en 1810) et que lui-même fut très lié avec Mme de Staël.

genevoise et protestante de M. de Barante. Et puis ce ne sont que des *doublures* qui font les articles. » — Il m'a presque engagé à leur lire quelque chose. « Vous devriez nous en faire lecture. » — « Ce que j'ai fait n'est destiné qu'à la Suisse et ne mérite pas davantage. » Puis la suite de la conversation en l'air, comme toujours, car, ces Français, vous croyez qu'ils vous disent quelque chose sérieusement et la suite vous fait voir que ce n'était qu'une vaine et creuse parole.

Alfred de Musset est aussi venu. Il prépare un nouveau recueil qui sera, je crois, intitulé *Secrètes pensées d'un gentilhomme français*[1]. « Gentilhomme » est mis ici parce qu'il s'agit d'une plaisanterie ; « car il n'est plus de bon ton, ce titre », disait M. de Musset qui me paraît avoir été élevé dans une famille où ces sortes de sujets, — titres, blason, etc. —, étaient des sujets favoris. Lui, il s'en moque, mais cependant... !

Dimanche, dans la *Revue de Paris*, il paraîtra un morceau de lui[2] en réponse à ceux qui ont pris au sérieux sa ballade de la Lune. (Hein ! que disais-je ?)

M. de Musset n'aime pas le nouveau recueil de Lamartine parce qu'il n'y a pas de *sincérité* dans cet ouvrage. « C'est vrai. Il n'y en a pas non plus dans le dernier recueil de Sainte-Beuve », a répondu M. de Vigny qui dit cependant : « Je passe ma vie à lire les *Harmonies*. Que c'est beau ! » Mais il trouve que la sincérité y manque.

Ces messieurs s'accordaient tous à dire qu'Alfred de Musset a beaucoup de talent. Je le crois sans peine. Sa figure m'a paru toujours aussi belle, mais il me fait

1. *Secrètes pensées de Rafaël* est un simple morceau qui parut dans la *Revue de Paris* de juillet 1830, vol. XVI, pp. 11-17.
2. Voir la note précédente.

toujours l'effet d'une belle fleur cueillie et fanée avant le soir. « On est blasé sur tout, en France, disait-il, même sur la gloire militaire. » Et M. de Vigny approuvait et racontait comment, avec quel enthousiasme, dans son enfance, on accueillait la nouvelle d'une victoire, — « car moi, je suis vieux (et il se prenait la tête), j'ai traversé l'Empire, j'ai vu l'*Empereur et Roi* ». Il a plusieurs de ces traits charmants de causerie. A propos de la mort du roi d'Angleterre[1], il disait : « Nous avons tous pris le deuil, nous autres Anglais (sa femme est anglaise). Oui, hier, aux Allemands[2], nous étions tous en noir, tous en fer, en jais (l'or n'est pas deuil), nous autres demoiselles anglaises. »

Shakespeare. Quelques mots de M. de Vigny et d'un Anglais là présent sur Shylock. Le poète a bien senti tout ce qu'il y a d'affreux et de barbare dans l'action du Juif ; aussi, après chaque scène cruelle et terrible, il amène une scène ravissante d'amour ou de musique. C'est un ruisseau de sang qu'il a caché en le jonchant de fleurs (ce seraient à peu près ses paroles). « J'ai cru longtemps, disait l'Anglais, qui a l'air fort instruit, que Shakespeare était un génie brut, qui n'avait point travaillé. L'étude de ce poète m'a appris qu'il avait dû énormément travailler, car tout se tient dans ses œuvres, le mot de la fin est celui du commencement. »

M. de Vigny était complètement de cet avis. Il n'hésitait pas à mettre Shakespeare au premier rang de tous les tragiques et ne croyait pas qu'Eschyle ou Sophocle lui fussent supérieurs. Il s'extasiait aussi sur la beauté de l'instrument que Shakespeare avait à

---

1. George IV mourut le 26 juin.
2. C'est-à-dire à l'opéra allemand, dont c'était la dernière représentation.

sa disposition (les trois cordes, prose, vers blancs, vers rimés). « Nous ne pouvons pas lutter contre cette belle langue anglaise. Des vers en français mêlés à de la prose auraient l'*air de couplets de vaudeville* » (de Vigny). « La littérature », me dit-il une autre fois, lorsque je lui disais que la politique était en fonction de toutes les intelligences (ma phrase ne fut pas si pompeuse), « la littérature est un instrument ; elle sonne les heures des siècles, et la politique occupe une grande place. L'homme politique finit par absorber le poète. Voilà M. de Lamartine qui est tout aux élections, aux nominations, etc.[1] »

« La question du romantisme (pour employer ce mot), quant à la prose, est jugée, me disait M. Deschamps. Mais quant aux vers, pas encore. On veut bien qu'on nous donne de la poésie en prose, mais pas encore en vers. On est tellement habitué à ne chercher que de l'esprit dans les vers et à confondre *esprit* et *poésie* (c'est plutôt moi qui emploie ces expressions que lui, mais elles reviennent à son idée, si je ne me rappelle pas exactement) qu'on se récrie lorsque la poésie aborde les hautes questions philosophiques. »

« Tel qui a fait un couplet de vaudeville[2], disait M. de Vigny, croit avoir beaucoup plus fait que quelqu'un qui a traduit des tragédies, parce que ce couplet, dit-il, c'est moi qui l'ai fait. » — « Nous n'avons pas assez, en France, disait-il encore à propos des *Harmonies* de Lamartine, de cette poésie en plein air. Elle est toute de salon, de ville. Voyez chez les Anglais. On sent toujours les champs, les fougères (et il *sentait*

---

1. Dès 1827, Lamartine écrivait à V. Hugo : « Vous et moi serons un jour députés. »
2. Cf. *Journal d'un poète*, édition F. Baldensperger, I, 47.

les *Harmonies*). C'est », ajoutait-il comme exemple, en opposant les deux poésies, « c'est Shakespeare et Molière ; c'est *Hamlet* et *Le Misanthrope.* »

Rime. « Je crois », a dit M. de Vigny (que plusieurs des assistants ont approuvé) « qu'il faudra ne pas tenir autant à la richesse, pour le théâtre. Cela fait un effet ridicule. » — « Cela me fait l'effet de pointes », disait l'Anglais nouveau venu (car l'autre était aussi là et ne disait pas un mot, comme votre serviteur). « Les étrangers sont bien choqués de nos deux rimes, *plantées comme deux factionnaires* », disait encore M. de Vigny. — « Surtout avant que le vers fût brisé », ajoutait le même Anglais.

On peut voir par les phrases de la conversation que ces messieurs ne se congratulent pas tant les uns les autres, et que l'histoire de la *camaraderie*[1] n'est guère plus vraie que celle de la longue barbe, dont M. Deschamps et moi nous avons bien ri. « Tenez ! me disait-il, à deux pas de chez moi il y a un brave homme qui croit que j'ai une barbe qui me tombe jusque sur la poitrine ! »

« L'état de la poésie en ce moment est un état de transition », m'a dit M. Émile Deschamps lui-même. « Il faut que ce soient quelques pauvres corps qui supportent tous les coups » (c'est l'idée, mais c'était mieux dit).

Madame Deschamps m'a répété l'histoire de Victor Hugo et de son libraire à qui il s'est engagé de fournir un roman (voyez plus haut mon journal). « C'est un peu le commencement de la fable de la peau de l'ours, ai-je osé dire ; mais j'espère que la fin ne sera pas la même, etc. »

---

1. Voir page 215, note 2.

Je ne me souviens guère plus de rien, sinon que le portrait de Lamartine, par Devéria, et qui est en vente maintenant, est très-bon[1].

Je suis allé à l'Opéra parce que je voulais voir *La Belle au Bois dormant*[2] avant de quitter Paris. L'action est peu intéressante et j'aime bien mieux l'histoire de Perrault, mais les décors sont superbes. Le second acte surtout. On voit une forêt enchantée, toute sorte d'animaux, de reptiles, d'oiseaux qui arrêtent le *réveilleur* ; des nymphes, des naïades qui tentent de le séduire ; un lac qu'il traverse en bateau. Ceci surtout est très ingénieux. On voit fuir le rivage et apparaître successivement, comme lorsqu'on est sur une barque, une foule de paysages nouveaux. La nuit vient et la lune se reflète dans l'eau et joue autour de la nacelle du navigateur. Le palais où sont les *dormeurs* au troisième acte produit aussi un effet merveilleux, surtout le palais enchanté qui succède à la mort et à la disparition de la fée. Ce sont des colonnades magnifiques où se répand peu à peu une lumière divine.

J'ai aussi entendu, ce soir, *Le Comte Ory*[3]. Ad. Nourrit[4] et madame Cinti-Damoreau[5] chantaient. Cette

---

1. L'estampe, qui fut tirée par la maison Motte, du Marais, est inscrite sous le n° 566 dans le *Journal de la Librairie* du 5 juillet.
2. Opéra de Carafa représenté pour la première fois le 2 mars 1825.
3. Opéra de Rossini représenté pour la première fois le 20 août 1828.
4. Adolphe Nourrit (1802-1839), premier ténor à l'Opéra de 1821 à 1837.
5. Cinthie Montalant (1801-1863), qui devint Mlle Cinti quand elle entra aux Italiens, et Damoreau-Cinti après son mariage. Rossini écrivit plusieurs rôles pour elle. Selon Fétis, elle donna pour la première fois l'idée de la perfection du chant à l'Opéra, « dans le vieux sanctuaire des cris dramatiques. »

dernière me rappelle toujours, mais surtout ce soir, dans son rôle de jeune comtesse, avec ses cheveux noirs plats sur le front, sa joue rose... achève la phrase qui voudra ! Ce ne sera pas moi.

Jeudi 1ᵉʳ juillet.

« S'il venait un homme, vous verriez bien comme tout se réveillerait », disait M. Émile Deschamps à propos du *blasement* général.

« Le talent de madame Schroeder[1], que j'admire d'ailleurs beaucoup, disait M. de Vigny, est tout en dehors ; ce n'est pas comme chez madame Pasta ou chez madame Malibran, où il part de l'âme ; et puis il y a quelque chose de moins noble. » — « C'est la différence de la tragédie au drame, répondait M. Émile Deschamps ; madame Schroeder, c'est le drame ! »

« Voyez cet enseigne Bisson[2], disait Alfred de Musset, il s'est bravement fait sauter. Eh bien ! on n'en a presque pas parlé et maintenant il est oublié. Toute sa gloire a été de fournir une pièce à Franconi (représentant un monument, ajouta-t-il). On en a fait aussi des pains d'épice qu'on appelle *à la Bisson.* »

Voici une anecdote qui pourrait donner une idée de M. Alfred de Musset. Ils ont passé toute la journée de dimanche, lui et un de ses amis (qu'on appelle, je

1. Mᵐᵉ Schroeder-Devrient (1804-1860) chantait à Paris avec la troupe allemande depuis le 6 mai 1830.
2. Hippolyte Bisson (1796-1827), Breton du Morbihan, lieutenant de vaisseau. Il fut chargé de conduire à Smyrne un brick capturé, le *Panayoti*. Pendant la nuit du 4 au 5 novembre 1827, Bisson se fit sauter avec le navire plutôt que de tomber aux mains des Turcs. Vigny avait rêvé de faire de lui un sujet de poème (cf. *Journal d'un poète*, 1828 et 1835).

crois, Viel-Castel[1], ou à peu près), à ce que je vais vous dire. Alfred de Musset a mis sur sa tête une tête de mort. Au moyen d'une cravate noire et d'une grande redingote, il a caché sa propre figure. Sur la tête de mort, il a fiché une claque, et la tête et la claque se balançaient avec un petit air coquet. Dans cet équipage, il s'est promené devant sa fenêtre. Tous les gamins du voisinage se sont rassemblés dans la cour de l'hôtel. L'ami leur a jeté de mauvaises estampes et pendant que les gamins se les disputaient, lui et Alfred de Musset avec une énorme seringue les ont aspergés tellement que plusieurs semblaient sortir d'un bain. Puis pour finir la comédie l'ami a lancé une *seringade* dans la figure d'Alfred de Musset qui, pour s'en venger, a versé un verre d'eau dans le chapeau de l'ami. On a causé longtemps encore. L'ami a oublié l'eau qui était au fond de son chapeau et, en partant, il s'est mis bravement sur la tête ledit chapeau et son contenu. « Ah ! que vous êtes bête ! Voilà un chapeau perdu ! » Et M. de Musset de rire en racontant cela, et Alfred de Vigny de rire aussi, tout en disant : « Voilà à quoi il passe la vie. Il vaut bien la peine d'être grand poète ! »

« Que faites-vous maintenant ? » disait M. Alfred de Musset à M. de Vigny. « Je travaille à toute sorte de choses. Je fais de la prose, mais ce que je fais ne sera pas publié de longtemps[2]. » — « Vous avez tort ; je ne m'y connais pas, mais je crois, répondit Alfred de Musset, que c'est le moment de faire paraître. » (Il voulait dire par là que cela était nécessaire peut-être pour le parti de la nouvelle école.)

1. Horace de Viel-Castel (1798-1864).
2. Voir page 213.

« J'ai un peu la velléité d'aller à Alger », disait M. de Vigny, en nous racontant qu'un de ses camarades venait d'y avoir la tête et les mains coupées. On parlait en même temps de cet *Horace*, trouvé je ne sais plus où et à propos de quoi, dans cette expédition, et qui n'a pu appartenir, dit un journal, qu'à des artilleurs français. « Jugez donc, ajouta M. de Vigny, si j'avais été blessé et qu'on eût trouvé dans la blessure une page de *Cinq-Mars* qui aurait servi à bourrer le fusil. Car *Cinq-Mars*, dit-il en se rengorgeant comiquement, ç'aurait été *Cinq-Mars*, etc. »

Une petite remarque que j'ai faite, c'est que M. de Vigny répète quelquefois les expressions et les phrases à effet. Ainsi, hier, il a employé presque les mêmes expressions en parlant du beau style « où chaque mot, a-t-il dit, est escorté de ses deux épithètes comme des deux larrons ».

« En France, quand vous faites des vers, vous vous adressez toujours à une exception », disait M. de Vigny à M. Alfred de Musset.

10 heures du soir.

J'ai assisté, à une heure, à la séance publique des sourds-muets[1]. Leur principal professeur, M. Richard, a exposé quelques-uns des premiers principes de la méthode et a fait faire divers exercices aux élèves.

Ces leçons m'ont paru ressembler à celles de M. Naef, à Yverdon. La réponse qui m'a le plus frappé, parce

1. L'Institut des Sourds-muets, fondé en 1760 par l'abbé de l'Épée, avait été installé en 1794 dans le couvent de Saint-Magloire.

qu'elle montrait de l'esprit et de l'imagination, fut celle d'un jeune élève à qui le professeur avait demandé ce que c'est que *l'étourderie*. « Un enfant étourdi », a-t-il répondu en se servant de sa propre expérience à ce qu'il paraît, « casse un pot de fleur en courant, renverse une table en passant dessous pour jouer avec le chat, et la lampe qui était sur la table tombe et l'huile tache la robe de soir de la grand'maman assise à côté. L'enfant, pour lui demander pardon, se jette à son cou et fait tomber les lunettes de la grand'mère, sa bonbonnière et son chapeau. » J'ai à peu près répété sa phrase qui était *enchaînée* comme je viens de la présenter. [...]

Dimanche 4 juillet.

J'ai lu la réponse d'Alfred de Musset[1]. Elle est assez spirituelle, mais elle sent son gentilhomme, et il y a deux ou trois vers contre les pédants qui sont des coups de cravache plutôt que des piqûres. Ce morceau contient aussi quelques *beau vers* (je mets ce mot au singulier parce que les vers que j'ai en vue sont ordinairement isolés, à la manière romantique). Du reste Alfred de Musset s'inquiète assez peu s'il est romantique ou classique. Il est *paresseux, enfant de la paresse*. Certainement il n'est pas exclusif de système, et l'on trouve chez lui telles rimes qui feraient fuir Victor Hugo mais qui sont dans La Fontaine. En revanche, point de foi chez M. de Musset ; point de foi... qu'au plaisir... et encore !

1. *Secrètes pensées de Rafaël.* Cf. page 159.

J'ai reçu une lettre charmante d'Urbain[1], où il y a des mots patois qui m'ont transporté à Eysins dans la grange odorante.

Lundi 5 juillet.

J'ai entendu M. Andrieux. Sa leçon n'en était pas une. Il nous a parlé de la musique, toujours avec mille digressions qui commencent à me paraître quelquefois ennuyeuses, d'autant plus que je sais toujours la moitié des anecdotes. Ainsi aujourd'hui c'était la flûte qui réglait le ton de voix de Caïus Gracchus quand il parlait au peuple ; c'était le pantomime et le roi barbare qui le demandait en présent ; c'était Cicéron et Roscius se défiant mutuellement, chacun avec les armes de l'art où il excellait, etc. Les grands orateurs, a-t-il dit, et ceci mérite d'être noté, sont peut-être encore plus rares que les grands poètes. Car on compte Cicéron, Démosthène... puis on est obligé de recompter Démosthène, Cicéron et Cicéron, Démosthène. Mirabeau avait des moments de toute beauté, une grande puissance de parole, mais ses discours ne sont pas à beaucoup près écrits aussi purement que ceux de Cicéron et de Démosthène. Là-dessus anecdote sur Mirabeau : « J'ai entendu Mirabeau. Je l'ai vu un jour être éloquent par son silence. Il était placé tout au haut des bancs, loin de la tribune où parlait quelqu'un dont le discours déplaisait sans doute à Mirabeau,

---

1. Urbain Olivier (1810-1888), frère de Juste, qui tout en restant cultivateur et régisseur de domaines, écrivit une trentaine de romans ; ils eurent une popularité du meilleur aloi. Il fut syndic d'Eysins, puis vécut le reste de sa vie à Givrins, sur Nyon.

car tout d'un coup, et d'une voix que je ne pourrais pas vous rendre, il s'écria : *Monsieur le président, je demande la parole !* » (Eh bien ! cette petite voix d'Andrieux reproduisant la voix forte et puissante de Mirabeau m'a fait impression, si bien que je saurais mieux dire maintenant ce *Monsieur le président, je demande la parole !* que si je n'avais pas entendu M. Andrieux.) « L'orateur, ainsi interrompu, n'osa plus prononcer un mot et toute l'Assemblée se leva, côté gauche et droit, et demanda que la parole fût *accordée à M. de Mirabeau* (car il était M. de Mirabeau, alors). Mirabeau descendit de sa place et, en traversant les vomitoires, il marchait lentement, une main dans la poche de son gilet (je le vois encore, nous disait Andrieux en faisant le geste), tantôt levant les yeux et les promenant sur l'Assemblée, tantôt les baissant, comme pour réfléchir à ce qu'il allait dire. Eh bien ! il était déjà éloquent dans ce moment-là. Et quand il fut arrivé à la tribune, il eut une dizaine de minutes très-belles. »

J'ai assisté à la réunion mensuelle de la société des Missions. On nous a cité quelques faits intéressants. M. Grandpierre[1] nous a fait un fort bon discours sur la nécessité des épreuves pour la foi. Il a appliqué cela aux ministres et en particulier aux missionnaires et aux sociétés de Missions. La séance a été terminée par une prière improvisée par un des jeunes missionnaires, si je ne me trompe. Il lui est arrivé une fois (ce qui n'est pas rare dans la prière) de vouloir *faire des phrases* à Dieu et il a failli s'embrouiller. « Que Ta parole couvre la terre, comme les eaux de la mer »,

1. Henri Grandpierre (1799-1874), directeur de la Maison des Missions et pasteur de la chapelle de Taitbout.

a-t-il dit, « couvrent le fond » (et il s'est arrêté)... « le fond de la mer », a-t-il bien été obligé de dire.

Je crois, par exemple, qu'une réunion comme celle des sociétés de Missions est plus dans le goût du siècle qu'un sermon en trois points.

Mardi 6 juillet.

J'ai peu de chose à relater ici maintenant. Je ne sors pas beaucoup, je ne vais plus au théâtre. Je copie *Grandson* ou j'écris des lettres une partie de la journée. Il n'y a plus là matière à un journal. Et puis je deviens paresseux à dire ce que je pense ; j'ai plusieurs notes qu'il ne s'agirait que de consigner ici en les développant un peu, et je renvoie toujours.

M. Villemain m'a fait grand plaisir aujourd'hui. Sa leçon était un résumé de son cours. Il a eu plusieurs beaux moments, surtout en parlant de Jean Huss et de Jérôme de Prague, de l'Italie toujours en avant des autres nations jusqu'à ce qu'elle ait décliné. C'est probablement la dernière fois que j'aurai entendu cet homme éloquent (et profond quoi qu'on dise).

Les Hollard, chez qui j'ai lu le soir mon poème de *Julia*, ont été fort aimables pour moi. Je me sentais en sympathie avec l'assemblée et je crois que j'ai bien lu. [...]

Mme Hollard, la mère, avec qui je me suis entretenu assez longtemps, m'a parlé avec âme et dévotion de la foi chrétienne. Chose singulière ! Ses arguments, qui étaient précisément ceux que j'aurais employés avec un incrédule, j'aurais été disposé à y faire des objections, parce que c'était elle qui les présentait et non pas moi.

M. Henri Hollard me disait entre bien d'autres choses que je ne me rappelle pas ou qui ne m'ont pas frappé : « Les accusations contre le mysticisme ne sont point, en général, comprises par ceux qui les font. Le mysticisme ! On est toujours mystique pour quelqu'un ! »

Mercredi 7 juillet.

On prétend que les auteurs qui ont fait des romans par lettres ont eu à leur disposition des correspondances où ils ont beaucoup puisé. « J'ai entendu [dire à] mon père », disait M. de Vigny à ce sujet, « que M. de Laclos avait eu ainsi des correspondances à sa disposition et que son livre contient plusieurs lettres qui ont été réellement écrites par des personnes du temps. »

« Sans doute, ce n'est pas amusant », disait M. de Vigny à M. de Musset en parlant des *Harmonies* de Lamartine, « mais tenez ! la Bible, croyez-vous que ce soit amusant ? La Bible n'est point amusante, je le sais bien, moi. »

« Enfin, je ne sais pas... Ces *Harmonies*... Tout cela ne vaut pas *Faublas*[1] », disait M. Alfred de Musset.

Le duc de Richelieu disait à une jeune demoiselle qui sortait du couvent et entrait dans le monde et à laquelle il voulait du bien parce qu'on la lui avait

1. Les *Amours du chevalier de Faublas*, dont les 19 parties furent publiées en tranche, sous des titres différents, en 1787, 1788 et 1790, furent, comme l'a dit Philarète Chasles, « l'*Astrée* de la volupté libertine ». L'auteur, Louvet de Couvray, était un libraire du Palais-Royal.

recommandée (ou quelque chose de semblable) : « Mademoiselle, si vous le voulez, comme je ne puis pas, vous sentez bien, m'occuper de tout le monde, j'enverrai ma voiture s'arrêter deux ou trois fois devant votre porte. Cela vous mettra un peu à la mode. »

Voilà quelques *bribes* de la réunion de mercredi dernier chez M. de Vigny. Aujourd'hui, je n'y suis pas allé. Je me suis levé un peu tard, avec un mal de tête qui a duré toute la journée.

Jeudi 8 juillet.

M. Alexandre Dumas travaille en ce moment à un drame[1]. « Les comédiens de l'Odéon », disait quelqu'un chez M. de Vigny, « espèrent beaucoup qu'il le donnera à leur théâtre, parce que M. Dumas a *mangé* déjà tout l'argent que lui a rapporté *Christine* et qu'en donnant son drame aux Français, il faudrait qu'il attende trop longtemps. » Il paraît qu'il mène grand train, court les rues toute la journée avec son tilbury. M. Alfred de Musset le représente ainsi « avec un groom », dit-il, « qui est bien le plus malheureux groom que je connaisse. Comme il n'y a pas de place pour lui dans l'équipage de son maître, celui-ci l'envoie en avant en lui disant : *Tu iras m'attendre à telle heure, sur tel boulevard, à telle place.* Dumas court, court, court et arrive à la place indiquée. Quelquefois le groom n'y est pas, et M. Dumas de jurer et de tempêter. Enfin le groom arrive ; son maître le renvoie atten-

---

1. Probablement *Napoléon Bonaparte ou Trente Ans de l'Histoire de France*, qu'il fit jouer à l'Odéon le 11 janvier 1831.

dre à une autre place ; le pauvre diable se remet en route à pied et le maître recommence à lancer son cheval au galop ».

Je suis allé aux Français entendre mademoiselle Mars, qui va en congé. On donnait d'abord *Misanthropie et repentir*[1], pièce de Kotzebue arrangée pour la scène française par une dame dont j'ai oublié le nom, mais non pas le titre ; elle est comtesse, à ce que dit l'affiche[2].

Cette pièce est très-attachante ; elle contient plusieurs situations pleines d'intérêt. Mais l'effet d'un grand nombre de détails est gâté par l'affectation du langage et des sentiments. Ainsi, par exemple, un valet et un pauvre paysan que madame Mille a assistés de ses bienfaits parlent de la nature en termes pompeux, des charmes d'une belle matinée, etc. C'est bien là, si je ne me trompe, un défaut allemand. Il y a aussi un emploi *mélodramatique* d'épithètes qui est du plus mauvais goût et qui altère la vérité des situations et des sentiments. Ainsi lorsque le mari ne fait aucun reproche à la femme, celle-ci, au milieu de sa douleur, lui dit : « Votre silence magnanime... » Elle l'appelle

1. Drame en cinq actes en prose (1788), traduit d'abord par l'acteur Bursay et sa femme qui le jouèrent à Bruxelles en 1793. La pièce, « arrangée à l'usage de la scène française par la citoyenne Molé », entra à la Comédie-Française le 28 décembre 1798. Pixerécourt, à qui ce succès fut toujours odieux, a calculé qu'en six ans on l'avait jouée 172 fois.

2. Il ne s'agit pas ici, comme l'a cru Quérard, de la comtesse Molé, traductrice de romans anglais et femme du ministre de Louis-Philippe, mais de l'actrice Julie Delavigne, qui avait « acquis » le nom Molé-Delainville au cours des pérégrinations dans lesquelles elle suivit le frère aîné du grand acteur Molé. Après avoir quitté la scène en 1815 elle épousa le comte d'Albitre de Vallivon. Aurore Bursay, veuve de l'acteur Bursay (voir note précédente), lui avait cédé la propriété de la traduction.

toujours : « ô le plus généreux des hommes, ô le plus noble, ô le plus désintéressé, ô le plus juste, etc. ! »

Mademoiselle Mars est admirable, comme toujours, mais surtout dans la scène du dénouement, quand on lui amène ses enfants qu'elle n'a pas revus depuis sa fuite. Elle se jette à genoux devant son fils qu'elle baise et prend dans ses bras ; elle se relève, court à son Amélie qui était dans ceux de son père, la réunit à son fils, tout cela avec des mouvements si vrais, si justes que j'en ai pleuré et bien d'autres avec moi. Perrier[1], qui faisait le mari, a aussi très-bien joué. Il avait parfaitement saisi son rôle, sa physionomie était grave, ses yeux enfoncés, ses lèvres serrées. Il parlait lentement et en laissant tomber froidement mais pesamment ses paroles.

On a donné, pour seconde pièce, *Le jeu de l'amour et du hasard*, de Marivaux. Mademoiselle Mars joue son rôle avec beaucoup de finesse et de grâce. Et Monrose, dans celui de Pasquin *(sic)*, quoiqu'il charge peut-être un peu comme cela lui arrive quelquefois, s'en acquitte cependant fort bien.

En général, on a toujours du plaisir à voir la comédie aux Français, parce que c'est encore le théâtre où il y a le plus d'ensemble.

Vendredi 9 juillet.

Le canon et des placards affichés au coin des rues ont annoncé cet après-midi qu'Alger s'est rendue à discrétion le 5 à midi. C'est là probablement tout ce

1. Antoine Perrier (1784-1863).

que j'aurai à noter aujourd'hui, car je n'ai presque pas bougé de ma chambre, où je me suis *escormanché* après le quatrième chant de *Grandson*. [...]

Les bâtiments publics et quelques maisons de particuliers où habitent des gens qui ont obtenu des brevets d'invention, etc., sont illuminés ; mais en général tout est calme, malgré les pétards que l'on a lancés en signe de réjouissance autour de la statue de Henri IV. On ne paraît pas accorder beaucoup d'intérêt à la prise d'Alger. Ceci vient à l'appui de ce que l'on disait chez M. de Vigny sur le *blasement* général..

Samedi 10 juillet, minuit.

C'est un moment que j'aime et qui me frappe toujours, que celui où le bruit des voitures roulant toute la journée sur l'antique Pont-Neuf diminue peu à peu et s'en va de plus en plus s'affaiblissant. Déjà, je ne les entends qu'à de longs intervalles, ou dans l'éloignement. Les falots qui, pendant la moitié de la nuit, forment la brillante bordure de la Seine, s'éteignent aussi les uns après les autres. Le silence et l'obscurité se répandent ensemble dans Paris. Comme deux nocturnes pèlerins, ils vont gravement parcourir la ville immense, ses rues, ses quais et ses places désertes où le crime profitera de leur ombre pour frapper ses coups. Un instant enfin, dans le monde du bruit, tout se calme, tout s'apaise, tout s'endort et la Seine peut se croire encore au milieu de la solitude des campagnes qu'elle arrose avant d'entrer dans le lit brillant de la reine des cités.

Dimanche 11 juillet.

Je suis bien mécontent de ma journée. Ce matin, couru pour avoir les notes de *Grandson*, et vainement. Manqué le catéchisme, où je suis arrivé trop tard. Fivaz[1] est arrivé chez moi à quatre heures, pour voir passer les voitures et les grands personnages qui se rendaient au *Te Deum*, à Notre-Dame, par le Quai des Orfèvres. Il était là depuis un moment lorsqu'est arrivé... M. Sainte-Beuve ! On n'a presque parlé que de politique, grâce à Fivaz qui objectait toujours, et cela sans façon, avec familiarité même. J'ai trouvé qu'il se conduisait sans tact et bien indiscrètement. J'étais vexé ! Je n'ai presque rien pu dire à M. Sainte-Beuve de ce dont mademoiselle Ruchet m'avait chargé ; on n'a pas parlé littérature un moment, et cela grâce à Fivaz qui s'est acharné à vouloir prouver je ne sais quoi sur M. Villemain et M. Chateaubriand : l'un n'était pas propre à être député[2] et il n'avait aucune confiance en l'autre. M. Sainte-Beuve les a défendus avec chaleur, et très-bien, selon moi. Il ne voulait point céder dans la conversation, mais je crois à présent qu'elle lui déplaisait.

Enfin M. Sainte-Beuve est parti, emportant les titres des trois ouvrages de MM. Erskine, Chalmers[3],

1. Jules-Henri Fivaz, étudiant en droit, bellettrien. Il naquit au château de Salavaux, district d'Avenches, Vaud, le 12 mai 1807 et mourut à Paris le 18 décembre 1830. Il était fils de Samuel-François Fivaz et de Julie-Catherine Jomini, sœur du célèbre général Jomini. Celui-ci fut le parrain de l'enfant. (Ces renseignements ont été fournis par le très-obligeant directeur des Archives de Payerne, M. Burmeister.)
2. Villemain devint éligible en 1830 et se fit élire à Évreux, juste à temps pour voter « l'adresse des 221 ».
3. Thomas Chalmers (1780-1847), pasteur écossais.

11 JUILLET

Diodati[1]. Il m'a donné l'adresse de Victor Hugo et m'a promis de lui parler de moi, en sorte que dans cinq ou six jours je pourrai lui aller faire visite (rue Jean-Goujon, numéro 9, vers les midi, parce qu'il se lève tard ordinairement).

Voici deux ou trois faits que j'ai recueillis de cette conversation. M. Chateaubriand n'a pas le sou. Il travaille dix ou douze heures par jour, comme un jeune homme. Il n'a que ses douze mille francs de pair. Il doit deux ou trois cent mille francs. « Je ne sais pas comment il fait », disait M. Sainte-Beuve. Et cependant il n'a pas hésité à quitter son ambassade, malgré les offres les plus brillantes que lui faisaient les ministres. M. de Polignac lui promettait même, au bout de six mois, son propre ministère. Il a donné sa démission quoiqu'il sût fort bien que c'était se mettre tellement mal avec le roi que jamais il ne pourrait s'en relever et devenir ministre. Il a été obligé, pour l'affaire de sa démission, de se disputer avec sa femme, à qui l'on a représenté la misère qui l'attendait.

M. Benjamin Constant est aussi sans fortune, recevant avec deux ou trois chandelles et faisant un article de journal pour soixante francs. S'ils avaient voulu cependant faire fortune, *se laisser faire*, comme disait M. Sainte-Beuve, ils l'auraient pu. Sans doute ils ont quelquefois varié dans leurs principes, mais c'est l'intelligence des choses et de la marche des choses qui les y a poussés. Il est d'autres hommes tout d'une

---

1. Édouard Diodati (1787-1860), pasteur à Cartigny, puis à Genève même. Son principal ouvrage venait de paraître en 1830 ; c'est l'*Essai sur le christianisme envisagé dans ses rapports avec la perfectibilité de l'être moral.* Caroline Ruchet et sa famille avaient des relations particulières avec lui.

pièce, que Fivaz vantait beaucoup, mais qui sont restés avec deux ou trois idées et qui n'ont pas fait de progrès, etc.

M. de Chateaubriand et M. Decazes sont très-bien ensemble maintenant et trinquent amiablement ; et cependant le premier avait dit du second, en faisant allusion à la mort du duc de Berry : *le pied lui a glissé dans le sang*[1]. C'est qu'il n'avait pas pu résister à cette belle phrase. Et puis c'était un temps de passion politique, et quel est l'homme qui, mêlé aux partis politiques, n'a fait aucune folie ? Celle-là en était une, une folie, un pamphlet de génie et M. Chateaubriand s'en repent certainement. La preuve, c'est qu'il est très-bien avec M. Decazes qui ne lui en veut nullement. Une des offres que l'on fit à M. de Chateaubriand, c'était le titre de *duc*[2], « qu'il a toujours ambitionné », a dit M. Sainte-Beuve.

J'ai vu passer une foule de voitures, bizarrement et richement ornées ; les voitures royales, toutes à huit chevaux ; celle du roi, qui a servi au sacre, toute dorée, ainsi que l'attelage des chevaux. Le peuple est resté froid. Quelques voix rares ont crié « *Vive le roi !* » mais personne n'a fait chorus. L'illumination de ce soir a manqué ; il n'y avait que quelques bâtiments publics

---

1. Article du 3 mars 1820, dans le *Conservateur* ; Chateaubriand y présente le duc de Berry comme la « grande victime » du système du ministère : « Nos larmes, nos gémissements, nos sanglots ont étonné un imprudent ministre : les pieds lui ont glissé dans le sang ; il est tombé. »
2. Une brochure anonyme, qui doit être de 1829, intitulée *Les Tuileries et le Vicomte de Chateaubriand dévoilés par un homme de Cour*, propose de remplacer Polignac par Chateaubriand.
Elle mentionne d'autre part un projet d'offrir à Chateaubriand « le titre de duc avec la place de gouverneur de Mgr le duc de Bordeaux » (p. 66).

qui avaient des lampions, et l'orage les a même bientôt éteints.

Me voici rentré chez moi, toujours un peu vexé de la mauvaise tournure qu'a prise la visite de M. Sainte-Beuve.

Lundi 12 juillet, au matin.

M. Villemain, au dire de M. Sainte-Beuve, est très versé dans les détails spéciaux des affaires, si bien qu'un préfet arrivant de province un jour au Conseil d'État et entendant parler M. Villemain le prit pour un avocat[1]. Il connaît aussi très-bien tous les derniers débats parlementaires anglais.

Mardi 13 juillet.

[...] Je sais maintenant ce que M. Planche (voyez mon journal plus haut à ma dernière visite chez M. de Vigny) voulait dire en donnant la dénomination de *bas-bleus* aux personnes de la société de madame de Broglie. En Angleterre, on appelle ainsi bas-bleus (blue stockings) les femmes qui affectent le bel esprit. Voyez

1. Villemain avait étudié le droit, et Narbonne le recommanda à Napoléon pour une carrière administrative. Il débuta dans l'enseignement en 1810. Mais il fut aussi attaché en 1819 au ministère de l'Intérieur, comme chef de la division de l'imprimerie et de la librairie. Sous Decazes il devint maître des requêtes au Conseil d'État et il mit la main à la rédaction des lois sur la presse. L'Académie ayant présenté une supplique contre le rétablissement de la censure (loi du 24 juin 1827) et le texte ayant été rédigé par Lacretelle, Chateaubriand et lui, il dut se démettre de ses fonctions.

dans le dernier numéro de la *Revue de Paris* un extrait des *Mémoires* de Walter Scott.

J'ai lu *Louisa ou Les Douleurs d'une fille de joie*, par M. l'abbé Tiberge[1], ouvrage dédié à M. Janin et que bien des gens croiront être de lui... et qui n'auraient peut-être pas tort. L'ouvrage est original, attachant et parfois touchant.

Dimanche 18 juillet.

M. Humbert[2] que j'ai vu hier est un homme jovial, accueillant, appelant à soi, un homme helvétique. Il parle beaucoup et sans façon, assez souvent de lui, mais cela n'a point mauvais air. « J'ai bien plus travaillé ici qu'à Genève, m'a-t-il dit. Je me suis retrouvé de suite au courant. Je vois beaucoup d'hommes de lettres, dix par jour », et il m'a donné déjà quelques détails curieux sur leur compte. « Plusieurs se sont ouverts à moi, a-t-il ajouté, entre autres M. Magnin, qui est mon ami. — Pourquoi voulez-vous renverser le ministère ? lui demandai-je. — Ah ! c'est que, si nous pouvions lui substituer un ministère modéré, dans le sens de Broglie, Guizot, Villemain, etc., M. Guizot, M. Villemain auraient des places, M. Dubois

1. Tiberge est le pseudonyme d'Hippolyte Régnier d'Estourbet, mort en 1832. *Louisa* eut deux éditions en 1830.
2. J.-P. Humbert (1792-1852) fut théologien, professeur de belles-lettres (*Coup d'œil sur les élégiaques français depuis le XVIe siècle*, 1819), mais surtout philologue (*Nouveau Glossaire genevois*, 1827 et 1852) et arabisant (*Anthologie arabe ou choix de poésies arabes inédites*, traduites en français avec le texte en regard et accompagnées d'une version latine littérale, 1819). Il enseigna l'arabe à Genève à partir de 1820.

aurait des places, et M. Magnin, continua M. Humbert en prenant la troisième personne, espère que ses appointements de sous-bibliothécaire de quatre mille francs augmenteraient, qu'il deviendrait bibliothécaire peut-être, etc. Il le fait par intérêt. Un homme de lettres qui n'a que vingt-cinq mille francs de rente n'est pas content, il lui en faut quarante ou cinquante mille et quand il les aura, il s'arrêtera, il ne fera plus rien. » Et puis, ce parti libéral, cette politique de gazettes, M. Humbert, homme bien renseigné, en a l'air assez dégoûté. Un monsieur, homme de lettres et libéral, lui disait il y a quelques jours : « Je suis libéral, mais mon parti me tyrannise. On nous force à voter dans un certain sens, à *renverser un bureau*, quoique bien composé, parce qu'on a adopté le principe du renversement des bureaux. Nous sommes vraiment tyrannisés. »

M. Humbert aime beaucoup la Suisse. « Faisons, travaillons pour la Suisse. Là, on est toujours récompensé. Rien n'est perdu. Que nous importe que l'on ne parle pas de nous ailleurs ? » Il paraît beaucoup aimer M. Monnard[1]. « Il est, me disait-il, un des trois ou quatre hommes que l'on cite en Suisse. Il est très-considéré ici. C'est moi qui ai imaginé de l'amener à Genève, l'hiver dernier[2]. J'ai inventé ce plan. Je lui dis

1. Une lettre que Charles Monnard écrivit à Juste Olivier le 21 juin 1830 lui parvint par les soins de M. Humbert. Le manuscrit se trouve à la bibliothèque de la Faculté libre de théologie protestante à Lausanne. Ce fonds *(Hist. 5230)* contient 19 lettres de Monnard à Juste et à Caroline Olivier. Voir l'appendice IV.
2. La condamnation de Vinet et de Monnard avait été l'événement saillant de la politique vaudoise en 1829. Les lois de 1824 interdisaient toute assemblée religieuse hors de l'Église nationale. Vinet avait pris la plume pour défendre les églises séparées : « ... Les lois sont quelquefois rebelles, rebelles à la loi suprême de

qu'on désirait l'entendre chez nous. Personne n'en avait encore parlé, moi seul j'y avais pensé parce que je savais bien que je ferais aller cette affaire. Il a eu le plus grand succès. Entre nous, M. Monnard est plutôt philosophe que littérateur. C'est un publiciste, un philosophe bien plus qu'un littérateur. Et puis cette pureté d'accent, cette facilité d'élocution ! Jamais je n'aurais cru qu'il la possédât à ce degré. »

M. Humbert m'a répété plusieurs fois que des amis communs de M. Fauriel et de M. Sainte-Beuve lui avaient dit qu'à Genève on avait bien choisi en se décidant pour le premier[1]. « M. Sainte-Beuve, qui me plaît, qui a l'air simple », avait-il dit dans un autre moment, « a été vexé de cette décision. Il paraît que M. Villemain, qui avait d'abord désigné M. Sainte-Beuve, a un peu laissé tomber cette affaire[2]. »

Dieu. Une loi injuste, immorale, si on ne peut la faire révoquer, il faut la braver... C'est de révolte en révolte, si l'on veut employer ce mot, que les sociétés se perfectionnent, que la civilisation s'établit, que la justice règne, que la vérité fleurit... » Il fut condamné comme auteur de la brochure, et Monnard comme éditeur. Suspendu pour un an de ses fonctions de professeur à l'Académie de Lausanne, Monnard donna, pendant l'hiver 1829-1830, deux cours libres de littérature française, l'un à Genève, l'autre à Lausanne. Voir plus haut, 15 juin.

1. Claude Fauriel (1772-1844) n'occupa jamais sa chaire de littérature française à Genève. Le 20 octobre le nouveau régime le nomma professeur de littérature étrangère à la Faculté des Lettres de Paris.

2. Dans les années 1828-1830, Sainte-Beuve cherchait quelque position loin de Paris, et reculait quand elle lui était offerte. Outre l'Académie de Genève il envisagea l'Athénée de Marseille, l'université de Londres, « quelque université allemande », et même un préceptorat en Russie ou en Pologne. Voir sa lettre à Villemain du 31 janvier 1830, édition Bonnerot, I, 173-174.

En 1848, Sainte-Beuve se porta candidat à Genève de nouveau. En 1830, Fauriel lui avait été préféré : en 1848, Amiel fut son heureux rival. Cf. René BRAY, *Sainte-Beuve à Lausanne*, p. 337.

M. Humbert est, je le savais déjà, assez fortement classique[1]. « Monsieur », me disait-il en me parlant de Lamartine, « je n'ai jamais goûté ses secondes *Méditations*, et les premières m'avaient fait plaisir ! »

Lundi 19 juillet.

Aujourd'hui, j'ai remis à M. Éverat fils, imprimeur, mon manuscrit de *Julia Alpinula* et de la *Bataille de Grandson*. Et maintenant, advienne que pourra[2] !

Mardi 20 juillet, 9 heures du matin.

Je suis allé hier au soir à l'Opéra, où on donnait *La Muette*[3]. Mais madame Cinti-Damoreau, que l'affiche annonçait cependant, ne jouait pas. C'était mademoiselle Jawureck[4] qui la remplaçait. J'ai vu

1. Ce n'est pas ainsi qu'on le jugeait à Genève. En 1826, à la suite de ses commentaires des tragédies de Voltaire, ses concitoyens partisans des classiques voyaient en lui le défenseur du romantisme. Le *Courrier du Léman* du 7 juin 1826 lança une violente attaque contre Humbert : « Quoi de plus mal imaginé, en effet, que de vouloir rabaisser Voltaire dans un moment où une foule de pygmées roidissent en vain, comme l'a dit un poète, *leurs petits bras, pour étouffer si haute renommée ?* » Etc.
2. L'ouvrage parut sous ce titre : *Poèmes suisses* / Par J. Olivier / *Julia Alpinula* / La Bataille de Grandson /. Paris, librairie de Delaunay, au Palais-Royal. 1830. Imprimerie d'Éverat, rue du Cadran, Nº 16.
3. *La Muette de Portici*, paroles de Scribe et Germain Delavigne, musique d'Auber. La première représentation a eu lieu le 29 fév. 1828.
4. Constance Jawureck (1803-1858), fille d'un musicien allemand établi à Paris. Elle avait créé le rôle d'Isolier dans *Le Comte Ory*.

de fort belles décorations de la baie de Naples. Le tableau final, qui devait représenter une éruption du Vésuve, était complètement manqué. La musique m'a fait un extrême plaisir, surtout l'*Ouverture*, le morceau *Amour sacré de la patrie*, *Chantons la barcarolle*, le morceau chanté par la princesse, *Moment enchanteur* et, au dernier acte, le délire de Masaniello qui se rappelait *Chantons la barcarolle*. Du reste, l'administration s'était jouée du public.

10 heures du soir.

M. Humbert est venu me prendre avec M. Magnin et nous sommes allés tous trois à Chaillot[1] faire visite à M. Dubois, que nous avons trouvé assis sur le gazon et lisant (j'ai *guigné*) le *Cours de littérature* de M. Villemain. La conversation a été politique. On a parlé des journaux. M. Dubois a dit que l'*Universel* était pire que la *Gazette*[2]. Un autre mot que je me rappelle, c'est celui-ci : « Les peuples du Continent ont deux ennemis à détruire et qui doivent mourir, l'Angleterre et l'Autriche. » — « Et la Russie, ai-je dit, qu'en faites-vous ? » — « La Russie, c'est très-beau ! Sa mission est en Orient. Elle doit s'agrandir. Les peu-

1. Le même jour, Béranger écrivait à Joseph Bernard : « Dubois est dans la plus belle maison de santé de Paris ; c'est dans l'ancien jardin Marbeuf, aux Champs-Élysées. Passer trois mois là, ce n'est pas être trop malheureux. » (*Corr.*, I, p. 421.) C'était l'ancien hôtel Choiseul-Gouffier. J. O. le place à Chaillot par erreur ; il s'ouvrait sur la rue de Chaillot (aujourd'hui rue Quentin-Bauchart).

2. La *Gazette de France*, fondée par Renaudot en 1631. Elle dura jusqu'au 24 août 1848. D'abord officieuse, elle était devenue officielle en 1762.

ples du Continent devraient même l'aider à le faire. » — « Il faut que l'on nous voie sur le Rhin et aux Alpes, a-t-il dit aussi. La prise d'Alger a réveillé la fibre militaire, bien qu'il semble qu'on ne l'ait pas accueillie avec un grand enthousiasme. Cependant elle fait généralement grand plaisir au peuple. »

Chemin faisant, soit en allant, soit en revenant, M. Magnin a lancé : « C'est un homme fort aimable, sans fatuité, ne parlant pas trop et écoutant les autres. » Il a dit, en parlant de la jeune génération, à propos de quelques articles du *Globe* faits par des jeunes gens et que M. Dubois avait loués, qu'il trouvait peut-être ces articles distingués plutôt par l'expression que par la pensée. Il m'a répété que la jeunesse était sans croyance, sceptique, mais pas d'un scepticisme *militant* comme précédemment, d'un scepticisme vague ; ces jeunes gens se plaignent toujours, sont dans le vague et bien ennuyeux dans la conversation. Sainte-Beuve, qui, lui, est aimable et dont la conversation est amusante, est le représentant de cette classe de jeunes gens. « Sainte-Beuve, nous a dit M. Magnin, a vendu son premier recueil quatre cents francs, son second, cinq cents et la seconde édition de ce dernier, deux ou trois cents francs. »

« Plusieurs jeunes gens, a-t-il dit en causant de tout cela, portent continuellement les *Consolations* dans leur poche. »

A propos de langue et de correction, il regarde MM. Sainte-Beuve et Victor Hugo comme ayant une profonde connaissance de leur langue, bien plus que Lamartine et que de Vigny. Quand ils sont incorrects (ou qu'ils innovent) ils le sont dans le génie de la langue ; ils sont en analogie avec les origines de notre vieux langage. M. Magnin met un grand soin à rendre corrects ses articles de journaux et tout ce qu'il compose, « parce que, dit-il, quand on ne peut pas prétendre à se créer sa langue, il faut au moins avoir la correction. Moi, je n'écris rien où je ne découvre pas, par la suite, quelque incorrection, et c'est le cas de tous les journaux, même de ceux qui se piquent le plus d'écrire correctement ». Là-dessus, grand étonnement de M. Humbert, grammairien dans l'âme et qui écrit, nous dit-il, tous les deux mois dans le *Journal de Genève*. « Je croyais avoir fait des articles où il n'y eût pas une seule faute. Personne à Genève ne m'en a représenté aucune. Et cependant j'ai des jaloux ! » Et les yeux de ce brave M. Humbert s'ouvraient et semblaient fixer des jaloux littéraires. « Nous ne nous entendons pas, dit M. Magnin, sur le mot *correction*. Ce n'est point d'une correction grammaticale, d'une correction selon les règles que je veux parler, parce qu'il est impossible de l'obtenir, la langue n'étant point morte ; mais je parle de cette correction qui consiste à n'employer que des tournures, des expressions qui soient françaises, dans le génie de notre langue, dans l'analogie de sa formation, etc. Quant aux néologismes, aux barbarismes, je ne les regarde pas comme des incorrections et les apprécie, si l'on en a besoin pour exprimer une idée. Et puis, toujours, la grande règle de la *clarté*. »

« La prose de Voltaire, m'a-t-il dit, comme je le reconduisais chez lui[1], n'est pas assez remarquée et

1. Magnin habitait tout près de la rue Hautefeuille, rue Serpente. Il y était déjà en 1829, il y sera encore après la révolution de Juillet. Mais M. Bonnerot a tiré du fonds Magnin de la bibliothèque de Salins (Jura) un billet de Sainte-Beuve des premiers

admirée, simple, claire, se pliant à toutes les formes. Qui voudrait imiter Rousseau ne ferait que du pastiche, mais on peut imiter la prose de Voltaire précisément parce qu'elle a cette grande souplesse. »

« Ah ! la prose est aussi un bel instrument », ajouta-t-il à quelques mots que je lui disais sur la poésie et sur mon petit recueil, sur lequel je lui dis quelques mots en demandant la permission de le lui offrir. « Surtout maintenant, avec la prose on peut faire de bien belles choses. »

M. Dubois trouve bien mauvaise la *Revue Britannique religieuse*. « C'est composé d'extraits de ce fatras de journaux religieux anglais qui sont tout ce qu'il y a de plus pitoyable. Pas une idée de mouvement. » — « Et puis le style est détestable », a ajouté M. Humbert qui, lorsque M. Dubois prononça le nom de *Revue Britannique* se tourna tout de suite vers moi, avec un geste qui voulait dire « c'est un fruit du pays de monsieur ». — « Oh ! c'est du méthodisme, continua-t-il, détestablement écrit ; cependant, comme la tendance actuelle est mystique, cela a eu grand succès, etc. »

Voilà tout ce que je me rappelle pour le moment des conversations décousues de la journée.

---

mois de 1830 (de février, d'après M. Bonnerot) qui donne une adresse provisoire : rue Sainte-Marguerite, 10 (voir *Corr. de Sainte-Beuve*, I, 177). Ce qui reste de cette rue, éventrée par le nouveau boulevard Saint-Germain, est aujourd'hui la rue Gozlin, en face de Saint-Germain-des-Prés. C'est à une de ces deux adresses que J. O. a reconduit Magnin, non loin de son propre domicile.

Mercredi 21 juillet.

A une heure de l'après-midi je me suis acheminé vers les Champs-Élysées et la rue Jean-Goujon, numéro 9. Je suis monté au second. Une servante m'a introduit dans un salon : « Si vous voulez passer dans le cabinet de monsieur. » J'y suis entré tout en jetant rapidement un regard sur le salon qui m'a paru élégamment et richement meublé. Un chapeau aux ailes plates et rondes et au fond pointu était sur une table. J'ai conjecturé que c'était celui du maître. Il y avait dans le salon plusieurs grands tableaux et surtout une multitude de têtes en relief sur un cadre rond. Je crois que ces ouvrages sont de David et représentent les hommes célèbres de l'époque[1].

Le cabinet est rempli de tableaux, de lithographies, d'esquisses, d'ébauches, de paysages, de dessins de tout genre et de toute sorte de sujets. J'ai surtout admiré un tableau superbe des *Sorcières de Macbeth*, montrant la branche de chêne, les cheveux gris et flottants, une ou deux longues dents. Toutes les lithographies de Boulanger étaient là : *Les Fantômes* (deux lithographies, la jeune fille entr[aînée] p[ar] la m[ort] dans la fosse, la jeune fille réveillée par la mort et tirée de la fosse pour aller au Sabbat), *La Baigneuse*,

---

1. David faisait trois épreuves de chaque médaillon. Il en envoyait une au modèle, en gardait une pour lui et en donnait une à V. Hugo, qui finit par en avoir sept cents, paraît-il. Vers 1860 le fils de David fut très mortifié de découvrir que ces médaillons, restés à Paris lorsque le poète partit en exil, étaient en cours de liquidation à l'Hôtel Drouot. David, pour remercier Gœthe d'avoir consenti à poser devant lui, plus gracieusement que n'avait fait Walter Scott, lui envoya la collection complète à l'époque. Dubois la vit à Weimar, en 1838, à côté de la collection du *Globe*.

Le Rêve d'un condamné, La Ronde du Sabbat, etc. Elles portaient presque toujours au bas : « *A mon bien-cher Victor Hugo* », « *A mon ami Hugo* », etc. L'esquisse rapide de *La Ronde du Sabbat*[1] (et de première inspiration, à ce que je suppose), se trouve aussi dans ce cabinet.

L'ameublement, du reste, était simple. Un petit canapé recouvert d'une toile blanche, un canapé plus grand garni d'une étoffe rouge, au fond du cabinet plusieurs tables garnies de papiers, de livres et de brochures entassés les uns sur les autres, mais en ordre. Sur le devant, près de la fenêtre, une petite table, en parallélogramme carré-long, où il y avait une écritoire bien tachée d'encre, quelques plumes et des rubans de papier comme j'en ai souvent coupé pour faire des notes dans des ouvrages que je consultais. Dans un autre coin de la chambre, à côté de cette petite table, une autre table où étaient étalés deux in-folio, traitant des antiquités et de l'histoire de la ville de Paris. Ils contenaient déjà plusieurs rubans de papier blanc ou écrit. Quelques fragments qui se trouvaient sur la table contenaient ces mots d'une préface de Victor Hugo : « Des hommes, tous partisans de l'ancien régime littéraire, peut-être de l'ancien régime politique et qui, au besoin, seraient mes ennemis naturels... On attaque une pièce avant qu'elle soit jouée... »

---

1. Jay, dans la *Conversion d'un Romantique*, décrit une soirée romantique : aux murs on voit des tableaux de la nouvelle école : *Cauchemar, Expédition de Vampires, Le Massacre de Scio, l'Apparition d'un Revenant* et *La Ronde du Sabbat* ! En contraste, dans le salon du professeur Dumont, « d'anciennes et belles gravures, telles que le *Testament d'Endamidas*, les *Batailles d'Alexandre* et quelques portraits gravés par Nanteuil, se détachent sur une tenture de papier couleur d'ocre ».

Il y avait dans le cabinet cinq ou six petites chaises, simples et élégantes, couvertes d'un cuir rouge. A droite de la fenêtre, dans le coin, était une petite étagère suspendue par des cordons et où se trouvaient quelques livres, dont une partie était aussi garnie de rubans de papier. Aux crochets qui soutenaient cette étagère étaient suspendus deux *tire-bottes*, avec lesquels était mêlé, suspendu au même clou, un poignard. Sur la cheminée il y avait une vieille tête en bronze ou en quelque autre matière, un oiseau blanc empaillé, des petits vases de terre de forme assez bizarre, une espèce de coupe en verre où trempait une branche de fleurs. La fenêtre du cabinet donnait sur des jardins, de la verdure, des arbres d'un feuillage assez épais pour que j'entendisse *bruire leurs dômes* ; et, plus loin, le Dôme des Invalides.

Parmi les tableaux, plusieurs étaient des portraits ou des scènes d'enfants, et plusieurs aussi des tableaux de sang et de mort (comme par exemple la Saint-Barthélemy ou bien un chevalier qui en tue un autre dans un lieu solitaire).

Le temps ne me manqua pas pour examiner toutes ces choses, car la domestique vint me dire : « Monsieur est en train de s'habiller, si vous n'êtes pas pressé et que vous vouliez l'attendre un instant. » Peut-être était-ce une invitation à vider la place, mais je résolus de faire la sourde oreille et je répondis que j'attendrais ; ce que je fis pendant plus de demi-heure. Je commençais à trouver le procédé un peu bien singulier. Chaque fois qu'une porte s'ouvrait, mon cœur battait avec violence, et, quoiqu'un peu embarrassé de ce que l'on me laissât seul si longtemps, je sentais cependant que cette circonstance me donnait une sorte de force, me mettait dans mes droits et que ma timidité diminuait.

Enfin parut M. Victor Hugo. Je lui dis que j'étais la personne dont M. Sainte-Beuve lui avait parlé sans doute. Je vis qu'il ne me comprenait pas et je fis en quatre mots mon histoire : « Étranger à Paris, désirant connaître les hommes de lettres, etc., j'avais prié M. Sainte-Beuve, etc. » — « Ah ! oui, monsieur, c'est vous qui êtes Suisse, de Genève, je crois. » — « Non, monsieur, de Lausanne. » Enfin il se rappela que M. Sainte-Beuve lui avait effectivement annoncé ma visite. « Mais j'ai eu tellement à faire que cela m'était un peu sorti de la tête. Je suis bien fâché que vous ayez ainsi perdu votre temps à m'attendre. » Et puis nous avons un peu causé de la Suisse. Victor Hugo a été à Genève, à Lausanne[1]. Il admire beaucoup cette dernière ville. « Ce doit être un séjour charmant. Ce lac était si beau ! Il est vrai que la journée où je l'ai vu était magnifique. Et puis vous avez une belle cathédrale. Je regrette bien de n'avoir pu aller jusqu'à Chillon. » — « Ah ! vous ne l'avez pas vu ! C'est l'endroit le plus poétique du lac. Le château est moins remarquable en lui-même que par sa position. » — « Cependant il est du douzième siècle, qui est une bien belle époque d'architecture. » — « Vous n'avez pas vu le château de Vufflens[2] ? » — « Non. De quelle époque est-il ? » — « Je l'ignore, nous avons si peu de documents historiques ! Ils ont péri. » — « Ah ! c'est dommage, car c'est là la richesse d'un pays. » — « Le château de Vufflens est très-remarquable, surtout le

---

1. Hugo s'y était rendu avec Nodier en 1825.
2. Il est situé à quelque distance du lac Léman, au nord de Morges. La plus ancienne mention de ce château date des premières années du XIIe siècle.

donjon qui est d'une architecture plus ancienne. On attribue la construction de cet édifice à Berthe, reine bourguignonne. » Cette indication a paru lui plaire, du moins un sourire l'a exprimé. Nous avons parlé un peu de la constitution politique de la Suisse. « C'est dommage que vous n'ayez pas de centre, pas de langue unique, par exemple. » — « Oui, cependant nous marchons peu à peu ; mais nous sommes toujours en arrière des autres peuples. Nous ne pouvons faire sensation en rien. » Je lui ai parlé aussi avec quelques détails de nos différentes *sociétés* ; cela a paru l'intéresser.

Barbezat lui avait envoyé les *Poésies Genevoises*[1]. Il a bien vu à ma mine qu'il ne risquait rien à me dire « C'est mauvais » et il a dit : « C'est bien mauvais ! Il paraît que nulle idée de changement de programme n'est parvenue à Genève. » — « Non ! Ce sont presque tous des *chansonniers* qui sont les auteurs des différents morceaux qui composent ce recueil. » — « Oui. » — « Je crois qu'il y a plus d'éléments poétiques chez nous, dans le canton de Vaud, qu'à Genève. » Là-dessus je lui ai dit quelques mots de notre vie tout agricole et campagnarde, par conséquent moins positive, moins matérielle que la vie commerçante des Genevois, qui cultivent plus les sciences pratiques et l'industrie que la littérature. Dans le cours de la conversation il m'avait demandé si je m'occupais de littérature, de poésie. « Oui, lui ai-je dit, j'ai fait quelques vers » et je

1. Les *Poésies genevoises*, en trois volumes in-32, avaient paru dans les premiers jours de l'année. C'était une collection des chansons de la société du Caveau, dont Petit-Senn (1792-1870) fut le membre le plus connu et le plus apprécié. Le libraire Barbezat avait lancé l'ouvrage simultanément à Genève et à Paris, où il avait un magasin à la rue des Beaux-Arts.

lui ai exposé le point de vue d'où j'étais parti. « C'est un très-bon jugement », a-t-il répondu.

Je lui ai raconté aussi ma nomination à Neuchâtel, qui me permettrait de consacrer quelques loisirs à la poésie, etc. « Ah ! oui, c'est une carrière charmante, etc. » Il m'a demandé si je connaissais un M. Richard (j'ai pensé que c'était Richard, d'Orbe, l'auteur des *Helvétiennes*[1]), et qui lui avait envoyé des vers. « C'est un bon garçon, a-t-il dit, plein de patriotisme. »

Je voyais qu'il se levait. Une dame que, d'après un portrait qui était dans le cabinet, je suppose être madame Hugo, avait apparu à la porte. Je compris qu'il était temps de partir, quoique M. Victor Hugo fût toujours très-aimable avec moi. Je me levai et je lui dis sans trop de préparation : « Vous nous avez fait l'honneur de nous mettre dans votre drame de *Cromwell.* » — « Ah ! oui, les députés ! » — « Mais c'est que nous n'existions pas alors ! » (Dans le cours de la conversation, en parlant de notre situation politique, j'avais rappelé que nous avions été asservis trois siècles et que notre émancipation et notre titre de canton ne dataient que de la Révolution française). — « C'est vrai ! J'ai suivi pour cela les *Mémoires* de Ludlow[2], qui dit positivement *les députés des Vaudois.* » (Je crois

1. Albert Richard (1801-1881) publia des *Poèmes Helvétiques* et des *Mélanges Poétiques*.
2. Hugo avait confondu les habitants du canton de Vaud avec les Vaudois du nord de l'Italie, qui sont les descendants des disciples de Pierre Valdo fixés dans les vallées du Piémont. Le régicide Edmund Ludlow (1617-1692) refusa de reconnaître l'autorité de Cromwell et se réfugia à Vevey, où il mourut. Guizot avait publié en 1827 une édition en français de ses *Mémoires*, dans la *Collection des Mémoires relatifs à la révolution d'Angleterre*. Il ne semble pas, cependant, que ce soit dans l'ouvrage de Ludlow que Victor Hugo ait trouvé les détails de la scène. Ils se trouvent tous,

même que Victor Hugo a dit, en rappelant les paroles de Ludlow, « *du canton de Vaud* », mais je n'en suis pas sûr.) « Il est possible que Ludlow se soit trompé et qu'il ait dit le *canton de Vaud* par erreur, ne connaissant pas bien le pays. Cependant il devait le connaître, puisqu'il vint mourir à Lausanne. Au reste, c'est comme cela qu'aujourd'hui on donne le nom d'Altesse au dey d'Alger, quoiqu'il n'ait pas du tout ce titre. Et il peut fort bien se faire que dans les mémoires contemporains on trouve un jour ce titre d'Altesse en parlant du dey d'Alger, etc. »

Je le laissai filer son histoire et son explication, puis je me mis à lui raconter en quelques mots et avec des formes dubitatives qu'il y avait des Vaudois des Vallées du Piémont, qu'ils avaient demandé secours et protection à Cromwell qui les leur avait accordés et que, même à présent encore, une partie des frais de l'instruction des jeunes ministres protestants de ces Vallées (que nous connaissons très-bien, dis-je, car ils viennent étudier à Genève ou à Lausanne) étaient fournis par l'Angleterre ou la Hollande. Là-dessus il répéta que Ludlow disait positivement qu'assistant à cette réception, il avait vu les députés vaudois se plaindre des exactions du duc de Sardaigne. « Ce qui entrerait dans ce que vous dites », ajouta M. Hugo. — « Oui précisément, monsieur, ce petit peuple est

---

par contre, dans l'*Histoire de mon temps* de Burnet, qui parut en 1827 dans la même collection.

L'erreur de V. Hugo se comprend assez bien. Il n'y a rien dans ce texte qui avertisse de quels Vaudois il s'agit. On lit seulement : « Le duc de Savoie alluma une nouvelle persécution contre les Vaudois. » D'où, dans le drame, ce vers : *Notre prince est romain, nous sommes calvinistes*, complètement faux dans la bouche d'un envoyé du Canton de Vaud en 1657.

sujet du Piémont. Il porte un nom à part et s'appelle *Vaudois*, du nom d'un de leurs chefs de secte, Pierre Valdo. C'était une secte qui avait assez de rapport avec celle des Albigeois, etc. » — « Je voudrais bien, lui dis-je, que nous eussions des droits à figurer dans votre bel ouvrage, mais je ne crois pas. » Je n'attachais pas d'importance à mon observation et je le lui dis tout franchement. Et il me répondit : « Cependant je vous remercie d'avoir éveillé mon attention là-dessus, parce que je vérifierai cela[1]. »

Et je partis, en lui demandant la permission de revenir prendre congé de lui, ce qu'il m'accorda avec beaucoup de politesse et de remercîments. « Je suis toujours à la maison le soir. » Il m'avait dit aussi que je n'avais point besoin de recommandation et d'introduction chez lui. « Je me fais un plaisir de recevoir tous les étrangers qui veulent bien venir me voir. »

Je ne me repens point de lui avoir fait ma petite remarque sur les députés vaudois ; d'abord je ne crois pas qu'elle puisse lui déplaire, et ensuite ce sera un

---

1. D'après J. O. (*Œuvres choisies*, t. I, p. 21), V. Hugo aurait corrigé son texte en tenant compte des observations faites. Il semble que ces corrections se soient bornées à raturer deux endroits. Au commencement de l'acte II, dans les indications qui précèdent la scène 1, Hugo a mis « piémontais » au lieu de « vaudois ». Mais partout ailleurs « vaudois » est conservé. La seconde rature, qui a sans doute précédé la première, se remarque dans le manuscrit de *Cromwell*. Au moment où l'envoyé suédois s'avance, Cromwell se tourne vers les « Piémontais » et les assure de son appui en tout temps. Toutes les éditions du texte donnent « Vaudois ». On en conclut que « Piémontais » est une surcharge de trois ans postérieure à la date du manuscrit (31 août 1827). Mais comme l'édition des *Œuvres complètes* de la Librairie Nationale, 1912, cite la variante sans parler de rature, on peut se demander si l'on n'est pas devant une copie, ou un remaniement partiel, d'une date postérieure au 21 juillet 1830.

moyen de me fixer un peu dans son souvenir. J'ai fait comme cet Ancien qui, exilé et poursuivi, arriva chez un roi dont il prit l'enfant dans ses bras pour s'en faire une protection. J'ai pris dans mes bras un enfant de Victor Hugo afin que le père soit forcé de me garder et de protéger un peu mon souvenir.

M. Victor Hugo est un homme de vingt-huit à trente ans. Les portraits que j'ai vus de lui ne me paraissent que bien médiocrement ressemblants, et c'est aussi l'avis de Sainte-Beuve. Il a les cheveux brun foncé, on ne peut pas dire noirs, un peu du genre humide *(sic)* des miens. Ils ne sont pas rares, mais cependant pas très-épais non plus. Un grand soin ne préside pas à leur arrangement. Ils ont même sur le côté un certain pli qui n'est peut-être pas très en harmonie avec l'ensemble des traits du visage. Un portrait de Hugo que j'ai en Suisse exprime assez bien cela. Le front est grand, cependant il n'est pas immense. Il est blanc, pur et je n'y ai pas découvert de rides. Les yeux, ni grands ni petits, sont bruns, vifs, mais on ne peut pas dire qu'ils soient ni brillants ni ardents. Son nez est un peu *renflé* vers le bout, ce qui lui donne quelque chose de peu agréable. Sa bouche n'a point cette expression dédaigneuse de son portrait ; au contraire, elle en avait une très-gracieuse et naturelle. Je ne me rappelle ni ses sourcils ni ses mains. Je n'ai pas trouvé qu'il fût si gros que son portrait semble le faire croire. Cependant M. Sainte-Beuve m'a dit : « Oh ! si, il a de l'embonpoint. » Son teint est blanc ; je lui trouvai quelque chose de diaphane en même temps que sa peau ne me semblait pas très-mince et très-délicate. Sainte-Beuve y voit, lui, entre les yeux et le nez, le long des joues, des teintes bleues et roses qui donnent une expression particulière à sa physionomie. Comme ce n'est que depuis ma visite à M. Hugo que son ami m'a fait cette observation, je n'ai pas pu la vérifier.

Il était vêtu simplement, une redingote noire, une cravate noire, point de gilet, une chemise à quatre ou cinq boutons, des bas blancs. Il ne porte pas de barbe. J'ai vu deux petits enfants, à l'un desquels il s'est adressé en l'appelant *mon petit chat*. L'un de ses enfants est charmant. C'est une fille qui a de beaux cheveux noirs, secs et bouclés, une figure brûlée et expressive[1]. Madame Hugo (si c'est la personne qui est apparue et qui m'avait l'air de ressembler à un portrait de femme placé au-dessus du grand canapé) doit être une belle et grande personne, mais rapprochée de l'âge de son mari. Victor Hugo a l'air d'un homme heureux, et Sainte-Beuve dit qu'il l'est effectivement.

Voilà déjà une dizaine de pages que j'écris et je ne suis pas encore à la fin de l'histoire de ma journée. Croiriez-vous qu'il faut parfois assez de courage pour ne pas planter là un journal et ne pas aller se coucher ?

Je suis allé ensuite chez M. Émile Deschamps, que je n'ai pas trouvé. Il venait de sortir en voiture. De là je me suis rendu chez Alfred de Vigny, et il m'a fallu un peu de force de volonté pour en venir à bout, car l'habitude en était déjà un peu perdue.

J'y ai trouvé les deux Anglais qui y étaient la dernière fois, deux jeunes gens que j'y avais déjà vus et M. Sainte-Beuve. On a parlé du théâtre, entre autres de *Hernani*. « La machine, a dit quelqu'un en faisant

---

1. Léopoldine (juin 1824-septembre 1843), celle qui devait mourir à Villequier, et près de la tombe de laquelle Mme Hugo se fit enterrer.

allusion à la préface d'*Othello*[1], la machine ne va déjà plus avec les vieux ressorts ; plusieurs roues ont été brisées ou changées, etc. » — « Oui, on dit que l'on ne reconnaît plus le *Hernani* de Victor. La dernière fois que j'y suis allé je n'ai pas pu rester. Michelot a dit, je crois, six vers à rime féminine de suite » (de Vigny). Quelqu'un cita par exemple que dans le monologue (dont au reste on ne parle plus, qui n'existe plus, a observé Sainte-Beuve), Charles-Quint disait :

Ces deux moitiés du monde ! le peuple et l'empereur[2].

— « Oui, Michelot, à la fin, récitait son rôle les mains dans ses poches » (de Vigny).

— « Maintenant, dit-on, (après tous ces absurdes changements et coupures et mutilations), maintenant, dit le public, l'ouvrage n'est pas si absurde qu'on le représentait. Victor Hugo n'est pas si entêté. Voyez, il cède aux conseils de ses véritables amis, etc. » Et nous tous de rire !

— « Victor espér[ait] que sa *machine* se soutiendr[ait] longtemps sans se déranger, intacte[3]. Je lui ai bien assuré que non. On peut compter cinq ou six bonnes représentations, et voilà tout » (de Vigny).

« Mademoiselle Mars a de la finesse, elle exprime admirablement bien, mais elle ne sait pas juger la

1. Préface d'*Othello* : « Une tragédie est une pensée qui se métamorphose tout à coup en *machine*... Cette mécanique se monte à grand frais de temps, d'idées, de paroles, de gestes, de carton peint, de toiles et d'étoffes brodées... Voilà à peu près la destinée de toutes les idées réduites en mécaniques à ressorts dramatiques et nommées communément *tragédies, comédies, drames, opéras,* etc. »

2. Acte IV, scène 2 ; le texte est :

Ces deux moitiés de Dieu, le pape et l'empereur.

3. La dernière représentation avait eu lieu le 18 juin.

poésie. Mais elle a beaucoup d'esprit » (de Vigny).
— « Oh ! de l'esprit ! Elle conte avec grâce, avec
bonhomie, naïveté. Elle sait se faire bien pauvrette.
Mais voilà tout ! » (Sainte-Beuve). — « Oui, toujours
cette expression d'ingénue » (de Vigny). — « Elle a
des soupers. Elle invite Arnault[1], Véron, etc., et elle
les consulte : « Que pensez-vous de cela ? de tel mot de
ce rôle ? » Le convive qui a bu le champagne de mademoiselle Mars voit bientôt ce qu'il faut répondre.
« Mauvais, détestable », dit-il. Ainsi, par exemple, elle
voulait absolument mettre *visage* et non *face*. — « Face !
jamais je ne dirai cela ! » — « *Face* ne vaut absolument
rien », dit l'homme de lettres. — « Eh bien ! c'est ce
que je dis. Messieurs les auteurs ne veulent jamais
écouter les acteurs ! » (de Vigny). — « Un auteur est
l'ennemi direct de l'acteur. Celui-ci le regarde comme
son tyran. Il lui fait réciter des choses qui ne lui plaisent pas. Et puis, ils prétendent à toute la gloire ! ! ! »
(de Vigny).

« Oh ! c'est un rêve des auteurs qui ne sera jamais
réalisé que celui de tenir une pièce secrète. Aussitôt
qu'un rôle est copié, chaque acteur le montre à tous
les acteurs de sa connaissance, jusqu'aux funambules
de madame Saqui[2] » (de Vigny). — « Et, ce qui est pis
encore, à tous les hommes de lettres de sa connaissance » (Sainte-Beuve). — « Voyons, que pensez-vous

1. Voir plus haut, 29 juin.
2. Mme Saqui (1786-1866) était une très célèbre danseuse de
corde qui, après avoir brillé dans toutes les fêtes publiques de
Napoléon Ier, ne se retira que sous le Second Empire. Elle avait
ouvert son « théâtre » en 1816 au boulevard du Temple, à l'emplacement où se trouve aujourd'hui l'extrémité sud de la place de la
République. Vigny dit ici « funambules » pour « danseurs de corde ».
Il ne parle pas du « spectacle des Funambules », tout voisin, rendu
célèbre par les pantomimes de Deburau.

de ce rôle ? Et l'autre, sur la lecture de ce rôle où il n'y a pas les reparties, où l'on ne peut pas distinguer l'ensemble de la pièce, prononce cependant *bon* ou *mauvais* » (de Vigny).

Tout cela était dit en riant, mais cependant avec un fond de tristesse. « Nous n'avons pas, nous n'aurons pas de bons acteurs. Un homme qui aurait l'instruction et les talents nécessaires pour le devenir prétendra à quelque chose de mieux dans son opinion. Il deviendra poète de deuxième ordre ou journaliste assez distingué » (Sainte-Beuve). — « Ou il deviendra un *grand citoyen* (l'un des Anglais), électeur. » — « Oui, car on devient aussi maintenant *grand citoyen* » (de Vigny). « Autrefois un jeune homme, ayant fait quelques folies, ou pour toute autre cause, se jetait dans le théâtre et travaillait » (Sainte-Beuve). — « Les Français n'ont pas pu avoir d'acteurs parce qu'ils n'ont que des rôles. Ils n'ont pas de caractères, de personnages » (l'Anglais parlant).

— « Monsieur Harel (le directeur de l'Odéon) est venu me voir ; il m'annonça qu'il avait le bonheur de posséder l'acteur Frédérick Lemaître[1] et qu'il me demandait une tragédie. Je lui ai répondu que pour le moment je n'en avais pas dans mes poches. « Mais tenez ! Vous avez *Hamlet* ! Jouez *Hamlet*, c'est admirable ! » — « Non ! il faudrait quarante ou cinquante

---

1. Vigny parle ici de faits très récents. Frédérick Lemaître, le grand acteur du mélodrame, avait été directeur de l'Ambigu pendant les six premiers mois de l'année et c'est seulement le 5 juillet que Harel l'avait engagé, pour vingt mois, à raison de soixante-dix francs par représentation, avec garantie de dix-sept représentations par mois. Après les Trois Glorieuses, au cours de la seconde quinzaine d'août, Frédérick Lemaître joua effectivement *Hamlet* et *Othello*.

MANUSCRIT ORIGINAL DU JOURNAL, pp. 218-219.
(Propriété du Dr Jean OLIVIER, de Genève.)

mille francs pour le monter et c'est trop cher, etc. »
Je lui ai dit que je n'avais rien à répondre à cette
raison, mais que je lui conseillais de donner *Hamlet*.
— Mais qui pourrait faire ce rôle ? Nous n'avons point
d'acteurs qui en soient capables, car nous n'avons
point d'acteurs *mélancoliques*. On ne peut jouer en
France ni Hamlet, ni Roméo. » (de Vigny. Et quand il
a dit *nous n'avons point d'acteurs mélancoliques*, M. de
Vigny a prononcé ces mots avec âme et comme quelqu'un qui sent bien tout ce que doit être un acteur
mélancolique. C'est un des mots qui m'ont le plus
frappé de M. de Vigny.)

M. Sainte-Beuve nous a raconté comment Firmin
esquive le « *de ta suite, j'en suis*[1] ». Il prononce *de ta
suite*, puis il trépigne, il se démène, il court sur le
théâtre, à droite, à gauche, revient, et saisit dans tout
cela un moment pour prononcer clandestinement le
« *j'en suis* » ; et lève avec fierté la tête, en s'applaudis-
sant de son heureux stratagème. Sainte-Beuve nous a
fait en quelque sorte la pantomime de l'act[eur] et du
procédé de Firmin, en dessinant en l'air, avec le doigt,
une ligne semblable à celle-ci :

[*Voir reproduction ci-contre.*]

Il paraît, autant que j'ai pu le comprendre, qu'après
chaque représentation Victor Hugo allait faire mille
compliments à mademoiselle Mars. — « Cela devait-il
l'ennuyer ! » (de Vigny). Pendant une heure environ
que mademoiselle Mars était à se décrasser, elle n'avait
pas l'air d'écouter les « Vous êtes toujours plus admirable ! Le public est enthousiasmé, etc., etc. » De

---

1. C'est le premier vers de la scène 4, acte I :
   Oui, de ta suite, ô roi ! de ta suite ! — J'en suis !

temps en temps, elle se retournait cependant et disait d'un air fat « pardon ! » (Sainte-Beuve).

« Après les cinq ou six premières représentations, cela va toujours en déclinant. Et puis les acteurs s'arrêtent pour ne pas être sifflés. — « M. Vacher (c'est le nom du chef des claqueurs), ne pouvez-vous pas empêcher qu'on ne siffle à ce vers ? » — « Oh non ! c'est impossible à celui-là ! On le siffle toujours. Il ne l'a pas été à la douzième, à la vingtième et à la trentième représentation mais c'est par accident, M. le duc d'Orléans était là, ou bien pour telle autre cause. Mais il est impossible d'empêcher qu'on le siffle. » Alors on le retranche, ou on le change bêtement. — « Et celui-ci, M. Vacher ? » — « Oui, oui, en mettant six hommes de plus sur la gauche, nous le sauverons. Mais ne pourriez-vous pas, M. Michelot, vous tourner, ou bien passer votre chapeau devant votre bouche en le disant, et avec les six hommes en plus nous empêcher[ons] qu'il ne soit sifflé ? » (de Vigny).

M. de Vigny nous a aussi représenté M. Paul Foucher disant à mademoiselle Mars : « Vous êtes admirable, incomparable, etc. » et tout en lui disant cela, faisant autour de la figure de mademoiselle Mars étonnée le moulinet avec ses deux mains. Un autre des amis (pour rire) de ces messieurs faisait continuellement, aux répétitions, recommencer les acteurs et leur adressait la parole dans les termes les plus polis : « M. Desmousseaux[1], auriez-vous l'extrême complaisance de répéter un peu ? Vous me rendrez un très-grand service, à moi personnellement bien plus encore

---

1. Desmousseaux (1785-1854), surnommé la toupie d'Allemagne pour sa belle voix et sa monotonie. « Dans sa bouche, disait un critique, les alexandrins ont vingt-quatre pieds. »

qu'à la Comédie-Française dont vous faites la gloire... »
Et les acteurs, accoutumés à jouer entre eux aux dominos et à le traiter assez sans façon, demeurent tout interdits et ne résistent pas, d'autant plus que ce singulier personnage leur déclare très-gravement qu'ils partent d'un point de vue faux, que leur théorie n'est pas basée sur de bons principes, etc.

On a aussi raconté quelques anecdotes. « L'autre jour, a dit M. de Vigny, j'allai chez madame Duchambge[1]. J'étais très-occupé d'une idée qui m'absorbait complètement, car je suis obligé de renvoyer mon travail à la nuit. Ma journée commence quand celle des autres finit. » — « Ah ! il faut avoir la tête bien forte pour porter ainsi sa pensée toute une journée. Ordinairement, on la perd et l'on ne sait plus ce que l'on voulait dire et faire » (Sainte-Beuve). — « J'arrive », continue M. de Vigny, « à l'hôtel de madame Duchambge. Je demande à la portière : « Madame... ? » Je ne pus jamais trouver une seule lettre de son nom. Aucune ! Et la portière me riait au nez : « Madame qui ? » Je m'écartai pendant quelque temps et j'allai sous la porte cochère de mademoiselle Mars (pour se tirer d'embarras, il avait demandé à la portière si mademoiselle Mars ne demeurait pas dans cette rue) et là, je me suis mis à chercher le nom de madame Duchambge. Je voyais cette femme devant moi, mon imagination l'avait présente : impossible de retrouver son nom ! Enfin je tirai ma montre et je me demandai si j'étais devenu fou. Le nom m'arrive enfin et je

---

1. Pauline Duchambge (1778-1858) composa une multitude de romances qui ne manquent ni de distinction ni de vérité. Elles eurent un grand succès. Vigny devait la fréquenter encore davantage par la suite, car elle était une amie intime de Mme Dorval.

retournai tout triomphant vers ma portière que, pendant mon monologue sous la porte cochère, j'avais entendue se moquer de moi avec une de ses voisines, et qui me prenait pour un homme à mauvaises intentions. » — « C'est précisément là le sujet du mauvais roman de Janin, appelé la *Confession*. » (Sainte-Beuve, et il raconta l'histoire d'Anatole, qui ne se rappelait pas non plus le nom de sa femme, et qui l'étouffa.) — « Oh bien ! je n'ai point dessein d'étouffer madame Duchambge : elle aime trop les *Consolations*. Vraiment elle les a toujours avec elle, elle les sait par cœur. C'est une femme bien aimable » (de Vigny). — « Elle est du petit nombre des femmes qui comprennent et admirent André Chénier » (de Vigny). — « Elle sent bien la poésie ; cependant... » (Sainte-Beuve). — « Oui ! la romance... » (Madame Pauline Duchambge a fait plusieurs airs de romances.) « Et puis ce qui égare toujours les femmes dans les jugements sur les arts, c'est le sentiment. Si quelque chose est de nature à être dit avec passion par une femme à un homme, ou par un homme à une femme, elles l'admirent pour cela seul et ne jugent pas » (de Vigny et Sainte-Beuve). — — « Elle comprend aussi certaines choses, certaines peintures... Enfin, elle admire quelquefois à côté » (Sainte-Beuve).

« Ballanche, dit Sainte-Beuve, est aussi sujet à de grandes distractions. Un jour, il était chez madame Degérando. Elle s'aperçut qu'il avait l'air distrait et elle voulut lui parler d'*Antigone*[1]. — « Ah oui, on dit

---

1. Poème en prose terminé par Ballanche à Rome, en 1813, sous les yeux de Mme Récamier. Bien que le poème eût été imprimé, il n'avait pas été répandu dans le grand public. Mais il venait de paraître en avril dans le tome I des *Œuvres* de Ballanche.

que cela fait beaucoup de bruit. » — « Sans doute, c'est très-bien ! » — « Vraiment ? Eh bien, *je le lirai.* » — « Mais comment, vous le lirez ! C'est vous qui l'avez fait ! » — « Non ! non ! je le lirai. » Et elle n'en put jamais tirer autre chose que son *je le lirai.* »

« Ballanche », dit encore M. Sainte-Beuve, « lui raconta qu'une journée entière il s'était occupé de deux idées à la fois, dont l'une était *chevaleresque* et l'autre *poétique* (je ne comprends pas trop la différence, observa M. Sainte-Beuve), et qu'il se rappelait que l'une était chevaleresque, parce qu'il en disait : « Qu'est-ce qu'en pensera M. de Chateaubriand ? » ; qu'il avait été tiraillé toute la journée par ces deux idées ; qu'il sentait que s'il ne pouvait pas s'en débarrasser, il en mourrait ; qu'enfin cet état avait cessé ; mais qu'il n'avait rien pu se rappeler de ces deux idées, sinon que l'une était poétique et l'autre chevaleresque et quoique son travail sur chacune d'elles fût considérablement avancé. N'est-ce pas curieux ? » (Sainte-Beuve).

Il est arrivé une visite. M. Sainte-Beuve s'est levé pour sortir. J'en ai fait autant afin de pouvoir revenir avec lui, mais j'ai fait la chose assez gauchement, en sorte que si je n'avais pas su prendre sur moi d'attendre dans la rue que M. de Vigny eût fini de causer dans l'antichambre avec Sainte-Beuve, j'aurais manqué ce dernier. Mais je me disais : « Ce n'est pas le cas d'avoir honte ici », et je me mis bravement en faction au bas de la rue où j'arrêtai M. Sainte-Beuve. Je l'accompagnai jusque chez lui, c'est-à-dire pendant environ une lieue de chemin. Je le laissai causer, me contentant seulement de lui faire de temps en temps des questions auxquelles il répondait de la manière la plus obligeante. Il va quitter Paris et aller à la campagne pour y travailler. Paris lui est odieux ; il voudrait pouvoir le laisser ; on n'y travaille pas. La conversation a roulé sur la littérature et sur l'état actuel des esprits quant aux croyances.

Mais comme il est une heure du matin, je renverrai après mon sommeil à noter les détails que ma mémoire me fournira.

Jeudi 22 juillet, au matin.

J'ai déjà dit plus haut ce que Sainte-Beuve pensait des différents portraits que l'on a faits de Hugo, car je débutai par lui parler de son ami et de la visite que je venais de lui faire. Je lui demandai ensuite si la campagne de M. Lamartine était bien éloignée de Mâcon (je voulais en venir à lui demander une lettre pour ce dernier). « Il est en Suisse maintenant ou en Savoie (à Aix). » Je vis bien à sa manière de me répondre qu'il était à cent lieues de la demande que je voulais lui faire, et je n'en parlai pas. « Le portrait de Lamartine est-il ressemblant ? » — « Oui, vulgairement. C'est Lamartine, sa redingote boutonnée, [passant ?] dans la rue, pensant à ses chevaux qui sont fatigués, et cela l'ennuie. Mais son génie n'y est pas. Il a, par exemple, la bouche bien plus gracieuse. » — « Et son buste par David, à la galerie Colbert ? » — « Ah ! bien, il est trop beau ! » — « J'ai entendu dire chez M. de Vigny à un grand monsieur que je ne connais pas qu'il ne valait rien[1].

---

1. Voir la journée du 23 juin. Le propos y était attribué à G. Planche.

Notons à ce sujet qu'en décembre 1856 Vigny écrit à Planche, en lui rappelant les entretiens d'autrefois : « Vos jugements étaient dictés presque involontairement par l'esprit de la conversation ».

Cela m'a frappé parce que, auparavant, je l'avais beaucoup et naïvement admiré. » — « Le grand monsieur a dit une absurdité. Le buste est un superbe ouvrage. Sans doute, Lamartine n'est pas aussi bien que ce buste. » — « Mais c'est Lamartine idéalisé ? » — « Oui, sans doute. David lui a rempli les joues, mais il n'y a pas grand mal à ça. Tenez, avec le portrait et le buste, vous pouvez vous faire une idée assez exacte de Lamartine. »

— « M. de Vigny va publier un roman, un recueil ? » — « Il paraît que oui. Du reste, il ne dit rien. Il est très-chaste, il n'aime pas à se montrer avant d'être habillé. »

— « Vous n'avez pas de journal qui représente la nouvelle école ? » — « Non. Et c'est tant mieux. Si nous avions un journal, ou bien il faudrait que les plus capables y travaillassent, et ils pourraient faire mieux, ou bien [il faudrait] le laisser aux hommes d'un talent inférieur, et cela ne vaudrait rien pour la cause. L'essentiel est de faire des œuvres, de bons ouvrages. Nous avons au *Globe* et aux *Débats* quelques hommes de notre bord. Aidés de l'apparition de quelques bons ouvrages ils l'emporteront sur les autres. Non, si nous avions un journal l'amitié, le bon goût nous engageraient à louer les ouvrages de ceux qui partagent nos opinions, sans que nous n'y comprenions rien. »

Je lui avais dit que je ne croyais plus que la poésie s'adressât aux masses. « Il me le semble aussi. La masse est maintenant ou classique (et j'aime mieux celle-là que l'autre parce qu'elle dit : *Je n'y comprends rien, rien du tout !*) ou romantique. Celle-ci s'écrie : *Ah ! c'est beau, c'est très-beau !* et elle montre quelque chose

qu'elle trouve beau. Mais non ! c'est que ce n'est pas cela du tout qui est beau ! Les petits journaux, par exemple, s(?)[ont] détest[ables] : *le petit journal rose*... »
— « Abominable, répondis-je. Je crois qu'ils font du tort à votre cause ! » — « Oh ! oh ! du tout, ils ne lui font pas de tort. »

— « M. Hugo n'est-il pas découragé ? » — Non. Lui croit que la poésie s'adresse aux masses. Et il faut bien qu'il le croie, puisqu'il veut fonder un drame en France. C'est heureux qu'il le croie, parce que ce qu'il croit, il le fera, — mais pas entièrement[1]. Enfin, il aura obtenu bien-être, amis, argent, gloire ! »

— « La *Revue de Paris* ? » — « Oh ! c'est un journal qui ne représente rien, il n'est important qu'en ce qu'il contient de bons articles signés. »

— « Et M. Alexandre Dumas, quelle place lui donnez-vous dans la littérature ? » — « Il est romantique tout à fait, mais je ne l'aime pas. Il n'écrit pas bien, il manque de goût. Voilà ! il a le talent d'embrasser bien quelques scènes, le même talent que Duval, que Sedaine. Mais je ne trouve pas que son talent soit véritable. Et puis il faut s'entendre sur la mission de l'art ! Tenez, Monaldeschi : c'est un homme qu'on ne souffrirait pas une minute chez soi, on le chasserait. — Il n'y a rien dans ses personnages qui élève, qui agrandisse. Et puis il vise beaucoup trop à imiter le style dramatique de Hugo. Quand il fait bien, on sent

---

1. Ce jugement très remarquable, Sainte-Beuve l'avait exprimé déjà dans une lettre à Hugo que M. Bonnerot situe en février 1830 (*Corr.*, I, p. 179) : « Vous tentez une entreprise impossible... Peut-être même que *Hernani* est déjà *Austerlitz* ; mais quand vous serez à bout l'art retombera ; votre héritage sera vacant... Napoléon devait venir au temps de Mahomet ; vous deviez venir au temps de Dante... »

qu'on a déjà vu cela dans Hugo ; quand il fait mal, c'est détestable. »

Nous tournions alors par le Pont-Royal, et dès ce moment la conversation passa de la littérature à la religion.

— « En quel état sont les croyances à Paris ? Il n'y a pas de foi ? »

— « Aucune. Voyez, il y a tant d'idées ! Et quand on interroge un homme sur ce qu'il pense ou qu'on répond à une demande pareille, on sent toujours que la réponse, dans les deux cas, n'est pas faite avec le désir que votre opinion soit partagée. On n'y tient pas assez pour cela. Voyez les personnes qui ont le plus de foi, Lamartine par exemple. »

— « Ah ! oui, ce morceau que vous avez cité. »

— « Eh bien, c'est sa plaie ! Lamartine lui-même en convient. *Nous n'avons qu'une lueur*, dit-il, *mais c'est encore ce qu'il y a de plus sûr*. De plus sûr ! Ah ! Qui le dit ? — Voilà Lamartine, — lui, excellent métaphysicien, a examiné tout cela. Il s'est assis. Eh bien, oui, je le comprends. Mais il faut pour cela vivre dans la retraite et choisir, en quelque sorte, les idées qui nous viennent du dehors, lire de bons livres qui soient saine nourriture à l'esprit et au cœur et arriver ainsi, en se donnant le change à soi-même, jusqu'à l'âge où l'on se fixe, où les idées ne varient plus. — Voyez-vous, nous autres, notre foi est toute dans nos vers, en sorte que quand nous avons fait un volume de vers, toute notre foi s'y trouve et nous n'en avons plus pour dix ans. — Chateaubriand n'est pas chrétien ; c'est une religion d'imagination. Il en est toujours à *René*. M. Guizot est sceptique. Il y a quelques personnes ici qui ont, dit-on, de la foi, madame de Broglie et sa société, par exemple : mais il faudrait voir [si], jusqu'à un certain point, ce n'est pas un jargon chez ces gens-là ; M. Lamennais, l'abbé Gerbet (qui vient de faire un très-beau livre sur le catholicisme[1]), — mais ils ont trouvé moyen de vivre dans la retraite, en Bretagne[2].

« Nous sommes dans une époque mortelle à l'originalité dans les arts et à la foi. Dans un salon se trouvent réunies quarante célébrités qui ont toutes leur originalité propre. Comment voulez-vous que son quarantième d'originalité ne se dissolve pas dans la masse des trente-neuf autres ? — Et puis attache-t-on du prix aux croyances ? Non. Au dix-septième siècle, on se disputait sur la Grâce, les jansénistes, les jésuites, etc. Maintenant, rien. Au dix-huitième siècle, dans un salon, Diderot, Grimm et d'autres, eh bien ils dissertaient, ils discutaient, ils riaient, ils étaient heureux et contents dans ce moment-là ! Eh bien maintenant, — tenez, c'est Mérimée qui me faisait cette observation : nous dînâmes un jour chez M. Duvergier de Hauranne. Il avait invité Béranger, Hugo, Chateaubriand, Mérimée, Charles Magnin, Dubois, enfin des hommes qui ont une réputation. Croyez-vous que le dîner fût animé? On ne dit rien, on causa à peine à son voisin. Le soir Mérimée alla chez un de ses amis, un Italien qui vit ici dans le plaisir avec des filles, chez les restaurateurs, etc. Il le trouva triste aussi. D'où il conclut que c'était pour tout le monde la même chose.

1. L'abbé Gerbet (1798-1864) avait publié en 1829 des *Considérations sur le dogme générateur de la piété catholique*, 1 vol. in-12.
2. A la Chesnaie, le domaine de Lamennais situé entre Combourg et Dinan. A partir de 1831, quand Sainte-Beuve lui-même fera des séjours auprès de Lamennais, ce sera à Juilly (entre Senlis et Meaux), dans la ville où Gerbet était professeur de collège.

« Non ! il faudrait la retraite — ou bien avoir de l'argent, de la fortune avec laquelle on pourrait se procurer des distractions honnêtes, et oublier ainsi que l'on vit, et aller en avant. »

— « Avec cette manière de voir, c'est donc une bien triste chose que la vie ? »

— « Ah ! je vous en réponds ! On ne se tue pas, parce que c'est une absurdité de se tuer. On ne se tue pas par charité pour les autres. Mais la vie ! »

— « Je crois que le catholicisme a fait du mal, parce qu'on ne voit le christianisme que chez lui. »

Il m'interrompit brusquement : — « Non, j'aime le catholicisme. Tenez ! je l'aime. Il a quelque chose de plus lumineux que le protestantisme qui ou bien est sec, rigide ou bien est mystique. Je crois que le mieux serait de se retirer à la campagne, d'aller à la messe, de faire tranquillement ses pâques et d'avoir une croyance aussi bien éloignée du gallicanisme que du jésuitisme. »

— « M. Hugo est-il convaincu ? »

— « Oh ! Victor Hugo est un homme qui n'est pas tourmenté de ces choses-là. Il a continuellement de si grandes, de si pures, [de si] délicates jouissances que lui procure son talent ! Ce qu'il fait est si beau, si parfait ! Il est tellement abondant ! C'est un homme heureux, plein. Il vit content dans sa famille. Il est gai, — peut-être trop gai. C'est un homme heureux. »

— « Madame Lamartine est, dit-on, une Anglaise qui a été convertie au catholicisme ? »

— « Oui, mais ce sont de ces conversions... C'est une femme très-aimable, très-instruite, mais une femme du monde. »

Il parla ainsi très-longtemps. Nous approchions de la rue où il demeure.

— « Vous me trouvez horriblement sceptique », me dit-il.

— « Ah ! » répondis-je, « oui, ce n'est pas là précisément le Sainte-Beuve des *Consolations* ! »

Nous riions tous les deux, lui en faisant la question, moi en y répondant. Mais ce rire ne nous faisait plaisir, je crois, ni à l'un ni à l'autre.

Je le quittai en me promettant d'aller le revoir (car vraiment il a été fort aimable pour moi) et je lui annonçai la publication de mon petit recueil, « dont je voulais, lui dis-je, vous remettre un exemplaire, mais je crains qu'il ne soit pas prêt avant votre départ ». — « Eh bien ! vous le déposerez chez ma mère ? » — « Je serai très-flatté que vous ayez la bonté de le lire. — » « Oui, sûrement, etc. » Et nous nous séparâmes.

Voici encore deux ou trois remarques qui me reviennent maintenant sur ma journée d'hier. Je demandai à M. Sainte-Beuve : « Est-il vrai que Lamartine n'aime pas André Chénier ? » — « Non ! J'ai de lui une lettre là-dessus qui est remplie d'absurdités. On ne croirait pas ! Il ne lui trouve pas de sensibilité. Au reste il ne l'a pas lu. »

— « Quel jugement a-t-on porté sur les poésies de M. Alfred de Musset ? » — « Les hommes dont l'opinion compte se sont accordés à dire qu'il y avait de très-beaux vers dans ce recueil publié trop tôt et sans soin. Lamartine, par exemple, après avoir dit que cela ne valait absolument rien, convient maintenant qu'il y a de belles choses. Cousin me disait l'autre jour, en parlant des poésies de M. de Musset : *Eh bien, dans ces ordures, je trouve quelques perles, etc.* »

Mademoiselle Mars disait un jour à je ne sais plus lequel de ces messieurs : « Le défaut de Casimir

Delavigne, c'est d'avoir trop de poésie[1] ! » (de Vigny).

« Qu'est-ce que vous publiez ? » demanda M. Sainte-Beuve à M. de Vigny en le quittant. — « Oh ! je ne sais pas, je n'ai pas encore arrangé, disposé cela. Vous savez que j'aime l'ordre, la régularité[2]. »

« Vous avez habité Lausanne jusqu'à présent », me disait Victor Hugo ; « et maintenant ? » — « J'irai à Neuchâtel. » — « C'est bien moins pittoresque. »

J'étais tout étonné d'entendre quelquefois M. Victor Hugo prononcer la locution parisienne si connue : *Dame !* Et à propos de cela, il me semble que cette espèce de serment est bien caractéristique du Français, surtout du Parisien, de jurer par la *Dame*, que cette dame soit la Vierge, ou la femme en général. Je ne sais plus à propos de quoi, M. Victor Hugo me dit : Le *Diable* n'y comprendrait rien. » Ce mot de *Diable*, dans sa bouche, me frappa.

Quand j'eus fini, hier au soir, d'écrire mon journal, agité, inquiété par tout ce que j'avais entendu, j'ouvris au lit ma Bible pour y chercher quelque appui. Je m'en sentais le besoin. Je tombai toujours sur des

---

1. Le *Globe* avait soutenu ce point de vue sur Delavigne à plus d'une reprise : en février 1825 déjà, un de ses rédacteurs, le comparant avec Lamartine et Béranger, lui accordait la première place de fort loin : Delavigne est le plus doué des novateurs, « celui qui promet le plus à l'avenir » (I, 332-333). Il n'est pas encore assez philosophe : « c'est donc son esprit et sa raison qu'il doit exercer et agrandir ; il n'a plus besoin de songer à son talent ». Lamartine est incapable d'invention ; et « lorsqu'il s'attaque à des questions graves et profondes... il satisfait mal les esprits sérieux ». Du moins s'il est incorrect, ce n'est pas par système, comme certains : « Il n'est pas de cette école ; c'est tout simplement faute de soin et de travail qu'il viole et la grammaire, et la rime, et le goût. »

2. On se rappelle que le 1ᵉʳ juillet J. O. avait déjà noté cette question posée par Musset à Vigny, le 30 juin. D'après Boulay-Paty, (2 juin 1830), Vigny préparait une « tragédie ».

passages historiques, ou sur des prophéties qui, avec un sens général au commencement, se résolvaient toujours à regarder le peuple juif. Cette remarque est toujours pénible pour moi et ébranle mon peu de conviction scientifique.

Ah ! encore une chose que j'oubliais de noter. « Mon opinion », dis-je à M. Sainte-Beuve, « est que ni la science ni les autres ne peuvent nous donner la foi. » — « Oui, c'est vrai ! Mais cependant vous ne pouvez pas empêcher que la science et les autres n'influent sur vos convictions. Parbleu ! quand vous entendez quelqu'un qui ne partage pas vos opinions, vous êtes bien forcé de vous dire : Oui, il y a pourtant quelque chose de vrai dans ce qu'il dit. Dès lors, plus de foi ! » Il me cita aussi l'exemple de Manzoni[1]. « Eh bien, oui, il faudrait vivre comme lui. Il ne sort pas de son Italie. C'est un esprit étroit, mais élevé. Il écrit de temps en temps des lettres à ses amis. Ceux-ci en lui répondant ont l'attention de ne pas heurter sa manière de voir, de le ménager. Mais où trouver cela ? »

3 heures après midi.

« J'aimerais mieux, disait Sainte-Beuve, quatre vers de *Bérénice*, au hasard, que toute la *Christine* de Dumas ».
— « Le jeune clergé catholique, que fait-il ? » lui demandai-je. — « Il travaille, il cherche à s'instruire, mais... » (il y eut aussi là un *mais* que je ne me rappelle pas).

1. Deux des drames de Manzoni (1785-1873) avaient été traduits par Fauriel en 1823. La première traduction française des *Fiancés* est de 1828.

22 JUILLET

Chez M. de Vigny on parla de M. de Latouche. C'est un voleur, dit-on. Il a pillé tout un roman chez Gœthe[1], une nouvelle d'Hoffmann, etc.[2]. Et il n'en a presque point fait semblant ou bien il a dit quelque chose sur des *mémoires communiqués*, mais de cette manière qui fait qu'on ne vous croit pas. « C'est un homme bien malheureux », disait M. de Vigny ; « il est envieux. Mon Dieu ! peut-on être envieux à présent ? Ce n'est plus de ce siècle. » — « Oh ! il y a toujours ainsi trois ou quatre envieux par époque », répondit Sainte-Beuve. Latouche écrit maintenant quelques articles dans le *Corsaire* ou d'autres journaux. C'est un homme d'esprit, d'une grande intelligence, mais qui ne peut pas faire, à lui seul, un ouvrage, et il pille les autres. Il paraît que c'est un méchant homme. On le comparait, lui, en discussion avec Rabbe[3] (qui a tué un homme), à un serpent en présence d'un lion. — « C'est vous qui

1. Faut-il supposer que J. O. a compris « roman » quand on parlait de « romance » ? Le *Roi des Aulnes* de Gœthe fut adapté par Latouche.
2. Henri de Latouche (1785-1851) avait fait une traduction de « *Mademoiselle de Scudéry, par un étranger, nouvelle allemande* ». Cet étranger était en effet Hoffmann. Latouche y fit des corrections, des additions et ce fut enfin une imitation qu'il publia en 1823 sous le titre : *Olivier Brusson*, 2 volumes.
Ancien collaborateur d'Émile Deschamps pour de petites pièces qui avaient réussi vers 1818, Latouche avait été éliminé de la *Muse française* de par la volonté de Hugo (automne 1823) et depuis ce moment-là fut en guerre ouverte avec les poètes de la nouvelle école. Il les blessa profondément par son article de la *Revue de Paris* (oct. 1829) : *La Camaraderie littéraire*, qui ne reçut pas de réponse avant 1831 (articles de Sainte-Beuve et de Planche).
3. Alphonse Rabbe (1786-1829) mit la main à beaucoup d'ouvrages historiques hâtifs. Son titre de gloire est la *Biographie universelle et portative des contemporains* (1827) dont il fut quelque temps le directeur. Son *Album d'un Pessimiste*, publication posthume de 1835, a été réédité avec une Introduction de J. Marsan dans la Bibliothèque romantique de H. Girard.

avez porté la tête de la princesse de Lamballe[1] », lui disait-on ? » — « Coupé, oui, mais porté, non », répondait-il, à ce qu'on prétend. »

« M. Ulric Guttinguer[2], raconta Sainte-Beuve, très lié autrefois avec Latouche, alla le voir un jour à Aulnay, à la Vallée-aux-Loups[3]. Il le retint à coucher. En se retirant dans sa chambre, tout à coup Ulric Guttinguer se mit à penser : « Mais si Latouche allait m'assassiner cette nuit[4] ? » et il tira le verrou. » Il ne publiera jamais ses poésies, disait-on, parce qu'elles

---

1. Le meurtre de la princesse de Lamballe, le 3 septembre 1792, les mutilations que subit le cadavre constituent un des épisodes les plus horribles de cette période. C'est Charlat, croit-on aujourd'hui, qui lui coupa la tête et la porta au bout d'une pique à travers Paris. Mais rien n'était plus commun sous l'Empire et sous la Restauration que cette accusation. Il n'y avait pas de quartier de Paris où on ne désignât quelque individu comme ayant porté la tête de Mme de Lamballe. L'académicien Tissot (1768-1854), qui était en Savoie lors du meurtre, s'en vit accusé un soir dans un salon. « Vous portez bien haut la tête », répondit-il à l'insulteur. — « Du moins je ne porte que la mienne ! »

Ni Rabbe ni Latouche n'avaient atteint leur dixième année en 1792.

2. Ulric Guttinguer (1785-1866), dont l'abbé Bremond a raconté la conversion, collaborait à ce moment avec Sainte-Beuve à la composition du roman *Arthur* qu'il acheva et publia seul en 1834. Il était chronologiquement de la même génération que Latouche, mais une jeunesse de cœur irrépressible le mit sans effort au niveau de la jeune génération.

3. Latouche avait acheté la Vallée-aux-Loups, illustrée par le séjour de Chateaubriand sous l'Empire, avec le produit des *Mémoires de Mme Manson* (1818) qu'il fabriqua après avoir été voir cette « héroïne » du procès Fualdès tout exprès à Rodez. Cf. F. Ségu, *Un Romantique républicain : H. de Latouche*, Paris, 1931.

4. Guttinguer, qui jadis ne s'était pas assez méfié de certains coups d'épingle de Latouche, passait apparemment à l'autre extrême. Il avait eu la naïveté de publier avec son recueil de poésie de 1824 une préface de Latouche faussement amicale qui se termine ainsi :

Imprimez-les, vos vers, et qu'on n'en parle plus.

sont presque toutes pillées dans des auteurs allemands, anglais ou italiens que l'on ne connaissait pas quand elles furent composées et qui maintenant ont été traduits. « Il a vieilli au moins de dix ans », dit quelqu'un, « à cause de cette note de Loève-Veimars où il parle du roman de Gœthe que Latouche a pillé. Il a été aux champs de ce qu'on a dit dernièrement de lui dans un journal que c'était un bel esprit qui datait de l'Empire, etc. »

Shakespeare. « Voltaire, qui s'était servi de ce poète et l'avait pillé sans façon, voyant que l'on commençait à connaître ce barbare en France et à y prendre goût, se mit à écrire contre lui. Il défendit à son peuple de le lire, et on ne le lut pas ! » (de Vigny).

10 heures du soir.

M. Humbert est venu me prendre à quatre heures et nous sommes allés ensemble chez M. Fauriel[1]. Il demeure rue de Verneuil. La chambre qu'il occupe est au quatrième étage. Une porte hermétiquement fermée et de niveau avec le mur s'ouvrit peu de temps après que M. Humbert eut heurté, nous fîmes quelques pas dans un étroit corridor et nous arrivâmes dans une chambre qui me frappa d'abord par son air de réclusion. Elle est garnie d'un tapis vert, et doit être fort

---

1. Cf. page 182.
Claude Fauriel, qui fournit à Stendhal dix pages de contes arabes pour son livre *De l'Amour*, était aux yeux de ce dernier « le seul savant non pédant de Paris ». Stendhal ajoute dans ses *Souvenirs d'Égotisme* : « Il est, avec M. Mérimée et moi, le seul exemple à moi connu de non-charlatanisme parmi les gens qui se mêlent d'écrire. »

bonne dans la mauvaise saison. L'ameublement en est très-simple : quelques chaises, quelques tables, une cheminée sans aucun ornement ; point de tableaux, point de livres ; quelques papiers, quelques *in-quarto* entassés sur des chaises.

Un fauteuil de cuir bien gras, bien déchiré, reçut M. Fauriel qui avait l'air de ne faire qu'un avec lui. Il se couchait à moitié dedans, comme un chat paresseux, et c'est dans cette position qu'il nous parla. Il avait l'air distrait, préoccupé, et un des *in-folio* étant debout, à la gauche de la table, ouvert, laissait voir ce titre *Gesta Regum Francorum*[1]. Tout à côté, et sur la table, était un cahier dont les feuilles, ployées en deux, étaient garnies d'un côté.

M. Fauriel est un homme déjà un peu âgé, — je présume une cinquantaine d'années. Il est sale, mal vêtu, les coudes troués, les pantalons un peu tombants. Il avait une mauvaise casquette de crin dont l'aile était à moitié décousue. Lorsqu'il est ramassé dans son fauteuil, il a plutôt l'air petit que grand, mais lorsqu'il se leva pour nous reconduire, il me sembla que son corps se développait et je l'aurais plutôt jugé d'une haute taille. Les yeux sont grands, bleus, hagards (dit M. le professeur Humbert). Son accent n'a rien de distingué. Un sourire passe très souvent sur ses lèvres, mais un sourire dont je ne saurais trop caractériser l'expression ; je dirais cependant volontiers que c'est le sourire d'un homme qui peut être satisfait de quelque chose qu'il rencontre, mais qui n'en est ni frappé, ni étonné. M. Fauriel a un peu d'embonpoint, surtout

---

1. Il préparait à cette époque son *Origine de l'épopée en France* (1832) et son *Histoire de la Gaule méridionale sous la domination des conquérants germains* (4 vol., 1836).

dans la partie abdominale. Son nez est assez gros, ou plutôt renflé. Enfin, c'est un véritable extérieur de savant bien studieux, dans une chambre de savant. En même temps qu'il est érudit profond, c'est aussi un homme d'esprit et un littérateur distingué. M. Humbert m'a dit qu'il avait des tas énormes de manuscrits avec lesquels on ferait de très-beaux ouvrages, et qu'il dédaigne. Il ne paraît pas qu'il ait une grande fortune, cependant il a passé deux années à Venise pour y recueillir les chants grecs qu'il a admirablement traduits[1]. Il connaît toutes les langues vivantes occidentales et orientales, l'arabe, le persan, le turc, le portugais, l'espagnol, etc. C'est une précieuse acquisition que les Genevois ont faite ; mais je ne sais pas s'ils sauront la garder. Il se trouvera peut-être bien gêné par le cérémonial et la froideur genevoises. Et puis il y a peu de recours à Genève pour un savant comme M. Fauriel. Il s'est récrié surtout que la bibliothèque n'avait que quarante mille volumes. Quand M. Humbert lui a raconté que l'on avait acheté pour mille francs de manuscrits arabes, il a dit que c'était une plaisanterie, qu'il aurait mieux valu acquérir avec cet argent des livres arabes imprimés, etc. M. Humbert m'a dit qu'il lirait ses cours et qu'il ne les déclamerait pas.

La conversation a été peu intéressante et très-courte. M. Humbert n'avait que peu de temps et M. Fauriel n'était pas fâché, je crois, de se retrouver seul et de retourner à son *in-folio*. Je lui ai demandé la permission d'aller le voir à Genève et il me l'a très-gracieusement accordée.

On l'a préféré à Sainte-Beuve[2] ; on a eu raison peut-

1. *Chants populaires de la Grèce*, deux vol., 1824-1825.
2. Voir plus haut, 18 juillet.

être en un sens, mais je ne sais pas si, d'un autre côté, Sainte-Beuve n'aurait pas été à préférer. Il est jeune, il aurait mis plus de feu. Mais il est moins savant (infiniment moins) et c'est toujours au *solide* que visent messieurs de Genève.

Voici quelques réminiscences de ma journée de hier.

« Que pensez-vous de M. Émile Deschamps ? » dis-je à Sainte-Beuve. — « Il a trop d'esprit, beaucoup trop d'esprit, ce qui fait que lorsqu'il ne devrait pas en avoir il lui vient également, il ne peut pas s'en défendre. Et puis il ne travaille pas. Il est faible, délicat. »

J'ai vu cette lithographie dont M. de Musset parlait un jour. Il est assis sur une chaise, élégamment habillé ; il se baisse pour regarder dans le lointain un énorme *point d'i*, en forme de lune, lequel est situé au-dessus d'un *i* gigantesque.

« La doctrine du *Globe* », me disait aujourd'hui M. Hollard, « est celle-ci en deux mots : l'homme est perfectible ; il doit se perfectionner ici-bas et, après sa mort, il sera mis dans un monde où sa place sera d'autant plus heureuse qu'il se sera plus perfectionné dans celui-ci. Voilà ce que M. Dubois et ses amis disent être leur croyance. Et cette prétendue croyance », ajouta-t-il, « n'a cependant produit que le scepticisme chez la génération qui les suit. » — « Chose étrange ! » dis-je à mon tour. « Ils voient bien ce scepticisme et le blâment, mais ils sont loin de lui attribuer cette cause qui, je crois, est cependant très-influente sur la disposition que l'on remarque surtout dans la jeunesse. Elle voit combien est peu ferme le système de ceux qui sont le plus doctrinaires cependant. »

« M. Dubois est ennemi du christianisme », me dit dans un autre moment M. Hollard. Au reste, c'est ici que se présente la réflexion de Sainte-Beuve : « On donne le change sur son manque de foi, par quelques occupations, quelques distractions qui reviennent régulièrement et vous prennent vos pensées, en quelque sorte. »

« Qu'est-ce que c'est que le journal appelé le *Temps* ?[1] » demandait M. Humbert à M. Magnin ou à M. Dubois, je crois. — « Le *Temps*, c'est un tombereau qui passe dans la rue et où chacun jette ce qu'il a, quelquefois du bon, quelquefois du mauvais. Quant à l'*Universel*, c'est un journal infâme, qui voudrait, par exemple, que l'on déportât les écrivains, etc. »

Vendredi 23 juillet.

[...] Ce matin, de bonne heure, je suis allé chez Fivaz ; nous avons corrigé mes épreuves ensemble. Ce n'a pas été tout plaisir, soit la froideur de la révision en elle-même, soit la froideur de la lecture de Fivaz et de sa manière de sentir, soit mon ouvrage lui-même dont l'*impression* me faisait mieux apercevoir les défauts ; tout cela me faisait trouver bien mauvaises ces pauvres feuilles.

Je suis allé après cela chez M. Sainte-Beuve prendre congé de lui. Je l'ai trouvé qui s'habillait. Il était

1. Le *Temps*, journal politique, fondé le 15 octobre 1829 par J. Coste, adversaire résolu du gouvernement de la Restauration. Il dura jusqu'en 1842. Toute sa rédaction signa la protestation des journalistes, le 26 juillet.

neuf heures du matin. Nous avons causé trois quarts d'heure[1].

Je lui ai demandé s'il avait assisté hier à la représentation du *Guillaume Tell* de Schiller[2].

« Non, j'ai été jusqu'à la porte avec Hugo mais je n'ai pas voulu me laisser gagner. C'est trop mauvais. J'ai entendu autrefois cette pièce au comité de lecture de l'Odéon. Pichat était un homme aimable, plein de patriotisme et qui s'est abîmé la poitrine à force de déclamer, dans les salons, ses pièces que la censure ne voulait pas laisser jouer. Il y a trois ou quatre beaux vers, mais voilà tout. Pas de caractère. Ce sont des phrases de liberté, et puis ces rochers, toujours des rochers ! Pichat était un fragment de Ducis, qui lui-même était un fragment... » — « D'autre chose. » — « Oui, de plusieurs autres choses. »

« Connaissez-vous cet ouvrage ? » me demanda-t-il en me tendant un gros volume *in-octavo* qu'il était en train de lire[3]. — « Non. » C'était une *Vie de sainte Thérèse*, par le curé Merry je crois. « C'est un ouvrage intéressant ; mais je retrouve dans le sentiment de sainte Thérèse l'amour humain. Elle croyait voir le

---

1. Cette note du journal de J. O. fixe une date jusqu'ici inconnue des biographes de Sainte-Beuve. Elle établit que Sainte-Beuve, qui était encore à Paris le vendredi matin, eut à peine deux jours avec Guttinguer à Honfleur avant de revenir à la nouvelle de la publication des Ordonnances, qui lui parvint le lundi soir : il repartit dans la nuit.

2. Il s'agit de l'adaptation de Michel Pichat (1786-1828), dit Pichald. La première avait eu lieu la veille, 22 juillet.

3. D'après H. Bremond, Sainte-Beuve aurait emporté cet ouvrage dans sa valise en mai déjà, pour le lire à Honfleur sur la plage avec Guttinguer (*Le roman et l'histoire d'une Conversion*, 1925, p. 109). On trouve dans *Arthur*, que Guttinguer acheva seul, d'assez copieuses citations des règles de vie recommandées par sainte Thérèse (pp. 116 et 117 de l'édition de Bremond, 1925).

Sauveur en personne, ordinairement elle le voyait dans le jardin des Olives, dans sa *sueur* et elle dit qu'elle avait le désir d'essuyer cette sueur. »

Je lui ai parlé là-dessus du livre allemand dont M. Manuel m'a rapporté les étranges histoires sur cette dame qui croyait être en relation avec le monde invisible. « Je suis assez porté à croire », ai-je ajouté, « qu'il existe en nous un autre sens, lequel est endormi. » — « Oui, et qui quelquefois s'éveille. Mais chez la plupart des gens il dort toujours. Chez moi, par exemple, il ne s'éveillera jamais. Je ne crois jamais rien voir de surnaturel, de fantômes. Je ne sais pas si cela tient à ce que j'ai été médecin : une exécution, la dissection d'un cadavre ne me font rien. Je n'irais pas voir une exécution parce que je n'aime pas ce spectacle, mais il ne me fait pourtant pas peur. La nuit, lorsque j'entendrais du bruit, eh bien ma première pensée serait : on frappe, voyons, il y a quelqu'un. Je me lèverais, je prendrais un couteau et j'irais voir. »

— « Et M. Victor Hugo, ne croit-il jamais avoir d'apparitions ? »

— « Oh ! oui, lui, oui ! » (Je mets ainsi ces deux *oui*, parce que Sainte-Beuve ne fit qu'affirmer sans donner d'exemple, et qu'il répéta ces mots, comme cela lui arrive ordinairement ; car il est quelquefois un peu... je dirais bredouilleur si le mot n'était pourtant pas trop fort.)

Nous parlâmes de Béranger. Il me redit sa manière de voir sur le mot *Seigneur*, mais il appliqua cette remarque à ses *Consolations* et non plus aux *Méditations*, ce qui importe assez peu, du reste. « Il fait quelque chose de très-beau maintenant. » — « Toujours dans la forme de la chanson ? » — « Oui, mais des sujets plus philosophiques. C'est un homme de beaucoup d'esprit (outre le génie), très-spirituel, fin, aimant beaucoup à plaisanter, mais sans faire de la peine. Il est très-instruit, quoiqu'il se fasse toujours fort ignorant. Quelquefois il se laisse aller et nous parle de Molière, de Corneille, de Racine, de la tragédie grecque, mais très-bien, si bien qu'il n'y avait rien de mieux à faire qu'à se taire et à écouter ! » — « Lequel préfère-t-il, de Racine ou de Corneille ? » — « Oh ! voilà, moi j'aime beaucoup Racine, il partage assez mon opinion, mais... *n'écrivez rien sur Racine*, me disait-il. Il ne voulait pas que je fisse d'article sur Racine. Eh bien, oui ! nous pensons... mais à quoi cela sert-il de le dire ? Il faut cependant bien écrire sur quelque chose », lui répondit Sainte-Beuve, qui me racontait tout cela en riant. « Sur quoi voulez-vous que j'écrive ? » — « Sait-il d'autre langue que le français ? » — « Je ne crois pas ; mais il est fort instruit, on s'en aperçoit bien vite quand on le fait parler. »

— « Hugo travaille beaucoup à son roman ? » — « Oui, ce sera très-beau. Louis XI, le quinzième siècle. Il visite tous les vieux monuments, il est allé voir l'Hôtellerie de Sens, à Paris, qui est une *pinte* où l'on n'irait pas manger cela de pain » (et il me montrait le bout de son pouce), « mais qui est très-ancienne. »

— « C'est comme la maison de Dijon », ajoutai-je. « Quand je passai à Dijon, je cherchai de tous mes regards si je ne pourrais pas découvrir cette maison[1]. »

Cela le fit rire, et il me raconta toute cette histoire :

1. J. O. fait allusion à la vieille maison dont Sainte-Beuve parle dans la XIX⁰ pièce des *Consolations* : *A mon ami Boulanger* (oct. 1829).

« J'étais avec Boulanger et un architecte, Robelin[1]. Ce dernier surtout était très-hardi. Il entrait dans les allées... je n'aurais jamais osé. Il s'introduisit dans une, aperçut quelque chose et nous appela : « Hé ! hé ! voici quelque chose ! » et Boulanger se mit à copier. Je n'aurais pas pu être peintre, parce que je n'aurais jamais été assez hardi pour faire cela. Boulanger et un de ses amis étaient un jour à Francfort, et il dessina au coin d'une rue, là, sans façon. (Moi, je ne pourrais pas !) Tous les gamins du quartier les entouraient, les gênaient. Enfin, une marchande de choux qui était là les prit sous sa protection et chaque fois que les gamins approchaient elle les balayait avec sa feuille de chou. Ils s'éloignaient, se rapprochaient de nouveau et vite la marchande reprenait sa feuille de chou. »

— « Vous avez étudié la médecine. Qu'est-ce qui vous l'a fait quitter ? » — « Oh ! je voulais voir, et quand j'ai eu vu ce que je désirais, je ne me suis pas senti le courage d'exercer. La pratique me rebutait. » — « J'ai aussi quitté une carrière que j'avais entreprise, mais une carrière bien différente, celle du ministère. » « — Mais vous êtes ministre ? » — « Non, monsieur, j'ai discontinué mes études théologiques. » — « Les ministres chez vous sont libres cependant, ils peuvent se marier ? » — « Oui, sans doute, mais est-ce que vous vous seriez fait prêtre, s'ils pouvaient se marier ? »

— « Oh ! » reprit-il, « c'est que je crois qu'un prêtre ne doit pas se marier, que le célibat est un degré de pureté, de sainteté plus élevé et auquel le prêtre doit s'élever. » — « Mais comment se fait-il qu'on n'ait

1. Il s'agit du voyage de Sainte-Beuve au Rhin en septembre, octobre et novembre 1829.

décidé cela que sous Grégoire VII ? » — « D'abord, c'est ce qui arrive d'une foule de choses. Ensuite, quoiqu'il fût permis aux prêtres de se marier avant Grégoire VII, cependant le célibat ajoutait beaucoup à leur considération. On le voit par les lettres d'Héloïse à Abélard. Celui-ci voulait épouser Héloïse. « Non, lui répondit-elle, je ne veux pas être votre femme et diminuer par là votre considération. J'aime mieux être votre maîtresse. » (Elle espérait que la chose resterait secrète.) Oui, je crois qu'un prêtre marié serait, chez nous, dans nos villes libres et arrivées au dernier degré de corruption et de libertinage, serait sans considération comme prêtre, quoiqu'il pût être foncièrement estimé comme homme. Voyez un prêtre, s'il est marié !... Enfin, un homme qui est marié, il a des enfants, une femme, il est heureux. Comment voulez-vous qu'il soit prêt à préférer les enfants d'autrui aux siens, par exemple ? Un père ne peut pas sacrifier ses enfants. Tenez, une femme, mademoiselle R., par exemple, si elle devient mère, eh bien, ce n'est plus qu'une... ! Comment voulez-vous que Dieu soit alors l'unique pensée ? Comment un prêtre marié serait-il prêt à tout quitter pour son troupeau ? »

— « Et les missionnaires anglais ? » — « Mais ils ne sont pas mariés ? » — « Pardonnez-moi ! Il y en a qui ont femme et enfants et qui même les ont perdus dans leurs missions. » — « Eh bien, avaient-ils le droit d'emmener avec eux ces enfants ? La femme, oui ; elle a pu se décider à accompagner son mari. Mais les enfants qui ne sont pas majeurs ! » — « Mais s'ils sont nés dans le pays même où la mission est établie ? » — « Non, voyez-vous! J'ai vu des ministres anglais. Quelle différence avec nos curés ! Ils sont bien logés, ils ont famille, ils ont un traitement superbe, tandis qu'un de nos curés dans son village habite sa petite maison solitaire, tout seul. Qu'il soit bête ou pas, cependant il a une idée du but qu'il doit atteindre. Je crois que les plus grandes vertus, comme aussi les plus grands défauts du clergé catholique, viennent de leur état de célibat. Mariez les prêtres, et vous n'aurez plus de saint Vincent de Paul. La chasteté, je la regarde comme la plus difficile à obtenir de toutes les vertus, mais je crois que l'on peut y parvenir et que beaucoup de prêtres observent leur vœu à cet égard. Pour les uns la chose est plus facile, à cause du tempérament, que pour d'autres. Mais je crois que c'est un mérite que le prêtre doit avoir. »

Je voulais là-dessus lui faire une objection sur le *non-mérite* des œuvres, mais je vis que ce sujet nous entraînerait trop loin. D'ailleurs ce qu'il me disait de la manière dont il l'entend n'y amenait pas directement, et je laissai tomber cette remarque.

Je me levai. Il me dit de remercier encore mademoiselle Ruchet : « Vous lui direz combien je suis indigne... ! » — « Elle s'occupe beaucoup de ces questions et en parle mieux que moi. — Ce qui m'a donné les convictions que j'ai », continuai-je, debout sur le seuil, « c'est la lecture de la Bible... » — « Ah oui ! » — « ... mon expérience individuelle, et deux croyances que j'ai été amené à adopter : celle à une Providence spéciale, pour tous les moments... » — « Oui, je crois aussi à l'efficace de la prière. Je crois qu'au moyen de causes secondes que nous ne connaissons pas, la prière, en passant par Dieu, peut modifier les événements. Quelle autre croyance ? » — « Celle au Démon, à son existence individuelle, comme mon ennemi moral. » — « Ah... »

dit-il d'un air indécis. — « Je ne crois pas que le Démon dont parle l'Écriture, ce soit simplement nos passions. Je crois que c'est un être qui veut nous entraîner au mal. Et cette idée fait que je me défends mieux contre lui. » — « Oui, parce que cela vous présente quelque chose de plus saisissable, et par conséquent de plus facile à repousser. »

Je le saluai ; nous nous touchâmes la main. Il me répéta le désir qu'il avait de voir la Suisse : — « Ce doit être superbe ! » — « Mais venez dans la belle saison. » — « En hiver, on ne pourrait pas s'en tirer ? » — « Pardonnez-moi, mais vous ne pourriez pas quitter la plaine. » — « C'est tout blanc : ce doit être beau cependant ! » Il me promit de s'adresser à moi. Je le quittai.

Lorsque nous parlions du célibat des prêtres, je lui dis que j'avais connu des ministres qui ne s'étaient pas mariés, qui avaient été tellement absorbés par leur état qu'ils n'avaient, en quelque sorte, pas pu y penser. — « Ah ! bien oui, mais le beau est d'y penser, d'en avoir envie et de ne pas le faire. » — « Oui, dis-je, je crois bien que tout cela peut être très-beau, mais je ne suis pas d'avis qu'il fallût en faire une règle. » — « Ah ! d'accord ! »

Il avait le *Globe* d'aujourd'hui. « Voilà un joli article de M. Magnin. » — « Sur Homère ? » — « Oui. » — « J'ai un de mes amis, grand helléniste, qui s'est beaucoup occupé de cette question, s'il y a eu un Homère ou des Homérides. » — « Eh bien, que pense-t-il ? » — « Qu'Homère n'a pas existé, auteur de l'*Iliade* et de l'*Odyssée*. » — « Oh ! cela me paraît évident, tout le prouve, l'analogie, etc. »

— « Vous avez plusieurs chaires de littérature en

Suisse », me dit-il dans le cours de la conversation.
— « Oh ! pas beaucoup. Il n'y en a que trois dans la Suisse française. Et puis il y en a une à Bâle. Elle est remplie par M. Vinet. » — « Oui, l'auteur d'un ouvrage sur la *Liberté des Cultes*[1]. » — « Il a envisagé la question du point de vue chrétien. C'est un Vaudois. Il a été consacré à Lausanne. » — « Il est ministre ? » — « Oui, mais il n'exerce pas. » — « Il y a de belles choses dans son livre. »

Je retournai chez Fivaz, avec qui je déjeunai. J'allai ensuite chez l'imprimeur ; il me fallait un libraire pour que l'on pût commencer le tirage et mettre le nom du libraire sur le titre. J'allai chez M. Hollard, qui demeure en haut de la rue du Faubourg-Saint-Denis. Je voulais le consulter. Je ne le trouvai pas, d'où je conclus qu'il *fallait* que je fisse la chose tout seul. Je redescendis au Palais-Royal. Je parlai à M. Delaunay qui me répondit : « Avec le plus grand plaisir, monsieur. Nous nous arrangerons quand l'ouvrage paraîtra, etc. » Je retournai rue du Cadran prévenir l'imprimeur, et je revins chez moi bien harassé.

1. Ce mémoire, qui avait fait sensation en Suisse, fut publié à Paris à la fin de 1826, après avoir obtenu en avril le prix offert par la Société de la morale chrétienne.
Le *Globe* rendit compte le 15 avril 1826 des résultats du concours et pour la première fois présenta Vinet au public français.
Le 28 décembre 1826, Dubois, au cours d'un long et violent article sur la condamnation en justice de « *l'Évangile* » de M. Touquet, évoquait en contraste le point de vue de Vinet, dont l'ouvrage venait de paraître : « C'est là qu'il faut voir un croyant sincère se vouer comme par un acte de foi à la défense de la liberté de tous... C'est un chrétien des vieux âges, avec la philosophie du nôtre, et un écrivain plein de force et de goût. La foi lui a donné de l'art... »
Enfin le 16 janvier 1827 le *Globe* publia sur l'ouvrage une longue étude de fond, qui occupe cinq des huit colonnes du journal. Elle est signée L. V. (Louis Vitet).
Sur Vinet, voir page 73, note 2 et page 181, note 2.

Ce soir, je ne suis pas content, je suis inquiet sur mon petit recueil. Je me disais en revenant chez moi : « Tu fais rafle de ta réputation. »

Et puis me reviennent en tête mes tristes prévisions pour Neuchâtel, mon ignorance, et tous ces Neuchâtelois furieux de voir que ce n'est que ça. J'ai beau me répéter ce que me disait hier M. Humbert : « Prenez toujours, prenez tout, faites tout ce qu'on vous dit, sauf à les mener après. Vous verrez que dans la suite on créera un professeur d'histoire. » Et il dit cela avec un ton d'assurance qu'augmente encore son accent de Genève fortement prononcé et un certain chant qui donne de la vivacité à sa parole. Mais aujourd'hui, malgré tout cela, mes peurs me reviennent.

Voilà onze heures et demie. J'ai passé presque toute ma soirée depuis que je suis rentré (à dix heures) à écrire mon journal.

Épître de saint Paul à Timothée, VI, 20 : « Timothée, garde le dépôt, en fuyant les disputes vaines et profanes et les contradictions d'une science faussement ainsi nommée. De laquelle quelques-uns faisant profession se sont détachés de la foi. »

Samedi 24 juillet.

J'ai reçu et écrit des lettres aujourd'hui. Je viens, entre autres, d'en achever une ce soir pour Amédée Prévost[1]. Je lui parle beaucoup de Sainte-Beuve, qu'il

---

1. Amédée Prévost, né à Genève, « disciple déterminé » de Hegel sur lequel il publia un des premiers articles qu'on eût écrits en France (*Revue de Paris*, novembre 1833). La même année il fit un séjour à la Chesnaie, chez Lamennais (d'après F. BALDENSPERGER, *Correspondance de Vigny*, I, 306). Le 24 mars 1832 Vigny

n'aime guère, en quoi je trouve qu'il a tort. Je lui dis aussi que j'aime en poésie les scènes qui supposent une *manifestation du monde invisible*. J'ai aussi fait l'extrait de la troisième période de l'histoire moderne (de Mahomet jusqu'à Charlemagne). Du reste, rien d'intéressant, rien qui soit hors de ma vie ordinaire.

« Je ne serai jamais riche », me disait Sainte-Beuve, « et voici pourquoi je le crois. Un jour, je me promenais avec une dame ; nous rencontrons un pauvre. Nous n'avions point de monnaie, ni l'un ni l'autre. Nous ne lui donnâmes rien. « Nous aurions dû, dis-je à cette dame, donner quelque chose à ce pauvre. » Je voulais retourner et arriver à lui donner (il me fit entendre une grosse pièce d'argent). « Êtes-vous fou ? » me dit ma compagne. — « Eh bien, soyez-en sûr, lui observai-je, vous verrez que je n'aurai jamais de fortune. »

« Je vais chez un de mes amis à Honfleur[1] », me dit-il encore quand nous étions sur le seuil de la porte. « C'est un homme déjà calme. Eh bien, je suis sûr qu'une fois là, tranquillement établis, nous allons faire des phrases... »

« Il faut tâcher », me disait-il lors de notre promenade, « d'arriver peu à peu et en se donnant des distractions à un âge où, se trouvant content de ce que l'on est, de ce que l'on croit, on se *cristallise*, pour ainsi dire, dans cet état ». (J'exprime mal son idée et surtout je place mal son image de cristallisation, mais c'était là à peu près son idée.)

J'ai lu dans l'*Épître aux Colossiens*, chapitre II,

---

avait recommandé à Lamartine ce « savant et modeste » jeune homme qui, plus persistant que J. O., ne voulait pas « quitter la France sans le voir ».

1. Voir page 222, note 1.

verset 6 : « Ainsi donc, comme vous avez reçu le Seigneur Jésus-Christ, marchez avec lui... Prenez garde que personne ne vous gagne par la philosophie et par de vains raisonnements conformes à la tradition des hommes et aux éléments du monde, et non point à la doctrine de Christ ; car toute la plénitude de la divinité habite en lui corporellement ». Et au chapitre III, verset 1 : « Si donc vous êtes ressuscités avec Christ, cherchez les choses qui sont en haut, où Christ est assis à la droite de Dieu. Pensez aux choses qui sont en haut et non point à celles qui sont sur la terre. Car vous êtes morts et votre vie est cachée avec Christ ».

Dimanche 25 et lundi 26 juillet (écrit le 26).

Hier au soir, 25, je suis rentré à onze heures, très-fatigué d'une promenade de cinq ou six lieues que j'avais faite avec Ladame et quelques autres Neuchâtelois avec lesquels ce dernier soutient des relations. Nous avons quitté Paris dans le dessein d'aller voir à la Villette une fête de village, le couronnement d'une rosière, des joutes sur l'eau, un feu d'artifice, etc. Nous n'avons rien vu de tout cela. Arrivés à la Villette, nous avons bien vu un air de fête, mais rien d'extraordinaire. C'était comme partout des jeux de bague, des carrousels, des chanteurs, etc., et un pauvre canard attaché par les pieds et que l'on devait tuer à coups de pierre. Chaque individu qui voulait jouer achetait un certain nombre de pierres ; elles coûtaient, je crois, deux sous les six ; et celui qui parvenait à tuer le canard l'avait pour lui. Ce jeu est affreusement cruel.

Les joueurs manquaient ordinairement la pauvre bête, qui, à chaque coup de pierre qu'elle voyait arriver, tournait de tous côtés les yeux pour s'échapper. Quelquefois elle était frappée, mais pas assez adroitement pour être tuée sur-le-champ. Nous partîmes, ne voulant pas voir la fin de ce cruel spectacle. Le sentier suivait les bords du canal de l'Ourcq, le long de champs de blé, de trèfle, d'avoine, et ombragé par de beaux peupliers indigènes.

Je respirais avec délices l'odeur des javelles couchées sur la terre. Cette eau, ces arbres, ces champs, ce ciel pur, le silence qui peu à peu succédait à la voix bruyante de la capitale, tout cela me rappelait la maison de mon père, les journées tranquilles et solitaires de mes vacances, les vagues rêveries et l'enchantement des campagnes.

Nous prîmes à gauche et, au milieu de champs de blé et de légumes, nous nous dirigeâmes par le village de Vertus du côté de Saint-Denis dont le haut clocher dirigeait notre marche. Arrivés à la résidence funèbre des rois de France, nous voulûmes voir les tombeaux qui sont dans les souterrains. Mais le concierge, homme sans complaisance et n'aimant pas à se déranger, prétendit que l'heure était passée et ne voulut pas nous ouvrir les portes.

[...] Nous fîmes un dîner passable qui nous redonna des forces et nous partîmes pour Paris, toujours à pied. Nous nous arrêtâmes quelque temps au Palais-Royal, à l'Estaminet Hollandais que je n'avais pas encore vu. C'est un grand café, mais où l'on fume et qui est beaucoup plus bruyant que les autres.

Lundi 26 juillet.

Grande et terrible nouvelle, incalculable nouvelle ! Le roi a cassé la Chambre, rétabli la censure sur le pied le plus sévère et changé la loi d'élection ! Le tout par des Ordonnances, contresignées de tous les ministres[1]. Où cela mènera-t-il la France et où la France mènera-t-elle le monde ? Mon imprimeur, très-brave homme, pacifique, aimant l'ordre et le travail, était furieux ce matin. « Ils veulent une seconde révolution des Stuarts, et on la fera, corrigée, revue et augmentée ! »

Leresche (Samuel), absent de la Suisse depuis cinq ans, qui était parti pour la Russie, est arrivé à Paris. Il est venu chez moi aujourd'hui. J'ai eu plaisir à le revoir. Nous avons parlé de notre vieille vie, et à ces souvenirs se sont mêlés comme à l'ordinaire les espérances et les projets.

En revenant ce soir de l'accompagner au boulevard des Capucines, où il demeure, je descendais la rue

---

1. 1re ordonnance : suspension de la liberté de la presse. 2e ordonnance : dissolution des Chambres. 3e ordonnance : nouvelle loi électorale réduisant la Chambre des Députés presque de moitié et n'y admettant plus que des propriétaires fonciers, se renouvelant par cinquième ; le droit d'amendement direct est retiré aux deux Chambres. 4e ordonnance : date de la réunion des collèges électoraux. 5e ordonnance : nominations de nouveaux conseillers d'État.

Saint-Honoré, lorsque j'ai entendu assez de bruit. La foule revenait en arrière et en courant de mon côté. On fermait précipitamment les boutiques et les magasins. Je ne savais trop quel parti prendre, ne me souciant pas d'être entraîné dans quelque bagarre[1]. Enfin j'ai aperçu une de ces voitures nommées *Diligentes*[2]. Je suis entré dedans et j'ai ainsi traversé toute la rue, où il y avait beaucoup de monde, mais où, du reste, le tumulte s'était apaisé. Au moins, il avait changé de théâtre. Je suis rentré chez moi et probablement que les gens prudents en feront autant, car il y a de l'agitation dans la ville. Au Palais-Royal on entendait de tous côtés, à chaque instant, quelque bruit extraordinaire. Je suis fâché pour Muret qu'il soit absent. Moi-même j'ai regret, en quelque sorte, d'être obligé de quitter la France dans un moment aussi intéressant à observer. Mais qui sait ? Dans quelques mois, il vaudra peut-être mieux se trouver en Suisse qu'à Paris.

Aujourd'hui, à trois heures, j'ai assisté à une séance publique de l'Académie des Sciences (publique avec un billet d'entrée). Elle avait un air beaucoup moins important que l'autre Académie. M. Cuvier a fait

---

1. Ce premier jour, l'agitation eut pour centre principal les ministères de la Justice (place Vendôme) et des Affaires Étrangères (rue des Capucines) ; ils étaient garnis de forces de gendarmerie qui chargèrent à diverses reprises. La voiture de Polignac fut reçue à coups de pierres. Le lendemain, vers quatre heures, elle le fut de nouveau, mais cette fois le ministre était dedans. Cela le décida à réclamer l'état de siège. Ce furent les premières échauffourées de la révolution.
2. Les *Diligentes* faisaient, sauf erreur, le trajet de la barrière de Charenton à la rue Saint-Lazare. Le lendemain, à la hauteur de la rue de l'Échelle, on renversa une *Diligente* pour en faire une barricade.

l'éloge de Sir Humphry Davy, avec un mélange parfait de savoir, d'érudition et d'esprit, ne mettant pas la science de côté, mais en parlant de manière à être parfaitement compris et à intéresser. J'ai trouvé ce morceau bien remarquable.

M. Arago lui a succédé. Sa tâche était l'éloge de Fresnel (qui a porté à un très-haut degré de probabilité la théorie physique de l'ondulation de la lumière et a le plus contribué à ruiner le système de l'émission[1]) ; mais, comme au reste M. Arago l'a annoncé, son travail était plutôt un mémoire scientifique. Il a généralement ennuyé. La matière m'y semblait trop délayée. Enfin l'assemblée se dégarnissait beaucoup. Une jeune personne, entre autres, placée non loin de moi... (Il faut que je fasse une grande parenthèse que je lui consacre tout entière. Beaux cheveux blonds, un peu secs, un peu rebelles, sur le front au peigne *niveleur* et retombant en longues papillotes sur les deux tempes, mais de manière à ne rien cacher du devant ni du derrière de la tête. Petits yeux bleus, mais vifs et pleins d'une piquante douceur. Un profil charmant et rêveur. Vue de face, la physionomie avait plutôt un air fin et légèrement malicieux. Elle avait un chapeau de paille de riz, mais sans échancrure derrière et tout rond ; une robe blanche avec une ceinture à fond vert brodé de fleurs blanches ; une fraise à petits plis montant le long du cou et retombant sur les épaules et sur la gorge, ce qui n'empêchait pas que certain mouvement, gracieux encore... Ici finit la parenthèse !) Qu'on ne s'étonne pas de ce que

---

1. Augustin Fresnel (1788-1827), cousin germain de Mérimée, inventeur des phares lenticulaires.

j'ai observé cette personne avec quelque détail : c'est la faute de M. Arago, qui ne captivait pas plus mon attention que la sienne.

Aussi me décidai-je à faire comme beaucoup de monde, c'est-à-dire à sortir, sans attendre le second discours de M. Cuvier, qui devait être destiné à Vauquelin[1] et que je pourrai lire plus tard, imprimé.

A cette séance de l'Académie M. Villemain avait l'air bien distrait, inquiet. Après beaucoup d'efforts, il venait d'être nommé député par le département de l'Eure. Son mandat a duré peu de temps. Ladame m'a fait observer qu'on n'a rien dit à l'éloge du roi dans les discours que nous avons entendus, ce qui est pourtant la coutume à l'Académie. Il m'a aussi dit que le Dauphin était parti pour Compiègne, et que c'est ce qu'il faisait toujours quand il voulait avoir l'air de désapprouver une mesure.

Il paraît que la presse est soumise à la Censure pour tous les écrits au-dessous de vingt feuilles. Je n'ai pas pu m'empêcher, au milieu de toutes les importantes réflexions que soulèvent à chaque instant les événements d'aujourd'hui, de penser à mon petit ouvrage qui n'aura que cinq ou six feuilles et qui, dans ce cas, serait soumis à la Censure (ô égoïsme !).

La *Revue de Paris*, de hier, a annoncé le *Tibulle* de Valamont en disant que la Suisse s'occupait maintenant beaucoup d'études littéraires, etc. Cet article de quatre lignes était bien tourné et devra donner de l'espérance à Valamont[2].

---

1. Le chimiste Louis Vauquelin (1763-1829).
2. Cf. *Revue de Paris*, 1re série, XVI, 341.

Mardi 27 juillet.

M. Sainte-Beuve me disait l'autre jour en me parlant de l'état politique de la France : « Voyez-vous, nous sommes une voiture qui peut s'arrêter quelque temps, heurter les cailloux, perdre même une roue, mais qui n'en continue pas moins son chemin. Dans le Tessin un seul individu peut changer la république. Ici ce n'est pas cela. » Il ne paraissait pas croire à la possibilité de quelque grand changement dans l'ordre politique en France.

« En littérature », me disait-il encore, « les uns nous viennent directement à la traverse. Ils nous coupent à angle droit » (ces mots sont la traduction du signe qu'il faisait avec les deux index pour me peindre son idée), « et j'aime mieux ceux-là », ajoutait-il. « Les autres se placent sur la même ligne que nous. *Nous sommes des vôtres !* crient-ils. Mais ils sont entraînés en sens contraire ! » Et ses deux index, placés bout à bout et s'éloignant l'un dans un sens l'autre dans un autre, me représentaient encore la position des deux troupes qu'il avait en vue.

Jean, le garçon de l'hôtel, dit aussi son mot sur les événements de hier : « Vous allez voir ! Puisque, pour une affaire de rien, une illumination, il y a eu tant de bruit dans la rue Saint-Denis » (et maître Jean en sait quelque chose, attendu qu'il a aidé aux barricades, a dépavé les rues pour faire tomber les chevaux des gendarmes et enlevé les portes pour barrer le chemin ; il a même attrapé de bons horions dans le tumulte et, en me racontant cette histoire, il plaçait douloureusement la main sur son côté gauche), « cette fois-ci, ce sera bien davantage », observait-il. « Comment ? Plus de Chambre, plus de fabriques ! » Et c'est cette dernière raison qui l'a frappé, la seule même qu'il comprît. Encore est-elle bien exagérée, car il croit que l'on fera fermer toutes les fabriques, et que tous les ouvriers vont être sur le pavé[1].

9 heures et demie du matin.

M. Ladame vient de m'apporter des nouvelles. Il est allé ce matin, comme à l'ordinaire, donner des leçons chez M. Monod. On y a reçu le *National*. Tous les journalistes se sont réunis hier au bureau de ce journal et ont fait une protestation par laquelle ils déclarent ne pas vouloir se soumettre aux mesures prises contre la presse, qu'ils regardent comme illégales. Tous les journaux libéraux ont signé cette protestation excepté les *Débats*, qui s'est réuni sous divers prétextes et a fait sa soumission au Ministère[2].

Il y a eu hier au soir une réunion de députés chez

1. La fermeture des ateliers (à commencer par ceux des imprimeries de journaux et des industries connexes, pliage, brochage, etc.) fut en réalité une des causes les plus immédiates de l'acharnement des ouvriers à la lutte. Exécutée, comme la fermeture des boutiques, sous le coup de la peur, on l'a décrite par la suite comme une manœuvre du carbonarisme ou du parti républicain. C'est le seul aspect économique, tout accidentel, de la révolution de 1830.

Stendhal a indiqué dans *Le Rouge et le Noir* la date où l'impression du roman fut interrompue.

2. Ces journaux étaient : le *National*, le *Temps*, le *Globe*, le *Courrier français*, le *Constitutionnel*, le *Figaro*, la *Tribune des départements*, la *Révolution* (un de ses trois rédacteurs signataires était J. Fazy, le triomphateur de la révolution de Genève, en 1846), le *Journal du Commerce*, le *Journal de Paris*, le *Sylphe* et le *Courrier des Électeurs*.

M. de Laborde[1]. Tous ont déclaré qu'ils ne céderaient pas, qu'ils se regardaient comme députés de la France et qu'on ne pouvait pas les dissoudre ainsi. Il y a eu, dit-on, des *discours superbes*. Ce mot m'a fait rire intérieurement. Je pensais à Amédée Prévost. Comme il se serait écrié : « O phrasiers ! O discoureurs ! »

Près de la maison de M. Monod[2] il paraît qu'il y a un poste de gendarmerie ; il a fait, dit-on, de la musique toute la nuit, en signe de réjouissance. — Le *National* annonce qu'il fera tous ses efforts pour paraître. On porte les numéros en cachette, et l'on recommande de ne pas les montrer.

On enverra des courriers, la poste étant désormais fermée aux journaux. Chez M. de Laborde on s'est cotisé pour subvenir à ces frais. On dit qu'il y a eu hier au soir de mauvaises affaires au Palais-Royal. Un gendarme aurait été renversé d'un coup de poing, etc.

10 heures et demie du soir.

Il y a beaucoup de trouble dans la ville. Plusieurs rues étaient cernées de très-bonne heure, à trois heures

1. A. de Laborde (1774-1842), député depuis 1820, adversaire de Villèle et de Polignac. La réunion en question eut lieu à huit heures du soir, mais d'après Marrast il y avait eu déjà le matin, vers 10 heures, une première réunion cnez Laborde. C'est à la réunion du soir que Bérard voulut amener les députés à faire une protestation formelle. Villemain et Casimir Périer firent échouer sa proposition.
2. Frédéric Monod (1794-1863), rédacteur des *Archives du Christianisme au XIX⁰ siècle*, habitait au n⁰ 80 de la rue du Faubourg-Saint-Martin, juste au nord du poste en question. Ce poste fut enlevé le lendemain par le peuple qui cherchait à se procurer des armes, sous la conduite de polytechniciens. L'emplacement est occupé aujourd'hui par la mairie du X⁰ arrondissement.

et demie. Le jardin du Palais-Royal était fermé et l'on n'avait laissé libres que quelques issues. J'ai erré assez longtemps sous les galeries du Palais-Royal, en attendant Leresche et Jordanis qui m'avaient donné rendez-vous pour dîner. Il y avait beaucoup de monde ; toutes les figures étaient tristes. Un monsieur et une dame ne savaient où passer pour retourner chez eux : la place du Palais-Royal, qui était leur chemin, était garnie de troupes. Nous dînâmes ; il n'y avait pas dix personnes dans le restaurant, qui pouvait en contenir deux cents. Nous revînmes en prenant un passage qui nous conduisit à la rue Richelieu, de là à la rue Saint-Honoré qui est le foyer du tumulte, à ce qu'il paraît. Nous nous y arrêtâmes peu, nous contentant de voir de loin la foule avançant ou fuyant[1].

Nous prîmes le passage Delorme[2] où nous nous arrêtâmes quelques instants chez le pâtissier suisse. Il se trouvait là, quand nous entrâmes, deux élégants. Le plus petit avait un habit vert à larges pans, un peu coupés en redingote. Quand il fut parti nous apprîmes de la dame du magasin, madame Ducoton, de Morges, que c'était le fils du prince de Polignac. Nous continuâmes notre route et, en traversant le Carrousel, nous vîmes la gendarmerie d'élite se former en escadrons et se disposer à partir selon les événements. Comme

1. Ce que Juste et ses amis virent à ce moment était probablement la fin d'une échauffourée qui fit des victimes à la rue Neuve-Luxembourg (aujourd'hui rue Cambon). Vers une heure, deux brigades de cavalerie chargèrent dans cette rue qu'elles prirent par les deux bouts. Casimir Périer, partisan secret de la Cour, habitait au n° 7. Il attendait les députés qui s'étaient donné rendez-vous chez lui. Entendant le bruit, il fit clore impitoyablement les portes de son hôtel. Il y eut dix-huit jeunes gens blessés, sabrés ou écrasés.
2. Le passage Delorme était à l'est de la rue des Pyramides. C'était le chemin le plus court du Palais-Royal au Pont-Royal.

nous étions là à regarder ces beaux soldats, un homme du peuple qui passait à côté de nous nous cria : « Ne restez pas là ! Vous pourriez vous en trouver mal. » Nous suivîmes son conseil, et arrivant sur les quais je me trouvai bientôt à la maison, d'où je n'ai pas bougé.

De ma fenêtre j'ai vu défiler beaucoup de troupes sur les différents quais parallèles à celui des Orfèvres où je loge. Le quai de la Ferraille[1] était surtout fort agité. Je voyais s'agiter, passer et disparaître une foule de peuple, puis des troupes de cavalerie leur succéder. Dans tous les sens et par intervalles on entend des cris : *Vive la Charte ! A bas les ministres !* Des rumeurs confuses, des coups de fusil, puis tout rentre dans le silence en sorte que quelquefois on croirait que la ville est dans son état ordinaire. Mais toutes les boutiques fermées, le Pont-Neuf dans une obscurité presque complète, la stupeur qui se peint sur toutes les figures ne rappellent que trop la crise où nous nous trouvons. M. Ladame a vu dans la rue Saint-Honoré un homme mort, tout mutilé et tout sanglant, emporté par le peuple avec des vociférations qui l'ont si fort effrayé que ce souvenir ne le quitte pas. Plus tard il m'a raconté qu'on lui avait dit que c'étaient des brigands qui avaient tué cet homme (et non pas les gendarmes), dans le but d'ameuter le peuple[2].

1. Nom populaire de la partie ouest du quai de la Mégisserie.
2. Tous les historiens ont parlé de ce cadavre qui fut promené dans les quartiers aux cris de *Vengeance ! Aux Armes !* etc. Un commissaire essaya vainement d'intervenir. Finalement, les porteurs voulurent déposer leur fardeau dans le corps de garde de la Bourse. Les gendarmes se barricadèrent, puis s'enfuirent quand on eut mis le feu à leur baraque. On écarta à coups de pierres les pompiers et les troupes de ligne, et l'incendie atteignit une grande violence dans la soirée.

Le crédit est mort. M. Vincent Dubochet, homme d'affaires de M. Vassal, banquier, disait à Jordanis : « Quand vous auriez besoin de vingt francs, vous ne les trouveriez pas. » On dit que la maison Rothschild a fait de grandes pertes. Mon imprimeur me disait que son banquier lui avait refusé des fonds. [...]

De nombreuses patrouilles parcourent les rues. Du reste, notre quartier continue à avoir un air fort tranquille[1].

Minuit.

Voilà déjà plusieurs fois qu'il me semble encore entendre des coups de fusil dans le lointain.

Mercredi 28 juillet, 8 heures du matin.

Ladame vient de m'apporter des nouvelles. Comme moi il a passé une nuit très-agitée et n'a pas dormi, quoique tout fût calme dès les onze heures, à ce qu'on lui a dit du moins. Un de ses amis, M. Ulysse Montandon, est venu le prendre ce matin à cinq heures, et comme il demeure dans une des rues latérales du Palais-Royal (rue Grenelle-Saint-Honoré, je crois), il a très-bien vu de la fenêtre tout le tumulte[2].

---

1. Après qu'il eut ramené ses troupes dans leurs quartiers, Marmont se borna pendant quelque temps à lancer des patrouilles de demi-heure en demi-heure.
2. Bien entendu, ce que l'ami de Ladame lui raconta s'était passé la veille. Tout ce qui suit, jusqu'aux mots : *Il n'est guère que huit heures et quart* donne une récapitulation de la journée du mardi 27.

Voici, à ce qu'il paraît, comme cela a commencé au Palais-Royal. On criait le *Temps*, le seul journal que l'on pût se procurer. Un monsieur en tenait un exemplaire lorsqu'un agent de police le lui arracha des mains et le foula aux pieds. La foule entre en fureur, poursuit cet homme qui se sauve à toutes jambes et arrive chez lui à moitié mort, roué de coups. Il était environ neuf heures du matin. Les rassemblements ont continué, l'agitation a augmenté. On a fait venir les troupes. Il paraît que dans la rue Grenelle-Saint-Honoré les gendarmes n'ont jamais pu entrer parce que des fenêtres on lançait des pierres et autres choses pesantes ; on tirait aussi des coups de pistolet.

Je viens de m'interrompre pour me mettre à ma fenêtre. Il y avait beaucoup de tumulte au quai de la Vallée, qui longe le bord de la Seine parallèle à celui où je me trouve. On a tiré un coup de fusil et j'entends que l'on parle d'un gendarme à pied que l'on aurait saisi.

Hier, il paraît qu'il y a eu quelques gendarmes blessés ou tués, et aussi plusieurs personnes de la foule. La ligne a refusé de tirer. « Comment voulez-vous, ont répondu les capitaines, que nos soldats tirent sur une foule où se trouvent peut-être leurs parents, leurs amis, leurs connaissances ? » Toute la journée s'est ainsi passée en escarmouches qui ont cessé, à ce qu'on dit, vers les onze heures. On s'attend généralement à ce que cela recommence aujourd'hui vers les neuf heures. Toutes les boutiques avaient été rouvertes et les rues présentaient leur aspect ordinaire ; seulement il y a un peu plus de monde dehors.

Il n'est guère que huit heures et quart, et déjà des cris et des coups de fusil se font entendre. On croit cependant que cela s'apaisera pour une quinzaine de jours, parce que c'est au 15 août que le roi nommera les électeurs, et sans doute qu'à ce nouvel acte il y aura de nouveaux et de plus grands troubles. Il est certain que s'il n'y a pas un changement dans la volonté royale tout ne peut aller qu'en empirant. Et d'un autre côté je ne sais trop comment on pourrait revenir en arrière des Ordonnances[1].

Ladame m'a dit (car je ne suis pas encore sorti, j'attends Jordanis pour aller chercher mon passeport) qu'on avait affiché ce matin des détails sur l'expédition d'Alger, pensant distraire ainsi le peuple. « Il faut qu'ils s'abusent étrangement », a dit Ladame.

Je n'ose pas me rendre compte de toute mon inquiétude. M. Montandon, qui est à la tête d'une grande maison d'horlogerie, a dit à Ladame qu'on lui avait rapporté des montres vendues depuis six mois. Il ne se fait plus d'affaires. Le premier jour la rente est tombée de quatre francs, le second, hier, de huit.

1. Les gendarmes ayant perdu un billet dont il les avait chargés, Marmont dépêcha son aide de camp à Saint-Cloud avec un avis au roi où il disait : « Ce matin, les groupes se reforment plus nombreux et plus menaçants. Ce n'est plus une émeute, c'est une révolution. Il est urgent que Votre Majesté prenne des mesures de pacification. L'honneur de la couronne peut encore être sauvé ; demain peut-être, il ne serait plus temps. »
Marmont concentra ses effectifs entre les Champs-Élysées et le Louvre : il estimait qu'en tenant les point principaux de Paris, il donnerait ainsi trois semaines environ à la Cour pour négocier. Il reçut au contraire des ordres répressifs. Vers onze heures, Polignac lui remit l'ordonnance proclamant l'état de siège. Marmont crut alors étouffer la révolution en marchant sur elle, tout en maintenant fermes ses grandes lignes de communication. Son plan, bien conçu, était néanmoins voué à l'échec. Dès lors, les tacticiens cherchèrent d'autres méthodes pour réduire les insurrections de villes, et la première expérience fut faite à Varsovie, en 1831, qu'on investit au lieu de la forcer.

28 JUILLET

Une foule de gens armés de piques et de bâtons vient de traverser le Pont-Neuf en poussant des cris[1]. Ladame a entendu dire que les troupes ont mis bas les armes. On casse toutes les lanternes. Je viens d'en voir jeter une dans la Seine. Le gendarme dont j'ai parlé il y a un moment était poursuivi par le peuple. Ladame l'a vu qui courait comme un possédé. Il allait être saisi lorsqu'il est parvenu à se réfugier dans la Halle de la Vallée. Hier deux pompiers passaient lorsque quelqu'un s'écria : « Prenez leurs sabres, ce sera toujours des armes ! » Aussitôt les pompiers tirent leurs sabres, les jettent par terre et se sauvent. On dit que le peuple est parvenu à se procurer de la poudre[2]. Hier il n'en avait pas. Hier, près de chez M. Montandon, on a enfoncé et pillé trois boutiques d'armuriers. Ladame a entendu raconter que le faubourg Saint-Antoine et la rue Saint-Honoré sont si remplis de monde qu'on ne pourrait y placer une épingle. Ladame a entendu dire à sa portière qu'on parlait d'un gouvernement provisoire, qui était établi. Toutes les poudres sont à lui, dit-on. Les gens brevetés (horloger du roi, libraire d'un membre de la famille royale, etc.) blanchissent avec du mastic leurs brevets et effacent les mots « le roi, etc. ».

Ladame et moi nous venons de voir, de ma fenêtre, passer un brancard où était étendu un homme que l'on portait à la Morgue ou à l'Hôpital-Dieu. Nous sommes sur la ligne de ces deux bâtiments, et aussi sur celle de la Préfecture, où l'on transporte les militaires blessés.

---

1. Il n'y avait plus de postes pour les retenir ; Marmont les avait fait retirer pendant la nuit.
2. C'est en effet dans la matinée du mercredi que la poudrière du faubourg Saint-Marceau tomba aux mains du peuple.

On dit que les ouvriers imprimeurs vont dans les imprimeries appeler et entraîner leurs camarades et que les imprimeurs, qui ne se soucient pas d'être mêlés au tumulte, ferment leurs établissements et travaillent en quelque sorte en cachette.

10 heures du matin.

Je viens d'entendre une vive fusillade. Le garçon qui est entré m'a dit que c'était des bourgeois et des ouvriers qui avaient tiré sur les gendarmes à cheval (les gendarmes à pied n'ont pas osé sortir) et qu'ils en ont abattu cinq. L'affaire a eu lieu devant la grille du Palais de Justice. Le peuple dégrade cette grille magnifique. Comme Ladame me le fait observer, on finira par s'habituer à ce tumulte et peu à peu la peur se passera. Il paraît que les gendarmes ne courent que sur ceux qui se sauvent et qu'ils disent à ceux qui marchent tranquillement : « Passez votre chemin, ne vous inquiétez de rien. »

Tout est fermé, tout est morne. « Ils font feu là-bas, voyez ! » dit un passant. « Les voilà ! les voilà ! » crie un gamin. « Oh ! comme la foule arrive ! » me dit Ladame qui est à la fenêtre. Je quitte mon secrétaire et je vois une foule de monde qui traverse la rue et se dissipe comme la fumée. Il ne reste plus que quelques groupes devant la maison. On cause avec vivacité, on se raconte ce que l'on sait.

10 heures et demie.

Le silence s'est un peu rétabli depuis un moment. Quelques compagnies de troupes de ligne sont en armes et arrêtées sur le quai de la Vallée, prêtes à se mettre en marche. Il paraît donc que la ligne n'a pas refusé de marcher. Ils ont le drapeau. « A bas la ligne ! A bas les armes ! » crie-t-on.

Le quai de la Ferraille est complètement balayé depuis un grand moment. Malgré le tumulte et l'agitation, les voitures ne cessent de passer et repasser en tous sens. J'écris à X..., et à tout le monde, et j'interromps ma lettre pour courir à la fenêtre. On entend des décharges très fortes. On parle des lanciers. Ladame me dit que c'est la garde royale qui tire maintenant. A la place de Grève, tout le faubourg Saint-Antoine est descendu. Le 5e de la garde royale tout entier tire sur le peuple, avec les Suisses. Les gendarmes ont refusé de tirer encore (nouvelles données par Jean).

La garde, qui a tiré tout à l'heure, passe devant ma fenêtre sur le quai des Orfèvres. Les tambours et les officiers sont derrière les soldats. Ils ont tous, les soldats surtout, l'air morne et sombre. Les lanciers les suivaient[1].

Le débouché de la rue Dauphine sur le Pont-Neuf est couvert de soldats. Ils se mettent en marche[2]. On entend les cris du peuple : « A bas la ligne ! » J'ai vu des drapeaux jetés en l'air. Voilà encore des troupes, des gendarmes à cheval qui traversent le Pont-Neuf.

---

1. C'était la colonne du général Talon, chargée d'occuper la place de l'Hôtel-de-Ville selon le nouveau plan. Il avait avec lui un bataillon de la garde, 150 lanciers et 2 pièces d'artillerie.
2. Sans doute le 15e légers (ce furent les seules troupes postées en force sur la rive gauche pendant la journée). Il devait être rallié par la colonne du général Talon.

1 heure après midi.

Il se fait plusieurs décharges d'un côté que Jordanis présume être celui de la Monnaie. Effectivement des soldats défilent sur le quai des Lunettes. « Voilà des Parisiens qui portent des escabeaux dans les rues pour mieux voir », dit Jordanis. « Voici de la cavalerie ! » crie Ladame bientôt après. Et un escadron de gendarmes traverse la rue de Harlay au grand galop, sabres nus. La fusillade continue.

Jordanis, qui est arrivé un peu après onze heures, a eu beaucoup de peine à parvenir jusqu'ici. La fusillade devient toujours plus vive. On entend un coup de canon. — Et le canon encore ! Toujours le canon[1] ! Jordanis nous a dit que la garde nationale allait s'organiser, que l'on prétend que le général La Fayette allait arriver et se mettre à la tête de la garde nationale. La fusillade continue toujours. Il est étonnant que la populace résiste si longtemps ! Peut-être sont-ce des troupes régulières, disent ces messieurs, qui se battent. On dit que hier il y avait déjà six cents hommes de tués. Deux gendarmes et un détachement de soldats emmènent sous mes fenêtres deux prisonniers. Les gendarmes ont le pistolet à la main. Du quai de la Vallée on leur a tiré un coup de fusil ou de pistolet, mais ils continuent leur route. Des gamins mettent l'épaule sous la botte des gendarmes à cheval et les renversent. Voilà ce que le père Dubochet a vu et il l'a raconté à Jordanis.

1. C'est le commencement de la bataille des rues. La place de l'Hôtel-de-Ville est attaquée par la colonne Talon qui, ayant pris position sur « l'île du Palais », comme on disait encore, forcera le passage du Pont-au-Change assez vite, mais devra faire trois attaques meurtrières avant d'atteindre la place de Grève.

Le 53ᵉ de la garde royale et le 5ᵉ de ligne ont tous refusé de tirer. On a aussi demandé au colonel d'un de ces régiments ses épaulettes. Il les a rendues et a brisé son épée.

La fusillade recommence. Probablement sur la place de Grève ou du Châtelet. Encore le canon. Jordanis me dit qu'il est sur la place de Grève, et que hier les boulevards et la place Louis XV étaient garnis de canons. Il paraît qu'il ne serait pas prudent de partir à présent. Le père Dubochet ne le conseille pas à Jordanis. On sera très-exaspéré dans les départements. On a arrêté dans la rue Saint-Denis deux diligences dont on a coupé les traits. Nous avons voulu aller à la Préfecture de Police, on nous a dit que les bureaux étaient fermés, qu'il fallait revenir demain à dix heures. La poste n'est partie hier qu'à sept heures et demie. On croit que beaucoup de lettres ont été décachetées.

« Les Suisses sont encore plus méchants que les faubouriens », me disait Jean.

Voilà encore trois prisonniers qui passent. Il y en a un qui est bien mis.

Jordanis a aussi entendu parler d'un gouvernement provisoire. Dans la rue Poissonnière on criait de tous côtés : « A bas le roi ! A la guillotine ! »

Toujours le canon et la fusillade. Elle n'avait pas encore duré aussi longtemps. Thiers, Mignet, Paulin (collaborateur du *National*) sont arrêtés. Dubochet, le fils, pas encore[1].

1. On raconte que Billot, procureur du roi, fit délivrer 45 mandats d'arrêt, contre les 44 signataires de la protestation des journalistes et contre l'imprimeur du *National* (le successeur de Sautelet) qui avait imprimé sans permission, au mépris des ordonnances. Les ayant portés à la Préfecture de Police, il se vit objecter par le chef de bureau que l'heure était trop avancée pour connaître

Un jeune homme très-bien mis passait par le quai des Orfèvres, armé de deux pistolets pendus à une élégante ceinture où était également passée une espèce d'épée, ou de fleuret très pointu. Il portait un fusil sur l'épaule. Au milieu de son inquiétude (car il ne savait par quelle route rejoindre la masse du peuple) il avait l'air de s'occuper encore de sa bonne mine. « Il va blesser tout le monde avec son épée sans fourreau », dit un spectateur.

2 heures.

On vient de tirer du côté de notre hôtel. J'ai entendu le bruit d'une vitre cassée. Ces messieurs prétendent que c'est aux fenêtres de la chambre à côté. Non, j'ai appris que c'était dans la maison à côté.

Le canon s'approche. Quelques coups épars. Beaucoup de cris. Le peuple se porte à l'angle des rues et à mesure que les soldats arrivent, ils tirent sur eux.

Silence. Il paraît qu'ils tirent de trop loin et que les coups ne portent pas. La balle qui est venue ici est probablement une balle morte. « On entend que ce n'est pas bourré par le militaire, mais par quelqu'un qui est enragé », observe Jordanis[1].

---

les adresses des prévenus et qu'aucune arrestation ne pourrait être faite avant les premières heures du lendemain. Billot s'inclina. Thiers, averti, alla se réfugier dans la vallée de Montmorency. Mignet s'éclipsa de son côté. Ils reparurent dans la nuit du jeudi au vendredi, à temps pour piloter la manœuvre orléaniste. Dubochet fils avait signé la protestation des journalistes dans les rangs de la rédaction du *National*.

1. Ce sont des épisodes de la bataille de la place de l'Hôtel-de-Ville. La troupe, déjà harcelée par les tirailleurs des maisons avoisinantes, commence à souffrir d'attaques dirigées contre elle de la rive gauche.

Vers les midi nous sommes sortis et avons fait un tour sur le Pont-Neuf. Tout était désert ; seulement quelques groupes par-ci par-là, comme en observation. On dit qu'il y a des meneurs.

Le quai de la Vallée est complètement balayé. La fusillade résonne cependant près de nous. « Otez-vous donc, femmes, que faites-vous là ? » crie quelqu'un.

Sur le Pont-Neuf, la foule est immense. « Avez-vous entendu la balle siffler ? » dit Jordanis. « Je m'en vais ! » dit mon voisin, dont la chambre donne sur le quai. On entend une fusillade générale. « Le peuple aura été cerné », pensent ces deux messieurs. La foule du Pont-Neuf est beaucoup diminuée.

4 heures et demie.

Les fusillades et canonnades ont continué. Ladame et moi avons voulu aller au quai des Fleurs, chez un compatriote de Ladame qui a une chambre très-élevée d'où nous aurions vu toute l'affaire, parce que c'est surtout dans ce quartier que l'on canonne et que l'on fusille le plus. Mais nous n'avons pas pu pénétrer. Dans ce moment quelques gendarmes ont passé au galop par la rue du Harlay ; une fois arrivés sur le quai des Orfèvres, des bourgeois armés ont tiré sur eux du quai de la Vallée. Jean, qui est entré, nous a raconté qu'il venait de voir deux bourgeois qui, passant sur le quai des Lunettes, ont été tués par les gendarmes, qui étaient cernés dans une maison et avaient tiré par la croisée.

Vers les trois heures un homme très-mal vêtu a paru dans notre rue en criant : « Une ordonnance du roi concernant la tranquillité publique ! Une ordonnance qui vient de paraître ! » Il a répété ces cris lorsque tout à coup le peuple a répondu : « A bas l'ordonnance ! » et le crieur a disparu. C'était une ordonnance signée du duc de Raguse et qui disait que le concours de la garde nationale n'était pas nécessaire à la force armée pour rétablir l'ordre, que celle-ci y suffirait, que tout ce que devaient faire les bons citoyens, c'était de se tenir tranquilles chez eux afin de diminuer les groupes[1].

Un homme qui avait l'air très-échauffé et qui avait pris part, sans doute, à l'action, a passé il y a un instant dans la rue, en disant que les gardes royaux étaient en retraite, que la ligne s'était jointe aux bourgeois et tirait sur la garde royale. On répète cette nouvelle comme vraie. Le Pont-Neuf a été rempli, il y a un moment, de gens armés de fusils à longues baïonnettes. Ils se sont avancés sur le pont et m'ont semblé faire reculer le poste qui y est placé, mais je les ai vus revenir peu à peu. Une partie d'entre eux s'est débandée et même quelques-uns ont passé sur le quai des Orfèvres, isolés. On leur a conseillé de rebrousser chemin et de ne pas se hasarder à passer en armes devant la Préfecture. Madame Laurent, la portière de Ladame, nous disait qu'elle avait entendu parler de neuf cents gardes royaux tués.

1. L'ordonnance, qui mettait Paris en état de siège, portait « qu'une sédition intérieure avait troublé, dans la journée du 27, la tranquillité de Paris ». Mais c'est le lendemain seulement que Marmont décida de suivre une tactique défensive. Il lança alors une proclamation destinée à provoquer une trêve : « Parisiens ! La journée d'hier a fait répandre bien des larmes ; il n'y a eu que trop de sang versé. Par humanité, je consens à suspendre les hostilités, dans l'espérance que les bons citoyens resteront chez eux et reprendront leurs affaires ; je les conjure avec instance. »

5 heures.

On tire toujours le canon du côté de la place de Grève et du faubourg Saint-Antoine.

6 heures.

Il vient de passer un homme blessé ou tué, que l'on portait sur un brancard. Les traits n'étaient pas altérés, il semblait dormir, seulement quelque chose d'énergique était répandu sur toute sa figure.

Un homme est là sous mes fenêtres. Il a rassemblé autour de lui plusieurs personnes ; il pleure, il crie : « Quoi ! la garde nationale, ne pas s'en mêler[1] ! On égorge nos frères, nos femmes, nos enfants ! Donnez-nous donc des armes ! » Mais il paraît que c'est un discours appris, car il a répété deux ou trois fois cette phrase de rhéteur : « O triste Muse de l'histoire !... Les annales des empires sont les archives des forfaits... Venez à Lyon », dit-il encore (je n'ai pu entendre la suite). Il parle aussi de treize mille Suisses[2] (sans doute, qui s'opposent à eux). Cependant un habitant de l'hôtel prétendait en avoir vu deux ou trois qui avaient jeté leur uniforme.

On emporte plusieurs morts. La fusillade est horrible du côté du quai des Grands-Augustins. Il y a un instant que l'on commence à dépaver la rue Dauphine.

Il m'est impossible de tout noter dans ce journal que je fais pourtant afin d'occuper mon esprit et de conser-

1. Les gardes nationaux avaient toujours leurs uniformes, mais ils avaient été licenciés le 29 avril 1827.
2. Il n'y avait à Paris qu'un régiment de la garde suisse, le 7e. L'autre était stationné à Orléans.

ver quelque sang-froid. Ainsi je crois avoir oublié de dire que ce matin, sur le quai de la Vallée, ont passé plusieurs bourgeois armés de piques et de bâtons et qui avaient un tambour en tête.

J'étais invité pour ce soir, de hier matin, par M. Émile Deschamps, chez lequel devaient se trouver Victor Hugo et quelques autres de leurs amis. Il est clair que malgré toute mon envie je ne puis pas même tenter d'y aller[1].

On vient d'arrêter une énorme voiture à la rue Dauphine, sans doute pour en faire une barrière.

7 heures.

L'entrée de la rue Dauphine est barricadée ; mais faiblement, à ce qu'il me semble. Une femme traverse le pont en courant. On crie du côté du Pont-Neuf : « Vive la ligne ! » Voilà une balle qui vient de tomber dans la Seine de ce côté du Pont-Neuf. Un coup très-éclatant vient de partir tout près de nous.

---

1. Voici cette lettre, qui appartient au Dr Jean Olivier de Genève :

Si Monsieur Juste Olivier était libre *demain soir mercredi*, il serait bien aimable de venir sur les 8 heures nous dédommager de tous nos contretems. M. Victor Hugo et quelques amis doivent passer avec nous une partie de la soirée et ils seront charmés, ainsi que nous, de la passer avec Monsieur Juste Olivier.

Son dévoué serviteur,

Émile DESCHAMPS,
Rue de la Ville-l'Évêque, n° 10 *(bis)*.

Paris, mardi 27 juillet.

Il n'y a pas lieu de s'étonner que Deschamps ait lancé une invitation pareille le matin du 27 juillet. Convoqué chez Guizot, qui habitait la même rue qu'Émile Deschamps, le duc de Broglie arriva ce matin-là vers dix heures sans remarquer « aucun symptôme d'agitation » (*Souvenirs*, III, p. 287).

7 heures et demie.

Le peuple qui tirait depuis le Pont-Neuf l'a abandonné, il se retire derrière la barricade de la rue Dauphine. Il la quitte, il revient. Quelques femmes et des hommes traversent rapidement le Pont-Neuf et passent derrière la barricade.

On promène un drapeau rouge sur le pont.

Jordanis m'a dit que sur la Porte Saint-Denis, à l'un des coins, il y a un drapeau rouge et à l'autre, un noir[1].

Les fusillades recommencent à droite de la Seine, sur le quai des Lunettes et près du Pont au Change[2].

1. La Porte Saint-Denis était garnie en effet d'insurgés, et les troupes eurent à forcer le passage. Les gravures de l'époque montrent les deux drapeaux au centre, au-dessus de l'arche. Il y eut aussi un drapeau noir à l'Hôtel-de-Ville le lendemain, avant l'arrivée de Lafayette.
2. Pendant quelques heures, la bataille a passé tout près de J. O., et ses indications sont précises à cet égard. A six heures, on tire de la rive gauche sur les forces gouvernementales (gendarmerie ou troupes du général Talon) visibles dans la Cité. A sept heures et demie, la lutte reprend, mais sur les quais droits de la Seine. Les émeutiers ont dégagé le Pont-Neuf, sauf, sans doute, l'extrémité nord. Vers dix heures J. O. observe que le peuple se barricade sur les quais de la rive droite. Enfin, vers onze heures, la lutte cesse.

Talon attendra minuit pour se retirer de la place de l'Hôtel-de-Ville.

On avait répandu, parmi les soldats épuisés et meurtris, le bruit qu'ils trouveraient aux Tuileries l'abondance, le repos et le roi. C'est, dit-on, Vitrolles qui dissuada Charles X d'y aller, parce qu'on avait organisé aux Tuileries des conseils de guerre pour juger sommairement les insurgés et que par conséquent sa place n'était pas là. Chateaubriand a peint le retour des troupes : « Elles croyaient le roi et le dauphin arrivés de leur côté comme elles ; cherchant en vain des yeux le drapeau blanc sur le pavillon de l'Horloge, elles firent entendre le langage énergique des camps. »

7 heures trois quarts.

Le peuple est de nouveau derrière la barricade de la rue Dauphine. On ne se bat presque plus par là, mais la fusillade est très-vive sur les alentours du quai des Lunettes. Le tocsin a sonné une grande partie de la journée. Il vient encore de se faire entendre[1]. Le canon ! On dirait que l'action se ranime, et cependant voilà que la nuit avance. Ils courent charger leur arme derrière la barricade, puis ils viennent sur le pont la décharger et se cachent derrière le parapet. La plupart des hommes du peuple qui se battent sont en manches. Ladame en a vu un avec un chapeau tricorne.

Voilà deux balles qui viennent de traverser notre rue. Elles ont passé tout près de ma fenêtre, dont un volet seulement était fermé. Ladame a fait un acte de courage : il l'a complètement tiré. « En avant ! en avant ! » crie le peuple et, de la rue Dauphine, il se précipite sur le Pont-Neuf. Il recommence sa manœuvre de tirer de derrière le parapet, sur lequel montent quelques imprudents. Ils sont là impassibles, les bras croisés. « Voilà la garde nationale ! » crie quelqu'un posté au coin de notre rue et montrant la rue Dauphine[2].

---

1. On avait sonné le tocsin à l'Hôtel-de-Ville dans la matinée, avant les combats. Ce que J. O. entendait alors était le bourdon de Notre-Dame qu'on avait ébranlé après avoir déployé un énorme drapeau tricolore visible de Saint-Cloud, où était le roi.
2. Beaucoup de gardes nationaux avaient repris l'uniforme dans l'espoir d'aider à assurer l'ordre.

9 heures.

Je me suis arrêté, aussi bien ces affreux détails sont toujours les mêmes. Nous avons laissé les volets fermés et nous nous sommes assis chacun dans un coin, ne parlant presque pas et regardant de temps en temps à travers les barreaux du volet. J'ai vu une partie du peuple attroupée à la rue Dauphine se retirer et défiler le long du quai de la Vallée, un tambour en tête et, dans les rangs, un drapeau rouge. Un jeune homme armé d'un fusil est arrivé au coin de notre rue et s'est assis sur la borne, ne sachant de quel côté se diriger pour rentrer chez lui et échapper aux troupes. Cette scène s'est répétée plusieurs fois dans la journée. Plusieurs combattants arrivaient ainsi, et chacun de leur conseiller telle ou telle route à suivre. J'ai entendu dire que les Suisses avaient du canon au Louvre et qu'ils tiraient[1].

[...] J'ai reçu une lettre de ma bonne dame Murat[2]. Elle m'a fait grand plaisir, mais elle m'a présenté des scènes bien différentes de celles qui sont sous mes

1. Les républicains, très actifs, organisaient leurs forces sur la rive gauche, où ils ne furent pas dérangés. Ce furent eux qui entrèrent les premiers aux Tuileries le lendemain. Ils avaient transformé les abords de la rue Dauphine en atelier de munition. De la cour des Gobelins au passage Dauphine on se mit à fabriquer des cartouches sur les pas de porte. Les femmes broyaient la poudre à canon pour en faire de la poudre à fusil, à côté d'hommes occupés à fondre des balles avec du plomb ramassé partout. On jetait par les fenêtres des paquets de papier pour rouler les cartouches. Des femmes — comme celle que J. O. vit traverser le Pont-Neuf à sept heures — couraient les porter aux combattants.
2. Mme Murat (1759-1842), fille de Mme Clavel de Brenles (cette amie de Voltaire qui avait tenu un salon littéraire à Lausanne et traduit le *Caton* d'Addison) était, à 71 ans, la meilleure amie de J. O. « Elle m'a appris le peu de français que je sais », écrira-t-il plus tard.

yeux. Cette excellente amie me parle de ses promenades au bord du lac, d'un banc de bois entrelacés où elle s'assied, de peupliers vaudois. Ah ! mon beau Léman, où es-tu ? [...]

On crie dans les rues voisines. Des coups de fusil et de canon partent de tous côtés, quelques-uns très rapprochés et d'un son perçant.

On dépave la rue, sur le quai de la Vallée, près du marché de la volaille[1]. La ville est en état de siège. Les barrières sont fermées. Personne ne peut plus ni sortir ni entrer. Les Suisses sont postés le long du Louvre avec trois pièces de canon. Jean prétend qu'un monsieur de l'hôtel voisin, lequel vient du côté de la rue Mandar, a dit que cette rue était barricadée avec des cadavres (voilà quelques nouvelles que je viens d'apprendre en causant sur le seuil de ma porte avec mes voisins). Les décharges et le tocsin continuent toujours. Il est bientôt dix heures.

J'ai tout à coup pensé ce soir que les personnes que je voyais beaucoup ici en ont été éloignées avant tous ces événements : Aloys Hugonin, rappelé par une épreuve (la mort de son père) pour en éviter une autre ; Jules Muret, parti pour Dieppe à cause de sa santé (on dit que les départements seront encore plus dangereux que Paris) ; M. Guex, qui devait arriver les premiers jours d'août et qui probablement ne pourra pas plus entrer que nous sortir ; madame Morel, partie pour Rouen, d'où elle devait être bientôt de retour ; Sainte-Beuve, pour Honfleur[2]. Il n'est resté que Ladame, Jordanis et moi. [...]

1. Le marché de la volaille était à l'extrémité est du quai de la Mégisserie.
2. Sainte-Beuve était de retour depuis la veille.

11 heures à peu près.

Les fusillades se sont arrêtées depuis quelques moments. On n'entend plus que quelques coups égrenés[1].

Jeudi 29 juillet, 7 heures du matin.

J'aurais pu dater de cinq heures du matin, car le canon et les fusillades nous ont réveillés. Mais je n'ai pas eu le courage de me mettre à mon journal. Toutes les troupes se sont retirées aux Champs-Élysées, excepté les Suisses, qui se sont retranchés dans le Louvre ; ils tiraillent avec le peuple toujours posté sur le Pont-Neuf[2]. On dit qu'il y a beaucoup de Suisses tués. Il paraît que ce sont eux qui ont commencé le feu ce matin. Si l'on en croit plusieurs bruits, ils auraient agi hier plus qu'imprudemment. On dit, entre autres, qu'un Suisse a tiré sur un garçon de marchand de vin qui lui apportait à boire.

La police a abandonné la Préfecture. On barricade le quai des Lunettes[3] au bout de notre rue, et devant

1. C'est plus d'une heure plus tard que Talon se décrochera, par ordre, de la place de l'Hôtel-de-Ville et, ramenant ses blessés, franchira le pont Notre-Dame, longera le quai de l'Horloge et défilera à l'autre bout de la rue de Harlay sans que ni Ladame ni J. O. se réveillent. Il rejoindra Marmont vers une heure du matin. A partir de ce moment, quand la lutte recommencera, elle sera concentrée autour du Louvre et des Tuileries. Le peuple occupera l'Hôtel-de-Ville.

2. Après les luttes de la veille, Marmont avait décidé de tenir le Louvre, les Tuileries et les Champs-Élysées. Depuis longtemps il considérait cette position comme très forte.

3. Le quai des Lunettes est l'ancien nom du quai de l'Horloge.

ma fenêtre est un tas de planches destinées au même usage. On disait, il y a un moment, que la prison allait être enfoncée, qu'il n'y avait plus que cinq gardes insuffisants pour retenir les brigands et les voleurs. Quelques gardes nationaux viennent de passer sous ma fenêtre et vont, sans doute, garder la prison. Les arbres du boulevard sont coupés et étendus au travers de la route. « Cela commence à devenir triste ! » me disait Jean. On pense que Paris va être affamé. Plusieurs personnes ont déjà fait des provisions. Le tocsin vient de se mettre en branle. Le drapeau tricolore flotte, dit-on, sur les tours de Notre-Dame. On a jeté parmi les planches étendues devant l'hôtel un bâton que l'on dit être celui du drapeau blanc. Un passant vient de le manier en ricanant. S'il y a un siège, nous serons plus resserrés encore que les autres dans notre quartier qui est au centre. On dit que dans le faubourg Saint-Antoine ils se sont emparés de trois canons. On a arraché les barres des grilles de la Halle aux Volailles et l'on s'en sert comme de piques, ou pour dépaver. Toute la rue Richelieu est dépavée, ainsi que beaucoup d'autres rues. Il y a des fossés de distance en distance. Un homme du peuple vient de dire que les Suisses ne tirent pas.

9 heures moins un quart.

On tire autour de nous, mais infiniment moins qu'hier, cependant. Nous avons voulu, Ladame et moi, entrer dans la cour du Harlay. Une balle a sifflé à nos oreilles comme nous étions au milieu de la cour. Je ne conçois pas d'où elle pouvait venir puisque nous étions environnés de murs. Nous revenions alors

29 JUILLET 263

du quai des Lunettes voir la Seine qui entraînait une foule de papiers, livres, parchemins, des fauteuils, des costumes de gens de robe, que l'on jetait du Palais de Justice dans la rivière. Un jeune homme qui vient de passer dans la rue a dit que l'on brisait les vitres du Palais de Justice. Il paraît qu'il y a une énorme quantité de cadavres, dans plusieurs rues, entre autres dans la rue Montorgueil. Et le père Revil, notre maître d'hôtel, qui a traversé toute la dernière révolution, et qui nous en fait des récits...

La fille d'hôtel a dit que les marchés avaient été aussi abondants qu'à l'ordinaire, que tout était arrivé, qu'on laisse tout entrer, mais rien sortir.

9 heures 10 minutes.

Il y a un grand mouvement dont j'ignore la cause au coin de la rue Dauphine.

1 heure moins un quart.

Je reprends mon journal interrompu par une des plus fortes crises de la journée et, je l'espère (puisqu'on me le dit), de la période d'événements qui a commencé lundi.

Le rassemblement de la place Dauphine était causé par un élève de l'École polytechnique, à cheval, qui venait haranguer le peuple. Le général Lamarque[1],

1. Le général Lamarque (1770-1832), ancien volontaire de 1791, officier de l'Empire mis en disponibilité sous la Restauration, était député depuis 1828. C'était un des orateurs de l'opposition les plus énergiques.
Les nouvelles apportées par le polytechnicien étaient fantaisistes.

a-t-il dit, se disposait à se mettre à la tête de la garde nationale et à aller au-devant des troupes royales qui arrivaient par une barrière que je ne me rappelle pas. Nous ne savions pas cela.

Au même moment est arrivé M. Perrot, préparateur de chimie au Collège de France et ami de M. Ladame. Il venait nous engager à aller chez lui, à nous y retrancher. « Paris va être assiégé et affamé. Nous nous casernerons et nous défendrons, etc., etc. » Ladame était disposé à aller, moi guère. Cependant j'allai toujours faire ma malle. « Quittez la maison », nous disait-on ; « les troupes royales arriveront ; on se battra ; il y aura une canonnade ; votre maison, étant située au coin de la rue, est très-exposée. » Avec ces paroles dans les oreilles je faisais précipitamment ma malle, où j'entassai tous mes habits. Je ne pris à part que mes lettres et mon journal, mon argent et ma Bible, afin d'être prêt à partir avec cela au premier danger (si possible !). Ladame était indécis s'il restait ou non. Moi, je ne savais que dire.

Enfin Ladame, qui était sorti, revient avec la nouvelle que la garde nationale s'organisait, qu'il y avait un gouvernement provisoire, que le général La Fayette se mettait à la tête, que l'École polytechnique s'était échappée et que les élèves dirigeraient les différents corps[1]. Nos voisins de chambre confirmèrent et com-

1. Nouvelles exactes. Vers midi La Fayette, à la réunion des députés chez Laffitte, signifia sa volonté de reconstituer la garde nationale sous son commandement. Les députés, dépassés par les événements, votèrent alors de constituer une commission municipale qui fut pendant quelques jours le gouvernement provisoire.
L'École polytechnique ayant décidé, le mardi, de soutenir les députés dans leur résistance légale, fut licenciée pour insubordination le mercredi ; les élèves se répandirent dans Paris. On estime qu'une cinquantaine se mêlèrent aux insurgés.

plétèrent ces différents récits. Nous sortîmes, Ladame et moi, et nous vîmes affichées, sur le quai des Orfèvres et dans tous les quartiers que nous parcourûmes, deux proclamations, très courtes, dont l'une annonçait la formation d'un gouvernement provisoire, composé du général La Fayette, du général Lamarque et du duc de Choiseul. Je ne me la rappelle pas textuellement, mais elle contient des éloges adressés aux braves citoyens de Paris « qui avez bien défendu la patrie » et dit que Charles X nous aurait livrés aux gendarmes et aux Suisses. L'autre proclamation contenait la nomination du général La Fayette, et celle de M. Alexandre de Laborde à son ancien poste de lieutenant-colonel[1]. Toutes les deux invitaient aux armes.

La première annonçait que « les anxiétés qui vous ont tourmentés pendant trois jours allaient cesser ». Elle apprenait aussi l'interception d'un courrier, par lequel on engageait la duchesse d'Angoulême à ne pas venir. « Ceux qui nous ont abandonnés sont pleins d'une terreur panique », disait-elle encore. Les groupes se formaient pour la lire. Dans l'un d'entre eux un homme, étant parvenu à déchiffrer le mot anxiété, l'interpréta : « anxiété, cela veut dire peur », et il avait l'air légèrement mécontent. Nous passâmes devant le jardin de la Préfecture, le long de laquelle se promenait un homme déjà d'un âge mûr, avec un vieil uni-

---

1. Ces deux proclamations étaient l'une fictive (voir plus loin), l'autre prématurée. La Fayette ne se rendit pas à l'Hôtel-de-Ville avant le moment où J. O. écrivit. Il fut accompagné par le général Gérard (chargé des opérations actives) et A. de Laborde, investi des pouvoirs de préfet de la Seine. L'invitation aux armes qu'elles contenaient toutes deux indique que le but cherché par ces proclamations était de stimuler les insurgés, qui avaient lutté jusque là sans appui d'aucune sorte.

forme français. Il saluait les passants : « N'allez pas me prendre pour un gendarme », criait-il.

Nous traversâmes tout le quai, le pont Saint-Michel, la rue Saint-Séverin, une partie de la rue Saint-Jacques. Nous prîmes une rue latérale pour revenir à la rue de La Harpe[1], de là par l'École de Médecine, jusqu'à la rue Saint-André-des-Arts et le commencement de la rue Dauphine. Nous n'y pénétrâmes pas parce qu'elle était remplie de monde. Nous revînmes par des rues voisines jusqu'au quai de la Vallée, et de là chez nous. Nous sommes montés à une chambre du cinquième, qui appartenait à Junod, un de mes anciens camarades, maintenant en voyage. C'est ici que j'écris ces pages.

Nous voyons le Pont-Neuf, la Seine, Paris jusqu'à la barrière de l'Étoile. On a pris le Louvre où les Suisses s'étaient postés, et l'on vient de se battre autour des Tuileries. Depuis un moment les coups ont cessé. Nous pouvions voir parfaitement les assiégés tirer des croisées sur le Pont-Royal. La foule s'est précipitée dans les Tuileries et nous ne savons pas encore le résultat[2].

Il y a un instant que la fumée sortait par une des cheminées du Pavillon de Flore. Ladame a pensé que peut-être on brûlait des papiers.

1. La rue de La Harpe était la portion du Boulevard Saint-Michel actuel située entre la rue des Écoles et la rue Soufflot.
2. J. O. nous donne ici le récit oculaire des derniers moments de la résistance des troupes du roi. C'est le moment où tomba Farcy, l'élève de Cousin, dont la mort affecta si profondément Sainte-Beuve et l'équipe du *Globe*. Le Louvre est pris, Marmont cherche à arrêter la déroute par des décharges contre les envahisseurs du Carrousel. Les derniers coups de feu partent des fenêtres des Tuileries contre les assaillants entraînés par le républicain Joubert.

Le bruit courait que le duc de Raguse[1] aurait été tué, mais il paraît qu'il n'est que blessé. On disait de plus que c'était lui qui, retiré dans le Louvre ou aux Tuileries, faisait exécuter cette manœuvre, car tout le monde savait maintenant que tout était pris excepté le Louvre et la place du Carrousel, où était placée la garde royale avec des canons.

Une foule immense entre dès ce matin dans le Louvre. Nous entendons une fusillade. Toute la foule se sauve en désordre par le Pont des Arts[2]. Il paraît que le Louvre n'est pas pris. Cette retraite précipitée s'est communiquée jusque sur notre quai.

Depuis la matinée on a dévasté l'Archevêché. Les meubles, les vêtements, les livres, les missels *in-folio* flottent sur la Seine. Quelques individus attrapent ces objets. S'ils font mine de vouloir les garder, des deux rives on leur crie : « A l'eau ! A l'eau ! Sommes-nous des voleurs ? » et s'ils n'obéissent de suite on les menace de tirer sur eux.

On dit que le fils La Fayette est avec les troupes, que le duc de Choiseul en ramasse du côté de la Barrière d'Enfer, etc., etc. On a aussi raconté que les Suisses, retirés dans la caserne de Babylone, ont déclaré qu'ils ne se rendraient pas et qu'on a décidé là-dessus de miner la caserne, qu'on a fait venir pour cela des pionniers du côté de Vaugirard. M. Revil, qui était aussi allé faire la garde autour de la prison,

---

1. Marmont (1774-1852), duc de Raguse.
2. Il restait encore des détachements isolés dans des maisons de la rue Saint-Honoré. Marmont dut les abandonner. Une compagnie de la garde, forte de 60 hommes, occupait la maison d'un chapelier à l'angle des rues de Rohan et Saint-Honoré. Le siège dura une heure et demie. D'où les reflux observés par J. O. dans la foule des curieux.

a dit que la moitié des détenus se sont évadés, qu'il y avait trois ou quatre assassins parmi eux. Beaucoup d'autres proclamations étaient affichées dans les rues, l'une pour engager les citoyens à se réunir à la mairie du XIe arrondissement et aviser aux moyens de rétablir l'ordre et de subvenir aux subsistances.

1 heure et demie.

Un drapeau flotte aux Tuileries, sur le pavillon du milieu, qui n'en avait point un moment auparavant. Nous ne savons pas quelle est la couleur du drapeau. Il paraît cependant qu'il n'est pas blanc[1].

J'ai entendu différents cris, les uns : « Vive la Charte ! », et ce sont les plus fréquents, les autres : « Vive la Liberté ! » « Vive Napoléon II ! » « Vive la Nation ! »

Quelques personnes prétendaient que c'était le prince de Polignac qui était retiré dans le Louvre.

On dit qu'on a maltraité pendant un de ces trois jours des prêtres qui faisaient l'office. J'oublie beaucoup de choses, il m'est impossible de tout me rappeler. Quoique ranimé je suis pourtant fort abattu et la chaleur est insoutenable. Une autre proclamation, mais manuscrite, que j'ai vue au passage du Commerce, dans la rue Saint-André-des-Arts, était conçue ainsi : « Les défenseurs de la patrie ont besoin de pain et de vin, vous êtes invités à leur en fournir sur la réquisition d'un garde national. » Le *Constitutionnel* était affiché au coin des rues et contenait une protestation

---

1. C'était un drapeau tricolore, planté par Joubert et ses troupes.

des députés que je n'ai pu parvenir à lire[1]. Le *Courrier* avait affiché aussi une sentence judiciaire qui l'autorisait à imprimer son journal malgré l'ordonnance royale[2]. Enfin dans beaucoup d'endroits étaient collés de petits carrés de papier, avec ces mots écrits à la main : « Gouvernement provisoire », et le nom des trois membres[3]. La proclamation du XIe arrondissement était faite « au nom de l'ordre » !

On m'a dit que cinq ou six cents Suisses ont rendu hier leurs armes et qu'on ne leur a fait aucun mal. Un pair est allé se jeter aux genoux du Roi, qui lui aurait répondu : « Que vous importe ? Ce ne sont pas vos affaires. Je vous exile ! »

Beaucoup de cris se font entendre. Le tambour bat dans le lointain. Les Champs-Élysées ne sont plus couverts de fumée, comme il y a une demi-heure. On n'entend plus tirer.

1. Pendant les Trois Journées, les journaux de l'opposition ne se vendirent pas : on les affichait. La protestation des députés, rédigée par Guizot, était une pâle imitation de la protestation des journalistes dont le texte était de Thiers. Elle contenait une attestation de fidélité au roi.

2. Le 27 juillet, à la demande du gérant du *Courrier français*, et après une plaidoirie de Merilhou (qui avait participé, la veille, à une consultation juridique sur l'illégalité des ordonnances chez Dupin aîné, bâtonnier des avocats), Ganneron, président du Tribunal de Commerce, prononça un jugement qui mettait en question l'autorité même des actes émanés du Trône. Aux termes de son jugement « l'ordonnance du 25 juillet, étant contraire à la Charte, n'était pas obligatoire pour les citoyens, aux droits desquels elle portait atteinte ». En conséquence le tribunal condamnait à l'unanimité M. Gautier-Laguionie à imprimer, sans délai, le *Courrier français*, sous peine d'une forte amende pour chaque jour de retard.

3. Ces affiches étaient d'inspiration républicaine. Les trois noms étaient ceux de La Fayette, de Gérard (général de l'Empire, alors député de l'Oise) et de Choiseul (duc de Choiseul-Stainville, pair de France, adversaire déclaré de Villèle).

La foule a voulu rentrer au Louvre. Elle s'est remise à fuir aussitôt, balayée par le feu des soldats retranchés dans le palais. Nous croirions plutôt que ce sont les Tuileries qui sont prises, car plusieurs drapeaux flottent sur différents corps de logis.

Si quelqu'un lit ce journal, il faut qu'il tâche de distinguer ce que j'écris au moment où cela arrive et ce que j'ai entendu dire et que je rapporte quelquefois après que cela s'est passé.

En cet instant la foule, sans que j'en sache la cause, s'enfuit et se presse sur le Pont-Neuf. Le drapeau qui flotte sur le corps de logis des Tuileries le plus voisin semble être rouge ou... Un canon passe sur notre quai, accompagné des cris d'une foule de peuple. Le drapeau, dis-je, semble être rouge ou noir, et peut-être tous les deux.

On nous a dit dans notre course que l'on fondait sans cesse des balles à l'Abbaye. Les rues du faubourg Saint-Jacques sont parsemées de barricades de distance en distance. Il eût été impossible d'y forcer par les armes ceux qui s'y étaient retranchés.

La foule est moins grande sur le Pont-Royal. Ceux-là n'ont jamais fui, comme ceux qui couvraient le Pont des Arts et le Pont-Neuf[1].

Une balle vient de siffler tout près de nous, quoique nos fenêtres soient cependant fort élevées. Le tambour bat. Une voix crie : « Vive la Charte ! » Mais on n'a pas l'air de répondre beaucoup à ce cri. On dit qu'il y a eu beaucoup de Suisses tués, hier, dans la rue Mau-

---

1. Ce témoignage mérite d'être relevé. En effet, le républicain Joubert s'y était établi. Un gros rassemblement s'était formé au débouché de la rue du Bac : Joubert l'organisa et le conduisit à l'assaut des Tuileries, où il entra le premier.

conseil et les rues environnantes. Beaucoup manquaient de poudre dans un poste qui leur avait été confié. Ils ont cherché à s'enfuir, on les a reconnus et massacrés.

2 heures et quart, de ma chambre.

« Honneur aux propriétés ! Respectez tout le monde ! Nous ne sommes pas des pillards ! » dit un homme armé, en passant devant notre rue, au bout de laquelle un bourgeois fait la garde avec une espèce de canardière et un vieux sabre. [...]

2 heures et demie.

On emporte un blessé en criant : « Vive la Charte ! » D'autres viennent après lui, armés de fusils. L'un d'eux rit de quelque bon mot.

9 heures et demie.

J'ai été aux nouvelles cet après-midi. En bas, chez le maître d'hôtel, un jeune homme a fait la remarque que tous ces corps morts et l'eau saumâtre qui croupit aux endroits dépavés pourraient bien nuire à la salubrité de la ville, surtout par un temps aussi chaud. Il y a déjà beaucoup d'odeur dans les rues. En ce moment on dépave sous ma fenêtre et l'on se prépare à barricader[1]. Tout est rendu depuis longtemps. On circulait

1. C'est en effet du jeudi au vendredi que l'on construisit des barricades sur toute l'étendue de Paris. Jusque là on n'avait construit que des obstacles pour entraver la marche des troupes, pendant qu'on jetait sur eux du haut des maisons des projectiles de toute sorte (pavés, récipients pleins de cendres, tuiles, matériaux de construction, etc.). On craignait maintenant l'attaque générale des troupes royales contre la ville.

Il y eut, d'après Vaulabelle, 788 citoyens tués et 4.500 blessés ; 163 militaires tués et 578 blessés.

dans les rues où l'on entendait seulement quelques coups de feu, en signe de joie et de victoire. Nous avons traversé plusieurs rues. Celle du Faubourg-Saint-Honoré était couverte de fragments de verre en quelques endroits. La rue Grenelle-Saint-Honoré[1] était barricadée en plusieurs endroits ; les habitants avaient monté des pavés dans les maisons.

Nous avons passé devant le Louvre : surtout du côté de Saint-Germain-l'Auxerrois, à droite de la porte, vers la rivière, les croisées étaient criblées de balles. Nous sommes entrés sur cette espèce de pelouse autrefois entourée d'une palissade et qui environnait cette partie du Louvre. Là j'ai vu trois cadavres étendus parallèlement à côté les uns des autres, sur le dos. La figure de l'un était déjà toute noire. Mais celle d'un autre était parfaitement bien conservée. Sa tête, légèrement penchée, reposait sur le gazon. Il avait un air grave et doux. Cet aspect de la mort me semblait beau. Je suis parvenu à lire le nom du troisième sur sa chemise. Il s'appelait Lutz. » Ce sont des Suisses », dit la foule qui les environnait. « Il ne faut pas qu'ils empoisonnent les Français », répondit une voix et l'on se disposa à les enlever.

Nous revînmes par le quai des Grands-Augustins, où nous fûmes arrêtés par une nouvelle barricade que l'on construisait et à laquelle nous mîmes la main.

De la fenêtre de mon voisin nous avons vu passer trois cavaliers suivis de quelques hommes qui criaient : « Vive La Fayette ! » C'était M. Georges de La Fayette qui revenait de la Préfecture. L'Arc de Triomphe de l'Étoile avait l'air très-enflammé dans le lointain.

1. Partie sud de la rue J.-J. Rousseau actuelle, entre la rue du Louvre et la rue Saint-Honoré.

Nous n'avons pas su découvrir d'où venait cette lueur. Nous avons rencontré plusieurs élèves de l'École polytechnique dans les rues ; ils étaient tous couverts de poussière ; l'un d'eux parlait à un homme du peuple qui avait l'air très-échauffé.

On dit que les blessés suisses ont été traités humainement par leurs adversaires. Cependant le commis de M. Montandon m'a raconté qu'il avait vu un homme frapper sur un Suisse qui, en fuyant, avait été atteint d'une maison par un bourgeois ; que cette homme lui donna sur les parties naturelles, quand il vivait encore.

On s'accorde à dire que le duc de Raguse n'a pas été tué. C'est le général Gérard et non pas le général Lamarque qui fait partie du gouvernement provisoire. Cette nouvelle que le général Lamarque s'était porté en avant avec la garde nationale ne paraît pas vraie.

J'ai vu le Palais de l'Institut. Le fronton est tout abîmé de coups de canon.

On dit que le peuple a beaucoup bu aux caves du roi. Quand j'ai passé par là, la garde nationale occupait ces bâtiments et ne permettait pas d'entrer.

Vendredi 30 juillet, 9 heures du matin.

La nuit s'est passée tranquillement ; on a eu quelques alertes mais sans résultat. La clarté que nous avions vue du côté de la barrière de l'Étoile provenait des bivouacs de la garde royale cantonnée de l'autre côté des Champs-Élysées.

Les journaux viennent de paraître. Le *National* contient la protestation des députés réunis chez M. Laffitte et des détails sur la journée d'hier. Le *Constitutionnel*, que nous venons de lire aussi, est rempli d'anecdotes, des mesures qu'on a prises, etc. Le *National* dit qu'il n'y a rien à craindre sur le manque de vivres.

Voici un fait que l'on m'a rapporté : un élève de l'École polytechnique s'élance avec trois pistolets, il tue de suite trois officiers de la garde royale et tombe percé d'une balle. Nous venons de lire encore les *Débats*, le *Courrier français*. Les *Débats* nous ont paru rédigés avec bien du talent, surtout le récit de l'entrevue d'une commission de députés qui, avec M. Laffitte à leur tête, se sont rendus, le 28 juillet, auprès du duc de Raguse pour lui présenter des conditions de paix (voir les *Débats* du 30). Hier au soir, quand j'ai eu éteint la lumière, j'ai entendu une voix qui disait : « Cinquante mille hommes viennent assiéger Paris. » Cela ne m'a pas rendu le sommeil plus facile. Les journaux disent effectivement que Paris, à ce qu'on prétend, sera assiégé des hauteurs, mais « quel que soit le nombre des assaillants, Paris ne peut être pour eux qu'un tombeau », dit le *Journal de Paris*, qui date : « De la Lune, le 10. »

Tous les journaux rapportent aussi la noble et courageuse conduite du président du Tribunal de Commerce, M. Ganneron[1]. Pendant qu'il prononçait le jugement la voix du canon couvrit la sienne. « Fermez les fenêtres », a-t-il dit sans témoigner la moindre émotion.

Un journal (les *Débats*, je crois) dit que Paris est fourni de farine pour six semaines. Les communes rurales s'organisent pour opposer résistance, etc. Je

---

Voir page 269, note 2.

crois que j'ai oublié de noter la cause de cette retraite précipitée du peuple sur le Pont des Arts. C'est que la foule, entrant dans les cours du Louvre, y était reçue par quelques gardes royaux qui s'étaient cachés dans les caves. Un voisin de M. Ladame qui a suivi le peuple au Louvre disait hier au soir que les Suisses se jetaient à genoux, mais qu'on les massacrait et que deux cents seulement ont pu se sauver par la Galerie des Tableaux et les Tuileries. Les journaux disent au contraire que les Suisses qui se sont rendus ont été épargnés.

Avant-hier la *Quotidienne*[1] imprimait que quelques rassemblements s'étaient formés, mais que quelques coups de fusil avaient suffi pour les dissiper.

5 heures et demie du soir.

J'ai parcouru la place de Grève, la rue Saint-Antoine, la place Royale, les boulevards depuis celui du Temple jusqu'à la rue Montmartre, que j'ai suivie pour revenir chez moi. J'avais monté la rue du Faubourg-Saint-Denis, traversé celle des Petites-Écuries, et les rues Martel et Hauteville. Partout des barricades énormes, solides, très-rapprochées. Les boulevards étaient jonchés d'arbres dans tous les sens[2]. Ces innombrables fortifications intérieures élevées en un moment confondent de surprise. Une foule de gens armés de toutes armes était dans les rues. Tous avaient l'air animé,

1. La *Quotidienne* était un des journaux autorisés ; il avait fait soumission aux ordonnances.
2. Il y avait une vieille dispute pendante entre l'administration et les propriétaires des immeubles du boulevard. Ceux-ci prétendaient que les arbres rendaient leurs maisons humides. La deuxième Glorieuse offrit une occasion qui ne fut pas perdue de trancher la question.

mais aucun signe de désordre. On ne saurait trop admirer le soin que le peuple a eu de ne rien piller, de ne rien s'approprier, quelques verres de vins royaux exceptés. On a même fusillé plusieurs individus qui emportaient des objets. Des meubles ont été brisés, mais malheur à celui qui tâchait d'en enlever quelques débris !

Mille bruits courent la ville : le roi aurait abdiqué et proposé son fils, le trône aurait été offert au duc d'Orléans qui l'aurait accepté[1], etc., etc. On parlait d'aller attaquer Saint-Cloud cet après-midi. Je n'ai rien appris encore de ce projet.

Fivaz est venu me voir. Il a assisté à plusieurs combats. Il dit que ce sont les Suisses qui se sont le mieux battus et qu'ils se sont beaucoup mieux montrés que la garde royale française, dont un bataillon s'est conduit avec lâcheté ; d'après le récit de Fivaz, le commandant de ce corps de troupe se serait avancé vers le peuple en criant : « Vive la Charte ! » Puis, quand la foule aurait été bien nombreuse, il se serait retiré et aurait commandé à ses soldats de faire feu sur elle[2].

1. Ce jour même la séance de la Chambre, présidée par Laffitte, avait été ouverte à midi et demi, mais n'était pas encore levée au moment où J. O. écrivait. On nomma une commission, et on rédigea le message qu'elle apporterait au duc d'Orléans pour lui demander de prendre la lieutenance-générale du royaume.
2. Il semble que cet épisode se soit passé le mardi matin, au Palais-Royal, à la suite de ceux dont Leresche fit le récit à J. O. On ne parle pas cependant de lâcheté de la part de cet officier. Il voulait faire tirer sur la foule qui refusait de se disperser. Comme sa troupe hésitait à exécuter son ordre, il mit en joue lui-même. De tous côtés, on lui cria de ne pas tirer. Il céda. Mais bientôt quelques-uns de ses hommes furent abattus par des coups de pierre. Il donna de nouveau l'ordre de faire feu et les soldats obéirent.

Les Suisses du Louvre ont été tués, d'après Fivaz, après qu'ils s'étaient rendus. Il se trouve qu'ils n'ont pas su tirer parti de leur position, et que sans doute ils ont eu peur. « Le Château, dit-il, est bien plus facile à défendre que les Tuileries, où huit cents hommes seulement se sont maintenus contre bien plus de monde. Il est vrai que les Suisses du Louvre n'étaient guère que deux ou trois cents. »

Fivaz m'a raconté qu'il avait manqué se faire une mauvaise affaire à cause des Suisses. Quand il sut que l'on devait aller attaquer la caserne rue de Babylone, il alla se poster à l'angle d'un mur et cria aux Suisses retranchés dans cette caserne qu'on allait les attaquer, qu'ils ne pouvaient pas songer à se défendre, etc., etc. Des soldats du bout opposé, et qui ne l'entendaient pas, tirèrent sur lui et le manquèrent. Mais les assaillants, s'étant aperçus de ses desseins, voulaient le saisir prétendant qu'il était un mouchard. Il leur expliqua ses intentions, qui n'étaient que d'empêcher que l'affaire ne fût sanglante. Un homme du peuple ne voulait pas entendre raison et menaçait Fivaz qui, à son tour, lui présenta ses deux pistolets, en déclarant qu'il mettrait bas deux hommes et qu'on ne l'assassinerait qu'après cela. Un élève de l'École polytechnique[1] et

1. La colonne qui attaqua la caserne de la rue de Babylone avait à sa tête quatre polytechniciens. Ils furent reçus par une décharge inattendue et meurtrière des cent cinquante soldats commandés par le major Dufay. En quelques instants, trois des polytechniciens furent mis hors de combat. Il est donc probable que le polytechnicien qui parla à Fivaz et le tira d'affaire était Charras (1810-1865), futur adversaire du Second Empire, célèbre pour avoir, six mois plus tôt, chanté la *Marseillaise* dans un banquet et s'être fait expulser pour ce fait.
Fivaz s'éloigna avant la fin. Les Suisses furent presque tous massacrés autour du major Dufay.

un autre étudiant (un Neuchâtelois, je crois) l'ayant reconnu pour Suisse à son accent, l'approchèrent, le tirèrent à part en lui disant qu'il était un imprudent ; et les autres le laissèrent voyant qu'il était connu de ces deux personnes qui avaient travaillé avec eux.

Les Suisses de la caserne de Babylone se sont, dit-il, retirés en bon ordre et avec courage, sous les ordres du major Dufay, de Romainmôtiers[1], et ont gagné l'École militaire qu'ils auront quittée, sans doute, pendant la nuit. Les Suisses du Louvre ont tous été tués, dit le *Globe*, mais on a sauvé un poste de Suisses qui s'étaient retranchés dans le Théâtre-Français, et qui se sont rendus.

Figaro avait ainsi changé sa devise : « Ah ! Basile, mon mignon, faiseur de coups d'État, en voici du bois vert ! »

Un grand bateau chargé de morts et ayant un drapeau noir a descendu la Seine cet après-midi[2].

Dans toutes les rues, les vendeurs publics crient la cocarde tricolore.

Il paraît vrai que le roi a proposé d'abdiquer en faveur de son fils. On dit aussi que son fils et lui auraient proposé d'abdiquer en faveur du duc de Bordeaux ; qu'on aurait nommé un Régent ; que la régence aurait été offerte au duc d'Orléans qui l'aurait rejetée[3].

1. Le major Guillaume Dufay était de Monthey. Son père avait été le dernier des grands châtelains de Monthey (Valais), seigneurie qui fut partagée en 1787 entre le bourg de Monthey et deux autres communes.
2. Louis Blanc (*Histoire de Dix Ans*, I, 350) et Chateaubriand (*Mém. d'O.-T.*, V, 346) mentionnent ce fait. Mais tous deux l'inscrivent sous la date du 31 juillet.
3. C'est seulement le 2 août (lundi) que Charles X et le Dauphin abdiquèrent à Rambouillet, en faveur du duc de Bordeaux, « l'enfant du miracle », qui prenait le nom de Henri V. Louis-

Je ne puis rapporter tous les traits de courage et d'audace que chacun raconte. Plusieurs sont consignés dans les journaux, dont la collection sera précieuse un jour. Parmi les innombrables faits particuliers d'une guerre de partisans dans une ville, en voici un qui m'a bien touché : un garde royal tombe blessé à mort : « Pourtant », s'écrie-t-il, « moi aussi, j'étais un bon Français[1] ! »

Il paraît que l'on avait donné beaucoup d'argent (dix francs par homme, dit le *Globe*) aux troupes, qu'on leur avait promis un mois et demi de solde, etc.[2].

10 heures et demie.

Il me semble qu'il y a davantage de bruit dans les rues ce soir que hier à la même heure. La ville continue, par précaution, à être illuminée. J'ai un lampion sur le rebord de ma croisée.

Dans le faubourg Saint-Germain, Fivaz m'a dit que l'on criait beaucoup : « Vive Napoléon II ! ». Cependant le cri général a été partout : « Vive la Charte ! »

J'ai écrit aujourd'hui mon journal avec peu d'éner-

Philippe se borna le lendemain à dire aux Chambres qu'il avait reçu l'acte d'abdication et l'avait fait insérer dans la partie officielle du *Moniteur*. En réalité, l'acte ne fut inséré que le 6 août (quatre jours après sa date), au milieu des *faits divers*, avec l'en-tête suivant : *On parle d'une pièce ainsi conçue.* Le 7, la Chambre votait la vacance du trône et l'appel à Louis-Philippe, qui fut proclamé le 9 août.

1. Le mot aurait été dit par un grenadier qui avait vu les guerres de l'Empire et qui tomba au Palais-Royal.
2. Assertions tendancieuses. Les troupes n'avaient même pas reçu leur solde de juillet qui leur fut payée en plusieurs acomptes dans le courant du mois d'août.

gie. Je me sens abattu. D'abondantes sueurs ne me laissent aucune relâche. On dit que les dépêches partent ; j'écrirai demain et j'espère que rien ne viendra de nouveau m'empêcher de donner des nouvelles rassurantes.

Je vais me coucher avec cette pensée que je viens de relire dans saint Paul : « Les choses visibles ne sont que pour un temps, mais les invisibles sont éternelles. »

Samedi 31 juillet.

Le repos et l'ordre continuent à se rétablir. Les députés ont appelé le duc d'Orléans à la lieutenance-générale du royaume. Il a accepté et est arrivé aujourd'hui à Paris. Il a parcouru en triomphe les rues de la capitale, porté par le peuple ainsi que Benjamin Constant, Alexandre de Laborde, La Fayette, etc. Il s'est ainsi rendu à l'Hôtel de Ville, orné de la cocarde tricolore[1]. Le drapeau tricolore qui flotte sur la Colonne Vendôme avait été donné par une dame à Béranger, l'auteur du *Vieux Drapeau*. Le duc d'Orléans a adressé aux habitants de Paris une proclamation qui se termine par ces mots : « Désormais, la Charte est une vérité[2] ! »

J'ai lu quelques proclamations contre l'établissement d'une nouvelle dynastie sans le consentement

---

1. Cf. *Mémoires d'Outre-Tombe*, IIIe partie, livre XV.
2. Ce sont en effet les derniers mots de la proclamation lancée ce jour même (31 juillet) vers onze heures du matin. Louis-Philippe, qui n'avait pas bougé du Raincy, déclarait aux Parisiens qu'il n'hésitait pas à « venir partager [leurs] dangers », les trois couleurs à la main, pour les « préserver des calamités de la guerre civile et de l'anarchie ».

du peuple[1]. L'une d'elles était adressée par *la Loge des Amis de la Vérité*. Mais à ce que m'a dit Ladame, qui a vu beaucoup de monde aujourd'hui à dîner, tous les partis se réunissent sur le duc d'Orléans.

Fivaz et moi nous sommes allés à l'Hôtel-Dieu pour demander si quelques Suisses (dont nous connaissions les noms) étaient parmi les blessés. Aucun ne s'y trouve ; l'on nous a répondu que ce serait probablement inutile de les chercher, parce que beaucoup de Suisses blessés avaient été jetés dans la Seine.

Les journaux sont remplis de détails que je ne veux pas copier inutilement ici. Le roi a quitté Saint-Cloud, qui s'est rendu ainsi que Vincennes.

Les boutiques étaient rouvertes. Tout le monde paraît être dans la joie de l'espérance et de la sécurité.

Quand je pense aux premiers récits que j'ai faits des trois journées de combats qui viennent d'avoir des résultats si importants, j'ai presque honte des petits détails où je suis entré, car j'ai noté (autant que je me le rappelle) jusqu'à un coup de fusil. Je voulais rendre compte de mes impressions et, ne faisant ce journal que pour moi, j'écrivais tout ce qui me frappait. Et avant que les fusillades devinssent chose ordinaire, un coup de fusil me paraissait digne d'être noté !

---

1. C'est le commencement de la résistance républicaine, qui sera la vraie ennemie de la monarchie de Juillet. Les républicains eurent toujours, et non sans raison, l'impression que l'avènement de Louis-Philippe au trône avait été une duperie. Dans la préface de *La Fin du Monde* (1830), Rey-Dusseil proposait à Henry Monnier de traiter ce sujet à sa manière : un homme du 29 juillet dirait : « Faites-moi la grâce de m'apprendre ce qu'est devenue la révolution ? » Et l'autre de la lui montrer soigneusement ficelée et empaquetée dans la poche d'un doctrinaire. « C'est qu'en effet, ajoutait-il, jamais révolution ne fut plus escamotée. »

Dimanche 1ᵉʳ août.

Paris est incroyable. Une révolution dont les suites sont immenses, un bouleversement complet de l'État et, au bout de trois ou quatre jours, une tranquillité, une sécurité complètes ! C'est un miracle ! Oui, c'est un miracle !

On affiche toujours une foule de journaux et de proclamations. Quelques-unes d'elles blâment et réprouvent librement la précipitation de quelques esprits à regarder le duc d'Orléans comme roi. Du reste la concorde, le bonheur de tout ce qu'on a fait ne paraissent point diminuer. Je voyais hier une femme de la classe ordinaire ; elle lisait à haute voix une proclamation affichée au Pont-Neuf. Quand elle eut fini elle s'écria, transportée : « J'adore cela ! Oh ! je suis nationale, moi ! »

On criait ce soir dans les rues l'arrestation de Mgr de Quélen, l'archevêque de Paris[1].

[...] M. Éverat, qui va remettre des ouvriers à l'impression de mes poèmes (bien plus insignifiants encore à présent qu'il y a quelques jours), était touché du sort des Suisses, qu'il a pourtant combattus, comme tout Français devait le faire. « Mais, me disait-il, c'est toujours à regret que des citoyens paisibles tirent le fusil. On en a tué plus de quatre-vingts, tout près de notre rue, ajoutait-il. Des hommes superbes, des colosses ! J'en ai vu un qui était blessé et qu'on a achevé. Il est tombé sur le nez. Il avait des mollets

---

1. Mgr de Quélen, pendant toute la révolution, était à sa maison d'été de Conflans. On ne l'inquiéta pas, mais pendant des semaines il ne donna plus signe de vie.

aussi gros que votre cuisse. Il me semblait qu'on n'aurait pas dû pouvoir se décider à tuer de si beaux hommes[1] ! »

Un journal rapporte qu'un étranger était si frappé du caractère extraordinaire de la révolution actuelle que « si l'on m'annonçait, disait-il, que tous les pavés sont rentrés d'eux-mêmes dans leurs trous, je ne m'en étonnerais point ». Quant à moi, il me vient souvent à la pensée que Dieu a quelque grand dessein sur le peuple français, tel qu'il l'a fait se montrer pendant ces derniers jours, et je ne puis m'empêcher de croire que ce n'est pas là seulement une révolution politique.

M. Marron a prié et prêché sur les événements dont nous venons d'être témoins. L'intention était belle et chrétienne, mais des phrases, oh !... jusqu'à parler de « ces personnes sûres de l'appui de l'estime publique et de celui du for intérieur, etc. »...

---

1. Éverat habitait rue du Cadran (nom donné à partir de 1807 à la partie ouest de la rue Saint-Sauveur actuelle). Il n'y avait entre cette rue et la rue Mandar que le passage du Saumon (sur l'emplacement duquel la rue Bachaumont a été ouverte en 1901). Le mercredi, Marmont envoya le bataillon suisse de la garde, sous le commandement du colonel Philippe de Maillardoz, avec ordre d'atteindre le marché des Innocents « coûte que coûte ». Ayant laissé deux bouches à feu au 15e légers qui avait échoué dans la même tentative, Maillardoz dépassa le marché des Prouvaires ; dans un combat de tous les instants il atteignit la pointe Saint-Eustache et s'engagea dans la rue Montorgueil, pour s'apercevoir, après avoir dépassé la rue Tiquetonne, qu'il s'éloignait des Innocents au lieu de s'en rapprocher. Il fallut donc tourner dans la rue Mandar, plus étroite, où la lutte fut atroce. Il y avait une barricade aux deux bouts. Les Suisses perdirent là soixante-dix hommes avant de pouvoir redescendre par la rue Montmartre, repasser la pointe Saint-Eustache en sens inverse et atteindre enfin les couverts du marché des Innocents.

Lundi 2 août.

Toujours le même esprit, la même modération. Cependant reproches un peu plus vifs de quelques journaux (le *Figaro*, le *Courrier*) aux députés de ce qu'ils demandent si peu dans leur proclamation. Ils semblent n'exiger que ce qu'on voulait de Charles X. Du reste au Palais-Royal et ailleurs, beaucoup d'affiches petites et grandes, tendant toutes à prouver la nécessité d'appeler immédiatement au trône le duc d'Orléans. Et les courtisans, dit-on, qui arrivent déjà au Palais-Royal !

Après avoir couru toute la journée pour me procurer mon passeport, je suis allé ce soir aux Nouveautés. On donnait *Sir Jack*, pièce burlesque où l'on avait fourré une quantité d'allusions aux circonstances actuelles, que bien que mal[1]. Une d'elles m'a fait beaucoup de peine : « J'allai en Suisse », dit sir Jack qui, condamné à être pendu, cherche partout un homme pour le remplacer dans cette affaire, « j'allai en Suisse, où l'on m'avait dit que les hommes se font tuer pour de l'argent, etc. » Ce fut applaudi à outrance. [...]

L'orchestre des Nouveautés a joué la *Marseillaise* ; les bravos, les cris l'ont interrompu trois ou quatre

1. *Sir Jack, ou Qui est-ce qui veut se faire pendre ?* L'acteur Bouffé, qui créa le rôle de Sir Jack, raconte dans ses *Souvenirs* que lors de la révolution de 1830 les clowns anglais qui faisaient partie de la troupe des Nouveautés prirent peur, se cachèrent dans les caves et finirent par se sauver vers Londres. Les acteurs français de la troupe les remplacèrent et continuèrent les représentations.

Mais ces acteurs, comédiens et non acrobates, diminuèrent de beaucoup la part des pirouettes de la pantomime et improvisèrent des dialogues.

fois. Surtout quand on arrivait au roulement de tambour, le parterre et les loges se levaient, agitaient leurs chapeaux et couvraient la musique de leurs voix. Thénard[1], artiste de ce théâtre, a chanté deux ou trois fois les couplets de cette chanson historique.

On a joué ensuite un intermède représentant quelques scènes des 28, 29 et 30 juillet. Les acteurs n'avaient pas eu le temps d'apprendre les rôles, mais on a applaudi quelques couplets et un drapeau superbe qu'agitait un acteur qui, voulant témoigner son enthousiasme, fut sur le point de lâcher un énorme juron !

La seconde pièce que l'on jouait était une pantomime-féerie anglaise dont les journaux avaient beaucoup parlé quand on n'avait pas à parler d'autre chose, et qui est restée bien au-dessous de mon attente, excepté les décorations qui sont incroyablement merveilleuses. Pendant cette pièce, vers le milieu, Adolphe Nourrit, de l'Opéra, est arrivé et a chanté *La Parisienne*, par M. Casimir Delavigne[2]. Ce sont quelques couplets dans le genre brillant de cet auteur, une idée pour un couplet, un couplet pour une idée. Nourrit, un drapeau tricolore à la main et en habit de garde national, a admirablement chanté, c'est-à-dire simplement et avec la plus grande émotion. Mais je ne crois pas qu'il fasse revenir Béranger de son peu d'estime littéraire pour Delavigne. Un des couplets était consacré au duc d'Orléans.

1. Étienne Perrin, dit Thénard.
2. C'est en effet Nourrit qui rendit célèbre *la Parisienne*, en allant la chanter ce soir-là dans tous les théâtres. Le titre de C. Delavigne était *La Marche Parisienne*. La musique fut arrangée à grand orchestre par Auber. Voir le *Journal de la Librairie* du 7 août 1830, n°s 4340 et 4341.

M. Alexis Revenaz, que j'ai vu aujourd'hui comme il arrivait de voyager dans les départements, m'a dit qu'on était partout dans l'enthousiasme de la conduite de Paris. Un Parisien, c'est maintenant un dieu. On leur élèvera, disait-on, une colonne tout en or sur la Colonne Vendôme. Cela me rappelle ce que j'entendais dire hier ou avant-hier, sur le seuil d'une boutique de pâtissier ou d'épicier : « Eh bien, j'espère qu'on n'aura plus honte de dire que l'on est de Paris[1] ! »

A notre légation j'ai trouvé beaucoup de soldats suisses qui venaient chercher des passeports. Les uns étaient vaudois (j'ai vu un Menthonnex, de Bursins, un Chapelle, de Vevey, un jeune homme d'Aigle, un de Gryon ; Berthey, mon ancien élève pour le grec) ; d'autres étaient bernois, soleurois, de Schwytz, etc., etc. Ils étaient presque tous habillés en bourgeois. Un brave homme, qu'on m'a dit être un Fribourgeois, donnait son adresse à ceux qui avaient encore quelques lambeaux d'habits militaires et les engageait à venir chez lui, qu'il leur procurerait d'autres vêtements. Tous rejetaient les malheurs de cette journée sur leurs chefs, et en particulier sur le colonel de Salis qui, dans leur retraite, leur faisait faire halte et leur commandait de tirer. Le major Dufay, de Romainmôtiers, un des Sénarclens sont tués.

---

1. Allusion à la capitulation de Paris en 1814. Il faut se souvenir que, dans le peuple, tout l'odieux en était retombé sur Marmont, grâce surtout à une phrase de la proclamation de Napoléon au golfe Juan, au retour de l'île d'Elbe : « L'élite de l'armée ennemie était perdue sans ressource [...] lorsque la trahison du duc de Raguse livra la capitale et désorganisa l'armée. » On s'était mis à dire *raguser* pour trahir. Aussi, comme l'a écrit Vaulabelle, plus d'un ancien soldat, en tirant sur les troupes placées sous les ordres de Marmont, pendant les journées de Juillet, crut tirer encore sur l'ennemi.

Au théâtre on est venu annoncer que Charles X, risquant d'être cerné, a fait demander de Rambouillet où il se trouve un sauf-conduit ; qu'on a élu un certain nombre de commissaires qui sont chargés de protéger sa fuite hors de France. On assure aussi que Peyronnet a été arrêté[1]. Quand on annonça cette fuite précipitée de Charles X, une partie de l'auditoire demanda à grands cris l'air de *Bon voyage, cher Du Mollet*. L'orchestre se mit à le jouer. Cette circonstance me déplut.

L'enthousiasme pour l'École polytechnique va toujours se répandant. Durant les entr'actes, et à toutes les allusions de l'intermède, on criait : « Vive l'École ! » et l'on exigeait des acteurs qu'ils se tournassent vers une loge où deux ou trois de ces élèves étaient placés.

Mardi 3 et mercredi 4 août.

Mon journal va être interrompu, car je me dispose à partir. Aujourd'hui j'ai retenu ma place à la diligence pour samedi. Cette idée que je n'ai plus que deux jours à passer à Paris me semble presque incroyable. C'est une chose singulière que ce Paris. On dirait qu'il est sous la puissance de quelque démon qui d'abord vous repousse et qui finit par vous enlacer de mille liens que l'on a peine à rompre.

Hier, il est arrivé un événement bizarrement historique. Comme on avait appris que le roi restait à

1. Le ministre Peyronnet (1778-1854) avait suivi le roi à Rambouillet le 31 juillet ; puis il s'était retiré à Chartres, et enfin à Tours où la garde nationale l'arrêta. Condamné le 22 décembre à la détention perpétuelle, il passa cinq ans au fort de Ham et fut gracié en octobre 1836.

Rambouillet, d'où il faisait mine de vouloir dicter des conditions, vingt-cinq ou trente mille Parisiens, dit-on, de ceux qui ont vaincu au 29 juillet, se sont dirigés sur Rambouillet qui est à douze lieues de Paris. Mais qu'ont-ils fait ? Ils ont mis en réquisition toutes les voitures, berlines, fiacres qu'on a pu rassembler et sont ainsi partis pour la guerre, armés jusqu'aux dents de haches, de fusils, de vieux mousquets, de vieilles épées, de piques rouillées[1]. Cela rappelle ce trait du même peuple, il y a quelques jours, lorsqu'il se battait dans les rues de la ville. On voulait offrir pour rafraîchissements du vin à ces soldats improvisés. « Non », répondirent-ils, « cela nous échaufferait, et nous voulons garder notre sang-froid. Donnez-nous de l'eau sucrée ! »

Ce soir, 4 août, on tire souvent des coups de fusil dans les rues. Pourvu que les troubles ne recommencent pas ! Les partis ont l'air de se diviser toujours davantage. On m'a assuré que lorsque le duc d'Orléans est sorti hier de la Chambre des Députés, aux cris de « Vive le duc d'Orléans » se sont mêlés ceux-ci, partis de groupes nombreux de jeunes gens : « Vive la République ! La République ou la Mort ! »

---

1. Cette expédition, réclamée par le duc d'Orléans, fut ordonnée par La Fayette. Il fit dépêcher 500 hommes par légion de la garde nationale et les mit sous la direction du général Pajol et de son propre fils. Destinée à une déroute complète en rase campagne si les 12.000 hommes qui gardaient Charles X avaient livré bataille, la « marche sur Rambouillet » détermina le départ du roi. Il quitta Rambouillet le 3 août à 11 heures du soir et alla à Maintenon où, le lendemain, il licencia son armée ; il arriva le 16 août à Cherbourg.

Je tiens à signaler que mon collègue, M. Marc Denkinger, a fourni une grande partie des éléments qui ont servi à préparer l'annotation, et je lui exprime ma très vive reconnaissance. A. D.

Jeudi 5 août.

J'ai vu la Bibliothèque de la rue Richelieu en détail ; le Médaillier, où j'ai parcouru les médailles grecques et romaines, différents objets trouvés dans des tombeaux de rois de France, l'épée de Henri IV, l'armure de François Ier et d'autres curiosités anciennes et modernes. Les manuscrits : j'ai vu des manuscrits arabes, persans (ceux-ci avaient des fleurs et des personnages), un manuscrit de l'Alcoran contenu tout entier sur une longue bande de papier ; des manuscrits de La Fontaine, de Bossuet, le *Télémaque* autographe de Fénelon ; des lettres de Henri IV, etc., des missels avec des reliures gothiques superbes, etc. Les Estampes : j'ai vu plusieurs belles gravures de Marc-Antoine et quelques collections de portraits. Mais il faudrait y retourner souvent.

J'ai couru Paris pour faire une foule de visites mais la plupart du temps je n'ai trouvé personne.

APPENDICE I

(Voir page 41, note 2)

« Enfin, j'ai vu une actrice ! Non, j'ai vu une femme, une épouse, une mère ! J'ai vu Mme Smithson, dans *L'Auberge d'Auray*. C'est une actrice anglaise qui ne sait pas du tout le français et qui a un rôle dans cette pièce, ou plutôt, c'est elle qui fait la pièce à elle seule, car pour l'opéra-comique de MM. d'Épagny et Moreau, ce n'est qu'un opéra. Ce qu'il a de plus intéressant, c'est de fournir à Mme Smithson l'occasion de jouer sa pièce à elle. Voici le sujet : Montalban (Américain) et Cæcilia, sa femme, se trouvent avec leur fils William dans une auberge de Bretagne (c'est l'époque des guerres de la Révolution). Cæcilia ne parle qu'anglais. Son mari et son fils, seuls, savent le français. Ce dernier est l'instituteur de sa mère à qui il a déjà appris quelques mots. Un M. de Jenneval aimait Mme Cæcilia. M. de Montalban, importuné de ces assiduités auprès de sa femme, devait se battre avec lui. Le rendez-vous est fixé à sept heures du matin. Mais pendant la nuit Jenneval s'est tué parce qu'il sait que Mme de Montalban ne l'aime pas, et aussi parce que traître à la cause qu'il a embrassée. C'est lui qui faisait parvenir tous les rapports aux ennemis. Avant de se donner la mort, il en a écrit les deux motifs à Cæcilia qui a donné cette lettre à Mme Kerniflec, l'hôtesse, pour qu'elle la serre dans une petite cassette qui contient des bijoux et d'autres papiers qu'elle lui a confiés. C'est Mme Kerniflec qui expose tout cela à son mari. Celui-ci l'envoie à la ville, je ne sais plus pourquoi. En partant elle lui remet les mémoires des voyageurs, entre autres de M. de Montalban. Resté seul, Kerniflec a la curiosité de voir la lettre dont sa femme lui a parlé. Pendant qu'il est occupé de sa lecture, on frappe à la porte, il cache le papier dans sa poche et ouvre à des soldats qui ont ordre de saisir Montalban que l'on soupçonne d'être un traître et d'avoir tué Jenneval. Kerniflec, effrayé des interrogatoires et des perquisitions des soldats, s'approche furtivement du feu et y jette le maudit papier qui cause ses craintes. M. Montalban arrive avec son fils. On l'arrête. Il supplie qu'on n'apprenne rien à sa femme ; elle vient, elle voit les soldats, il lui dit qu'il n'y a rien à craindre, il passe dans la chambre voisine. Ici commence le rôle de Mme Smithson. Elle est avec son fils, elle est inquiète, mais vaguement. Elle sourit à son fils, elle le caresse. Celui-ci engage Kerniflec à lui chanter une chanson bretonne. Sa mère lui enseigne à imiter les gestes et la danse du paysan. De temps en temps elle s'approche de la porte par où son mari est sorti, puis elle revient à son enfant. C'est une mère ! Oui, une véritable mère ! Quel naturel de tendresse, quels doux sourires, quelles douces caresses ! Et dans le peu d'instants où elle a vu son époux, avant qu'il sortît avec les soldats, quel pur et fidèle amour d'épouse dans le regard, dans le peu de mots qu'elle répète, quand son petit William se vante des progrès de sa mère : « Mon ami ! mon bon ami ! » dit-elle à Montalban, qui s'éloigne désespéré. Lorsque Kerniflec a fini sa chanson, on entend un bruit de tambour et des soldats qui partent. Elle entrevoit la vérité. Elle veut courir. Tout est fermé ; personne pour venir à son aide. Elle parcourt la scène avec son fils, qui répond à sa mère. Elle lui dit en anglais d'aller apprendre aux soldats et à leur chef qu'elle a une lettre qui prouve que Montalban est innocent. Enfin elle frappe à la porte du cabinet où le conseil de guerre est rassemblé. L'officier vient à elle, ordonne qu'on évite une scène et ne la laisse entrer que lorsque son époux est entraîné au lieu du supplice. Montalban passe, escorté de soldats. La porte de l'auberge s'ouvre et le petit William court après son père. Cæcilia rentre avec les officiers du détachement, elle leur parle, mais ils ne la comprennent pas. Elle cherche et découvre enfin la cassette. Elle ne peut pas l'ouvrir, Mme Kerniflec en a la clef. Et alors, une admirable scène de désespoir ! Cæcilia se tourne vers les officiers avec des regards déchirants et ces mots se font jour enfin : « Je souis une étrangère ! » Elle parvient à briser la boîte. Les officiers paraissent disposés à croire qu'elle contient quelque papier important. On ne trouve rien. La malheureuse Cæcilia est anéantie. Kerniflec, qui se désespère de sa faute, veut la consoler : elle est égarée... Kerniflec, tout en pleurs, s'écrie dans sa douleur qu'il ne lui fera pas au moins payer son mémoire. Et tout en disant cela, il fouille dans ses poches. Le papier qu'il avait brûlé, c'était le mémoire et non la lettre. Il la donne à Cæcilia qui renaît... On entend une fusillade. Cæcilia tombe. Kerniflec la relève. Elle ne prononce que quelques mots : « No, he is dead ! » (non, il est mort). Comment rendre cette admirable pantomime ? Puis de temps en temps, dans sa douleur, le mot William s'échappe de ses lèvres. Oh ! rien de plus touchant ! J'en ai versé des larmes, j'en ai mordu mon mouchoir. Enfin arrive Mme Kerniflec, qui était déjà revenue de la ville et qui avait couru au lieu de l'exécution. Elle a pu porter la lettre à temps. La fusillade était une escarmouche, comme il y en avait tant à cette époque. Montalban est sauvé. Cæcilia est à son cou et son fils dans ses bras. »

APPENDICE II

(Voir page 62, note 2)

LE GROUPE SAINT-SIMONIEN
DE LA RUE FERME-DES-MATHURINS

A cette époque, et pour une quarantaine d'années encore, les réunions de ce genre (prédications de doctrines nouvelles, cours privés de Jouffroy, d'A. Comte, etc.) tombaient sous le coup d'une loi qui limitait à vingt le nombre des auditeurs.

Buchez venait de rompre avec Bazard et Enfantin. Juste Olivier donne ici la seule description que nous connaissions d'une réunion des Saint-Simoniens dissidents. (C'est ce groupe de Buchez, on le sait, qu'Alfred de Vigny appelle « *notre groupe* » dans le *Journal d'un Poète*.) Si Olivier divise les Saint-Simoniens en deux branches, c'est que le schisme était récent et que rien n'empêchait de voir dans la branche dissidente une rivale de l'autre, ce qu'elle ne fut pas. Buchez (cf. p. 65, note 1) avait été membre du Collège des Sept et même, en 1826, un des quatre principaux Saint-Simoniens. Il se sépara du mouvement quand il refusa d'assister le 31 décembre 1829 à la proclamation de Bazard et d'Enfantin comme Pères Suprêmes. Quelques jours plus tard les deux frères Alisse et un ami de Vigny, le docteur Boulland, s'éloignèrent à leur tour et écrivirent à Bazard une lettre qui est proprement le manifeste de l'école buchézienne. Claire Bazard correspondit alors avec Buchez pour le ramener au Collège des Sept (février-avril 1830) : ses lettres sont des modèles de psychologie religieuse.

Le différend était d'ordre doctrinal. Enfantin, devenu l'incarnation vivante de la doctrine, anathématisait l'esprit d'examen. Buchez, de son côté, lui reprochait de se laisser détourner de l'approfondissement de la doctrine par des soucis de hiérarchie et de discipline ecclésiastiques. Plus particulièrement, il refusait d'acquiescer aux dogmes formulés par Enfantin sur *Dieu-matière*

APPENDICE II

et *la femme*, et persistait dans la discussion. Dieu est tout ce qui est, affirmait Enfantin. C'est du panthéisme, répondait Buchez, qui voulait en rester à la définition chrétienne. Pour lui, la Révolution française tirait directement son origine des doctrines catholiques.

D'autre part Buchez croyait que, dans l'avenir, après l'affranchissement complet, la direction de la famille serait l'affaire de l'homme ou de la femme, « suivant que l'un ou l'autre occupera dans la hiérarchie sociale une fonction plus élevée ». Sur ce point il était plus féministe qu'Enfantin qui, par un sentiment de la division des fonctions qui ne le quitta jamais, voyait en l'homme plutôt l'esprit et en la femme plutôt le cœur et, en conséquence, décrétait que la société serait réglée par le couple-prêtre : « Personne ne veut, dit-il, ce qui est utile aux hommes et aux femmes comme un homme *et* une femme qui s'aiment. » Mais comme l'harmonie peut cesser de régner dans le couple-prêtre, Buchez entrevoyait dans cette conception un faux-fuyant et un principe d'anarchie. La séparation devint définitive. (Voir Buchez, préfaces successives des tomes VIII à XL de *L'Histoire parlementaire de la Révolution française* (1834-1837), et *L'Essai d'un traité complet de la philosophie au point de vue du catholicisme et du progrès*, 1839-1840.)

APPENDICE III

(Voir page 120, note 1)

UN ARTICLE INCONNU DE SAINTE-BEUVE
SUR LAMARTINE

On nous a trop souvent présenté Sainte-Beuve comme le traître du mélodrame romantique — surtout peut-être par la raison qu'il avait le physique de ce rôle. La monumentale édition de la *Correspondance Générale* que M. Jean Bonnerot poursuit infatigablement semble mettre en danger bon nombre des appréciations courantes et permettra bientôt de mieux préciser les nuances de cette personnalité si complexe. Le journal de Juste Olivier fournit quelques pages à verser à ce dossier. Nous verrons plus loin dans quelles circonstances, le 11 juillet, le critique prendra chaleureusement la défense de Chateaubriand. Notons ici le zèle amical et l'ingéniosité de son procédé à l'égard de Lamartine. Ce pastiche du style des rédacteurs du *Constitutionnel* fait fort bien illusion en effet, tant il reste parfaitement dans le ton de leurs récriminations coutumières contre les « inventeurs du passé » et les « coteries ».

Trois annonces des *Harmonies Poétiques*, brèves, impersonnelles, insérées sans doute écus comptants, avaient déjà paru dans le *Constitutionnel*. La note en question parut le 17 juin, en troisième page. En voici le texte.

Harmonies Poétiques et Religieuses, par M. de LAMARTINE[1].

Parmi les écrivains qui innovent en poésie et qui veulent absolument nous doter d'une nouvelle gloire littéraire, nous avons toujours distingué et mis à part M. de Lamartine. Simple poëte, étranger aux coteries de la capitale, il n'a jamais décrié ses devanciers, arboré de théorie, ni pratiqué de système. Si sa manière, ordinairement pure et

---

1. Deux volumes in-8º ornés de vignettes. Prix 16 fr. Chez Gosselin, rue Saint-Germain-des-Prés.

large, offre parfois des négligences qu'on voudrait en retrancher, au moins ses plus beaux morceaux, ses méditations les plus heureuses rappellent-ils souvent, comme un écho lointain, l'harmonie, la grâce touchante et l'auguste majesté des chœurs d'Esther *et* d'Athalie, *des odes sacrées de J.-Baptiste. Quand M. de Lamartine chante de son mieux, il chante dans le mode et sur le ton de Racine et de Rousseau ; il se garde bien de remonter, comme d'autres, à Chapelain et à Ronsard. Dans les nouveaux volumes que nous annonçons, il s'est débarrassé de beaucoup d'imperfections et de faiblesses qui déparaient son style, et il nous serait possible de citer quelques morceaux presque irréprochables.* Le Premier Amour, *la* Pensée des morts *sont des modèles de ce genre mélancolique et rêveur, où les idées d'amour et de mort se confondent, et où domine l'espérance d'une vie immortelle. Ceux qui aiment les détails et les moindres circonstances de la réalité, liront avec plaisir* Milly *ou la* Terre natale. *C'est un lieu où M. de Lamartine a été élevé jusqu'à l'âge de douze ans et qu'il s'est plu à célébrer. Les moindres souvenirs y sont décrits avec élégance, et le poëte s'est gardé surtout de cette trivialité affectée que trop de gens prennent aujourd'hui pour une beauté de couleur. En somme, une âme honnête et sincère, une âme sensible respire dans ces poésies, et le style, même dans ses incorrections, est toujours pur de bizarrerie et de mauvais goût.*

APPENDICE IV

(Voir page 181, note 1)

UNE LETTRE DE CHARLES MONNARD
A JUSTE OLIVIER

Le manuscrit original de la lettre suivante se trouve à la bibliothèque de la Faculté libre de théologie protestante à Lausanne. M. le doyen Meyhoffer a bien voulu nous autoriser à en donner publication. Cette lettre fait partie du fonds *Hist. 5230*, qui contient 19 lettres de Charles Monnard à Juste et à Caroline Olivier.

Lausanne, 21 juin 1830.

Monsieur et bien cher ami,

Enfin je trouve un moment pour répondre à votre bonne et amicale lettre. Tout ce que vous me dites de vos impressions et de votre vie m'intéresse au plus haut degré ; mais tout ne me fait pas le même plaisir. J'aurais désiré vous voir établi dans une chambre agréable, travaillant à vos cours et à vos études pendant quelques heures de la matinée, puis faisant des courses moins inutiles, puis voyant Paris sous ses faces intéressantes et les hommes intéressans sans trop de cérémonie. Des nouvelles de vous que Mlle Herminie Chavannes vient de me communiquer me font croire que vous avez lieu d'être plus satisfait, maintenant que vous avez vu le point sur le i romantique, etc. J'espérais bien que vous reviendriez de Paris plus Suisse de cœur que jamais, mais en même temps riche de souvenirs agréables, et j'aime à croire que vous vous disposez à réaliser cette dernière espérance. Dites-vous tous les jours qu'une fois cloué dans votre pays, vous ne retournerez pas à Paris aussi souvent que l'envie vous en prendra, et que vous devez par conséquent profiter de tout ce que Paris met d'utile à votre disposition. Amen ; et souvenez-vous

APPENDICE IV

des pauvres qui aimeraient à revoir leur cher Paris, mais que les circonstances enchaînent chez eux.

Ce n'est pourtant pas que je me trouve mal à l'aise dans ma maison ou ma patrie, vous le savez ; mais on a beau être heureux chez soi, on aime le spectacle, et surtout un spectacle instructif.

Puisque vous lisez le Nouvelliste, *vous êtes au courant de nos beaux exploits constitutionnels. La Constitution a été incontestablement améliorée ; mais quels vices on y a laissé subsister, et de quelle déplorable façon on a procédé ! Quelles vues intéressées déguisées en libéralisme ! De quelle admirable position politique on s'est obstiné à ne pas profiter, parce qu'on ne comprend pas encore les avantages et la gloire de la loyauté ! La souffrance morale que j'ai endurée m'a dix fois plus fatigué que mes deux cours de l'hiver dernier. La session finie, j'étais sur les dents. Dieu soit loué, le découragement n'a point approché de mon âme. Je vois, derrière les rangs de la majorité législative, une jeunesse attentive, pleine de bonne foi ; je vois chez elle de la religion et l'amour des lumières. C'est dans nos successeurs au Grand Conseil que je place mon espérance et que je trouve ma consolation ; c'est à eux que la minorité parle et non point à la majorité. Si nous avons quelque bonne pensée, c'est un faible héritage que nous vous léguons, souvenir de notre passage dans ce beau pays et des efforts que nous faisons, avec plus de sincérité que de succès, pour consolider son bonheur.*

Nous avons souvent pensé à vous pendant le joli voyage que nous avons fait. Si vous n'aviez pas été à Paris, nous aurions souhaité de vous avoir avec nous, et nous vous aurions souhaité le plaisir de voir ce que nous avons vu ; hommes, institutions, nature, tout nous a vivement intéressés. Le temps a été bien plus favorable qu'il ne l'eût été plus tard. La pluie ne nous quitte pas ; en Argovie il [y] a eu de la glace sur le Jura le 17 de ce mois.

Avez-vous vu M. Barbezat ? Savez-vous s'il se propose de publier des poésies vaudoises ? Je n'ai plus entendu souffler mot de cette entreprise pour laquelle il a jugé convenable de m'employer. Peut-être ne sera-t-il pas impossible de la faire sans lui et d'imprimer un petit recueil soigné.

Où en sont vos poèmes ? Les retravaillez-vous en conscience ? En faites-vous voir quelque chose aux jurés poétiques de Paris la grand' ville ? Ne négligez pas les occasions de consulter ces Messieurs. Je crois que M. Émile Deschamps vous donnera des conseils francs et bienveillans.

Ma lettre vous sera remise par mon excellent ami M. le professeur Humbert, qui va passer un mois à Paris ; je crois que vous ne le connaissez pas. Sa franchise helvétique, son cœur affectueux, son âme loyale seront pour vous une agréable apparition au milieu du classicisme de l'intérêt personnel et du romantisme des prétentions.

Adieu, mon cher ami ; écrivez-moi, si vous en avez le temps et continuez à (illisible).

Ma femme se rappelle à votre souvenir ; Manuel et Rodieux vous font leurs amitiés.

Adieu. Votre affectionné

Ch. Monnard, *prof.*

APPENDICE V

PIÈCES DE THÉÂTRE VUES PAR JUSTE OLIVIER

Comédie-Française, 17 (?) avril : *Hernani*.
Gymnase, (19 avril ?) : *Philippe*.
Odéon, 20 avril : *Marino Faliero*.
Opéra, 21 avril : *Guillaume Tell*.
Odéon, 23 (?) avril : *Stockholm et Fontainebleau (Christine)*.
Comédie-Française, 27 avril : *L'Avare*.
— — *Guerre ouverte, ou Ruse contre ruse*.
Comédie-Française, 29 avril : *Tartuffe* (Mlle Mars).
— — *Le Manteau* (Mlle Mars).
— — *Les Héritiers*.

Variétés, 4 mai : *Le Voyage de la mariée*.
— — *Les Enragés* (Odry).
— — *Le Bal de l'avoué*.
— — *Tony* (Odry).

Théâtre-Italien, 6 mai : *Der Freischütz*.
Nouveautés, 11 mai : *Henri V et ses compagnons*.
Vaudeville, 12 mai : *Harnali, ou la Contrainte par cor*.
— — *Arwed*.
Opéra-Comique, 13 mai : *L'Auberge d'Auray* (Harriet Smithson).
Nouveautés, 14 mai : *Rafaël*.
Porte St Martin, 17 mai : *Le Bigame*.
— — *Shaylock*.
Opéra, 19 mai : *Manon Lescaut* (Mlle Taglioni).
Opéra-Comique, 20 mai : *Danilowa*.
— — *L'Auberge d'Auray* (Harriet Smithson).
Vaudeville, 21 mai : *Madame Grégoire*.
Gaîté, 22 mai : *Le Couvent de Tonnington*.
— — *Le Paysan picard*.

Comédie-Française, 26 mai : *Hernani* (Mlle Mars).

Porte St Martin, 27 mai : *Le Ci-devant jeune homme* (Potier).
— — *Le Bourgmestre de Saardam* (Potier).

Variétés, 3 juin : *L'École de natation* (Odry).
— — *Les Jolis soldats* (Odry).

Gymnase, 6 juin : *La Reine de seize ans* (Léontine Fay).
— — *Louise, ou la Réparation* (Léontine Fay).

Variétés, 12 juin : *Les Brioches à la mode* (Odry).
— — *Les Enragés* (Odry).

Comédie-Française, 16 juin : *Le Misanthrope* (Mlle Mars).
— — *La Comédienne* (Mlle Mars).

Vaudeville, 20 juin : *Léonide, ou la Vieille de Suresnes.*
— — *L'Oubli, ou la Chambre nuptiale.*
— — *Madame Grégoire.*

Cirque-Olympique, 26 juin : *Le Déluge.*

Nouveautés, 28 juin : *Une nuit du duc de Montfort.*
— — *La Famille suisse* (Mme Schroeder).
— — *Henri V et ses compagnons.*

Comédie-Française, 29 juin : *Le Mariage de Figaro* (Mlle Mars).

Opéra, 30 juin : *La Belle au bois dormant.*
— — *Le Comte Ory.*

Comédie-Française, 8 juillet : *Misanthropie et repentir* (Mlle Mars).
— — *Le Jeu de l'amour et du hasard* (Mlle Mars).

Opéra, 19 juillet : *La Muette de Portici.*

Nouveautés, 2 août : « Intermède représentant quelques scènes des 28, 29 et 30 juillet ».
— — *Sir Jack* (Bouffé).

PRINCIPAUX ENTRETIENS
RAPPORTÉS PAR JUSTE OLIVIER

3 mai : Dubois.
9 juin : Vigny.
— : Sainte-Beuve.
16 juin : Vigny, Musset.

APPENDICE V

23 juin : Vigny, Planche.
30 juin : Vigny, Musset.
11 juillet : Sainte-Beuve rend visite à J. O.
20 juillet : Dubois, Magnin, Humbert.
21 juillet : Hugo.
— : Vigny, Sainte-Beuve.
— : Sainte-Beuve.
22 juillet : Fauriel.
23 juillet : Sainte-Beuve.

INDEX

Abélard, 226.
Adrien, acteur, 51.
Alboize (Jules-Édouard), 45.
Alfieri (Cesare), 87-89, 103.
Andrieux (François), 11, 16, 75-82, 122, 149-150, 168-169.
Ane mort (L'), 34.
Angoulême (duc d') : voir : Dauphin.
Angoulême (duchesse d'), 265.
Antigone, 204.
Arago (François), 237, 238.
Arnault (Antoine), 153, 154, 199.
Arthur, 29, 222.
Arwed, 40.
Auberge d'Auray (L'), 40, 42, 49.
Aubert (Nathalie), 42.
Avare (L'), 4.

Ballanche (Pierre), 204-205.
Barante (Prosper de), 159.
Barbezat, libraire de Genève, 192.
Barbier (Auguste), 39.
Bataille de Grandson (La), 61, 170, 175, 176.
Bayard (Alfred), 46, 75.
Beauchesne (Alcide-Hyacinthe de), 57.
Beaumarchais, 156.
Belle au Bois dormant (La), 163.
Béranger, 18, 50, 97, 98, 104, 155, 156, 210, 223, 224, 280, 285.

Bérénice, 214.
[Berlioz, Mme] : voir Harriet Smithson.
Berry (duc de), 178.
Berry (duchesse de), 112.
Berthe, reine bourguignonne, 192.
Berthey, garde suisse, 286.
Bienassis (Guichard de), 139
Bigame (Le), 45.
Biographie du Maître de Chapelle Jn. Kreissler, 53.
Bisson (Hippolyte), 164.
Boieldieu, 69.
Boileau, 80, 81.
Bonaparte (Lucien), 108.
Bonaparte (Napoléon) : voir Napoléon Ier.
Bordeaux (duc de), 23, 278.
Bossuet, 142, 289.
Boulanger (Louis), 188-189, 225.
Bourbons (Les), 21.
Bourgeois (A.), 51.
Bourgmestre de Saardam (Le), 60.
Bouton (Charles-Marie) (1781-1854), 44.
Brazier (Nicolas), 110.
Bridel (de Montreux), 107.
Brioches à la mode (Les), 108, 110, 111, 116, 154.
Broglie (duc de), 180.
Broglie (duchesse de), 137, 143, 179, 209.
Brunet, 33.
Buchez (P.-J.), 61, 65, 71-74.
Byron, 69.

Camargo (la), 119.
Canova, 121.
Carafa, 41, 163.
Chalmers (Thomas), 176.
Chapelle (1626-1686), 80, 81.
Chapelle, de Vevey, garde suisse, 286.
Charles X, 21-24, 109, 112, 127, 144, 176-178, 235, 238, 269, 276, 278, 284, 287.
[Charras (J.-B.) (1810-1865)], 277-278.
Chartres (duc de), 115, 119.
Chateaubriand, 103, 176-179, 205, 209, 210.
Chatelanat, 49, 51.
Chatterton, 46.
Chavannes (Daniel), 127, 130.
Chavannes (Félix), 54.
Chénier (André), 204, 212.
Choiseul-Stainville (duc de) (1762-1838), 265, 267.
Christine, 3, 110, 118, 172, 214.
Ci-devant jeune homme, 60.
Cinq-Mars, 85, 87, 89, 166.
Cinti-Damoreau (Mme) : voir Damoreau-Cinti.
Coleridge, 101.
Collé (Charles), 50.
Collin d'Harleville (Jean-François), 82.
Comédienne (La), 122.
Commines (Philippe de), 56.
Comte (Auguste), 100.
Comte Ory (Le), 163.
Conférence de Payerne, 55.
Confession (La), 34, 204.
Consolations (Les), 12, 102, 185, 204, 212, 223, 224-225.
Constant (Benjamin), 177, 280.
Constitutionnel (le), 24, 25, 119, 120, 268, 274.
Contemplations du Chat Murr, 53.

Contes d'Espagne et d'Italie, 69, 115, 212.
Conversion d'un romantique (La), 68.
Cook, pasteur méthodiste, 63.
Cooper (Fenimore), 40, 136.
Corneille (Pierre), 69, 79, 155, 224.
Corsaire (Le), 136.
Corsaire (le), 215.
Courrier français (le), 157, 269, 274, 284.
Cousin (Victor), 20, 27, 37, 212.
Couvent de Tonnington (Le), 51.
Crébillon (Claude), 139.
Cromwell, 196.
Cromwell (Oliver), 194.
Cuvier (Georges), 83-85, 236, 237, 238.

Daguerre (Louis), 43, 45.
Damoreau-Cinti (Mme), 48, 163, 183.
Daniel, le prophète, 139-140.
Dante, 118.
Dartois (Armand) (1788-1867), 70.
Daunou (François), 146.
Dauphin (le), 23, 112, 238, 278.
David (d'Angers), 37, 121, 126, 138, 188, 206-207.
Davy (Sir Humphrey), 237.
Decazes (duc), 178.
Degérando (Joseph-Marie), 107, 108.
Degérando (Mme), 204.
Delacroix (Eugène), 36.
Delamarche : voir Lamarche.
Delaunay, libraire, 229.
Delavigne (Casimir), 3, 104, 213, 285.
Delavigne (Julie), actrice, 173.
Delessert (Baptiste), 106.

Delessert (Mme [Gabriel ?]) 109.
Déluge (Le), 148.
Desbordes-Valmore (Mme), 103.
Deschamps (Antony), 118.
Deschamps (Émile), 47, 90, 91, 102, 118, 156, 158-164, 197, 220, 256.
Deschamps, (Mme Émile), 157, 162.
Desmousseaux, acteur, 202.
Desvergers, 40.
Deux fous (Les), 83.
Devéria (Achille), 70, 138.
Diderot, 210.
Didier (Charles), 93.
Diodati (Édouard), 177.
Diorama, 43.
Dittmer (1795-1846), 132, 137, 138, 142, 144.
Don Juan (opéra), 116.
Dovalle (Charles), 12, 103.
Droz (François), 79.
Dubochet (Vincent), 244, 250, 251.
Dubochet, fils, 251.
Dubois (P.-F.), 2, 13, 18-29, 32, 47, 97, 127, 184-187, 210, 220-221.
Ducange (V.), 51, 125.
Duchambge (Mme), 203, 204.
Ducis, 40, 82.
Ducoton (Mme), de Morges, 242.
Dudon (J.-F.) (1778-1857), 103.
Dufay, major, 277, 278, 286.
Dulac, auteur dramatique, 45.
Dumaniant (1752-1828), 4.
Dumas (Alexandre), 3, 4, 37, 103, 110, 118, 133, 172, 208-209, 214.
Dumersan (Théophile) (1780-1849), 110.
Dupeuty (Désiré-Charles) (1798-1865), 125.
Dupont (Mme Alexis), 49.
Duponty (W.), 50.

Duport (Paul), 125.
Duval (Alexandre), 11, 17, 208.
Duvergier de Hauranne, 210.
Duvert (F.-A.), 39.
Dyck (Antoine van), 36.

Éloa, 67, 91, 92.
Épagny (d') (1793-1868), 41.
Erskine (Thomas), 143-176.
Eschyle, 160.
Espérandieu (Frédéric), 29, 30.
Esprit des lois (L'), 142.
Étienne (V.-J.) (1764-1846), 40, 153, 154.
Études françaises et étrangères, 158.
Études sur le beau dans les arts, 79.
Éverat, imprimeur, 147, 229, 235, 244, 282.

Famille suisse (La), 152.
Faublas, 171.
Fauriel, 182, 217-220.
Fay (Léontine), 45, 75.
Femme guillotinée (La), 34.
Fénelon, 289.
Figaro (le), 31, 46, 56, 58, 146, 278, 284.
Firmin (1784-1859), 58, 201.
Fivaz (Jules-Henri) (12 mai 1807-18 décembre 1830), 51, 114, 176-179, 221, 229, 277-278, 279, 281.
Florian, 82.
Fontan (L.-M.), 133.
Foucher (Paul), 118, 202.
Francis (1778-1840), 70.
Franconi, 164.
Frégate (La), poème de Vigny, 136.
Freischütz, 33.
Fresnel (Augustin), 237.
Galloix (Imbert), 83, 93, 101.

Ganneron (A.-H.) (1792-1847), 274.
Gaspard (de Pons), P., 121, 133.
Gautier-Delessert, (M.), 104-109.
Gautier-Delessert (Mme), 104-109, 151.
Gazette (la), 31, 184.
Georges IV, roi d'Angleterre, 160.
Gérard, général, 273.
Gerbet, l'abbé, 210.
Gesta regum francorum, 218.
Gibbon, 35.
Girodet (1767-1824), 124.
Globe (le), 13, 19-29, 34, 114, 158, 185, 207, 220-221, 228, 278, 279.
Gluck, 69.
Godet (Charles-Henri) (1797-1879), 9, 11, 30, 31, 32.
Godet, (Mme) (mère de Charles-Henri Godet), 11.
Gœthe, 56, 215, 217.
Gontaud (Mme de), 23.
Grandpierre (Henri), 169.
Grégoire VII, 226.
Grimm (Frédéric-Melchior, baron), 210.
Guérin (Pierre) (1774-1833), 124.
Guerre ouverte, 4.
Guillaume Ier, roi des Pays-Bas, 23, 24.
Guillaume Tell, adaptation de Michel Pichat, 222.
Guillaume Tell, opéra de Rossini, 4.
[Guinon ?], 132.
Guizot, 7, 14, 20, 26, 27, 137, 180, 209.
Gulliver, 119.
Guttinguer (Ulric), 29, 216, 222, 231.

Hamlet, 162, 200, 201.
Harel (F.-D.) (1790-1846), 200.
Harmonies poétiques et religieuses (Les), 100, 101, 110, 113, 120, 138, 139, 142, 143, 144, 159, 161-162, 171.
Harnali, ou la contrainte par cor, 39, 40.
Hegel, 28.
Héloïse, 226.
Henri III, 103.
Henri IV, 289.
Henri V et ses compagnons, 38, 152.
Héritiers (Les), 11, 17.
Hernani, 1, 4, 40, 53, 58, 59, 110, 119, 197-202.
Hérold (Louis) (1791-1833), 41.
Hoffmann (E.-Th.) (1776-1822), 53, 116, 118, 215.
Hollard (Henri), 52, 60-64, 66, 67, 71-74, 108, 143, 146, 170-171, 220-221, 229.
Hollard Mme Henri), 108.
Hollard (Mme) (mère de Henri Hollard), 170.
Homère, 228.
Horace, 146, 166.
Hugo (Abel), 135.
Hugo (Eugène), 135.
Hugo (Léopoldine), 197.
Hugo (Victor), 1, 4, 13, 15, 39, 40, 47, 53, 58, 59, 68, 82, 92, 98, 103, 108, 119, 133, 134-135, 139-140, 145, 158, 162, 167, 177, 185, 188-197, 206-213, 222, 223, 224, 256.
Hugo (Mme Victor), 193, 197.
Hugonin (Aloys), 260.
Humbert (J.-P.), 180-187, 217-221, 230.

Incas (Les), 144.

INDEX

Jackson (Andrew), président des États-Unis, 117.
Jacob, le Bibliophile : voir Lacroix (P.-L.).
Jacotot (Joseph), 10.
Janin (Jules), 34, 180, 204.
Jaquet, 141.
Jawureck (Constance), 183.
Jay (A.), 68.
Jazet (1788-1871), 148.
Jeu de l'amour et du hasard (Le), 174.
Joanny (1775-1849), 58.
Jolis soldats (Les), 70.
Jordanis, 11, 15, 242, 244 sq.
Jouffroy (Théodore), 93.
Journal de Genève (le), 186.
Journal de Paris (le), 274.
Journal des Débats (le), 157, 207, 240, 274.
Journal rose (le), 46, 145, 208.
Jouy (de), : voir Étienne, (V.-J.).
Julia Alpinula, 33, 36, 170.
Jullien (chevalier Antoine), 9, 114.
Junod (Victor-Théodore) (1804-1881), 266.

Kotzebue, 173.

Laborde (Alexandre de), 241, 265, 280.
La Bruyère, 86.
Laclos (Pierre) (1741-1803), 171.
Lacroix, (P.-L.), 83.
Ladame (Henri), 112, 122, 232, 238, 240 sq.
La Fayette, 133, 250, 264, 265, 280.
La Fayette (Georges de), fils du général, 267, 272.
Laffitte, banquier, 134, 274.
La Fontaine, 167, 289.

Lally - Tollendal (1751-1830), 153.
Lamarche (H.-D. de) (1789-1860), auteur dramatique, 88, 90.
Lamarque, général, 263, 265, 273.
Lamartine, 13, 36, 37, 82, 97, 99, 100, 102, 103, 110, 113, 119-120, 132, 138, 139, 142, 143, 144, 148, 155, 158, 159, 160, 183, 185, 206, 209.
Lamartine (Mme de), 120, 211.
Lamballe (princesse de), 216.
Lamennais, 129, 210.
Lathuille, restaurateur, 70.
Latouche (Henri de), 162, 215-217.
Laurent (Mme), 254.
Lauzanne (Augustin de), 39.
Legallois (Mlle), 49, 119.
Lekain, 78.
Lemaître (Frédérick), 200-201.
Léonide, ou la vieille de Surêne, 125.
Lepeintre (E.-A.), 40.
Leresche (Samuel), 235, 242.
Lévis (duc de), 153.
Lhéric, 111.
Lhomond, grammairien (1724-1794), 144.
Lionel Lincoln, 40.
Loève-Veimars, 217.
Louis XVIII, 141.
Louisa, ou Les douleurs d'une fille de joie, 180.
Louise, ou la Réparation, 75.
Louvet de Couvray (J.-B.), 171.
Lucas (Charles), 127, 130, 143.
Ludlow, 193-194.
Lutin (le), 46, 145, 208.
Lutrin (Le), 80, 81.
Lutz, garde suisse, 272.

Madame Grégoire ou le Cabaret de la pomme de pin, 50.
Mademoiselle, sœur aînée du duc de Bordeaux, 23.
Magnin (Charles), 2, 180-181, 184-187, 210, 221, 228.
Malesherbes (1721-1794), 142.
Malibran (Mme), 164.
Mangin, préfet de police, 103.
Manon Lescaut, opéra, 49, 118.
Manteau (Le), 11, 16, 17.
Manuel (Louis), 31, 54, 223.
Manzoni, 214.
Marchand de Venise (Le), adaptation d'A. de Vigny, 85.
Marchand de Venise (Le), traduction de Lamarche : voir *Shylock, le Marchand de Venise.*
Mariage de Figaro (Le), 156.
Marino Faliero, 3.
Marivaux, 174.
Marmont (duc de Raguse), 254, 267, 273, 274.
Marmontel, 144.
Marron (Paul-Henri), 52, 283.
Mars (Mlle), 11, 16, 58, 59, 122, 156, 173, 174, 198-199, 201, 202, 203, 212.
Martin (John), 138, 139.
Maturin (Ch.-R.), 87.
Mauvais garçons (Les), 39, 83.
Méditations poétiques (Les), 113, 183, 223.
Méditations religieuses (Les), 96.
Mélesville (1787-1865), 60, 75.
Melmoth, 87.
Mémoire sur la Liberté des Cultes, 229.
Mémoires de Ludlow, 193.
Menthonnex, garde suisse, 286.
Mérimée (Prosper), 42, 136, 137, 210.
Merry, le curé, 222, 223.

Michelot (P.-M.) (1786-1856), 17, 58, 59, 198, 202.
Mignet (François), 251.
Mirabeau, 168-169.
Misanthrope (Le), 122, 162.
Misanthropie et repentir, 173.
Molière, 4, 16, 122, 162, 224.
Monnard (Charles), 9, 20, 54, 90, 96, 102, 114, 157, 181-182.
Monnier (Henri), 91.
Monod, (M.), « cousin de Vigny », 89.
Monod (Frédéric), 122, 240, 241.
Monrose (1783-1844), acteur, 17, 156, 174.
Montandon (Ulysse), 244, 246, 247, 273.
Montesquieu, 142.
Morel, Vaudois fixé à Paris, 113.
Morel (Mme), 109, 260.
Mozart, 69.
Muette de Portici (La), 183.
Murat (Mme), 259.
Muret (Jules), 43, 62, 66, 71-74, 112, 236, 260.
Musset (Alfred de), 69, 115-122, 159-166, 167, 171-172, 212, 220.
Muston, 104.

Naef, d'Yverdon, 166.
Naples, reine de, 112.
Napoléon Ier, 88, 108, 142, 160.
Napoléon II, 268, 279.
National (le), 21, 25, 26, 240, 251, 273, 274.
Naudet (Joseph), 146.
Newton (J.) (1725-1807), 95.
Noblet (Lise), 49.
Nodier (Charles), 93, 140.
Notre-Dame-de-Paris, 135, 139, 162, 224.

Nourrit (Adolphe), 163, 285.
Nuit du duc de Montfort (Une), 152.

Odry, 33, 70, 108, 110, 111, 116.
Olivier (Urbain), 168.
Omicron (L'), 95.
Orléans (duc d'), 21, 24, 115, 202, 276, 278, 280, 281, 282, 284, 285, 288.
Othello, ou le More de Venise, adaptation de Vigny, 85, 119, 198.
Oubli (L'), ou la chambre nuptiale, 125.

Parny (Évariste-Désiré de), 69, 80.
Pascal (Blaise), 140.
Pasta (Mme), 164.
Pastoret (Claude-E. de), 100.
Paul, dit l'Aérien, 49.
Paul, saint, 53, 280.
Paulin, collaborateur du *National*, 251.
Pellis (Philippe) (1807-1885), 104.
Pensées (Les) de Pascal, 140.
Périer (Casimir), 241, 242.
Perrault (Charles), 163.
Perrier (Antoine), 174.
Perrot, 264.
Petitpierre, Samuel de (1800-1831), 106.
Petit-Senn, 192.
Peyronnet, 287.
Phidias, 141.
Philippe, 3, 46.
Pichat (Michel), 222.
Picot, 106.
Planche (Gustave), 130-144, 148, 179, 206.
Poèmes Suisses (Les), 147, 183, 212.
Poésies Genevoises (Les), 192.

Poisson (Siméon) (1781-1840), 99.
Polignac (prince de), 177, 242, 268.
Pongerville (de), 151, 153, 154.
Potier, acteur, 50, 60.
Pradher (Mme), 145.
Prévost (Amédée), 230, 241.

Quélen (Mgr de), 282.
Quotidienne (la), 157, 275.

Rabbe (Alphonse), 215.
Racine (Jean), 69, 110, 155, 214, 224.
Rafaël, 42.
Raguse (duc de) : voir Marmont.
Raynouard (François), 107, 108.
Reine de seize ans (La), 75.
Rémusat (Abel), 48, 50, 54-56.
René, 209.
Revenaz (Alexis), 286.
Revil, hôtelier, rue de Harlay, 263, 267.
Revue Britannique Religieuse, 187.
Revue Encyclopédique, 9, 114.
Revue Française, 158-159.
Revue de Paris, 147, 159, 180, 208, 238.
Richard (Albert), 193.
Richard, professeur à l'Institut des Sourds-Muets, 166.
Richelieu (duc de), 171.
Rioult (Louis-Édouard) (1790-1864), 36.
Rivière (marquis de), 140.
Robelin, architecte, 225.
Robert (Léopold), 125.
Robert (P.) (1806-1831), Saint-Simonien, ami de Vigny, 67, 68, 70, 85-92, 102, 126.
Romieu (Auguste), 38.

Rosa (Martínez de la), 137, 144.
Rossini, 4, 69, 163.
Rothschild, 142, 146, 244.
Rousseau (Jean-Jacques), 36, 105-106, 187.
Royer (Alphonse), 38, 39, 83.
Ruchet (Caroline), 15, 38, 94, 95, 99, 176, 226, 227.

Sainte-Beuve, 12, 13, 15, 28, 29, 34, 57, 61, 68, 82, 83, 92-102, 104, 109, 114, 117, 119-120, 127, 132, 151, 158, 159, 176-179, 182, 185-186, 191, 196, 197-217, 219-231, 239, 260.
Sainte-Beuve (Mme), mère de S.-B., 92, 212.
Saint-Simon (Henri de), 99, 100, 126.
Saint-Simoniens, 52, 61-65, 71-74.
Salis (colonel de), 286.
Samson (Joseph) (1793-1871), 156.
Saqui (Mme), acrobate, 199.
Sauvage, auteur dramatique, 45.
Sauvage (Mme Eugénie), 51.
Scènes populaires, 91.
Schiller, 56, 222.
Schrœder (Mme), 152, 164.
Scott (Walter), 87, 110, 180.
Scribe (Eugène), 17, 18, 46, 75.
Sedaine (Michel), 208.
Ségur (Philippe de), 151, 153, 155.
Session du Grand Conseil de 1829, 9, 114.
Shakespeare, 49, 88, 90, 91, 160-161, 162, 217.
Shaylock, 45.
Shylock, le Marchand de Venise, 88.

Sir Jack, 284.
Smithson (Harriet) (1800-1854), 40-42, 49.
Sofa (Le), 139.
Soirées de Neuilly (Les), 132.
Soirées de Walter Scott (Les), 83.
Sophocle, 160.
Spach (Louis), 30, 31.
Staël (Mme de), 8.
Steuben, 37.
Stockholm et Fontainebleau : voir *Christine*.
Stunden der Andacht, 96.
Sylphe (le), 46, 69, 103, 145, 208.

Taglioni (Marie), 49.
Talma, 78.
Tartuffe, 11, 16.
Télémaque, 137, 289.
Temps (le), 221, 245.
Ternaux (Henri), 116, 117.
Tharin (Mgr), 23.
Théâtre du Cirque-Olympique, 148.
Théâtre-Français, 1, 4, 11, 16, 122, 156, 173, 174, 202-203.
Théâtre de la Gaîté, 51.
Théâtre du Gymnase, 3, 17, 46, 75.
Théâtre-Italien, 33.
Théâtre des Nouveautés, 38, 42, 151, 152, 284.
Théâtre de l'Odéon, 3, 88, 172, 200-201, 222.
Théâtre de l'Opéra, 4, 48, 163, 183.
Théâtre de l'Opéra-Comique, 40-42, 49, 145.
Théâtre de la Porte Saint-Martin, 3, 45, 50, 60, 137.
Théâtre des Variétés, 33, 70, 108, 110, 116, 154.

Théâtre du Vaudeville, 39, 49, 125.
Théaulon (Guillaume) (1787-1841), 42, 70.
Thénard, 285.
Thierry (Amédée), 20.
Thierry (Augustin), 20, 100, 102.
Thiers, 251.
Thomas (Antoine-Léonard), 82.
[Thor] (M. et Mme), 87-89, 101, 102.
Tiberge (l'abbé), 180.
Tibulle, 238.
Traité avec les Suisses, 55.
Trilby (le), 46, 145, 208.
Tulou, 49.

Universel (l'), 30, 31, 184, 221.

Vacher, chef de claque à la Comédie-Française, 202.
Valamont, 238.
Valdo (Pierre), 195.
Varin (Victor) (1798-1869), 40.
Vassal, banquier, 244.
Vaudois du Piémont, 193-196.
Vauquelin (Louis), 238.
Vavre, de Neuchâtel, 10.

Véret (Jaques) (1805-1871), 70.
Véron (L.-D.) (1798-1867), 199.
Viel-Castel (Horace de), 165.
Vie, Poésies et Pensées de Joseph Delorme, 12, 185.
Vie de Sainte Thérèse, 222.
Vigny (Alfred de), 47, 48, 67, 68, 69, 85-92, 100-102, 103, 109, 115-122, 126, 127, 130-146, 148, 157-166, 171-172, 175, 179, 185, 197-207, 213, 215-217.
Vigny (Mme Alfred de), 85-92, 115-122.
Villemain, 7, 14, 20, 26, 27, 32, 35, 37, 38, 46, 56, 114, 126, 137, 152, 170, 176, 179, 180, 182, 184, 238.
Vincent de Paul (saint), 225.
Vinet (Alexandre), 229.
Voltaire, 36, 69, 150, 155, 186-187, 217.

Weber, 33, 69.
Weighl, 152.

Yzolier, 99.

Zschokke, 96.

TABLE

Préface	VII
Introduction	XII
Journal, du 17 avril au 5 août 1830	1
Appendices : I. Harriet Smithson dans l'*Auberge d'Auray*.	291
II. Le groupe saint-simonien de la rue Ferme-des-Mathurins	294
III. Un article inconnu de Sainte-Beuve sur Lamartine	296
IV. Lettre de Charles Monnard à Juste Olivier (21 juin 1830)	298
V. Liste des pièces de théâtre	301
Principaux entretiens	302
Index	305
Table	315